Grenzwissenschaften

Von Robert Charroux
erschien in der Reihe Goldmann Grenzwissenschaften außerdem:

Verratene Geheimnisse.
Aus biblischen und vorbiblischen Dokumenten (11710)
Das Rätsel der Anden.
Phantastische Thesen über unsere
Entwicklungsgeschichte (11716)

Robert Charroux

Phantastische Vergangenheit

Die unbekannte Geschichte der Menschen seit hunderttausend Jahren

Wilhelm Goldmann Verlag

Titel der Originalausgabe:
HISTOIRE INCONNUE DES HOMMES DEPUIS
CENT MILLE ANS
Originalverlag: Robert Laffont, Paris

Aus dem Französischen übertragen von Hermann Thiemke
unter Mitarbeit von Wilfried Sczepan

1. Auflage September 1979 · 1.–12. Tsd.
2. Auflage September 1982 · 13.–16. Tsd.

Made in Germany
Genehmigte Taschenbuchausgabe

Umschlagentwurf: Atelier Adolf & Angelika Bachmann, München
Umschlagfoto: Claus Hansmann, München
Druck: Mohndruck Graphische Betriebe GmbH, Gütersloh
Verlagsnummer: 11714
Lektorat: Renate Richter · Herstellung: Peter Papenbrok
ISBN 3-442-11714-3

INHALT

Ohne die Entdeckungen des Sonnentores, der prähistorischen Bibliothek von Lussac-les-Châteaux und der Schriftzeichenfunde von Glozel hätten der unbekannten Geschichte der Menschen wesentliche Grundlagen gefehlt.

Ohne meine Freunde *Garcia Beltran, Philippe Bernert, Charles Carrega* und *Gérard Heym*, die mir mit der Bereitstellung eines ausgezeichneten dokumentarischen Materials und mit ihrem ermutigenden Zuspruch geholfen haben, wären meine Bemühungen vergeblich gewesen.

Ich danke ihnen für ihre Mitarbeit. Mein Dank gilt ferner anderen Freunden, deren Namen hier zu erwähnen ich ihnen schuldig bin: *Roger Delorme, Ingenieur Emile Drouet, Jean-Albert Foëx, Dr. André Guillard, Serge Hutin, Dr. Marcel Lapipe* (in memoriam) und *W. Losensky-Philet*. Ich bitte um Verzeihung, wenn meine Ansichten über bestimmte Themenkreise (besonders der Prähistorie) von ihren persönlichen Überzeugungen abweichen.

R. C.

Dies Buch ist gewidmet

dem ersten Menschen, der einst von einem anderen Planeten kam und auf der Erde landete;

dem Menschen von Tiahuanaco, der auch Prometheus und Luzifer hieß;

dem Bewohner von Poitou, der in die Steinplatten von Lussac-les-Châteaux Schriftzeichen eingrub;

dem Schriftsteller aus Glozel, dem wir die Botschaft von Glozel verdanken;

dem ersten Menschen unserer Zeit, der die Erde verlassen und lebend auf einem anderen Planeten landen wird.

VORWORT

Es ist nichts verborgen, das nicht offenbar werde,
und ist nichts heimlich, das man nicht wissen werde.
Matthäus 10, 26.

Geheimnisse, deren Enthüllung die Entwicklung der Menschheit hätte überstürzen können, sind Tausende von Jahren verborgen gehalten worden, aus Furcht, daß ihre Preisgabe eine Katastrophe auslösen würde. Diese Geheimnisse waren im Besitz sehr weiser Menschen und wurden in Heiligtümern aufbewahrt, deren wahre Bestimmung nur wenige kannten.

Zehntausend, hunderttausend Jahre oder noch länger waren die Bücher des großen Geheimnisses profanen Augen verschlossen.

Es war für das Glück der Menschheit notwendig, daß niemand sie lesen konnte.

Nun soll diese unbekannte Geschichte der Menschheit, die sich auf Dokumente und Entdeckungen stützt, eine Vergangenheit enthüllen, an die sich die Menschen nicht mehr erinnern können. Wir haben nicht den Ehrgeiz, an die Stelle der bekannten Geschichte von vier Jahrtausenden eine andere Darbietung der Tatsachen zu setzen, sondern wir wollen nur versuchen, in Form einer Reportage rätselhafte Phänomene zu erklären, die vor langer Zeit beobachtet worden sind.

Wir glauben die Beweise dafür zu haben, daß schon vor Millionen von Jahren Raumraketen den Himmel durchfurchten, daß Atombomben eine oder vielleicht auch mehrere Zivilisationen zerstörten, daß außerirdische Wesen an mehreren Punkten unseres Erdballs Spuren ihrer Landung hinterließen. Moses kannte die Todesstrahlen und die Sprengstoffe. Salomo benutzte Blitzableiter. Unter Ludwig dem Heiligen entzündete ein Mensch eine elektrische Lampe. Unter João V. von Portugal stieg schon ein Flugzeug in die Lüfte. Titow war nur ein ferngelenkter Roboter. Geheimbünde haben das Schicksal der Nationen bestimmt. Im Dunkel arbeiten andere Verschwörungen daran, an die Macht zu gelangen.

Wir haben keine Anleihen beim Okkultismus gemacht. Diese Reportage gründet sich auf Tatsachen, auf Forschungsergebnisse und manchmal auf vielleicht kühne Hypothesen.
Vor fünfzig Jahren hüteten die Alchimisten das Geheimnis der Herstellung des Goldes. Heute stellen die Physiker in den radioaktiv verseuchten Gebieten von Nevada Diamanten und in den Atomreaktoren der UdSSR durch Elementumwandlung entstandenes Gold her.
Das Jahr 1940 bezeichnet den Beginn einer neuen Ära, in der es eine neue wundertätige Wissenschaft gibt und einen neuen Gott, dessen Spuren die Mikroskope im unendlich Kleinen und die Raumraketen im unendlich Großen suchen. Was den Menschen von 1939 noch als wahr galt, ist seither umstritten, überholt.
Die Menschen wissen immer weniger, was sie von den Ereignissen der Schöpfungsgeschichte oder der Definition des Homo sapiens halten sollen. Die Zeit dehnt sich aus und zieht sich zusammen, ohne sich begrenzen zu lassen.
Immer mehr bemächtigen sich die Wissenschaft und die philosophischen Spekulationen eines Universums, das als Ausgeburt des Wahnsinns erscheint. In diesem irrsinnigen Treiben gibt es nur eine Gewißheit: Mit all ihren falschen Lehren und trügerischen Kompassen haben die Wissenschaftler das Feuer der Hölle entdeckt.
Die Wissenschaft ist so ungeheuer umfassend und mächtig geworden, daß sie die Menschen wieder in den Untergang zu stürzen droht, dessen Zeugen einst ihre Urahnen gewesen sind.
Jetzt ist die Zeit gekommen, da es nicht mehr nötig ist, noch irgendein Geheimnis zu bewahren. Alles darf gesagt werden.
Aus Furcht vor dem Jahre 2000 »verrät« der Papst die Geheimnisse der Bibliothek des Vatikans. Der Sultan von Marokko gibt den Zugang zu den Heiligen Büchern von Fez frei. Die Zigeuner beteuern, daß die Stunde der Wahrheit geschlagen habe. Die quipocamayoc (Knotenschriftdeuter) der Inka übersetzen die Sprache ihrer geheimnisvollen Schriftsymbole. Die Geheimbibliotheken tun ihre Pforten auf. Die Alchimisten löschen ihre Schmelzöfen, und die großen Unbekannten tragen mit den Gelehrten und Wissenschaftlern einen Wettkampf aus, dessen Einsatz das Überleben des Erdballs ist.

Nun taucht aus dem Dunkel der Vergangenheit eine pathetische Botschaft auf: Die unbekannte Geschichte der Menschen will die unbekannte Vergangenheit mit der phantastischen Gegenwart verbinden und diese Botschaft erläutern. Sie will bisher verbotene Tore öffnen; Tore, hinter denen unsere Vorfahren, von denen wir bisher nicht einmal wußten, daß sie gelebt haben, vor Tausenden von Jahren unermeßliche Schätze verborgen hatten.

Die Kenntnisse der Menschen, selbst die, die gestern noch als unumstößlich galten, erscheinen heute als zweifelhaft. Sie werden oft durch die Gelehrten selbst erschüttert, die unser Weltbild als falsch und gewisse Gesetze als überholt erklären.
Falsch die Physik, die Chemie, die Philosophie, die Mathematik. Die gerade Linie kann nicht mehr als der kürzeste Weg von einem Punkt zu einem andern betrachtet werden. Das Postulat des Euklid gilt nicht mehr. Die Multiplikationstabelle und selbst die Kugelgestalt der Erde werden für ungenau erklärt. (Die von mehreren amerikanischen »Discoverer«-Raketen aufgenommenen Photos zeigen ein unerwartetes Bild von der Gestalt der Erde: eine am Äquator ausgebauchte Birne, die am Nordpol weniger ausgebaucht ist und am Südpol eine spitze Ausstülpung aufweist.)
Die Prähistorie ist ein Gewebe von Irrtümern. Der Mensch stammt nicht vom Affen ab. Die geologischen Zeitalter sind nur Arbeitshypothesen.
Die Schwerkraft – auch sie wahrscheinlich eine irrige Annahme – wird durch die Agravitation – die Schwerelosigkeit – in Frage gestellt.
Die Zeit, der Raum, das Atom entziehen sich allen Messungen. Die Wissenschaft als Ganzes ist vielleicht nur das Wiederauffinden von Entdeckungen, die schon vor Tausenden von Jahren von unsern Urahnen gemacht wurden, die mit den Höhlenmenschen nichts gemein haben.

Warnung vor dem Feuer

Alles spornt uns an, die phantastische Vergangenheit zu erforschen, die zu der gleichen Stunde auftauchen will, da die Atomwissenschaftler uns zum Kampf herausfordern: zur Stunde der Wahrheit. Die Enthüllungen vollziehen sich in der ganzen Welt in Form von »zufälligen« und doch scheinbar providentiellen Entdeckungen, in Amerika, in Frankreich, in Asien. Sie sind so wundersam, daß sie unglaublich erscheinen und uns zwingen, aufs neue das zu erforschen, was uns am meisten angeht: die Entstehung und die Bestimmung des Menschen.

Die These, die wir zur Debatte stellen wollen, kann man in wenigen Worten zusammenfassen: Vor unserer Zivilisation hat es schon eine viel ältere gegeben. Sie hat das Radio, das Fernsehen, die Raumrakete, die Wasserstoffbombe gekannt und ist in einer furchtbaren Atomkatastrophe untergegangen. Vor ihrem Tode haben unsere ältesten Vorfahren, die wußten, daß Überlebende nach einem langen und beschwerlichen Weg versuchen würden, das Abenteuer »Mensch« neu zu bestehen, unsern unmittelbaren Vorfahren eine Botschaft hinterlassen, die künftige Generationen vor ihrem eigenen furchtbaren Schicksal bewahren sollte: Hütet euch vor der Wissenschaft. Hütet euch vor dem Feuer.

Es ist unmöglich, daß diese Warnung nicht der Wahrheit entspricht. In der Stunde, da der Mensch sich anschickt, in den planetarischen Raum vorzudringen, da er Waffen hergestellt hat, die alles Leben auf der Erde vernichten können, in dieser Stunde ist es unerläßlich, die Bedeutung jener warnenden Botschaft zu erkennen.

In den ersten Zeilen der Bibel wird uns die Genesis offenbart: die Erschaffung der Welt genau entsprechend den Forschungsergebnissen der modernen Kosmogonie.

Der Mensch wurde sterblich, weil er vom Baum der Erkenntnis gegessen, d. h. die Wissenschaft kennengelernt hatte.

Wie will man es erklären, daß Menschen viertausend Jahre v. Chr. Kenntnis von der Folge der geologischen Zeitalter gehabt haben, davon, daß bei der Erschaffung der Natur die Mineralien den Pflanzen und die Pflanzen den Tieren vorangingen?

Und wie konnten diese Menschen ahnen, daß das Wissen Todesgefahr bedeutet, was für uns keinem Zweifel mehr unterliegt?

Die Texte sagen: Gott hat den Menschen dieses Wissen offenbart. Für Menschen, die an einen Gott glauben, der redet, donnert, bestraft und belohnt, ist diese Erklärung ausreichend.

Die andern, die eine viel universellere Gottesvorstellung haben, oder die, die überhaupt nichts begreifen – sie bedürfen einer der Vernunft zugänglichen Erklärung, die auch solchen Leuten einleuchtend erscheint wie dem Elektriker, der der Nachfolger des Kerzenmachers ist, oder dem Elektroniker, dessen Tätigkeit sich von der des Uhrmachers der Antike herleitet, oder dem Astronauten, der die Nachfolge des auf Abenteuer ausziehenden fahrenden Ritters angetreten hat.

Wer hat diese Geheimnisse offenbart?

Wenn es nicht Gott war, handelt es sich um einen Menschen oder um die Erfahrung einer Gruppe von Menschen.

Unbekannte, in fernster Vergangenheit lebende Menschen, von deren Existenz wir bisher nichts ahnten, weisen uns den Weg, der an dem Abgrund vorbeiführt: Die Toten schützen die Lebenden.

Die Bibel ist nicht das einzige Buch dieser Art; der Talmud, die Weden, die meisten der heiligen Texte und traditionellen Legenden sind voller unverstandener Anspielungen, die zu bezeugen scheinen, daß vor Tausenden oder Millionen von Jahren menschliche Zivilisationen – irdischer oder außerirdischer Herkunft – bestanden haben, die technische Kenntnisse besessen haben, denen sie eine von uns noch nicht erreichte Beherrschung der Naturkräfte verdankten.

Die Zeugnisse – große Bauten, Bücher – haben dem Zahn der Zeit nicht widerstehen können. Aber Männer haben geniale Methoden ersonnen, um das Überleben dieser Zeugnisse zu sichern. Sie haben das wiederhergestellt, was zu zerfallen drohte, hier einen Stein eingesetzt und dort einen unleserlichen Satz sinngemäß ergänzt.

Ein großer Teil des Erbes unserer Väter ist zerstört.

Was übriggeblieben ist, hat seinen ursprünglichen Charakter verloren. Der Sinn seiner Botschaft ist nicht mehr zu entziffern. Oft auch lehnt sich menschliche Trägheit gegen neue Erkenntnisse auf und weigert sich, eine ungewohnte, überraschende Wahrheit anzuerkennen.

Dennoch taucht diese Wahrheit auf, um uns zu warnen, und liefert uns den Beweis, daß die untergegangenen Zivilisationen wirklich existierten.

Es gibt Gelehrte, die die Existenz solcher Zivilisationen schon nicht mehr als eine Hypothese, sondern als eine Gewißheit betrachten. Wir haben nun hier alle Beweise, Anzeichen, Entdeckungen und Forschungsergebnisse zusammengetragen, die diese neue Vision von der Geschichte der Menschheit glaubhaft erscheinen lassen.
Gewiß: Durch Unbesonnenheit und Zufälle können wir Irrtümern zum Opfer fallen. Doch wir können uns nicht mit einem einzigen Schritt den steilen Weg in die Vergangenheit hinuntertasten, der uns jenseits unserer bisherigen Erkenntnisse, jenseits der Geschichte unserer unmittelbaren Vorfahren, der Gallier, der Griechen, der Sumerer, der Ägypter und der Menschen von Cro-Magnon zu den Zivilisationen hinführt, die wir kennen müssen, denn, ohne es zu wissen, haben wir ihr Erbe angetreten.
Wir müssen damit anfangen, einen kleinen Schritt vorwärts zu tun.

Die Blitzableiter des Königs Salomo

Vor über zwei Jahrhunderten erfand Benjamin Franklin den Blitzableiter; das ist eine Tatsache. Dennoch ist es sicher und von alten Chronisten bestätigt, daß auf dem Tempel Salomos schon vor 3000 Jahren vierundzwanzig Blitzableiter standen.
Dieser Tempel wurde niemals vom Blitz getroffen. Der französische Physiker François Arago hat im 18. Jahrhundert dafür eine Erklärung gegeben.
Das nach italienischer Bauweise konstruierte, mit dick vergoldetem Zedernholz getäfelte Dach war von einem bis zum andern Ende mit spitzen, vergoldeten Eisen- oder Stahlstangen besetzt.
Nach Josephus wollte der Architekt mit diesen vierundzwanzig Metallspitzen verhindern, daß sich Vögel auf dem Dach niederließen und es beschmutzten.
Die Außenwände des Gebäudes waren ebenfalls in ihrer ganzen Ausdehnung mit stark vergoldeten Holzplatten belegt. Schließlich befanden sich noch unter dem Vorhof des Tempels Zisternen, in die hinein das Wasser durch Metallröhren floß.
Wir finden also hier außer den Blitzableiterstangen eine solche Fülle von elektrischen Leitern, daß Lichtenberg mit Recht versichern konnte, der zehnte Teil aller modernen Blitzableitvor-

richtungen könne in der Konstruktion bei weitem keine so befriedigende Anlage aufweisen. (Numa Pompilius, der zweite König von Rom, konnte schon nach Belieben das Feuer des Jupiter, den Blitz, hervorrufen und verriet seinem Nachfolger Tullus Hostilius das Geheimnis. Aber der zweifellos weniger gelehrte Tullus Hostilius konnte davon nicht den rechten Gebrauch machen. Nach Titus Livius und Dionysius beging er eines Tages – im Jahre 630 v. Chr. – einen Fehler in der Handhabung dieser Kunst und fiel bei einer religiösen Handlung vom Blitz getroffen tot zu Boden. Wahrscheinlich handelte es sich um eine schlechte Isolierung. Das beweist, daß Salomo recht daran tat, sein Wissen dem profanen Volk vorzuenthalten. Im sechsten Jahrhundert vor unserer Zeitrechnung kannte Porsenna das Geheimnis des Numa Pompilius und bediente sich seiner, um ein Ungeheuer zu töten, das merkwürdigerweise den Namen Volt trug und im ganzen Königreich Schrecken verbreitete.
Der griechische Historiker und Arzt Ktesias [4. Jh. v. Chr.] lernte auf seinen Reisen in Persien und Ägypten einen Zaubertrick kennen, dem eine wissenschaftliche Erkenntnis zugrunde zu liegen scheint. Ktesias besaß zwei »Wunderdegen«: Wenn er sie mit der Spitze nach oben in die Erde steckte, so konnte er damit Wolken, Hagel und Gewitter vertreiben.)
Abschließend muß gesagt werden, daß der Tempel von Jerusalem mehr als tausend Jahre bestanden hat und somit als der beste Beweis für den wirksamen Schutz durch Blitzableiter angesehen werden kann.
Woher hatten nun aber Salomo und sein Architekt ihre Kenntnis von der Wirksamkeit der Blitzableiter? Und warum haben sie dieses Wissen geheimgehalten?
Das sind Fragen, die sich die Menschen des 20. Jahrhunderts unvoreingenommen stellen müssen, wenn sie bereit sind, auf dem Wege zur Wahrheit fortzuschreiten.

Eine sehr alte Bibliothek

Gehen wir einen Schritt weiter.
August 1937: Im Halbdunkel einer Grotte durchwühlen zwei

Archäologen die ockerfarbene Bodenschicht, die sich vielleicht vor 15 000 oder 20 000 Jahren auf dem felsigen Untergrund abgelagert hat.
Einer der Männer, ein Riese von Gestalt, betrachtet durch seine dicken Brillengläser einen Stein, der kaum größer als eine Handfläche ist.
»Das will ich mir bei Tageslicht ansehen«, meint er. Am Eingang der Grotte flimmert die Nachmittagssonne auf Haufen von Feuersteinen. Der Mann beugt sich über den Stein, wischt ihn mehrere Male sorgfältig ab und läßt ihn in der Sonne funkeln.
»Donnerwetter!« Der ungewohnte Fluch ist kaum seinem Mund entflohen, da ruft er schon einen Kollegen.
»He, Péricard! Kommen Sie doch mal her, und sehen Sie sich an, was es hier auf den Steinen gibt.«
Léon Péricard, ein friedlicher Bürger aus Lussac-les-Châteaux, nimmt den Kiesel in seine linke Hand – die andere hat er vor Verdun verloren.
»Man sollte meinen: Schriftzeichen. Sie denken doch nicht –?«
»Doch«, antwortet der Riese – Stéphane Lwoff mit Namen –, »das denke ich allerdings. Ich bin sicher, daß in diesen Stein und vielleicht in alle auf dem Haufen links in der Höhle von prähistorischen Menschen Bilder eingraviert worden sind.«
Léon Péricard kommt aus dem Staunen nicht heraus. Eine flüchtige Untersuchung bestätigt, daß die auf dem ganzen Haufen liegenden Kieselsteine mit Hunderten von eingravierten Zeichnungen bedeckt sind, die sich manchmal überlagern. Stéphane Lwoff ist der erste, der, die Beweise in der Hand haltend, feststellt:
Auf diesen vor 15 000 Jahren gravierten Steinen sind die Männer und Frauen und die Kinder genauso gekleidet wie wir auch. Sie tragen Jacken, kurze Hosen und Schuhe und auf den Köpfen Hüte.
Diese Entdeckung, die alles, was die klassische Vorgeschichte bisher geglaubt hatte, in Zweifel stellte, wurde im Jahre 1938 vom Abbé Breuil für authentisch erklärt. Zur Zeit liegen einige der kostbaren Steine von Lussac in einer Schauvitrine im Musée de l'Homme, wohlgemerkt nicht alle Fundstücke, sondern nur die harmlosesten, die zu den klassischen Theorien nicht zu sehr in Widerspruch stehen. Eine neue sichere Erkenntnis: Die Men-

schen des Magdalénien, die vor 15 000 Jahren im Poitou wohnten, kleideten sich beinahe genauso, wie wir uns heute kleiden. Sie bewohnten auch sicherlich Städte mit Straßen und aus Stein und Lehm gebaute Häuser. Es gab dort Handwerker – Schneider, Maurer, Tischler, Friseure und Dekorateure.
Mit der Entdeckung der gravierten Kieselsteine von Lussac gewann die Vorgeschichte ein anderes Gesicht. Sie bekam einen neuen Sinn. Die Vergangenheit tauchte empor aus dem Dunkel. Unsere Vorfahren legten das rauhe Gewand ab, in das man sie bisher gekleidet hatte.

Die Karten des Piri Re'is

Wir wollen noch einen Schritt in die große Finsternis tun.
Juli 1957: Im Tokapu-Palast in Istanbul findet man alte Karten, die dem türkischen Kapitän Piri Re'is gehört hatten, der, nachdem er erst ein Korsar gewesen war, im Jahre 1550 die ottomanische Flotte kommandierte.
Von Piri Re'is kannte man die in der Berliner Staatsbibliothek aufbewahrten zwei Bahrija-Atlanten, die erstaunlich exakte Wiedergaben des Roten Meeres und der mittelländischen Inselwelt enthalten, aber als der amerikanische Ingenieur Arlington H. Mallery die Karten von Topkapu untersuchte, sollten sie sich als noch außerordentlicher erweisen.
Sie bildeten wahrscheinlich Teile eines vollständigen Atlas. Sie gaben sehr genau die Umrisse Westafrikas sowie Süd- und Mittelamerikas wieder. Als Randbemerkungen hatte Piri Re'is selbst die folgenden Erläuterungen dazu geschrieben: »Diese Karten sind nach den Darstellungen von zwanzig Seekarten, den Portolanen von vier Portugiesen, die Sind, Hind (Indien) und China umfassen, und nach einer von Christoph Kolumbus gezeichneten Karte angefertigt worden. Was die Navigation auf den Sieben Meeren angeht, so sind sie ebenso verläßlich wie die Karten unseres Vaterlandes.«
Indessen enthalten diese Dokumente neben erstaunlich genauen Einzelheiten verblüffende Unrichtigkeiten, so, als habe man das Lesen dieser Karten absichtlich erschweren wollen.

In der Tat mußte man, um die Karten korrekt lesen zu können, ein Gitter benutzen, dessen sich Piri Re'is selbst bediente und das er vernichtete, bevor er auf Befehl des Sultans Soliman II. hingerichtet wurde, weil er auf Grund einer hohen Bestechungssumme die Belagerung von Gibraltar aufgehoben hatte.
Mit Hilfe von Mr. Walters vom hydrographischen Amt der USA-Marine unternahm Mallery die Entzifferung des Dokuments und rekonstruierte das Lesegitter. Das führte zu einer ganz erstaunlichen Entdeckung: Die Karten stellten eine genaue Aufnahme der Küsten von Nord- und Südamerika und der Antarktis dar und gaben nicht nur die Umrisse wieder, sondern auch die Topographie des Innern dieser Länder: Profile von Gebirgsketten, Täler, Hochebenen und Berggipfel.
Man durfte dabei nicht stehenbleiben. Das Dokument verzeichnete z. B. Gebirgsketten in der Antarktis, die erst im Jahre 1952 entdeckt wurden, und gab deren genaue Höhen an.
Dafür war aber Grönland in Form von drei Inseln dargestellt. Man ließ durch die amerikanische 43. Task Force, die für das Internationale Geophysikalische Jahr abgeordnet war, genaue Nachforschungen anstellen. Seismographische, mit den modernsten Apparaten der Wissenschaft des 20. Jahrhunderts vorgenommene Sondierungen bestätigen die Angaben des Piri Re'is: Hochebenen, Berge, Gipfel waren an den richtigen Stellen eingezeichnet, und Grönland lag in der Tat auf drei großen Inseln.
Es blieben noch mehrere Rätsel zu lösen: Woher hatte Piri Re'is, der das Mittelmeer und die afrikanischen Küsten nie verlassen, diese außergewöhnlichen Kenntnisse, und wo hatte er die von ihm erwähnten berühmten Seekarten gefunden? Warum hielt er die Dokumente geheim? Aus welcher Zeitepoche stammen die geographischen und topographischen Erhebungen? Wie und durch wen wurden sie angestellt?
Eine genaue Untersuchung hat auf die vier Fragen Antworten gefunden.
Piri Re'is hat acht sehr alte griechische, aus der Zeit Alexanders des Großen stammende Seekarten kompiliert, die also wenigstens eintausenddreihundert Jahre alt sind. Da er in Ägypten wohnte, hatte er wahrscheinlich Zugang zu den Geheimarchiven der ägyptischen und mohammedanischen Priester.

Das Geheimnis war ihm nur bedingungsweise übermittelt worden, oder da Piri Re'is noch nicht selbst zum Kreis der Eingeweihten gehörte, hatte er begriffen, daß die Verbreitung solcher Geheimnisse gefährlich war.
Vielleicht bezahlte er auch den Besitz der Seekarten mit seinem Leben, und die Gibraltaraffäre war nur ein Vorwand.
Der Sultan Soliman II. war ein sehr gelehrter, besonders in der Geschichte und der Naturwissenschaft bewanderter Fürst. »Soliman« aber ist die türkische Form des Namens Salomo. Der Eingeweihte dürfte den im Besitz gefährlicher Geheimnisse befindlichen Nichteingeweihten beseitigt haben lassen. (So wurden Pythagoräer getötet, weil sie ein mathematisches Geheimnis verraten hatten.)
Die Herren Mallery und Walters sowie Daniel Lineham, der Direktor des Weston-Observatoriums in den USA und Chef der seismologischen Forschungsgruppe im Geophysikalischen Jahr, sind der Meinung, daß die Angaben der Karten wenigstens aus der Zeit 5000 v. Chr. stammen.
Die Eiszeitforscher sind der Ansicht, daß die Karten den Zustand vor der letzten Eiszeit widerspiegeln und also mehr als zehntausend Jahre alt sein müssen. Das wird auch bewiesen durch die auf Erosion zurückzuführenden Veränderungen im Profil der Küsten.
Was nun die technischen Mittel betrifft, die solche kartographischen Aufnahmen, besonders der Gebirgsketten, ermöglichten, können sie nur aus der Luft eingesetzt worden sein. Arlington H. Mallery bemerkt etwas spöttisch: »Die alten Geographen müssen also ihre Aufnahmen vom Flugzeug aus gemacht haben.«
Im hydrographischen Amt der US-Marine ist man der gleichen Ansicht.
Die Alten sollen die Luftfahrt nicht gekannt haben, und doch handelt es sich bei jenen Karten um Aufnahmen aus der Luft.
Der Historiker Georges Ketman, der sich mit diesem Problem befaßte, kommt zu folgendem Ergebnis: Es gibt wissenschaftlich ungelöste Rätsel, die uns anzunehmen zwingen, daß es vor Tausenden von Jahren hochentwickelte Zivilisationen gegeben hat, die entweder auf der Erde existierten oder wenigstens mit der Erde in Verbindung standen.

November 1961: Ein wißbegieriger Archäologe besucht das Musée de l'Homme am Place du Trocadéro in Paris. Er steigt zur ersten Etage empor, bewundert im Vorbeigehen die Vitrinen mit den Funden von Lussac-les-Châteaux und von Montignac-Lascaux, durchschreitet den Kolumbien gewidmeten Saal und steigt eine Marmortreppe empor.
Die hohen Wände sind geschmückt mit Basreliefs, Abgüssen von präkolumbianischen Skulpturen und Rosetten, die aus den Kulturen der Maya, der Azteken und der Inka stammen.
Oberhalb der monumentalen Treppe eine dunkle Masse. Der Mann bleibt stehen und kostet die spannende Minute aus, die einer Entdeckung vorangeht.
Er holt aus seiner Tasche vergrößerte Photographien von Menschen, die fast karikiert, äußerst stilisiert dargestellt sind. In ihre Köpfe sind komplizierte Vorrichtungen graviert mit wohlberechneten Umrissen und präzisen Gelenken.
Auf den ersten Blick erinnern sie an mit Düsen- oder Strahltriebwerken versehene Raumanzüge, wie man sie zweifellos im Jahre 2000 erfunden haben wird.
Die dunkle Masse, die die Aufmerksamkeit des Archäologen erregt hatte, ist ein von einem Tor durchbrochener Monolith mit einem Giebel und einem dreireihigen Fries. Dieser Monolith hat auch einen Namen: Das Sonnentor von Tiahuanaco (Bolivien). Sein Alter ist unbestimmbar. Kein Zeuge aus irgendeiner Epoche hat je die in den Anden gelegene Stadt Tiahuanaco anders als in Ruinen gesehen.
Der Archäologe vergleicht die Maschinen auf seiner Photographie mit den Figuren auf dem Steinfries. Es ist doch a priori unmöglich, daß Raumfahrtanzüge sich auf dem Monolith wiederfinden. Er tritt näher. Vor ihm in Reichweite diese mysteriösen Steingravüren – gewiß, nur ein Gipsabdruck, der aber sicher das Original getreu wiedergibt –, diese Gravüren gleichen genau denen auf seiner Photographie.
Unsere im Poitou lebenden Vorfahren kleideten sich also wie wir in Jacken und Hosen; zu gleicher Zeit hatten aber andere in Amerika lebende Vorfahren schon Raumschiffe erfunden, die unseren

Sputniks, dem Discoverer und den Atlasraketen überlegen waren. Da hatte man die Beweise.
Was wußten wir denn überhaupt?
Und was besagten unsere Erfindungen, unsere Entdeckungen, unsere ganze Wissenschaft, wenn lange, lange vor uns lebende Menschen – die Erinnerung an sie war im Dunkel der Zeiten verschwunden – unsere Entdeckungen vorweggenommen und Zivilisationen geschaffen hatten, die vielleicht fortgeschrittener als die unsere waren?
Doch die schlagendsten Beweise schienen den Menschen unserer Zeit unbekannt geblieben zu sein, als hätte niemand jene steinernen Texte genauer betrachtet.
Unmöglich. Die Weisen, die Eingeweihten hatten doch sicherlich diese Texte verstehen und übersetzen können. Aber sie hatten geschwiegen.
Daraus ergibt sich mit großer Wahrscheinlichkeit eine Schlußfolgerung: Es bestand eine Geheimgesellschaft, eine Verschwörung der Eingeweihten, die zweifellos die Mission hatten, vor den Menschen das wundersame Abenteuer ihrer Urahnen geheimzuhalten.
Seit jenen fernen Zeiten ist den Steinzeitmenschen, den Sumerern, den Griechen, den Galliern, den Menschen des Mittelalters ein höheres Wissen übermittelt worden, ohne daß jemals das Wesentliche, das Gefährliche den Uneingeweihten preisgegeben wurde.
Diese Verschwörung muß seit mindestens 6000 Jahren bestanden haben. Den Menschen wurde nur das Wissen enthüllt, das sie ohne Gefahr vertragen konnten, aber was durch seine Verbreitung gefährlich werden konnte, wurde geheimgehalten.
In den Reihen der Verschworenen befanden sich ägyptische, jüdische, indische, mohammedanische und christliche geistige Führerpersönlichkeiten; ferner die Priester und kirchlichen Würdenträger Europas, Asiens und Afrikas, gewisse mongolische und zentralamerikanische Schamanen und Mönche des Okzidents.
Die Tradition pflanzte sich mündlich fort; indessen existieren doch schriftliche Dokumente in der Bibliothek des Vatikans, in den Büchereien der eingeweihten Imams des Maghreb und des Mittleren Orients, in den Museen, wo die babylonischen Ziegel

(die man nicht übersetzen will) aufbewahrt werden. Und sicher auch in Tiahuanaco in Bolivien, im Musée de l'Homme zu Paris, in Istanbul und in Peking. (Die bekanntesten schriftlichen Zeugnisse sind die Bibel und der Talmud. Besonders das erste Buch des Pentateuch – die Schöpfungsgeschichte –, das man Moses verdankt, enthüllt ein geheimes Wissen in einer dem Verständnis des antiken Menschen angepaßten Sprache, das aber über unsere modernen Kenntnisse hinausgeht.) Seit wenigstens 6000 Jahren wissen Menschen etwas, was sie verschweigen müssen.
Und seit 6000 Jahren stellen uneingeweihte Menschen Versuche an, machen Erfindungen, sind schöpferisch tätig für den Fortschritt der Wissenschaft und der Zivilisation.
Obgleich es zwischen den Verschworenen und den Suchenden keine Feindschaft gibt, hemmen die Verschworenen doch die Entwicklung. Heute noch halten sie vielleicht den Schlüssel in Händen, der die Tür zu dem verbotenen Heiligtum öffnet, aber die Wissenschaftler unserer Zeit haben beinahe alles wieder entdeckt, was das Heiligtum enthält, vielleicht sogar noch mehr.
Die Rollen erscheinen vertauscht. Diese Suchenden bereiten ihrerseits eine neue Verschwörung vor. Die Menschen, mit wenigen Ausnahmen, stehen diesem geheimen Krieg mit Gleichgültigkeit gegenüber. Er spielt sich im Dunkel ab. Sein Einsatz: die Zukunft der Menschheit, die Weltherrschaft.
Seit die Forscher unserer Tage die alten Meister eingeholt und sogar überholt haben, ist ein neues Zeitalter angebrochen. Es begann in den Jahren 1940–44 mit der Herstellung der Atombombe und dem Aufkommen der Kernwissenschaft. Von diesem Zeitpunkt an sind alle Bücher, die von Chemie, Biochemie, Physik und auch Philosophie handeln, völlig veraltet. Man hat sie an allen Universitäten umtauschen müssen.

Das Leben ist phantastisch

Die letzten Entdeckungen in der Biochemie und in der Atomphysik haben uns vielleicht wirklich den Schlüssel zu den Geheimnissen gegeben, die Moses und die großen Eingeweihten uns so sorgfältig vorenthalten haben.

Es ist durchaus möglich, daß die Verfahren zur Herstellung der Wasserstoffbombe, der pharmakodynamischen Drogen und der Raketentreibstoffe, die heute im Pentagon und im Kreml geheimgehalten werden, schon seit Jahrhunderten im Vatikan, zu Rabat und in Benares aufgezeichnet lagen. So enthüllt sich allmählich die unbekannte Geschichte der Menschheit, deren Anfänge in den Abgründen der Vergangenheit und zweifellos auch in den Tiefen des Weltraums zu suchen sind.

Das Abenteuer »Mensch« erscheint immer weniger auf den irdischen Raum beschränkt und fügt sich ohne zeitliche und räumliche Begrenzung in die Entwicklung des Universums ein. Was wir jetzt wissen, ist schon einmal bekannt gewesen, und die künftigen Fliegenden Untertassen, die von der Erde zum Mond und zur Venus fliegen werden, können sich nur an die Raumrouten halten, die zu den Kolonien oder den Nekropolen unserer Vorfahren führen.

Die Wissenschaft – seit der unendlich fernen Vergangenheit bis in die unendlich ferne Zukunft – ist immer im Zustand der Gegenwart. Wißbegierige und vorwitzige Geister haben das Phantastische schon seit eh und je vermutet: Anaximander, Epikur, Petronius aus Himera, Origenes, Archelaos von Milet, Plutarch (»Das Aufhören der Orakel«), Lukrez (»De rerum natura«), Roger Bacon (»Speculum Alchimiae – Opus Maius« und besonders »Traktat über die Optik oder Perspektive«), Descartes (»Méditations métaphysiques«), Swedenborg, Young, Milton (»Paradise Lost«), Eliphas Levi und viele andere.

Camille Flammarion (»La pluralité des mondes habités«) hat seinerzeit Hypothesen aufgestellt, die den Gelehrten nur ein mitleidiges Lächeln entlockten. Er deutete das Wesen des Kosmos, wälzte alle möglichen Probleme, doch ohne auch nur einen einzigen Beweis für seine Behauptungen beizubringen.

Dennoch eröffnete er den Wettlauf nach dem Unglaublichen. In Amerika, in Frankreich, in England, in Deutschland nahmen ihm wißbegierige Geister den Stab aus der Hand: Charles Hoy Fort, Arthur Machen, Robert Amadou, Gérard Heym, Garcia Beltran. Es blieb Louis Pauwels und Jacques Bergier vorbehalten, die letzten in das Land des Ungewöhnlichen führenden Tore zu sprengen und durch ein bewunderswertes Werk in einem großen, zunächst erschrockenen, aber bald überzeugten Publikum das Bewußtsein von der Wirklichkeit des Phantastischen zu wecken.

Im unendlich Fernen wie im unendlich Nahen, im unendlich Großen wie im absurd Banalen ist das Phantastische immer gegenwärtig. Selbst das tägliche Leben ist phantastisch, nicht nur durch die Raketen, die sich in den Weltraum schwingen, nicht nur durch das Fernsehen und die Wunderdrogen, sondern durch das, was vor aller Augen liegt und was doch niemand sieht, durch das, was totgeschwiegen wird und was niemand wissen will.

2000 Jahre lang haben die Einwohner von Grand-Pressigny (Indre-et-Loire), 15 km von La Roche-Posé gelegen, Millionen von bearbeiteten Feuersteinen nicht beachtet, von denen viele die Größe eines Zweipfundbrotes erreichten und die offenbar von Menschen zugehauen worden waren. Niemand kam es in den Sinn, daß diese Steine, gegen die die Pflüge, die Hufe der Pferde, die Holzschuhe der Arbeiter dauernd stießen, Werkzeuge waren.

Noch niemand oder fast niemand weiß das: Die von den Archäologen der ganzen Welt mit Eifer gesuchten Schaber und Feuersteinkernstücke (Nuclei) bedecken hier 4000 Hektar Felder. Man kann sie mit einer Schippe aufsammeln und in Schubkarren wegfahren. Man kann in einer Stunde ein kleines Museum zusammenstellen. Aber wer kümmert sich schon darum?

Man kann noch mehr Beispiele von merkwürdigen Unachtsamkeiten in unserm alltäglichen Leben anführen.

Fragen wir einmal zehn Personen, wie die vierte Stunde auf dem mit römischen Ziffern versehenen Zifferblatt ihrer Stutzuhren bezeichnet ist. I, II, III ... und? Neun werden eine falsche Antwort geben. (Die vierte Stunde auf den meisten Stutzuhren mit römischen Ziffern wird mit IIII, nicht mit IV bezeichnet.)

Noch erstaunlicher: Die Passagiere der »Normandie« erfuhren nicht, daß bei ihrer Jungfernfahrt von Le Havre nach New York der Dampfer praktisch ohne Schrauben in Amerika ankam. Sie waren durch Ultraschallwellen zerstört worden, wie Professor Prudhomme vom Pasteur-Institut festgestellt hat. Er empfahl die Verwendung von Schiffspropellern mit gewölbten Flügeln, die diese Gefahrenquelle ausschalten.

Andererseits findet man die Experimente, die die Amerikaner über ihren Flugplätzen anstellen, hochinteressant: Durch starke

Ultraschallwellen wird Nebel zerstreut und in Regen aufgelöst. Manchmal findet sich auch für das Phantastische eine der Vernunft zugängliche Erklärung, wie z. B. bei den mysteriösen Unfällen, die Pierre Michelin und dem Schriftsteller Albert Camus zugestoßen sind.

Straßen des Unheils

Am 4. Januar 1960 um 2.10 Uhr nachmittags fand Albert Camus den Tod an einer Platane am Kilometerstein 88,4 der Route Nationale 5 zwischen Pont-sur-Yonne und Paris. »Welch ein merkwürdiger Zufall«, sagte einige Stunden danach der Fahrer des Leichenwagens von Villeblevin. »Das ist der zweite Bewohner von Lourmarin, der an dieser Stelle tödlich verunglückt ist, und ausgerechnet wieder an der Platane des Kilometersteins 88,4.«
Vierzig Jahre vorher hatten die aus den Ruinen des Schlosses von Lourmarin (Vaucluse) verjagten Zigeuner einen Fluch über alle jene ausgesprochen, die an der Wiederherstellung dieser ihrer alten Behausung mitarbeiten würden. Zwischen 1925 und 1960 starben von den das Schloß besuchenden Personen zwölf Menschen eines plötzlichen oder wenig natürlichen Todes. Albert Camus, der über diesen Fluch lachte, wurde das dreizehnte Opfer.
In Deutschland scheint der Kilometerstein 23,9 an der Straße von Bremen nach Bremerhaven eine ähnliche Rolle gespielt zu haben. In unmittelbarer Nähe fanden am 19. April 1931 der Asienforscher Emil Trinkler und sein Chauffeur den Tod. Da sich die tödlichen Unfälle am selben Ort wiederholten, wurde der Kilometerstein fortgenommen und in das Bremer Museum gebracht, ohne daß allerdings die Verfluchung aufgehoben wurde. An derselben Stelle fuhren die Autos weiter aufeinander oder prallten gegen die Chausseebäume.
Eine andere Unfallserie wird vielleicht diese Zufälle in einem andern Licht erscheinen lassen.
Im Jahre 1949 fuhr der Industrielle Jean-Luc Michelin mit 120 km Stundengeschwindigkeit auf der breiten, geraden Straße der Route Nationale 7 zwischen Briare und Montargis.
Kein anderes Fahrzeug war in Sicht. Plötzlich, ohne erkennbaren

Grund, sprang der Wagen von der Chaussee und zertrümmerte einen der am Straßenrand stehenden Bäume, wobei der Motor mit lautem Krachen explodierte.
»Das ist merkwürdig«, sagte ein Augenzeuge des Unfalls. »Das Auto fuhr schnell, aber die Straße war vollkommen frei. In zehn Jahren hat es an dieser Stelle mehr als zehn Tote gegeben.«
Die Familie Michelin wurde besonders heimgesucht: 1937 werden Pierre Michelin und vier Verwandte zwischen Briare und Montargis getötet. 1947 entgeht Pierre Boulanger, der Präsident der Société Michelin, mit knapper Not dem Tod an derselben Stelle. 1949 finden Jean-Luc Michelin und drei Personen an derselben Stelle den Tod. Man brachte bald zusammenhangslose Erklärungen vor: »Es gibt nicht ganz geheure Stellen. Das ist die Rache, die die Straße an den Rittern vom Volant nimmt.«
Unter welchem Gesichtspunkt man auch den Unfall von Albert Camus betrachten mag – er bleibt rätselhaft. Es ist mathematisch unmöglich – nicht eine Chance auf 10 Milliarden –, daß zwei Einwohner von Lourmarin im Vaucluse, 600 km von ihrem Heimatdorf entfernt, an demselben Baum des Departement Yonne ihren Tod finden.
Was den Fall Michelin angeht, so hat ein Arzt des Hospitals Sainte-Anne eine einleuchtende Erklärung gefunden, die von einem andern Arzt, Marcel Lapipe, Preisträger der Académie de Médecine, klar formuliert wurde: »Jeder Mensch, der epileptisch veranlagt ist, bekommt einen Anfall, wenn seine Augen von zehn Lichtblitzen in der Sekunde getroffen werden. Wenn die Sonne hinter den Chausseebäumen der Route Nationale 7 untergeht und ein Kraftfahrer mit 120 km Stundengeschwindigkeit fährt, so gelangen durch das Wechselspiel von Licht und Schatten genau zehn Lichtblitze pro Sekunde in seine Augen.«
Pierre Michelin war das Opfer dieses unheilvollen Phänomens geworden.
Aber noch etwas anderes, was die Augen nicht sehen können und was der Verstand nicht begreifen will, geht weit über das Mysterium des alltäglichen Lebens hinaus. Unerklärliche Elemente dringen in die Geschichte, die Prähistorie und die Überlieferung ein und werfen unsere Denkgewohnheiten, unsern gesunden Menschenverstand über den Haufen.

Die am weitesten zurückliegende Periode, die wir in der Geschichte der Menschheit kennen, scheint doch die Zeit zu sein, da unsere kaum mit Verstand begabten Ahnen sich von ihren auf den Bäumen lebenden Gorillavorfahren trennten, sich ihre Werkzeuge aus Feuerstein anfertigten, Leib an Leib mit den Bären kämpften, ihre Höhlen mit leuchtend farbigen, einem magischen Zweck dienenden Malereien schmückten.
Aber sollen diese Kerle die Geschichte vom Baum, vom Apfel und von der Schlange in die Welt gesetzt haben?
Beweist die Bibel nicht die Existenz von weit höherstehenden Ahnen?
Offenbarte Texte und jüngste Entdeckungen haben ein helles Licht auf den unbekannten Himmel der geologischen Zeitalter geworfen, vielleicht bis zur Grenze Null, wo alle Überlieferung anfing. Aus ihrem Studium werden wir eine bisher unerforschte Vergangenheit erkennen, für die wir einen neuen geheimnisumwitterten Namen geprägt haben: *die Primhistorie.*

UNSERE HÖHERSTEHENDEN VORFAHREN

Vor dem Neandertaler oder dem Cro-Magnon-Menschen, der gerade noch den Feuerstein zu bearbeiten verstand, gab es keinen Homo sapiens, einen mit Vernunft begabten Menschen. So wenigstens lehrte es die klassische Wissenschaft der Vorgeschichte.
Aber nun, da die Menschen sich mit Blitzesschnelle dem Abenteuer der Raumfahrt hingeben, da uns die Botschaften von Tiahuanaco und die auf der Karte des Piri Re'is zur Verfügung stehen, haben wir die Gewißheit, daß die Stunde der Menschwerdung nicht in den Höhlen jenseits des Rheins oder von Les Eyzies geschlagen hat.
Als ob der zum Baumeister geborene Mensch, der nach Meinung der Prähistoriker vom Gorilla der Tertiärzeit abstammt, der seinerseits jeden Tag seine Behausung im Blätterwerk der Bäume neu zusammenflocht, als ob dieser Mensch Höhlen bewohnt hätte!
Die prähistorischen Menschen konnten sehr wohl Hütten, Häuser aus Stein und Befestigungen bauen. Nirgends findet man, daß sie Höhlen ausgebaut hätten, um sie wohnlicher zu machen. Die Menschen des Feuersteinzeitalters hätten das doch sicher getan, wenn ihnen die Höhlen als Behausung gedient hätten.
Die Höhlen dienten wie heute als Werkstätten und Schuppen und konnten natürlich – wie auch heute – ausnahmsweise einige enterbte Mitglieder des Stammes beherbergen.
In der Tat, wenn die Menschen Höhlen bewohnt hätten, wo sollten die denn liegen in den prähistorisch erschlossenen Gebieten, nach denen man weltbekannte geologische Epochen benannt hat: das Tardenoisien, das Pressignien, das Acheuléen, das Chelléen, das Levalloisien? Wo findet man Höhlen in la Fère-en-Tardenois, in Saint-Acheul, im Pas-de-Calais, in Chelles, in Levallois-Perret?

Grand-Pressigny (Indre-et-Loire) kann sich rühmen, die größten Feuersteinwerkstätten der Welt zu besitzen. Millionen von Fauststeinen, von Schabern und doppelseitig bearbeiteten Werkzeugen bedecken ein Gelände von 4000 Hektar in einer 1 bis 2 Meter dicken Schicht. Und in diesen Gegenden findet man nicht eine einzige Höhle.

In Charroux (Vienne) befanden sich in prähistorischer Zeit so bedeutende Werkstätten, daß man auf zehn Hektar Land auf Schritt und Tritt Steinäxte finden kann. Diese Fundstätte, die zweitgrößte der Welt, liegt vier bis fünf Kilometer weit von 49 Höhlen, die in die Uferwände der Charente eingewaschen sind. Keine dieser sorgsam durchforschten Höhlen zeigt auch nur eine Spur davon, daß sie bewohnt gewesen ist.

Überdies, wie soll man sich vorstellen, daß der Mensch, der den Erdball mit Millionen von Häusern, Hallen und Schlössern bedeckt hat, nicht schon bei seinem ersten Erscheinen zu bauen verstand, wo doch die meisten Tiere ihre Behausungen flechten, bauen und sogar mauern können?

Wir haben übrigens Beweise, daß der prähistorische Mensch mauern konnte, und man hat subtile Umschreibungen angewandt, um diese bedeutungsvolle Tatsache zu verschleiern.

In ihrem Buch *Les Hommes de la pierre ancienne* schreiben zwei Autoritäten, der Abbé Breuil und Professor Lantier, wörtlich folgendes: »Die prähistorischen Zivilisationen haben gleicherweise den Backofen gekannt, einen runden, aus den trockenen Steinen des Drachenlochs aufgebauten Ofen, der in Noailles (Carrèze) zum Backen benutzt wurde. Ein rechteckiges Gebilde aus zugehauenen Steinen, die nach dem Innern zu leicht geneigt sind und deren Lücken in den Winkeln durch kleinere Steine ausgefüllt wurden, die durch ein Gemisch von Lehm, Kalk und Sand an Ort und Stelle festgehalten wurden.« Eine schöne Umschreibung für »zementierte Steine«.

Unsicherheit der prähistorischen Forschung

Wenn die prähistorischen Menschen den Mörtel kannten, dann konnten sie auch mauern, also auch ganz sicher Hausmauern herstellen. Und daraus geht eins hervor: Sie waren keine Höhlenbewohner, sie statteten ihre Häuser mit Geräten aus, verstanden, Holz und Knochen, auch Leder zu bearbeiten, konnten sogar weben. Kurz, sie treten unwiderruflich aus der Nacht heraus, in die man sie zurückstoßen wollte, und nehmen ihr wahres Gesicht an.

Man hat von einer Periode der (polierten) bearbeiteten Feuersteine gesprochen, die auf die Zeit des einfach gespalteten Feuersteins gefolgt wäre. Mit andern Worten, die Menschen hätten zuerst den Feuerstein gespalten, um daraus Werkzeuge zu machen, und seien dann allmählich zu einer zivilisierteren Periode des bearbeiteten Feuersteins fortgeschritten. Darüber läßt sich durchaus reden.

Es hat nämlich niemals eine Epoche des polierten Feuersteins gegeben, aus dem einfachen Grunde, weil man sehr wenig Werkzeuge aus poliertem Feuerstein findet, dagegen haufenweise Werkzeuge aus gespaltenem Feuerstein.

Die polierten Äxte, von denen man so viel hermacht, waren als Werkzeuge nicht zu benutzen. Sie waren rund (stumpf), man konnte mit ihnen weder schneiden noch schaben und nur sehr schwer sägen, während der gespaltene Feuerstein sofort leicht verwendbar ist.

Diese polierten Äxte – es handelt sich in 99 von 100 Fällen um Äxte – sind wahrscheinlich Weihgaben, die man verschenkte oder aus einem künstlerischen Bedürfnis schön polierte. Vielleicht dienten sie auch als eine Art Tauschgeld.

Überdies gibt es keine Fundstätten, in denen nur polierte Feuersteine vorkommen; sie finden sich immer zusammen mit gespaltenen Feuersteinen und Splitterwerkzeugen.

Endlich siegt der gesunde Menschenverstand.

Als ich eines Tages meine Auffassung Professor Nouvel, dem Direktor des Zoos von Vincennes und des botanischen Gartens von Paris, vortrug, rief er aus: »Das ist unsinnig. Jeder kann den Feuerstein polieren, aber niemand versteht ihn zu spalten.«

Wenn es eine Periode des polierten Feuersteins gegeben hat, so ist sie sicherlich der des gespaltenen Feuersteins vorausgegangen.

In Frankreich leben nur vier oder fünf Menschen, die den Feuerstein spalten können. Aber Millionen Franzosen könnten mit ein wenig Geduld leicht eine Axt polieren.

Außerdem ist die Theorie, daß der ursprünglich stumpfsinnige Mensch vom Affen abstammt, keineswegs erwiesen. Seit einem Jahrhundert sucht man, um diese These zu stützen, nach Skeletten von prähistorischen Menschen, die eine Million Jahre alt sein müßten. Wenn die Prähistoriker auch keine entscheidenden Funde gemacht haben, so haben sie doch ein Entwicklungssystem aufgestellt: Auf diese Weise entstanden Begriffe wie: Proconsul, Mensch von Grosseto, Zinjanthropus, Pithecanthropus, Atlanthropus, Africanthropus usw. usw. Wahrlich eine magere Ausbeute: das Schienbein des Grosseto-Menschen; den Kiefer des Atlanthropus; ein Häufchen Asche: der Zinjanthropus; ein handtellergroßes Stück einer Schädeldecke aus Gips – das Original besitzen wir leider nicht mehr –: der Sinanthropus; kümmerliche und kümmerlichste Überreste vom Australopithecus beziehungsweise Plesianthropus. Was den Menschen von Piltdown anlangt, so handelte es sich um einen Schwindel. Und der Sinanthropus war, nach Auffassung von Marcellin Boule, nichts anderes als ein wildes Tier. (In dem Buch *Les Hommes de la pierre ancienne* von H. Breuil und R. Lantier zieht man auf Seite 149 die Bilanz des Neandertalfundes: »Insgesamt 1 Skelett, 9 Schädel, 5 Kiefer und zahlreiche Knochenteile.« Ferner auf Seite 150: »Die ältesten Reste europäischer Menschen sind ungleich seltener. Nur drei Funde können anerkannt werden.« Und unter diesen drei Funden befindet sich der Schädel von Piltdown, der sich als Medizinstudentenulk herausstellte.)
Das Volumen der Schädelkapsel dieser Vorfahren faßte nicht mehr als sechs- bis siebenhundert Kubikzentimeter, gegenüber 1500 bis 1600 Kubikzentimetern beim Menschen unserer Zeit. Solche Vorfahren hätten also nur die Intelligenz und die geistige Fähigkeit eines Gorillas besessen.
Wie kann man nur auf einer Handvoll Knochenresten – die noch dazu aus Gips, gefälscht oder umstritten sind – eine exakte Wissenschaft aufbauen?
In Wahrheit ruht diese Wissenschaft nur auf fragwürdigen Hypothesen. Man findet keine Skelette von prähistorischen Menschen, die als Bindeglieder zwischen Mensch und Affe angesehen werden könnten. Man findet keine Schädel mit 1100, 1200, 1400 Kubikzentimeter Inhalt, das heißt also, Schädel der uns am nächsten

stehenden Primaten, die man doch logischerweise gerade am leichtesten entdecken müßte. Das führt dazu, den Verlauf der Prähistorie zu entstellen.

Man tut so, als ob man nicht wüßte, daß die Menschen des Paläolithikums mauern konnten, daß sie planmäßig angelegte, befestigte Städte mit Straßen bewohnten, in denen es Handwerker gab und sicher sogar Friseure. Anzeichen dafür und sogar Beweise läßt man in den unterirdischen Abstellräumen der Museen verschwinden.

Was die chronologischen Schätzungen der Fachleute anlangt, so sind sie oft einfach erfunden.

Man weist vielleicht triumphierend auf das berühmte, allmächtige Kohlenstoffisotop C 14 hin, mit dessen Hilfe man das Alter von Knochen oder anderer organischer Substanzen bestimmen will. Nun, die Behauptung, daß dieses radioaktive C 14 verläßliche, für die Vorgeschichtsforschung brauchbare Altersbestimmungen ermöglicht, ist absolut unhaltbar.

Für eine Schätzung bis zu 5568 Jahren (Halbwertszeit von C 14) beträgt der Fehlerfaktor 50 %, bis zu 10 000 Jahren erhöht er sich auf 80 % und so weiter. Das radioaktive Kohlenstoffisotop C 14 kann also das Alter von Knochen und anderen Substanzen auf 15 000 oder auf 50 000 Jahre bestimmen, je nachdem, wie es einem beliebt.

Wenn man sich auf das C 14 verlassen könnte, wüßte man genau, wie alt die Felsmalereien in den Höhlen von Lascaux wären. Man hat dort ja auch noch Knochen gefunden.

In Amerika wird sie sogenannte Radiokarbonmethode häufig als Bluff und Schwindel angesehen. Dr. Morlet berichtet in einem seiner vorgeschichtlichen Werke, daß er amerikanische Gelehrte, Spezialisten auf dem Gebiet der Altersbestimmung durch radioaktiven Kohlenstoff, befragt habe, wie man das Alter der Schicht auf dem Friedhof von Glozel feststellen könne. Man antwortete ihm, daß »eine Altersbestimmung durch C 14 genaugenommen nur bei Knochen durchgeführt werden könne«.

Jean Maréchal, der Chef des Laboratoriums des *Musée des Antiquités*, gibt die erforderliche Menge der zu untersuchenden Substanz an: Zähne – Elfenbein – Knochen = 2,2 kg.

Nun hat man aber Funde – besonders Schädelbruchstücke – da-

tiert, obwohl die Gesamtmenge gewöhnlich nicht mehr als 300 g betrug.
Ganz abgesehen von den Fehlerquellen des Verfahrens erfolgen die Schätzungen, ohne eine Menge Imponderabilien zu berücksichtigen, z. B. die klimatischen Bedingungen einer Gegend, über die man nichts weiß.
Wenn man für das Erscheinen des Menschen auf der Erde ein Datum festlegen will, so ist das eine Spielerei. Die Schätzungen schwanken zwischen 50 000 Jahren (Neandertaler und Mensch von Aurignac) und 10 Millionen Jahren.
Mit einem blechdünn ausgewalzten, in einem Stück Kohle eingeschlossenen Kiefer (vermutlich eines Kindes von 5 bis 7 Jahren) will Professor Johannes Hurzeler vom Baseler Naturkunde-Museum den ältesten Menschen der Welt gefunden haben, den Tertiärmenschen. Gleichzeitig lehnt aber Johannes Hurzeler die Darwinsche Deszendenzlehre ab und verkündet: »Die Chance, daß der Mensch vom Affen abstammt, ist geringer als 1 zu 1000.«
Die klassische Vorgeschichte stellt sich unsere Ureltern vor nach dem Bilde von Skeletten wahrscheinlich degenerierter Individuen, die in Höhlen wohnten, und nach der Qualität von bei ihnen vorgefundenen Gegenständen. Nun, in einer Million Jahren würde man die zu Asche zerfallenen Skelette von Becquerel, von Rodin, von Einstein, von Fermi, von Picasso und ihre verweste fleischliche Hülle und den massiv eichenen Sarg nicht mehr wiederfinden. Statt dessen würde man zufällig in einer Höhle im Poitou, im Departement Indre-et-Loire oder in der Provence das Skelett eines herumlungernden Trunkenboldes ausgraben, eines Höhlenbewohners – es gibt davon in Frankreich noch Tausende! –, der sich in seiner Höhle zum Sterben niedergelegt hätte.
Sein im trockenen Kalkstein gut erhaltenes Skelett hätte dem Zahn der Zeit widerstanden. Die Prähistoriker des Jahres 1 001 963 würden daraus mit feierlicher Miene folgende Schlüsse ziehen: Der Mensch des 20. Jahrhunderts n. Chr. maß 1,60 m. Er war bucklig, krummbeinig und skrofulös. Sein Schädelinhalt betrug 1500 ccm. Seine geistigen Fähigkeiten waren kaum höher entwickelt als die eines Gorillas. Kulturell war er so weit fortgeschritten, daß er den Tonkrug kannte. Als Sitzgelegenheit benutzte er aufgehäufte Steine. Häuser kannte er nicht, infolgedes-

sen waren ihm auch Türen, Fenster und Schornsteine unbekannt. Wenn der Troglodyt nun ein ehemaliger Soldat des 6. Pionierbataillons war, so konnte man bei seinem Skelett noch zwei zu seiner Ausrüstung gehörende Feuersteine vorfinden, die ein Feuerwerker erster Klasse bei sich tragen mußte, um damit die Lunte anzünden zu können.
Daraus könnte man dann logisch folgern, daß der Mensch des Jahres 1963 weder das Eisen noch die Bronze kannte, die ja in ein paar tausend Jahren unwiederbringlich zerfallen mußten, und daß dieser Mensch noch im Zeitalter des Feuersteins lebte.
Ganze Städte, groß wie New York, London oder Paris, würden verschwinden, ohne eine Spur zu hinterlassen. In tiefen Tälern würden sie zerfallen oder, falls sie auf Hochplateaus oder an der Flanke von Gebirgen gebaut waren, sich in Sand auflösen.
Ja, in Sand. Millionen Kubikmeter Sand und Staub – das ist alles, was von den Mauern unserer Häuser, von unseren Glasfenstern, unseren Metallen und unseren Kunststoffen übrigbleiben würde. (Nach 4000 Jahren sind die antiken Städte Babylon und Saba fast nicht mehr aufzufinden. In Frankreich wissen wir nicht mehr, wo Gergovia, Alesia und Vouillé gelegen haben.)
Und der Sand der Meere heute ist teilweise auch nichts anderes: einst glänzende Städte, Paläste, Tempel, kunstvoll gearbeitete Luxusgegenstände, Fenster der Kathedralen, die Schaufensterscheiben großer Kaufhäuser . . .
Allein bestehen bleiben würden – mindestens während einer gewissen Zeit noch – die Edelsteine und sicherlich auch die Feuersteine, die noch auf den Feldern liegen, wenn alles übrige zerfallen und verschwunden ist. (Organische Stoffe, Metalle sowie alle Nichtmetalle sind in einigen tausend Jahren völlig zerstört. Ausnahmen bilden der Feuerstein, der Jaspis, das Glas und einige andere Siliziumverbindungen.)
Die prähistorische Wissenschaft arbeitet langsam und ist schwer in Bewegung zu bringen. Der sehr gelehrte Vertreter des Ministeriums der Schönen Künste eines dem Indre-et-Loire sehr nahe gelegenen Departements hat sieben Jahre gebraucht, um sich zu entschließen, einen kleinen Abstecher zu den berühmtem Silexfundstätten von Grand-Pressigny zu machen.
Es hat Jahrzehnte gedauert, bis die Felsmalereien von Altamira in

Spanien, und Jahre, bis Le Mas d'Azil und Rouffignac als echte prähistorische Fundstätten anerkannt wurden.
In Savigné (Vienne) kümmert sich kein Mensch darum, die ausgedehnte merowingische Totenstadt zu erforschen und zu erhalten. Die Sarkophage werden zerschlagen, um die Straßen zu pflastern und Mauern zu bauen.
In Charroux (Poitou) sind im Februar 1962 Feuersteinlager entdeckt und durch alle Lokalzeitungen – auch mit Photographien – bekanntgemacht worden. Man findet dort haufenweise bearbeitete Äxte. In einem Monat hat man 500 bis 600 gesammelt. Aber keine offizielle Stelle hat sich gerührt.
Und doch ist das Gelände von 100 Hektar mit Äxten geradezu übersät. Es ist zweifellos die größte derartige Fundstätte in der ganzen Welt.
Im Departement Loir-et-Cher befindet sich über einer alten römischen Nekropole eine wunderbare Fundstätte, wo Dr. Filloux aus Contres Amphoren, Töpferarbeiten und Glasgefäße ausgegraben hat, die den Stolz der Museen von Paris, New York und London bilden würden. Auch diese Fundstätte liegt unbeachtet da.
Zur Zeit zermalmen Traktoren die aus Feuerstein gearbeiteten Werkzeuge, die auf den Feldern in den Departements Indre-et-Loire, Vienne, Charente, Dordogne und Lot herumliegen.
Es ist schon ziemlich spät, um da noch etwas zu unternehmen. In zwei, drei Jahren wird es zu spät sein, und die Feuersteine sind zu Staub zermahlen. Unser jetzt noch in der Erde verborgenes, prähistorisches Erbe wird dann unwiederbringlich verloren sein.
Da ist es die kleine archäologische Gesellschaft von Charroux (Vienne), die Appelle an die *Unesco*, an den Präsidenten der Republik, an das *Musée de l'Homme* und an die Presse gerichtet hat. Als Beispiel diene ein Manifest (gekürzt), das durch die *Nouvelle République*, das *Centre Presse* und die Zeitschrift *Aux Ecoutes* veröffentlicht worden ist:

Rettet das Erbe unserer Väter!

Man ist dabei, ein nicht wiedergutzumachendes Verbrechen zu begehen. Die bedeutendsten Werkstätten der prähistorischen Zeitepoche liegen: im Grand-Pressigny (Indre-et-Loire) = 4000 Hektar und in Charroux (Vienne) = 100 Hektar.

Seit einigen Jahren zermahlen Traktoren mit drei Pflugscharen, Steinbrecher und Rotavatoren das kostbare Erbe unserer Väter. Dagegen muß etwas unternommen werden.
Wir lieben unser Land. Wir wollen nicht, daß seine weltberühmten Kostbarkeiten durch Gleichgültigkeit, Nachlässigkeit und Sorglosigkeit vernichtet werden. Wir verlangen, daß die prähistorischen Werkstätten von Pressigny und von Charroux als Fundstätten anerkannt, auf Kosten des Staates ausgebeutet und fachkundig überwacht werden. Die Ausgaben würden kaum ein paar hunderttausend (alte) Francs betragen.

Daraufhin ist nichts geschehen.
Nun, welches Vertrauen soll man noch in die Vorstellungskraft von Menschen setzen, die sich nicht darum kümmern, das Erbe unserer Väter zu retten? Haben sie nicht schon die kostbarsten Dokumente verschmäht, die uns von den alten Zivilisationen überkommen sind: die Ziegelsteine von Glozel, auf die Menschen der Jungsteinzeit eine überaus wichtige Botschaft geschrieben haben – noch dazu in einer alphabetischen linearen Schrift? Und es handelt sich ja nicht nur um die schriftlich überlieferte Nachricht, sondern auch um gravierte Knochen, Armringe, Halsschmuck und Töpferarbeiten. Die ganze künstlerische und von Verstand zeugende Hinterlassenschaft eines Volkes, das zur Zeit des bearbeiteten Feuersteins lebte und kulturell so hochstehend war, daß dadurch alle unsere klassischen Auffassungen von der Prähistorie in Frage gestellt werden.

Glozel ist eine echte Fundstätte

Glozel ist unstreitig eine Fundstätte und wird als solche durch die weit überwiegende Mehrheit der Prähistoriker der ganzen Welt anerkannt.
Glozel ist ein Dörfchen mit vier Häusern, das zur Gemeinde von Ferrières (Allier) gehört. Es liegt ungefähr zwanzig Kilometer südlich von Vichy.
Am 1. März 1924 fanden der junge Emile Fradin und sein Großvater Claude Ziegel, gravierte Tafeln, zwei Blockmeißel, zwei

kleine Steinäxte und zwei flache Steine, die Inschriften trugen. Dreiunddreißig Zeugen, darunter M. Augustin Bert, Lehrer in Ferrières, und der Abbé Naud, der Hauptpfarrer des Kirchspiels, bestätigten die Echtheit des Fundes.

Erst im Laufe des Sommers – in prähistorischen Kreisen ist man nicht neugierig und hat auch keine Eile – begab sich die »Société d'Emulation du Bourbonnais« – so nennt sie sich wirklich – an Ort und Stelle und schickte Proben der Fundstücke an Dr. Capitan vom Musée des Beaux Arts.

Capitan ließ sie dreizehn Monate lang herumliegen. Dann begab er sich eines Tages selbst nach Glozel und erklärte Dr. Morlet, der die Leitung der Ausgrabungen übernommen hatte: »Sie haben da eine wunderbare Fundstätte. Berichten Sie mir bitte darüber.«

Damit war – sollte man denken – Glozel anerkannt.

Die Welt würde zu ihrem Erstaunen von der Existenz einer bisher unbekannten Zivilisation erfahren. Selbstverständlich würden natürlich alle die, die nicht an der Entdeckung teilgenommen hatten, die Lorbeeren ernten, die akademischen Palmen erhalten und geehrt werden.

Doch Dr. Morlet, der Pionier der Entdeckung, war anderer Meinung. Bevor er seinen Bericht abschickte, veröffentlichte er ihn am 23. September 1925 unter dem Titel: Nouvelle station néolithique.

Capitan, wütend und enttäuscht, berief Morlet nach Paris.

»Sie sind gar nicht bekannt. Ihre Broschüre wird sich nicht verkaufen. Setzen Sie meinen Namen an die Stelle des Namens von Fradin« (der doch durch den Domherrn Cote als Finder bestätigt war).

Dr. Morlet lehnte ab. Da war es um Glozel geschehen. Von heute auf morgen wurde die Fundstätte abgelehnt und lächerlich gemacht.

Ja, noch mehr, man erhob Anklage gegen die Fradins. Motiv: Sie ließen sich für die Besichtigung ihres Museums Eintrittsgeld bezahlen, Betrug und Gaunerei.

Dennoch hatte der Abbé Breuil nach Capitan im Jahre 1926 erklärt: »Es handelt sich sehr wohl um neolithische Fundstücke. Ich danke Ihnen. Sie haben mich überzeugt.«

Nachdem sich Dr. Morlet geweigert hatte, den Namen Capitans

mit dieser Entdeckung zu verbinden, versuchte man, die Fradins zugrunde zu richten und ihrem Fund jede Bedeutung abzusprechen. In seinem mutigen Buch *Glozel, trente ans après* versichert Léon Cote, daß persönliche Gründe die Ablehnung motiviert hätten und daß diese zum großen Teil auch auf den persönlichen Einfluß des Abbé Breuil zurückzuführen gewesen sei (trotz dessen anfänglich positiver Einstellung).
Man kannte in den Kreisen der Wissenschaft die gefürchtete Dreieinigkeit Capitan, Breuil, Peyroni (Konservator des Museums von Les Eyzies), die in der Prähistorie eine Monopolstellung innehatten. Nun hatte die Entdeckung von Glozel diese drei Leute unvorbereitet überrascht und ihre Thesen umgeworfen, ohne ihnen die Zeit zu lassen, ihre Reaktion darauf untereinander abzustimmen.
Wenn diese Entdeckung von akademisch abgestempelten Spezialisten gemacht worden wäre – schön und gut.
Aber der Finder war Laie, der sich für unabhängig erklärte. Er hatte es abgelehnt, sich unter die Schirmherrschaft dieser Drei zu stellen, und wollte einen Alleinritt wagen. Als man ihm anbot, daß sein unbekannter Name bescheiden hinter den andern Namen in Erscheinung treten könnte, zuckte er bloß mit den Schultern.
Kein Mittel wurde verschmäht, anonyme Briefe, falsche Telegramme, Betrug. Eines Tages, als die Ausgrabungskommission auf dem Gelände tätig war, ertappte Dr. Morlet Miss Garrod – die graue Eminenz des Abbé Breuil – in flagranti bei einem Täuschungsversuch.
»Mademoiselle! Sie haben doch eben dieses Loch gemacht!« rief Morlet, der die Dame überwachte.
»Nein, nein, das ist nicht wahr«, versicherte sie zweimal.
»Mademoiselle, ich habe Zeugen.«
»Nun ja, ich habe es getan.«
Ein Photograph konnte an Ort und Stelle die Szene im Bilde festhalten. Man sieht, wie Miss Garrod den Kopf senkt, während Morlet in Gegenwart der Zeugen Tricot und Vallat der Kommission auseinandersetzt, was vorgefallen ist.
Kurz, um Glozel zu entwerten und braven Leuten die Ehre abzuschneiden, wurde so viel Unredlichkeit und Tücke ins Werk ge-

setzt, daß sich zuerst der Gemeinderat von Ferrières und dann die Liga für Menschenrechte veranlaßt sah, einzuschreiten. Auch die Justiz stellte sich nicht auf die Seite der Offiziellen. Sie verneinte in allen Instanzen alle Anklagepunkte und verhalf den Fradins zu ihrem Recht.
Dieser kleine französische Bauer hatte über die tonangebenden Koryphäen der Wissenschaft den Sieg davongetragen. Er muß doch wohl recht gehabt haben.
Als der ehrliche Claude Fradin 1951 starb, widmete ihm der Abbé Léon Cote den folgenden, nicht des Humors entbehrenden Nachruf:

Dem Andenken Claude Fradins

Ein französischer Bauer,
Archäologe wider Willen,
Streiter im Krieg der Tonscherben.
Er starb, ohne sich gefragt zu haben,
ob die Archäologie der Gewaltigen des Spatens
nicht eine Wissenschaft sei, in der es
immer noch mehr aufs Faseln (bafouiller)
als aufs Graben (fouiller) ankommt.
L. C.

Glozel ist also rehabilitiert, aber noch immer sind die Spuren der Verleumdung nicht getilgt.
Dennoch handelt es sich um eine ganz außerordentliche Entdekkung: eine jungsteinzeitliche Bibliothek von mehr als 100 mit alphabetischen Zeichen bedeckten Täfelchen – das älteste uns bekannte Alphabet –, Werkzeuge aus gespaltenem Stein, Feldsteine mit wunderbaren Gravierungen und Zeichnungen, ganz einzigartige Töpfereien. Hier in Glozel findet die Wissenschaft der ganzen Welt den Faden, der unsere Zivilisation mit der unserer entferntesten Vorfahren verbindet.
Vor etwa 10000 bis 15000 Jahren, im Magdalénien, wenn man den Fachleuten glauben soll, formten Menschen aus Terrakotta Gefäße und Götterbilder. (Die Echtheit von Glozel ist unbestreitbar, aber möglicherweise hat man es zeitlich zu früh angesetzt.)

Auf Töpferarbeiten, Feldsteine, Schmuckstücke und Täfelchen aus gebranntem Ton ritzten sie geheimnisvolle Zeichen ein, von denen einige die genaue Form unserer Buchstaben zeigen: V, W, L, H, T, I, K, O, G, J, X.
Diese Zeichen stellen offenbar ein Alphabet dar. Sie sind in Linien angeordnet, was beweist, daß die Menschen von Glozel außer der Töpferei und der Skulptur auch die Schrift kannten. Daraus ergibt sich a priori, daß sie auch minder hochstehende Fertigkeiten beherrschten: das Mauern, den Bau von Häusern, die Tischlerei, das Zimmerhandwerk und die Bearbeitung des Eisens.
Ja, ganz sicher kannten sie auch das Eisen.
Natürlich findet man kein prähistorisches Metall, einfach weil ein Gegenstand aus Eisen kaum länger als 1000 Jahre erhalten bleiben kann. Aber eins scheint sicher zu sein: Jene Menschen hätten nicht die Schrift erfinden können, bevor sie das Schmelzen von Metallen verstanden. (Der österreichische Physiker Gurlt soll im Jahre 1886 in einem aus der Tertiärzeit stammenden Kohleblock einen Stahlquader entdeckt haben, der 67 × 67 × 47 mm maß und regelmäßige scharfe Kanten aufwies. Gewicht 785 g. Der Quader soll sich im Museum zu Salzburg befinden. Dieser Fund würde bedeuten, daß unsere Vorfahren vor 10 Millionen Jahren die Metalle und ihre Bearbeitung kannten und folglich einen hohen Grad von Zivilisation erreicht hatten. K. Willvonseder, der Direktor des Salzburger Museums, meint allerdings, daß es sich um einen Irrtum handele. Auch uns scheint es kaum möglich, daß Stahl sich 10 Millionen Jahre halten konnte. Wir geben also diese Nachricht mit allem Vorbehalt wieder.
Dasselbe gilt für die Stahlnägel mit flachen Köpfen, die Charles Brewster in einem aus dem Sekundärzeitalter stammenden Kreideblock entdeckt hat. Es sei denn, unsere hochstehenden Vorfahren hätten das Geheimnis entdeckt, gewisse Metalle unoxydierbar zu machen, was nicht gänzlich unmöglich erscheint. Denn nach amerikanischen Berichten stellten die Indianer schon 2000 Jahre v. Chr. Eisen her, das niemals rostete.
Die im Hofe des Tempels von Delhi [Indien] stehende Säule von Kutub, die 4000 Jahre alt sein soll, ist aus Eisenteilen zusammengeschweißt und zeigt, obwohl sie allen Witterungseinflüssen ausgesetzt war, keine Spur von Rost.)

Eine weitere Feststellung: Wenn man – aus gutem Grund – in den Feuersteinwerkstätten keine Werkzeuge aus Eisen findet, so findet man umgekehrt in Gegenden, wo das Eisen häufig vorkommt (Elsaß, Lothringen), keine Werkzeuge aus Feuerstein. Man kann daraus den Schluß ziehen, so wie heute der Palast neben dem Bauernhaus steht, so wurden wahrscheinlich zur selben Zeit (wenn auch in verschiedenen Gegenden) Werkzeuge aus Eisen und aus Feuerstein verwandt.

Im Mittelalter waren in Frankreich bei armen Bauern noch Feuersteinmesser in Gebrauch; die Kelten benutzten gleichzeitig Werkzeuge aus Eisen, Bronze, Gold und Feuerstein.

Im Jahre 1912 gab es noch französische Bauern, die ihr Land mit hölzernen Pflugscharen bearbeiteten. Heute im Jahre 1963 ist das Zeitalter des Feuersteins noch nicht vorüber. So war auch vor 20 000 Jahren die Verwendung des Eisens nicht allgemein bekannt. In jenen ältesten Epochen war es möglich, sogar wahrscheinlich, daß beides – Feuerstein und Eisen – nebeneinander benutzt wurden.

Es gibt keinen Zweifel, daß unsere ältesten Vorfahren eine Kultur besaßen, die weiter fortgeschritten war, als man es sich gemeinhin vorstellt. Vielleicht verwandten nur die niederen Volksschichten Werkzeuge aus Feuerstein.

Das Wissen und die Fabrikationstechniken wurden nur unter den Eingeweihten weitergegeben, die sich dadurch an der Macht halten konnten. Was in hieratischer Schrift auf den Ziegeln von Glozel geschrieben steht, war dem gewöhnlichen Volk völlig unzugänglich.

Es ist sicher, daß gleichzeitig mit der Zivilisation von Glozel an andern Stellen der Erde noch verfeinertere Zivilisationen existierten, z. B. Tiahuanaco in Bolivien.

Aber die fortgeschrittenen Menschen von Tiahuanaco und Glozel waren gar nicht in der Lage, ihre Kenntnisse der Masse der Menschen mitzuteilen, ebensowenig wie unsere Physiker und Biologen den Zulus und Papuas Physik- und Biologieunterricht erteilen könnten.

Übrigens, wollten sie überhaupt ihr Wissen preisgeben?

Das Wissen preisgeben, ohne die absolute Macht auf Erden zu besitzen, das wäre für die Eingeweihten der Anfang einer Zeit des

Verbrechens gewesen, vor der sie ihrer Sendung gemäß die Menschheit bewahren sollten.
Waren diese höheren Kenntnisse ein Erbe der ältesten Zivilisation der Erde, oder kamen sie aus dem Kosmos hierher?
Uns erscheint zweierlei fast gewiß zu sein. Erstens: Unserer prähistorischen Epoche ist eine sehr weit vorgeschrittene Zivilisation vorangegangen. Zweitens: Das kosmische Abenteuer der Raumfahrt, das wir in unserer Zeitepoche durchleben, ist schon von andern menschlichen Wesen durchlebt worden.
Es ist absurd und unlogisch, von unsern Vorfahren anzunehmen, daß sie minderwertige, lächerliche Menschen gewesen seien, ohne Intelligenz und ohne Instinkte. (Alle Tiere haben Intelligenz und Instinkt, die ihnen z. B. das Wissen vermitteln, wie sie bauen sollen. Die Maulwürfe, die Schmetterlinge, die Ameisen, die Raupen, die Vögel besitzen dieses Wissen im höchsten Grade. Die klassische Prähistorie dagegen will dem Menschen diese schöpferischen Fähigkeiten nicht zuerkennen.)
Die Überlieferung und der gesunde Menschenverstand sprechen dafür, daß unsere Vorfahren auf einer hohen geistigen Stufe standen und schon eine vollständige Entwicklung durchgemacht hatten, bevor sie infolge einer atomaren Katastrophe zugrunde gingen, die die klassische Prähistorie leugnet, die aber die heiligen Texte und die Überlieferungen bestätigen.

Das Drama der Vorgeschichte

Diese nukleare Katastrophe kann nicht näher datiert oder kalkuliert werden, denn sie hat den natürlichen Ablauf der zellularen Modifikationen verfälscht und spontan Mutationen erzeugt, die unter normalen Druck- und Temperaturbedingungen mehrere Millionen Jahre erfordert hätten.
In den meisten Fällen sind Schätzungen des Zeitablaufs falsch. Daraus erklärt sich auch die Unsicherheit der Prähistoriker, die ganz willkürlich unserm ältesten »menschlichen« Vorfahren, dem Menschen von Fontéchevade, ein Alter von 100 000, 400 000, 700 000 oder 800 000 Jahren zuerkennen. (Der »Mensch« von Fontéchevade – der nur eine Schädeldecke war – wurde im Departe-

ment Charente in einer heute eingestürzten Höhle gefunden, eingebettet in feuchte Tonerde, in der jede Konservierung unmöglich war. Die Prähistoriker sprachen aus Gefälligkeit diesem Schädel ein phantastisches Alter von 500 000–800 000 Jahren zu. Wir wollen das richtigstellen: Er kann 5000 Jahre alt sein.)

Das durch die Bibel enthüllte Gleichnis von der Erbsünde erhält hier seine wahre Bedeutung. Es steht offensichtlich in Beziehung zu der Hypothese von einer Atomkatastrophe und zu der über die ganze Welt verbreiteten, jahrtausendealte Angst unserer Vorväter vor dem Schmelzen der Metalle und insbesondere des Eisens.

Das Eisen ist immer als das verfluchte Metall, das Metall des Teufels und des Gottes Vulkan angesehen worden. Alle alten Texte, die Weden, der Talmud, die Bibel, die Werke der Dichter Hesiod und Lukrez, die ägyptischen und römischen Überlieferungen verachten das Eisen und nennen es verderblich, und das Schmelzen von Eisen wird als Werk des Teufels betrachtet.

Früher standen die Arbeiter, die das Eisen herstellten, in der Achtung auf der niedrigsten Stufe der Menschheit. Heute noch bilden die Haddades der Sahara – die letzten Schmiedehandwerker, deren Technik bis auf das Jahr 6000 v. Chr. zurückgeht – eine Kaste für sich. Sie werden von den anderen Nomaden verachtet und leben auf abgesonderten Lagerplätzen. Das gilt auch für die Zigeuner, die sich mit dem Schmelzen der Metalle beschäftigen.

Dennoch ist das Eisen – abgesehen von Luft, Wasser, Erde, Feuer – noch vor dem Gold, dem Getreide, den Webstoffen und vielleicht noch vor dem Holz der Wegbereiter der Zivilisation.

Nichts, was den Stolz der Wissenschaft ausmacht, könnte ohne das Eisen bestehen, weder die Elektrizität noch die Flugzeuge oder die Ozeandampfer, weder die Raumrakete noch die Atombombe, weder die Kraftwerke noch die Fabriken, nicht einmal die kleinste Werkstatt. Man kann sagen, in unserer Zivilisation sind das Eisen und die Wissenschaft identische Größen.

Wie soll man es sich nun erklären, daß das Eisen von jeher und überall als verflucht gegolten hat? Sollte es vielleicht die Verantwortung tragen für eine furchtbare, weltweite Katastrophe?

Wie von panischer Furcht ergriffen, mieden die prähistorischen Menschen alle eisenerzhaltigen Gebiete und wurden auf der guten ton- und kalkhaltigen Mutter Erde seßhaft.

Wenn der prähistorische Mensch, der Homo sapiens, von dieser Furcht wie besessen war, wenn er die steile Leiter der Entwicklung hinuntergetaumelt war, sollte das nicht die Folge einer Katastrophe, eines unermeßlichen Unglücks gewesen sein, für das er das Eisen verantwortlich machte?

Wenn man die Vorgeschichte, das Drama der Vorgeschichte verstehen will, kommt alles darauf an, dieses unheilvolle Ereignis zu identifizieren.

Die Hypothese von der Existenz einer hochentwichelten Menschheit, die vor Hunderttausenden von Jahren einer Atomexplosion zum Opfer fiel, und die Annahme des Eingreifens aus dem Weltraum kommender Wesen – diese Thesen haben gewisse Anzeichen von Wahrscheinlichkeit, die in Betracht zu ziehen man verpflichtet ist: die unverständliche Vertiertheit des prähistorischen Menschen; der auf dem Eisen liegende Fluch; die Lehrmeinungen der meisten Religionen; der Mythos vom verlorenen Paradies; die weitverstreuten Überlieferungen, die von verschwundenen Rassen und versunkenen Kontinenten erzählen; ganz außergewöhnliche Funde wie die von Tiahuanaco und Glozel; endlich diese innere Gewißheit, daß wir ein solches Schicksal durchlebt haben.

Jetzt beginnen wir die Entstehung der Welt zu verstehen, jetzt, da unsere Wissenschaftler, indem sie Energien von 39 Millionen Kilojoule einsetzten, Elementarteilchen als Träger von Masse erzeugt haben, was darauf hinausläuft: mit Energie hat man Materie, d. h. aus dem Nichts etwas geschaffen.

Man darf von nun an vermuten, daß die Welt im Verlauf eines kosmischen Gewitters zunächst in Form von Elementarteilchen entstanden ist, die dann Zellen aufgebaut haben. Die Flora und Fauna hat sich dann zweifellos unter sehr hohen Druck- und Temperaturverhältnissen – jener »heißen Suppe« der Amerikaner – entwickelt, die ja die Mutationen besonders begünstigt.

Man kann sich mit der klassischen, biologischen Entwicklungslehre einverstanden erklären, die von den Ultraviren fortschreitet zu Protozoen, von den Fischen zu den Amphibien usw. bis zum Menschen, den eine außergewöhnliche Mutation schuf, so daß er durch seine Intelligenz und seine Fähigkeiten imstande war, eine Zivilisation aufzubauen, die der der begabtesten Tiere überlegen war, d. h. den Staaten der Ameisen, der Bienen und der Termiten. (Die Kirche verbietet nicht die Deszendenzlehre, sofern diese nur erforscht, ob der menschliche Körper von einer bereits lebenden Materie abstammt. Das katholische Dogma zwingt uns zu glauben, daß die Seele unmittelbar von Gott erschaffen worden sei.) Dann pflanzte sich der Mensch fort, dehnte seine Herrschaft über die Natur aus und baute in die Zukunft hinein das Geschick seiner allen überlegenen Rasse.

Vor Hunderttausenden, ja vor Millionen von Jahren hatten die Bewohner der Erde eine Zivilisation entwickelt, die ungefähr der unseren gleich war. Sie hatten mächtige Städte errichtet und riesige Fabriken gebaut. Ihre Flotten durchfurchten die Ozeane und sicherten den Warenaustausch zwischen den Kontinenten. Im Weltraum stellten ihre Raketen Verbindungen mit den benachbarten Planeten und vielleicht mit noch entfernteren Sternen her. Diese Vorfahren, die ihre Herkunft kannten, benutzten die Einrichtungen des Fernmeldewesens sowie Radio und Fernsehen, und ihre Atomwerke garantierten ihnen einen raffinierten Fortschritt in ihrer Lebenshaltung.

Und dann brach eine Katastrophe über die Menschheit herein: entweder eine atomare Explosion oder ein allmählicher Verfall. Der Fortschritt wandte sich gegen den Aufbau der Gesellschaft. Das unendlich Kleine verschlang das unendlich Anspruchsvolle. An einem Tage oder in zwei Jahrhunderten wurde die Menschheit dezimiert. Nur wenige Individuen blieben am Leben, diejenigen, die das Glück hatten, sich auf einen benachbarten Planeten retten zu können, und sonst einige Ausnahmen, die die Regel bestätigen und deren Nachkommen wir noch heute auf der Erde wiederfinden.

Alles mußte noch einmal von vorn beginnen.

Wie es den Menschen erging, die nach dem Mond, dem Mars oder der Venus flohen, darüber kann man nur Vermutungen anstellen, aber unsere heutigen Kenntnisse von den Strahlenschädigungen gestatten uns, das Drama derer zu rekonstruieren, die auf der Erde zurückblieben.

Wir können uns diese dem Untergang geweihten Menschen um so leichter vorstellen, als ihr Mißgeschick auf unser eigenes künftiges Schicksal schließen läßt.

Es überleben also auf der Erde schädigenden Strahlen ausgesetzte Menschen, die infolge verheerender Mutationen fast alle ihren Instinkt und ihre Intelligenz eingebüßt haben. Der Homo sapiens entwickelt sich nicht zurück zu seinem Urzustand; er taucht hinein in Abgründe des Unbewußten und des Verfalls, die ihn auf die tiefste Stufe des Tierreiches verweisen. Er stumpft zusehens ab und wird hilfloser als der Affe oder das Insekt. Dennoch bleibt er ein Mensch, in dessen Innerem der göttliche Funke glimmt, aus dem die Flamme der Wiedergeburt emporschlagen kann. Vielleicht ist er ein Mensch mit schwarzer Haut geworden, vielleicht hat er nie eine weiße Haut gehabt.

Diese Larve von einem Menschen kriecht im Laufe der Jahrtausende wieder den Abhang hinauf, und aus einem Embryo von Intelligenz entwickelt er wieder seine höheren Fähigkeiten. Er erfindet oder erfindet wieder das Werkzeug aus dem gespaltenen Feuerstein. Er baut sich eine Hütte, dann ein Haus.

Von der glorreichen Epoche ist nichts übriggeblieben. Die Städte, die Fabriken sind verschwunden. Nichts Materielles, Greifbares ist erhalten, nur im Bewußtsein einiger weniger Auserwählter ein blasser Schimmer der Erinnerung und Bruchstücke eines entstellten, falsch verstandenen Wissens.

Das Schwein 311

Die neuen Menschen beginnen die Erde wieder zu bevölkern und die, welche das Wissen (aus der Vergangenheit) bewahrt haben, suchen sich, wo sie können, zusammenzufinden.

Doch es gab einige wenige, die die Katastrophe überlebt haben mußten. Diese Hypothese wird durch das erstaunliche Abenteuer gestützt, das das Schwein 311 anläßlich des Atombombenversuchs von Bikini durchlebte.

Unter all den der Strahleneinwirkung ausgesetzten Tieren – Affen, Kaninchen, Meerschweinchen, Ziegen – befand sich auch ein Schwein, das die Kennziffer 311 trug. Es war auf einem alten Kriegsschiff ausgesetzt und wurde durch die Explosion ins Meer geschleudert. Es schwamm bis zu dem Atoll, wurde kurz danach aufgegriffen und anschließend gründlich untersucht.

Die anderen Tiere trugen Strahlenschädigungen davon, waren tot oder lebten nur noch kurze Zeit. Das Schwein 311 hatte unerklärlicherweise keinerlei Schaden erlitten. Es lebte noch lange und pflanzte sich auf ganz normale Art fort.

Die Legende von der Schöpfung

Haben die vier großen Rassen der Menschheit einen gemeinsamen Urahnen? Das ist wahrscheinlich, aber die Natur, die unter ihnen eine Rangordnung zu schaffen scheint, gibt uns zu denken.
Eine merkwürdige Legende von der Erschaffung des Menschen enthält eine prophetische Vision der Zukunft.

Im Anfang gab es noch keinen Menschen auf der Erde. Da erachtete es Gott für gut, einen solchen zu erschaffen.
Er formte ihn aus Ton und verwendete die größte Mühe darauf, ihm eine schöne Gestalt zu geben, ganz verschieden von den andern Geschöpfen der Erde. Dann stellte er die Statue in einen Ofen und heizte ihn neun Tage lang.
Als er sie wieder herausnahm, war sie ganz schwarz gebrannt, und Gott sagte: Ach was, es ist immerhin ein Mensch.
Der zweite Brand dauerte acht Tage, aber die Statue hatte etwas vom Feuer abgekriegt und war rot. Gott war unzufrieden.
Er machte eine dritte Statue und setzte sie nur sechs Tage der Ofenhitze aus.
Sie war ganz weiß, kaum richtig gebrannt. Und Gott sagte:
Ich muß noch einmal von vorn anfangen.
Das letzte Mal ließ er die Statue sieben Tage im Ofen brennen.
Nun war sie gut. Sie kam schön goldgelb heraus.
Das soll der vollkommene Mensch sein, sagte Gott.

Gewisse moderne Ethnologen sind der Ansicht, daß die schwarze Rasse auf dem Planeten Erde vielleicht die ursprüngliche Menschenrasse war. Man kann aber ebensogut die Möglichkeit ins Auge fassen, daß beide, die Schwarzen und die Weißen, durch verschiedene Mutation aus den Überlebenden unserer hochstehenden Urahnen hervorgegangen sind.

Die intellektuelle Überlegenheit der weißen Rasse wird übrigens auf verschiedene Weise erklärt:

1. Die weißen Menschen stammten von außerhalb unseres Planeten lebenden Menschen ab. Das ist die These einiger Amerikanisten und solcher Forscher, die sich die Hypothese von Tiahuanaco–Atlantis zu eigen machen.
2. Die weißen Menschen sind vielleicht die direkten, keiner Mutation unterworfenen Nachkommen unserer hochstehenden Vorfahren der Primhistorie. In ihnen wäre dann der ererbte Instinkt und die Erinnerung an die Sendung lebendig geblieben.
   In diesem Fall wären die Schwarzen, die Gelben und die Roten solche Nachkommen, die viel stärkeren Strahlungseinflüssen ausgesetzt waren.

Verlockend ist auch der Gedanke, daß die Venusleute von Tiahuanaco Nachfahren ehemaliger Erdbewohner sein könnten, die nach einer Abwesenheit von Tausenden von Jahren auf ihren Mutterplaneten Erde zurückgekommen sind. Da unser Sonnensystem nicht das älteste des Kosmos ist, besteht auch noch die Möglichkeit, daß die ersten Bewohner der Erde und der Venus von einem anderen Milchstraßensystem herkamen.

Heute ist es schon eine Tatsache, daß fast die ganze Menschheit ein nahes Ende der »Welt«, d. h. dieses ihres Planeten fürchtet. Man denkt schon an die Kolonisation eines andern Planeten, wohin sich die der Katastrophe Entronnenen retten könnten.

In drei oder in hundert Jahren werden sich wahrscheinlich die Erdbewohner ein Reich im Kosmos gegründet haben. In den Zeitungen spiegelt sich die öffentliche Meinung wider. Sie setzen bereits eine Grenze fest: In den nächsten Jahren sollen Kosmonauten auf dem Mond landen.

Schon im Jahre 1955 gab der »Osservatore Romano«, das offizielle Organ des Vatikans, bekannt: »Sobald das erste Raumschiff auf dem Mond landet, wird dort die Messe zelebriert werden. Priester werden die ersten interplanetarischen Expeditionen begleiten, so wie das auch bei den ersten auf der Erde durchgeführten Expeditionen der Fall gewesen ist. Für die Mission der Kirche beginnt ein neues Zeitalter.«

Andere Kosmonauten werden noch vor dem Jahre 1980 auf der

Venus oder auf dem Mars landen. Wenn drei Jahre oder hundert Jahre nach diesem Exodus in das Weltall die Erdbewohner wieder durch eine Atomkatastrophe ausgetilgt würden, bedeutete das das Ende der Menschheit?

Eine Antwort auf diese Frage liegt auf der Hand: Die im Exil auf einem andern Planeten lebenden Erdbewohner würden zurückkehren, um die Erde wieder zu bevölkern, d. h. sie oder vielleicht auch andere die Planeten bewohnende Wesen.

Diese Annahme ist heute durchaus zulässig. Schon werden die Nationen der Erde von der Angst vor einer Atomkatastrophe gepeinigt. (Am Sonntag, dem 3. Dezember 1961, löste ein heftiges Gewitter bei den Bewohnern von Helsinki die Meinung aus, eine Atombombe sei explodiert. Von panischer Furcht ergriffen, riefen sie die Zeitungsredaktionen und das Observatorium an. Die Menschen stürzten auf die Straßen oder suchten aus Angst vor Strahlungsschäden in den Kellern Zuflucht.) Die große Furcht vor dem Jahre 2000 breitet sich aus. Überängstliche Amerikaner bauen seit Herbst 1961 auf ihren Grundstücken nachts atombombensichere Bunker aus Beton, in denen sie Konserven und in Plastikbeuteln verpackte Lebensmittel speichern. In Nebraska hat Gordon Roberts, ein Farmer, für seine 200 Kühe und drei Bullen einen Atomschutzraum gebaut.

Schon sind die Fortpflanzungskraft des Menschen und seine funktionelle Anpassungsfähigkeit in Mitleidenschaft gezogen. Die größten Optimisten hoffen nur noch, daß den Menschen eine Frist von 150 Jahren geschenkt sein wird. Danach werden sie überhaupt keine normalen Kinder mehr zeugen können, höchstens verstümmelte Wesen. (Aus einer Statistik des Jahres 1960 geht hervor, daß neun von zehn Frauen vorzeitig niederkommen, sehr häufig einen Monat zu früh. In der Stadt muß ein Knochenbruch 90 Tage in Gips gelegt werden; 1930 waren es nur 40 Tage. Oft dauert die Neubildung der Knochensubstanz Jahre, manchmal erfolgt überhaupt keine Neubildung mehr, obwohl von Tuberkulose nicht die Rede sein kann. Als Gründe für diese Anomalien und die zunehmende Degenerierung der physiologischen Funktionen sind anzusehen: Psychosen, keimfrei gemachte Nahrungsmittel, Antibiotika, die überhandnehmende Anwendung von Heilmitteln auf chemischer Grundlage, Radioaktivität, Radiotherapie, Fernsehen und sicher auch Ultraschallwellen, Elektrizität usw.)

Werden diese wieder aus dem Kosmos auf die Erde zurückgekehrten früheren Erdbewohner die Menschen der künftigen Zeiten sein? Die Zukunft gestaltet sich nach dem Bilde der Vergangenheit, und vielleicht ist der ganze Kosmos nichts als eine ewige Wiederkehr.

In dieser Auffassung bestärken uns die Überlieferung und die zufälligen Entdeckungen, die auf allen Erdteilen den Menschen Hypothesen nahelegen, vor deren Formulierung sie noch Angst haben.

Zwischen jener ersten Zivilisation und der unseren bestehen Bindeglieder. Dazu gehören in erster Linie die vor den Inka bestehenden Kulturen in den Anden und die Kultur von Glozel.
Schon im Jahre 1876 schrieb der französische Archäologe Wiener:

Ein Tag wird kommen, da man von den klassischen Kulturen der Pharaonen, der Chaldäer und der Brahmanen sagen wird: Ihr seid zwar in unsern Büchern als die ältesten verzeichnet, aber die Wissenschaft beweist, daß die Vor-Inkakultur von Tiahuanaco mehrere Jahrtausende vor der euren bestanden hat.

Kommt die Hypothese von der Prä-Inka-Kultur in Konflikt mit der Geschichte oder mit dem Mythos von Atlantis? Wahrscheinlich ist Plato nicht mehr der einzige Vertreter der Theorie, daß unsere Urahnen hochkultivierte Menschen waren.
In seinem Buch *Un Roman de Tanger. La Guerre nouvelle* liefert der Archäologe und Schriftsteller René Gau einen neuen Beitrag zur Theorie von Atlantis und vom außerplanetarischen Ursprung der Atlantiden. Er begründet ihn mit dem in Ur gemachten Fund von gravierten Plaketten, die heute im Besitz amerikanischer Geheimdienste sein sollen.
Diese Plaketten stammen aus den von Wooley im Jahre 1927 durchgeführten Ausgrabungen. Wenn sie echt sind, geben sie für das Studium der Primhistorie Hinweise, die seltsamerweise die Hypothesen stützen, die wir hier in Übereinstimmung mit führenden Wissenschaftlern und Historikern (mit den Russen Jirow, Agrest und den Franzosen Lucien Barnier, Louis Pauwels, Jacques Bergier und Jean Nocher) zur Debatte stellen.

René Gau schreibt in seinem Roman folgendes:

Er (= Professor Gerboult, alias René Gau) ging noch einmal der wunderbaren Geschichte jener Ausgrabung nach, in deren Verlauf Wooley im Jahre 1927 in Chaldäa (Irak) das berühmte Grab des Königs von Ur entdeckte. Im Frühling zeitigten seine methodischen Nachforschungen ein unerwartetes Ergebnis.
Indem er immer weiter Schutt wegräumte, entdeckte Wooley unter einem alten Kleiderkoffer den Brunnen, der ihn zum Grab des Königs führen sollte.
Dann reinigte man noch einen andern Raum, in dem sich zahlreiche Wertgegenstände befanden, u. a. eine Standarte, auf der Kriegsszenen gezeichnet waren. Eines dieser Objekte wurde durch einen Arbeiter geschickt beiseite gebracht. Nach Beendigung seiner Arbeit gelang es ihm, den kostbaren Gegenstand zu verstekken und schließlich mitzunehmen.

Ganz zufällig entdeckte nun (nach dem Roman) Professor Gerboult, Korrespondent des Britischen Museums und einer New Yorker kulturellen Dienststelle, das Wooley gestohlene Kästchen bei einem Antiquitätenhändler, der es zu einem nur den Amerikanern erschwinglichen Preis verkaufte. Der Inhalt des Kästchens bestand aus geschnittenen Edelsteinen und Schmuckstücken, auf denen unübersetzbare Zeichen eingraviert waren. (René Gau schreibt in bezug auf die in die Goldplaketten eingravierten, kryptographischen Zeichen: »Die Erzählung scheint ganz verschieden zu sein von der auf den Plaketten von Ur. Sie bildet offenbar sozusagen eine erläuternde Ergänzung dazu. Sie berichtet von dem vorerwähnten Kästchen, und zwei sich darin befindende Pläne werden erläutert. Der eine davon gab an, wie man von Oberägypten zur Totengruft der atlantischen Könige gelangen könnte. Der andere bezeichnete die Lage der in Sternform gruppierten Gräber der letzten 30 atlantischen Könige, von denen die Gräber des ersten und des letzten sehr deutlich in der Mitte des Sterns eingezeichnet waren. Der Begräbnisplatz selbst scheint nur ungefähr festgelegt zu sein. Die Anweisungen gingen nur dahin, daß er zwanzig bis dreißig Tagereisen vom Nil entfernt lag. Es wird indessen genauer erwähnt, daß sich die Gräber auf halbem Weg zwischen Assuan und der Wüstenoase im Westen befanden. Die Goldplaketten bestätigen überdies, daß vor un-

gefähr 15 000 Jahren aus dem Weltraum kommende, sehr weit fortgeschrittene menschliche Wesen in Atlantis gelandet waren.«)
Professor Gerboult behielt wohlweislich 12 goldene Plaketten für sich, auf denen Bilderschriftsymbole und ein siebenzackiger Stern (Durchmesser: 12 cm) gezeichnet waren.
Der Erzähler fährt dann fort: *Aus der Übersetzung der Texte ersah ich, daß der archäologische Wert der Schmuckstücke erheblich über dem kommerziellen lag. Es handelte sich um kostbare Talismane der Atlantiden, die sie von sich »Menschen« nennenden, ferne Sterne bewohnenden Wesen erhalten hatten. Eines Tages waren diese Wesen, mit einem fliegenden Schiff aus den Tiefen des Weltraums kommend, in Atlantis gelandet.*
Diese Entdeckung sollte als Grundlage für andere archäologische Nachforschungen dienen. Sie bestätigte den Atlantis-Bericht Platos und gab darüber hinaus Kunde davon, daß uns Menschen ähnliche und uns kulturell weit überlegene Brüder von anderen Sonnensystemen auf der Erde gelandet waren . . .

Diese Entdeckung stimmt überein mit den Auffassungen, die Gelehrte, Biologen und sich für die Raumfahrt einsetzende Menschen entwickelt haben. Aber die umstrittenen Enthüllungen von Ur haben, selbst wenn man sie als authentisch anerkennt, bei weitem nicht den Wert der Hinweise, die man auf dem Hochplateau der Anden gefunden hat.

Die älteste Stadt der Welt

Man durchschreitet das »Sonnentor« und befindet sich in der unbekannten Welt von Tiahuanaco: Tiahuanaco, das seinen antiken Glanz in 4000 Meter Höhe auf einem Plateau der bolivianischen Anden entfaltet.
An einem schönen Maitag des Jahres 1958 entdeckte ein mit einer kleinen Bergbahn von La Paz kommender Franzose auf einer weiten, sandigen Fläche eine in Ruinen liegende Stadt. Die Kinder, die an der Station kleine Steingut-Statuetten verkauften, antworteten auf seine Frage: »Das ist Tiahuanaco, die älteste Stadt der Welt.«

Dieser Franzose, der Journalist Roger Delorme, kannte sehr wohl die Geschichte der Inka und die Überlieferungen der Andentäler. Er hatte Cuzco, Pachacamac, Ollantaytambo und Pisac besucht und die Kolossalbauten aus riesigen Steinen bewundert, von denen manche mehrere Tonnen wiegen.

Die alten Inkatempel – besonders Machu Picchú – hatten ihn stark beeindruckt, weil sie trotz ihrer gigantischen Größe vollkommen harmonisch wirkten. Aber hier in Tiahuanaco, vor den kilometerweit verstreuten Steinen und Statuen, vor diesem Tor der Sonne, das wie ein maurisches Armband ziseliert war, verspürte er eine unsagbare Ergriffenheit, eine Art Verzauberung, die alles übertraf, was er auf den Höhen von Peru empfunden hatte.

In Tiahuanaco schien die öde Wüste ein Geheimnis zu bergen, das der Verstand vergeblich zu ergründen versuchte.

Roger Delorme blieb mehrere Wochen auf dem bolivianischen Hochplateau. Er stand ganz unter dem Eindruck des Sonnentores und suchte das Rätsel des (der Überlieferung nach durch einen vom Himmel gefallenen Stein) in der Mitte zerbrochenen Monolithen zu lösen. Er befragte die Eingeborenen und versuchte in den Gleichnissen, den Bildern und Felsinschriften einen vernünftigen Sinn zu entdecken.

Diese Felsinschrift bewahrte ihr Geheimnis, aber man brauchte kein großer Gelehrter zu sein, um zu spüren, daß es sich hier um ein seltsames, noch unlösbares Rätsel handelte, vielleicht um das Geheimnis des Ursprungs der Menschen.

Ringsumher auf dem Plateau standen monolithische, aus Sandstein geformte Gestalten, mit großen Ohren, die nur mit vier Fingern versehenen Hände auf die Knie gelegt. In hieratischer Haltung betrachteten sie mit leerem Blick den Menschen des 20. Jahrhunderts, der sich bemühte, ihre Botschaft zu verstehen.

Der Ursprung von Tiahuanaco verliert sich in den Jahrtausenden der Vergangenheit. Als Ferdinand Pizarro Peru eroberte, behaupteten die Inka, daß sie Tiahuanaco niemals anders als in Ruinen liegend gekannt hätten. Die Aymara, das älteste Volk der Anden, sagten, diese Stadt sei die der ersten Menschen der Erde, und sie sei von dem Gott Huirakotscha sogar vor der Entstehung der Sonne und der Sterne geschaffen worden.

Als Roger Delorme mit einer reichen Ausbeute von Notizen nach

Frankreich zurückkam, erzählte er uns voller Begeisterung von jener Stadt auf dem Hochplateau der Kordilleren. Zufällig waren wir miteinander bekannt geworden. Zufällig berichtete uns auch der Kapitän Tony Mangel, ein alter Seefahrer, daß Delorme in Südamerika zum »ambi« (Priester) geweiht worden sei.

Zur gleichen Zeit brachte uns der Kapitän in Verbindung mit dem rätselhaften Erneuerer der Sonnenreligion der Inka: Beltran Garcia, einem spanischen Biologen, der in direkter Linie von Garcilaso de la Vega, dem großen Historiker der Eroberung des Inkareiches, abstammt.

Diese zufälligen Begegnungen sollten nun ein überraschendes Licht auf die Legende und die Geschichte von Tiahuanaco werfen. Beltran besaß noch von seinem Ahnherrn her ungedruckte Dokumente, die sich mit den Traditionen der Anden befaßten. Das Sonnentor, für sich betrachtet, war nur ein unvollkommenes Zeugnis. Auch die Überlieferungen der Anden waren, für sich genommen, nur fabulierende moralische Nutzanwendungen. Aber in einen großen Zusammenhang hineingestellt, lieferten sie für die dunklen Deutungen der amerikanischen, ägyptischen, griechischen und selbst babylonischen Überlieferungen endlich eine annehmbare Erklärung.

Die Geschichte, die bisher nur bis zu den frühesten ägyptischen Dynastien reichte, tat nun einen Sprung in die Vergangenheit und umfaßte die Zeit zehntausend (wenn nicht noch mehr) Jahre vor unserer Ära.

Wir lassen hier die geheimen Dokumente des Garcilaso de la Vega folgen, so wie sie Beltran übersetzt und kommentiert hat.

Die Bilderschriftzeichen von Tiahuanaco besagen, daß zur Zeit der Riesentapire sehr hochentwickelte, menschenähnliche Wesen, deren Hände Schwimmhäute hatten und deren Blut von unserm Blut verschieden war, von einem andern Planeten gekommen seien und den höchsten See der Erde für eine Ansiedlung passend gefunden hätten.

Während ihres Raumflugs warfen die Piloten, ohne zu landen, ihre Exkremente ab und gaben dem See die Gestalt eines auf dem Rücken liegenden Menschen.

Sie vergaßen auch nicht den Nabel, den Ort, wo unsere Urmutter,

die mit der Befruchtung der menschlichen Intelligenz beauftragt war, sich niederlassen sollte. Diese Legende entlockte uns gestern noch nur ein überlegenes Lächeln. Heute verwenden unsere Froschmänner künstliche Hände mit Schwimmhäuten versehenen Fingern, so wie sie nach den Abbildungen die Kolonisatoren von Tiahuanaco besaßen.
Die Eingeborenen der Anden leben in Höhen, wo sich kein weißer Mensch akklimatisieren kann, was auch ein Beweis ist, daß es sich bei diesen Eingeborenen um eine andere Blutzusammensetzung handeln könnte (sic).
Mit ihren lichtstarken Teleskopen machten die Besucher aus dem Weltraum eine Höhenlage und einen See ausfindig, die ihrem Organismus und ihrer amphibischen Lebensweise gemäß waren.
Die Bezeichnung »Exkremente« bedeutet vielleicht nur »aus dem Raumschiff herausfallende Dinge«, durch die die Umrisse des Sees verändert werden sollten. Vielleicht Atombomben?
Um den Glauben der Andenbewohner an diese Überlieferung zu erschüttern, stellte man bis zum Jahre 1912 auf den geographischen Karten den See fast kreisrund dar. An den rechtmäßigen Namen des Sees Titi (= See des Geheimnisses und der Sonne) hängte man das Suffix »caca«, das in vielen Sprachen Exkrement bedeutet.

Das Raumschiff vom Titicacasee

So berichten also die Dokumente des Nachkommen von Garcilaso de la Vega von einer nicht von der Erde stammenden Eva und von zwischen den Planeten verkehrenden Raumfahrzeugen.
Sie verbreiten sich sogar noch über erstaunliche Einzelheiten. Im Tertiärzeitalter vor ungefähr fünf Millionen Jahren, als noch auf unserem Planeten kein menschliches Wesen existierte und er nur von phantastischen Tieren bevölkert war, landete eines Tages ein wie Gold leuchtendes Raumschiff auf der Insel der Sonne im Titicacasee.
Heraus stieg eine Frau, die von den Füßen bis zum Busen unsern heutigen Frauen ähnlich sah, aber ihr Kopf war kegelförmig gestaltet, sie hatte große Ohren und mit Schwimmhäuten versehene

vierfingrige Hände. Ihr Name war Orejona (die »Großohrige«), und sie kam vom Planeten Venus, dessen Atmosphäre der Erdatmosphäre fast gleich ist. (Nach dem gegenwärtigen Stand der astronomischen Beobachtungen kann man annehmen, daß der Planet Venus bewohnbar ist, zumindest auf den Gipfeln seiner Berge.) Die Orejones, die »Großohr-Menschen«, bildeten in Südamerika eine bevorzugte Kaste, die sich bis zur Osterinsel verbreitete. Die riesigen Statuen der Osterinsel und von Bamijan haben alle große Ohren, und es ist seltsam, daß auch die indischen Buddhadarstellungen die gleiche Besonderheit aufweisen. Andererseits waren es nach Garcilaso de la Vega und Cieza de León gerade die Orejones, die die Schätze der Inka beiseite brachten. Die Verstecke sind durch die Eingeweihten niemals verraten worden.

Die mit Schwimmhäuten versehenen Hände Orejonas deuteten darauf hin, daß es auf ihrem heimatlichen Planeten Wasser in Hülle und Fülle gab und daß es im Leben der Venusbewohner eine große Rolle spielte.

Orejona ging aufrecht wie wir, sie war mit Verstand begabt und hatte zweifellos die Absicht, auf der Erde die Urmutter einer menschlichen Bevölkerung zu werden, denn sie knüpfte Beziehungen zu einem grunzenden, auf vier Beinen laufenden Tapir an. Sie gebar mehrere Kinder.

Diese aus einer monströsen Kreuzung hervorgegangenen Nachkommen hatten zwei Brüste, aber eine verminderte Intelligenz. Die Zeugungsorgane glichen denen des Tapirs. Die Rasse war also festgelegt.

Eines Tages, als ihre Mission erfüllt war oder vielleicht, weil sie auch der Erde überdrüssig geworden war und zur Venus zurückfliegen wollte, wo sie einen Gatten nach ihrem eigenen Bilde wählen konnte – eines Tages also flog Orejona wieder in einem Raumschiff davon. In der Folge pflanzten sich ihre Kinder fort, arteten in ihren Begierden aber meist ihrem Tapirvater nach. Nur in der Gegend des Titicacasees hatte ein Stamm das Erbe Orejonas gehütet, ihre Intelligenz entwickelt, die religiösen Riten bewahrt, und wurde so der Ausgangspunkt für die Vor-Inkakulturen.

Das alles steht geschrieben auf dem Giebel des Sonnentores zu Tiahuanaco.

Das hatte zunächst unsere lebhafte Neugier erregt. Wie verblüfft waren wir aber, als wir auf den Felsen Zeichnungen von richtigen Raumfahreranzügen und von Vorrichtungen mit einem geheimnisvollen »Motor« entdeckten, und zwar alles mit einer einzigartigen Klarheit ausgeführt.

So deutlich waren diese Zeichnungen, daß uns sofort ein Gedanke kam: Die alten Aymara oder die Menschen, die etwa 10 000 Jahre vor unserer Zeitrechnung diese Figuren gravierten, hatten die Umrisse sicherlich mit einem Silikonpräparat überstrichen und verstärkt, um das Überdauern ihrer Botschaft zu gewährleisten.

Was auf dem Hochplateau noch an Ruinen übrig ist, läßt an eine antike Stadt von beträchtlichen Ausmaßen denken, eine Stadt mit Straßen, Tempeln und öffentlichen Parks. Die Statuen, die gravierten Steine, die Gegenstände, die man in dem kaum durchforschten, sandigen Gelände findet, verraten eine ziemlich rohe Technik, die der der Aymara, der Inka oder der Azteken verwandt ist. Man weiß nicht, ob es sich um eine ursprünglich primitive Kunst oder um Verfallserscheinungen handelt.

Dafür strahlt aber das Sonnentor in diesem Wirrwarr wie ein reiner Edelstein mit besonderem Glanz.

Auf den ersten Blick hat es den Anschein, als sei Tiahuanaco eine Stadt gewesen, wo auf niedriger Kulturstufe stehende Menschen ihre Göttergestalten und Totems darstellten, da zur selben Zeit andere ungleich geschicktere und weiter fortgeschrittene Menschen ihre Botschaft in die Friese des Sonnentors eingruben.

Nach Ansicht der Geologen aber fiel diese Stadt einer furchtbaren Naturkatastrophe zum Opfer, in deren Verlauf die Tempel und Häuser zerstört wurden: Tiahuanaco wurde eine tote Stadt. Vielleicht war damit das Ende einer Herrschaft und zugleich der Untergang einer Rasse besiegelt.

Über die durch einen Erdrutsch oder eine Flut vernichtete Stadt fehlen uns indessen nicht alle Nachrichten. Wir möchten den Enthüllungen von Manuel Gonzales de la Rosa, die er in seinem Buch *Les deux Tiahuanacos* vor dem Leser ausbreitet, eine gewisse Glaubwürdigkeit zuerkennen.

Gonzales de la Rosa, der sich lange in Peru aufhielt, gibt die Erklärungen eines »quipocamayoc«, d. h. Deuters der Inkaknotenschrift, namens Catari wieder. Catari lebte im 16. Jh. zurückgezogen in Cochachamba und übersetzte im Auftrag der Jesuiten die Sprache der rätselhaften Knotenschnüre.
Das Manuskript der Übersetzung wurde um 1625 durch den Kanonikus von Chuquisaca (Sucre), Bartolomé Cervantes, dem italienischen Historiker des Jesuitenordens, Anello Oliva, übergeben, der eine Geschichte Perus verfaßt hat, die besonders ausführlich über das Gebiet des Titicacasees informiert. Seitdem wird das Dokument in der Bibliothek des Vatikans an geheimer Stelle aufbewahrt, doch ist der Inhalt im wesentlichen bekannt. Wir geben gekürzt die Übersetzung des alten Catari wieder, wie sie Gonzales de la Rosa kommentiert hat:

Der ursprüngliche Name von Tiahuanaco war Chucara. Die ganze Stadt war unterirdisch angelegt. Auf der Oberfläche befanden sich nur die Werkstätten der Steinmetzen und das Dorf der Arbeiter.
Die unterirdische Stadt würde uns Aufschluß geben über eine erstaunlich hochstehende Kultur, die bis in die fernste Vergangenheit zurückreicht.
In diese Stadt führten mehrere Zugänge, wie sie von dem großen französischen Naturforscher Alcide d'Orbigny (1802–1857) und den Forschungsreisenden Tschudi, Castelnau und Squier festgestellt werden konnten. Sie erzählen von dunklen und übelriechenden Gängen, die in die Umwallung einmünden.

Diese unterirdische Stadt war erbaut worden, damit die Bewohner darin in einem milderen Klima leben konnten, was beweist, daß sich die Höhe des Gebirges nie geändert hat. (Der quipocamayoc Catari hat zwar nicht ausdrücklich gesagt, daß, den Knotenschnüren zufolge, die Rasse von Tiahuanaco außerirdischer Herkunft sei. Dennoch muß man noch einmal darauf hinweisen, wie sehr die von Beltran und Gonzales de la Rosa berichteten Überlieferungen mit den Entdeckungen der russischen Forscher

übereinstimmen. Wären die Einwohner von Tiahuanaco erdgeborene Geschöpfe gewesen, hätte es der Errichtung einer unterirdischen Stadt nicht bedurft.) Nach Ansicht von Gonzales waren die Vorfahren der Uros die Gründer von Tiahuanaco.
Diese selbst bei den Amerikaforschern wenig bekannte Überlieferung stützt die These von der fremdartigen Herkunft der um den Titicacasee seßhaft gewordenen Siedler. Übrigens versichern alle Überlieferungen, daß sich vor der Zeit der Inka eine hochstehende Rasse weißer Menschen in den Anden angesiedelt habe. Garcilaso de la Vega schreibt dazu:

Der Sonnengott, der Ahnherr der Inka, sandte ihnen vor sehr langer Zeit einen seiner Söhne und eine seiner Töchter, um ihnen das Wissen zu übermitteln. Die Menschen erkannten die göttliche Herkunft dieser Abgesandten an ihren Worten und an ihrer hellen Hautfarbe.

Pedro Pizarro, ein Vetter des Conquistadors, berichtet:

Die vornehmen Frauen sind reizend anzusehen. Sie wissen, daß sie schön sind, und sie sind es auch wirklich. Die Haare der Männer und Frauen sind blond wie das Korn, und manche unter ihnen haben eine hellere Hautfarbe als die Spanier.
In diesem Lande habe ich eine Frau und ein Kind gesehen, deren Hautfarbe ganz außergewöhnlich hell war. Die Indianer behaupten, sie seien Abkömmlinge der »ídolos« (Götter).

Sollten wir in diesen Göttern, die die Wissenschaft ins Land brachten, nicht die Insassen des von der Venus gekommenen Raumschiffs wiedererkennen, nicht die Bewohner der Berggipfel auf der Venus, da, wo das Kohlendioxyd der Täler einer reineren und der Erdatmosphäre verwandteren Luft weicht?

Die blauen Menschen

Eine andere, noch viel einleuchtendere These ist in der UdSSR aufgestellt worden. Sie identifiziert jene »ídolos« mit den ge-

heimnisvollen blaublütigen Menschen, die in vergangenen Zeiten eine Art Elite bildeten.
Im Jahre 1960 brachte eine russische Zeitschrift einen Beitrag, der sich auf die Erzählungen des ägyptischen Historikers Manethon, auf Herodot, auf die Inschriften des Papyrus von Turin und des Steins von Palermo stützte und gleichzeitig für die Lösung des Rätsels von Atlantis und für die Ankunft von Bewohnern anderer Planeten auf der Erde bedeutungsvoll ist.
In der Zeitschrift »Atlantis« vom Dezember 1960 ergriff dazu der Archäologe Henry Bac das Wort.
Die Russen erinnerten an Platon, der den Atlantiden eine außerirdische Herkunft zuschrieb, und stellten die Frage: Waren die Atlantiden ein blaublütiges Volk?
Nach gewissen Überlieferungen dürften die Atlantiden auch die Gründer der ägyptischen Kultur gewesen sein. 12 000 Jahre vor unserer Zeitrechnung waren die ältesten Herrscher der göttlichen Dynastien – reinrassige Atlantiden.
Die Ägypter (fährt Henry Bac fort) führten die Bilder auf ihren Fresken mit großer Sorgfalt aus und achteten dabei besonders auf die Farben. Nun, mit welchen Farben malten sie ihre Götter?
Wenn Osiris, der Gott der wiedererwachenden Vegetation, grün war, Thot entweder grün oder blaßblau, so waren Ammon und Schu ausgesprochen blaue Götter. Warum war nun diese Farbe den ägyptischen Göttern vorbehalten? Wir halten nur eine Antwort für möglich: Diese waren entweder Nachkommen eines Volkes mit blauer Hautfarbe oder wurden als solche betrachtet.
Als Osiris und Thot nach Ägypten kamen, fanden sie hier nicht die in einem Lande hoher Gebirge herrschenden Lebensbedingungen vor, sondern im Gegenteil eine sonnenlichtüberflutete Ebene mit heißem Klima. So wurde ihre Hautfarbe durch die starke Sonneneinstrahlung verändert, so daß sie schließlich olivenfarbig erschien (d. h. blau und gelb). Die ersten ägyptischen Zeichner gaben das durch die grüne Farbe wieder.
Eine durchaus annehmbare Hypothese. Gibt es doch auf den Hochebenen der Anden »blaue Indianer«, deren Hautfarbe durch den Mangel an Sauerstoff im Blut bedingt ist. Die auf Teneriffa ausgestorbenen Guanchen hatten eine olivgrüne Hautfarbe.
Es ist biologisch möglich, daß die Haut durch Eindringen von

Melaninpartikeln – einem charakteristischen Pigment der schwarzen Haut – eine ziemlich leuchtende, azurblaue Färbung annimmt. Daraus erklären sich auch die hellblauen, dunkelblauen und violetten Farbtöne auf der Haut gewisser Affen.
In der Umgebung von Goulémine, südlich von Agadir, leben »blaue Menschen«, und die Pikten im alten Schottland pflegten sich die Haut blau zu färben.
Endlich könnte man noch auf die wohlbekannte Redensart vom blauen Blut hinweisen, die man gebraucht, wenn man vom alten Adel spricht. Diese sehr alte Redewendung soll von der iberischen Halbinsel stammen. Gewöhnlich bringt man sie in Zusammenhang mit dem Aufenthalt der Wandalen in Südspanien. Aber diese Erklärung ist nicht befriedigend.
Wenn man alle diese Tatsachen unter einem geographischen Gesichtswinkel untersucht, findet man, daß in den meisten Fällen das Vorkommen von Volksstämmen mit olivgrüner oder blauer Hautfarbe – ganz gleich, ob sie nun natürlich oder künstlich erzeugt ist – auf die Küstengebiete des Atlantiks beschränkt ist.
Man könnte sich vorstellen, daß die Atlantiden, die in einem Lande mit hohen Bergen lebten, aus biologischen, durch Vererbung oder den Lebensraum bedingten Gründen ein Volk mit blauer Hautfarbe waren. Da es aber schon vor seinem Erlöschen stand, verlor es dieses Merkmal, als Atlantis versank.
Indessen als Zeichen der Zugehörigkeit zur antiken Rasse legten die Nachkommen der atlantischen Dynastien bei feierlichen Gelegenheiten blaue Gewänder an, während gewisse im afrikanischen oder europäischen Küstengebiet des Atlantiks wohnende Völker sich die Haut künstlich färbten, um den mächtigen Atlantiden ähnlich zu sehen. Diese Hypothese wird auch durch Platon unterstützt, der berichtet, daß bei den nächtlichen Opferfeiern und Gerichtsverhandlungen die Atlantiden aus einem unbekannten Grunde dunkelblaue Gewänder trugen.
Möglicherweise ist der Farbverlust auch auf eine letzte Wanderung der Atlantiden zurückzuführen. Sie lebten dann vielleicht in weniger hochgelegenen Gegenden. Dadurch wurde der Sauerstoffmangel im Blut behoben, und zugleich verschwand die durch ihn verursachte Blaufärbung der Haut, die Jahrtausende hindurch unverändert geblieben war.

In seiner Analyse der sowjetischen Darstellung erwähnt Henry Bac, daß die Bezeichnung »blaues Blut« heute noch in Südamerika gang und gäbe ist. In bestimmten an der Pazifikküste gelegenen Ländern sagt man von einem aus einer europäisch-indianischen Rassenmischung stammenden Menschen, er habe »blaues Blut«. In Europa schreibt man »blaues Blut« den Menschen zu, die sich darauf berufen, aus sehr altem Adel zu stammen.
Auch in Rußland und in der Mongolei wurden die Adligen als Menschen »blauen Blutes« bezeichnet, womit unstreitig ihre überragende Stellung gekennzeichnet wird.
Der Bericht Platons und die sowjetische Darstellung gewinnen eine besondere Bedeutung, wenn man die darin enthaltenen Ausführungen auf vom Planeten Venus auf der Erde gelandete Wesen bezieht. Auf jenem Planeten nämlich hat die Atmosphäre einen hohen Gehalt an Kohlendioxyd, was die Blaufärbung der Haut auf natürliche Weise erklären würde.
Nach den Angaben der amerikanischen Rakete Mariner II ist die Venus, der blaue Planet der Alten, mit seinen 40 000 Meter hohen Bergen, seiner Vegetation und Temperatur nach zu urteilen, stellenweise für Menschen bewohnbar. Sollte die Venus nicht wirklich die ursprüngliche Heimat der blauen Menschen sein, der Atlantiden, der Rasse von Tiahuanaco und von Glozel?
Es ist vielleicht nicht unangebracht, hier daran zu erinnern, daß sich in einer sehr weit zurückliegenden Zeit auf der Venus außerordentliche Ereignisse abgespielt haben, die von den Astronomen der Antike beobachtet wurden. Nach Varro bezeugt der heilige Augustin, daß der Rhodesier Castor einen schriftlichen Bericht hinterlassen habe, in dem er ein erstaunliches Wunder schildert, das auf der Venus stattgefunden haben soll. Dieser Planet, der mehrere Satelliten hatte, soll danach plötzlich seine Farbe, seine Größe und Gestalt und seine Umlaufbahn geändert haben.
Dieses noch nie dagewesene Ereignis soll zur Zeit des Königs Ogyges stattgefunden haben, wie es die hervorragenden neapolitanischen Mathematiker Adrastus, Cyzicenus und Dion bezeugen. (In der griechischen Mythologie hatte Ogyges Neptun zum Vater und zur Mutter die Flut des Ozeans. Er gilt als der älteste König von Attika; während seiner Regierung wurde das Land durch eine Sintflut [ogygische Flut] verwüstet. Das griechische Adjektiv

»ogygios« bedeutet »sagenhaft«, »aller historischen Kenntnis vorausgehend« und wird auch im Altertum auf Katastrophen bezogen. Ogyges soll auch der Gründer von Theben sein; daß er wirklich gelebt hat, wird durch die meisten Überlieferungen der Alten und der Neuen Welt bezeugt. Etymologisch entspricht Ogyges »aughaga« im Sanskrit, was »in der großen Flut geboren« bedeutet. Durch den Namen Ogyges wird also eine verblüffende Beziehung zwischen der Sintflut, dem Planeten Venus, dem Ozean, Ägypten, den blauen Menschen und Tiahuanaco hergestellt.)

Welcher Art war dieses »Wunder«? Ein Zusammenstoß, eine Atomexplosion? Wir wissen es nicht, aber es ist wahrscheinlich, daß unser »Schwesterplanet«, den ein oder mehrere vielfach beobachtete Satelliten umkreisen, in der Geschichte unserer auf der Erde lebenden Menschheit eine Rolle spielt.

Die Zeit wird vielleicht nicht mehr fern sein, da diese gespenstischen Satelliten sich als gelenkte Raumschiffe erweisen, als das »wie Gold glänzende Raumschiff«, das die Flüchtlinge der Venus, die ihren vom Untergang bedrohten Planeten verlassen mußten, auf die Erde beförderte.

Es ist auch bemerkenswert, daß gerade die Russen, Pioniere der Raumfahrt, hartnäckig darauf bestehen, das Mysterium der Venus zu dem von Tiahuanaco in Beziehung zu setzen. Sollte es sich bei den Raumfahrten um eine Rückkehr zu den Quellen (unserer Geschichte) handeln?

Der amerikanische Archäologe A. Posnansky hat entdeckt, daß nacheinander fünf Kulturen durch Naturkatastrophen vernichtet worden sind. Zweimal handelte es sich um Überschwemmungen (Sintfluten). Das würde auch das sehr hohe Alter von Tiahuanaco bestätigen. Man dürfte es auf 15 000 bis 40 000 Jahre schätzen.

Gewisse Amerikaforscher wie Denis Saurat und Hörbiger haben diese Katastrophen durch eine erstaunliche Theorie erklären wollen. Danach soll sich der Mond bis in Erdnähe gesenkt und die Wasser der Ozeane in der Gegend von Südamerika angesaugt haben. Die Meere seien aus aller Welt in einer ungeheuer großen Salzwasserblase um Tiahuanaco herum zusammengeströmt und hätten es in den Fluten begraben.

Saurat stützt diese These dadurch, daß er das Vorhandensein einer 700 km langen Linie von Meeresablagerungen nachweist.

»Diese Linie«, schreibt er in seinem Buch *L'Atlantide et le règne des géants,* »beginnt nahe beim Umayo-See in Peru ungefähr 100 m über dem Wasserspiegel des Titicacasees, verläuft südlich dieses Sees in einer Höhe von 30 m über dem Wasserspiegel und fällt nach Süden zu immer mehr ab. Es hat also dort einmal ein Meer gegeben.« Einige Seiten weiter fährt er fort: »Die Kais des Hafens von Tiahuanaco sind noch erkennbar; sie liegen aber nicht am Seeufer, sondern auf der Linie der Sedimente.«
Leider steht die Wirklichkeit nicht mit dieser These im Einklang. Tiahuanaco liegt in einer Höhe von 3825 m, der See 3812 m über dem Meeresspiegel.
Da die Sedimentlinie sich zwischen 100 m und 30 m über dem Niveau des Sees hinzieht, müßte der sogenannte Hafen von Tiahuanaco der Hafen einer 87 m unter den Wassermassen begrabenen Stadt gewesen sein. Das klingt nicht sehr glaubhaft.
Um aber wiederum dem Mythos von Atlantis Rechnung zu tragen, kann man zugeben, daß infolge der Regengüsse, die zur Zeit der Sintflut auf die Erde niederprasselten, die unterirdische Stadt Tiahuanaco unter Lawinen von Wasser und Schlamm begraben wurde. Das würde auch das »Sonnentor« sinnvoll erscheinen lassen, das heute in die Leere einer nicht mehr bestehenden Stadt führt.
Die Steinschrift (Petroglyphen) des Sonnentors wird den Astronomen und den Technikern der Raumfahrt noch manche Überraschung bereiten.
Die Zeichnungen stellen vielleicht Raumfahrzeuge dar, so wie sie der Nachkomme von Garcilaso de la Vega beschrieben hatte:

Das Ideogramm im Kopf der Gestalt versinnbildlicht ein Raumschiff (Jaguarkopf: Kraft, Leben auf der Erde; stilisierte Kegel: Kabinen, Wohnungen; Kondorkopf: Reisen, Raum).

Diese von Beltran stammende Deutung wird durch die Interpretation ergänzt, die andere Gelehrte für die auf der Gestalt eingravierten Zeichnungen gegeben haben: eine Raumfahrtausrüstung mit einem hinten daran befestigten Motor. Der Vogel besitzt ein Düsentriebwerk oder – mit größerer Wahrscheinlichkeit – einen Rückstoßmotor. Die Antriebskraft gewann man zweifellos »aus der Zerlegung der Sonnenstrahlen oder aus ihrem Zerfall in ihre beiden Polaritäten, so, wie sie sich in die *sechs* Spektralfarben zerlegen lassen«. (Offenbar hat das Spektrum nur sechs Farben und nicht sieben, nämlich: die drei Grundfarben Blau, Gelb, Rot und die drei aus deren Mischung entstehenden Sekundärfarben Grün, Orange und Violett. Das Indigo, eine Mischung aus Violett und Blau, ist eine tertiäre Farbe, aber davon gibt es sehr viele andere.)

Der französische Physiker Jean Plantier hat dieser aus Sonnenenergie gewonnenen Ionen-Antriebskraft ein eingehendes Studium gewidmet. Sie wird sicher bald die Raketen in den Weltraum jagen, wenn das nicht bereits durch die Russen geschehen ist. Ihr technischer Vorsprung vor den Amerikanern im Wettlauf um die Eroberung des Weltalls beruht einzig und allein auf einem unbekannten Treibstoff, den sie für den Antrieb ihrer Raketen verwenden.

Andererseits hat der sowjetische Professor Jirow auf dem Sonnentor von Tiahuanaco einen Venuskalender festgestellt – seiner Meinung nach den ältesten der Erde –, nach dem das Jahr 225 Tage zählt. Kasantseff, der Direktor des Moskauer Forschungsinstituts für Raketendüsen, glaubt in den Zeichnungen des Frieses derartige Düsen zu erkennen. Er kommt zu den gleichen Schlußfolgerungen wie Jirow und tauft das Sonnentor in Venustor um. Er stellt folgende Fragen:

Wie haben die Vorfahren der Inka von dem Venusjahr Kenntnis erhalten können, und warum interessierten sie sich besonders für diesen Planeten?

Man muß also feststellen, daß diese Hypothesen materialistischer Gelehrter in einzigartiger Weise die Überlieferung von der Orejona zu bestätigen scheinen, jener Eva, die vor vielleicht Millionen von Jahren in einem düsengetriebenen Raumschiff, von der Venus kommend, auf unserer Erde gelandet sein soll.

Wohlverstanden, die Überlieferung von der Orejona ist ebenso entstellt worden wie die Zeichnungen auf dem Tor der Sonne.

Die Nachkommen der Venusbewohner – unsere Vorfahren? – beherrschten zweifellos nicht mehr die Technik der Raumfahrt, aber es waren ihnen gewisse wissenschaftliche Kenntnisse im geheimen anvertraut worden. Als sie dumpf fühlten, daß ihre Kultur

entartete, vermachten die letzten Eingeweihten der künftigen Menschheit die Botschaft vom Tor der Sonne.
Waren diese Vorfahren der Amerikaner Atlantiden? Diese Hypothese würde zugleich Platons Atlantisbericht in seinem »Kritias« und »Timaios« und das plötzliche wunderbare und unerklärliche Erscheinen der ägyptischen Kultur erklären.
Wir geben hier gekürzt den Bericht Platons wieder:
»Höre, Sokrates (sagt Kritias), eine wundersame, aber ganz wahre Geschichte. Solon erzählt sie nach einer vertraulichen Mitteilung der Priester von Saïs«, in deren heiligen Büchern die geschichtlichen Ereignisse während einer Zeit von acht Jahrtausenden aufgezeichnet waren (vom Jahre 400 v. Chr. an gerechnet).
»Vor der großen Flut war das Königreich Atlantis (im Atlantischen Ozean) eine Insel, größer als Libyen und Asien zusammen« (also ein Kontinent).
»Ein furchtbares Erdbeben zusammen mit einem einen Tag und eine Nacht dauernden Sturzregen riß die Erde auf . . . und Atlantis verschwand in den Fluten.
Das ist, Sokrates, die Geschichte, die mein Urahn, wie er sagte, von Solon erfahren hat.«
Sokrates antwortete ihm: »Es ist wichtig, daß man das, was du mir berichtet hast, nicht als eine von uns erfundene Fabel ansieht, sondern als eine wahre Geschichte.«

Ein Exil in Ägypten

Auf alle Fälle scheint es sicher zu sein, daß die hohe Kultur von Tiahuanaco sich parallel im Neolithikum und im Paläolithikum entwickelte.
In Amerika lebten damals Menschen, die Raumraketen zeichneten, während in Europa, in Asien und in Afrika viel weniger entwickelte Menschen – vielleicht ganz anderer Herkunft – vegetierten, die kaum imstande waren, sich ihre Werkzeuge aus Feuerstein herzustellen.
Welcher Art war nun wohl der Zusammenbruch, der so brutal der Entwicklung der peruanischen Andenbewohner ein Ende machte? Es gab Fluten, vielleicht auch Vulkanausbrüche, aber diese

natürlichen Katastrophen können nicht den geistigen Niedergang erklären. Tiahuanaco war ursprünglich von Menschen mit sehr weit fortgeschrittenen, wissenschaftlichen Kenntnissen bewohnt. Auf sie folgten immer weniger begabte Menschen, die alle wie in einem geschlossenen Gefäß lebten, ohne daß ihr Wissen auf die übrige Erde ausstrahlte.

Diese in den Anden lebende Rasse wurde zweifellos das Opfer einer Krankheit, die, nachdem sie eine Zeitlang ihre intellektuellen Fähigkeiten vermindert hatte, auch die Fortpflanzungsorgane in Mitleidenschaft zog, so daß sie ausstarb, weil sie sich nicht mehr vermehrte. Man kann sich das Drama ausmalen: Auf dem Höhepunkt ihrer Entwicklung fallen diese Menschen einer Strahlung zum Opfer, weil sie mit gefährlichen Kräften gespielt haben. Die Überlebenden wissen, daß ihr Schicksal besiegelt ist. Die Letzten wollen noch einen Bruchteil ihrer Erkenntnis bewahrt wissen und schreiben ihre traurige Botschaft auf den Fries des Sonnentores.

Schließlich fiel die ganze Rasse der Vernichtung anheim. Tiahuanaco sollte nie zu Ende gebaut werden.

Indessen ist eine zweite Hypothese wahrscheinlicher und noch verlockender: Vom Planeten Venus kommende Wesen haben auf dem Hochplateau der Anden eine wunderbare Kultur begründet. Die Ansiedlung dieser Wesen würde erklären, daß in prähistorischer Zeit in 4000 m Höhe eine Enklave bestand, deren Bewohner die Menschen des Neolithikums verachteten und vielleicht nirgendwo anders leben konnten als gerade im Gebiet des Titicacasees.

Die Venusmenschen, die nur vier Finger haben, bleiben in Verbindung mit ihrem heimatlichen Planeten und beginnen mit dem Bau von Tiahuanaco. Aber ihre Akklimatisierung auf der Erde wird durch eine tiefgehende Veränderung der natürlichen biologischen Bedingungen durchkreuzt. Die Zeugungsfähigkeit läßt nach, die Rasse degeneriert, und die letzten Venusmenschen, die nicht mehr auf ihren Planeten zurückkehren können, vertrauen vor ihrem Tode ihre Botschaft dem Tor der Sonne an.

Wenn die Erdbewohner nun bald einmal auf der Venus oder auf dem Mars landen sollten, so muß man auch befürchten, daß sie nicht zurückkehren könnten. Was würde dann das Schicksal dieser Kolonisten sein? Wenn die Lebensbedingungen auf dem Mars oder auf der Venus ihre Fortpflanzungsfähigkeit beeinträchtigen sollte – und das ist durchaus wahrscheinlich –, würden sie genau das gleiche Schicksal erleiden, wie wir es für die Menschen von Tiahuanaco angenommen haben.

Also: Während in Grand-Pressigny, in Lussac-les-Châteaux, in Charroux, in Lascaux, in Les Eyzies die ursprünglichen Bewohner der Erde den Bären mit der Steinschleuder jagten und den Hecht mit der Harpune fingen, lebten vielleicht an einem andern Punkt des Erdballs Menschen, die Raumraketen und Sonnenmotoren konstruierten (was ja übrigens in unserem zwanzigsten Jahrhundert heute auch noch der Fall ist).

Hat es nun zwischen diesen beiden Gruppen der Menschheit wirklich keinerlei Verbindung gegeben?

Es scheint doch, daß die Raumfahrer sich auch in Gebiete wagten, die außerhalb der Hochebene von Tiahuanaco mit ihren günstigen Lebensbedingungen lagen.

Wenn sie in die Täler hinabstiegen und den Ozean überquerten – vielleicht bezahlten sie ihre Kühnheit mit dem Leben. Aber erst nachdem ihre Stadt versunken und zerstört war, brachten sie diese Kühnheit auf. Dafür hat uns die griechische Überlieferung ein bewegendes Zeugnis hinterlassen.

Das Mysterium des Prometheus

Prometheus war, wie Hesiod in seinen Schriften »Theogonie« und »Werke und Tage« berichtet, der Sohn der Klymene, der Meernymphe mit den wunderschönen Füßen. Er überbrachte den Menschen »einen Funken des göttlichen Feuers, nachdem er«, den Worten Hesiods zufolge, »die Wachsamkeit des Herrn des Donners zum zweiten Mal getäuscht hatte.« Um dieses Feuers willen strafte Zeus in seinem Zorn die Sterblichen auf grausame Weise. Hesiod berichtet:

»Darüber wieder erzürnt sagt ihm Zeus, der Wolkenver-
[sammler:
›Sohn des Japetos, allen voraus an ersinnendem Wissen,

Freust dich, das Feuer geraubt, meine Sinne betöret zu haben,
Dir aber selber zum großen Leid und den künftigen Menschen;
Diesen geb' ich zum Feuer ein Übel, an welchem sich alle
Herzlich ergötzen sollen, ihr eigenes Übel umarmend.‹«

Dieses Übel war die Jungfrau Pandora (die Eva der Griechen), die die Götter nach Zeus' Wunsch mit allen Verführungskünsten ausgestattet und der sie eine Büchse übergeben hatten, die alle Geißeln der Menschheit enthielt und glücklicherweise auch die Hoffnung.

Hesiods außergewöhnliche Botschaft, in der sich die biblischen Geschichten vom Sündenfall und von Luzifer, dem gefallenen Engel, verbinden, der von der Venus kam oder noch kommen soll, konnte vor dem 6. August 1945, an dem die Atombombe auf Hiroshima fiel, von den Menschen unserer Zeit kaum verstanden werden.

Stellen wir uns einmal Folgendes vor: Ein von der Venus gekommener, leidlich akklimatisierter Kosmonaute verläßt Tiahuanaco, überquert den Atlantik und landet im unfruchtbaren Afrika und Ägypten, wo schon menschlicher Geist beginnt, sich in Freiheit zu entfalten.

In Ägypten trifft dieser Kosmonaut mit einer Gruppe von Priestern zusammen. Er bemüht sich, ihnen sein Wissen mitzuteilen. Für die Ägypter ist der von jenseits des Atlantiks kommende Mensch ein Atlantide – die Griechen nennen ihn Prometheus –, und sie glauben es ihm, wenn er sagt, er sei vom Himmel, d. h. von einem andern Planeten gekommen.

Er erzählt von dem tragischen Untergang des versunkenen Tiahuanaco und enthüllt ungewöhnliche Geheimnisse, die niemals von den Priestern ganz verstanden werden. Diese Geheimnisse aber erklären zum Teil das rätselhafte, schnelle Aufblühen der ägyptischen Kultur.

Der Mensch von Tiahuanaco übermittelt ihnen das Wissen vom Kosmos, von den Sternen, von der Schrift, von den Künsten, von der Architektur und der Medizin. Er bringt ihnen auch das Geheimnis des Feuers.

Die ägyptischen Priester nehmen alle diese Belehrungen auf. Sie vergessen sie, sie verzerren sie und entstellen sie, aber ihre Intelligenz beginnt sich zu entfalten. Bald wissen sie genug, um die ersten Gesetze einer Wissenschaft festzulegen, die ihrer Zeit um Jahrtausende voraus ist. Dieses Wissen gewinnt Gestalt in den Tempeln, in den Pyramiden und in den Kulturen ihrer orientalischen und griechischen Nachfolger. So erkennt man in den Zügen der Apet, der ägyptischen Fruchtbarkeitsgöttin mit dem Flußpferdkopf, die Mutterschaftsgöttin des Plateaus von Marcahuasi in Peru wieder, wo andererseits auch Köpfe ausgeschnitzt sind, deren Haar- und Barttracht von den Pharaonen nachgeahmt wurden.

Man kann vermuten, daß der Kosmonaut, der Mensch von Tiahuanaco, seinen Tribut dafür zahlen mußte, daß er sich an das drückend-heiße Klima der arabischen Wüsten nicht gewöhnen konnte. Er bediente sich der Karten, die später Piri Re'is entdeckte, und über das Rote Meer fliegend, wandte er sich dem Land der schneeigen Gipfel zu. Auf seiner Reise hinterläßt er in Arabien, Chaldäa und Assyrien Bruchstücke seines Wissens.

Und wieder muß man an Prometheus denken, den Lehrmeister der Menschen, der – nach der griechischen Überlieferung – von Zeus gezüchtigt und auf dem Gipfel des Kaukasus in einer Höhe an den Felsen geschmiedet wird, die genau der des Hochplateaus der Anden entspricht. Fürwahr eine verblüffende Ähnlichkeit zwischen dem Atlantiden, dem Sohn der Orejona und Prometheus, dem Sohn der Meernymphe mit den schönen Füßen.

Wie dem auch sein mag: Ungefähr 10 000 Jahre vor unserer Zeitrechnung versank Tiahuanaco in die Nacht des Vergessens, und die Namen Abydos, Heliopolis, Theben, Memphis, Karnak und Saïs erschienen für die westliche Welt lesbar auf den ersten Seiten der »Unbekannten Geschichte der Menschheit«.

In Ägypten waren die Menschen sicherlich nicht zahlreich, die genügend Intelligenz besaßen, um sich die Botschaft des Menschen von Tiahuanaco zu eigen zu machen. Doch die sie begriffen, die Priester, schrieben zweifellos nach Diktat das erste Buch der unbekannten Geschichte der Menschheit. Sie zeichneten Maschinen, Pläne für den Bau von Motoren und die Karte des Erdballs.

Der Mensch von Tiahuanaco kannte die Gestalt der Erde von seinen Ahnen her, die, ehe sie auf den Anden landeten, die Meere und Kontinente überflogen hatten. Er übermittelte den Ägyptern die Kenntnis, daß jenseits des Ozeans ein Festland lag, von dem er hergekommen war.

Die Priester nannten diesen Kontinent »das Land jenseits des Atlantiks«, das man mit Platons Insel Atlantis oder mit Südamerika gleichsetzen kann. Wahrscheinlich handelt es sich übrigens um ein und denselben Kontinent.

Atlantis war zweifellos versunken im Verlauf einer Katastrophe, die auch das Ende von Tiahuanaco bedeutete.

Obgleich das praktische Studium der Priester Jahre in Anspruch nahm, hatten sie doch nicht alles verstehen können. Auch konnte ja ihr Lehrmeister nicht in jedem Wissenszweig bewandert sein. Er hatte sich auf das Wesentliche beschränken müssen: die Entstehung der Erde, die Astronomie, die Medizin, das Schmelzen der Metalle, die Levitation und die praktischen Anwendungen der Elektrizität, des Ultraschalls und der noch heute unbekannten Kräfte.

Die Priester erhielten so Kenntnis von viel zu komplizierten Geheimnissen, die sie praktisch nicht nutzbar machen konnten. So ergab sich die Notwendigkeit der Geheimhaltung, und ganz selbstverständlich wurde das höhere Wissen in den Geheimarchi-

ven der Tempel verschlossen gehalten, und nur das anwendbare Wissen ließ man allmählich heraussickern.
Mit einem Schlage blühte in Ägypten, einer einzigen Wüste, die phantastischste Zivilisation aller Zeiten auf: Heliopolis, Theben, Busiris, Abydos, Memphis, die Pyramiden und die Sphinx. Straßen, Kanäle, Staudämme wurden gebaut, und die Priester bemühten sich, Schulen zu schaffen, die das Zeugnis von ihrem Wissen nicht der Menge preisgaben.
Wir sind hier auf Vermutungen angewiesen, aber durch welche andere Hypothese sollte man sonst erklären, was uns die Pyramiden zu sagen haben oder die Sphinx, die Bundeslade, der Tempel Salomos und die archäologischen Entdeckungen in Chaldäa, Assyrien und anderswo?
Die Botschaft der Pyramide des Cheops ist sicher nicht verstanden worden, aber als Wahrzeichen steht sie da, ebenso wie die zu ihr gehörenden Pyramiden in Mexiko, in Persien und in Indien.
Es läßt sich unmöglich feststellen, wann die ägyptischen Pyramiden gebaut wurden. Napoleon und die modernen Historiker erkennen der Cheopspyramide ein Alter von viertausend Jahren zu. Die antiken Geschichtsschreiber setzen mit guten Gründen viel weiter zurückliegende Daten an.

Das Geheimnis der großen Pyramide

Der arabische Historiker Abu Sa'id el Balchi berichtet: »Die auf den Pyramiden eingemeißelte Inschrift wurde ins Arabische übersetzt. Sie gibt als Zeitpunkt der Erbauung die Epoche an, da das Sternbild der Lyra sich im Zeichen des Krebses befand.«
Wenn man nachrechnet, kommt man auf zweimal 36 000 Sonnenjahre vor der Hedschra, also etwa 73 300 Jahre. Ist das eine übertriebene Schätzung?
Vielleicht. Doch Herodot versichert im zweiten Buch seiner Historien (Kap. 143), daß ihm die Priester in Theben 341 Holzstatuen gezeigt hätten, die die Generationen der Hohenpriester – da stets die Söhne auf die Väter folgten – seit mehr als 11 000 Jahren darstellten. Das beweist das sehr hohe Alter des Heiligtums.
Eliphas Levi, ein rationalistischer Gelehrter des neunzehnten

Jahrhunderts, ist der Auffassung, daß das alte Ägypten ein dem Hermes Trismegistos (dem Thoth der Ägypter) geweihtes Pentagramm war. Je mehr sich die großen Hierophanten bemühten, ihr Wissen geheimzuhalten, desto mehr Symbole erfanden sie, um es darzustellen. In diesem Sinne sind die Pyramiden Symbole ihrer Metaphysik, die sich aufbaut auf ihrem Wissen von der Natur und den ihnen seit elf Jahrtausenden überlieferten Geheimnissen.

Die ältesten Pyramiden, wie die von Sakkara – das Grabmal des Königs Djoser –, bestanden aus sechs Stufen entsprechend dem bitrinitären oder 2 × 3-Prinzip der Atlantiden.

Man hat besonders über die Cheopspyramide tausend unhaltbare, törichte Theorien aufgestellt. Dennoch ist es nichtsdestoweniger erwiesen, daß sie ein Denkmal ist, das uns etwas sagen will: eine ungeheure Vergrößerung von Symbolen, wie das nach Diderot und vor Georges Barbarin (*Le Secret de la Grande Pyramide*, Adyar 1955) niemand besser als Eliphas Levi begriffen hat.

Nach einer koptischen Überlieferung wurde die Pyramide 300 Jahre vor der Sintflut gebaut, was annehmbare zeitliche Grenzwerte von 8000 bis 11 000 Jahren v. Chr. ergeben würde. Barbarin zitiert den koptischen Schriftsteller Mas'udi († 957 n. Chr.). Das Manuskript des Textes befindet sich in Oxford und lautet:

»Surid, einer der vor der Sintflut herrschenden Könige Ägyptens, baute die zwei großen Pyramiden. Er befahl auch den Priestern, im Innern die Summe ihrer Weisheit niederzulegen: ihre Kenntnisse in den verschiedenen Künsten und in der Arithmetik und Geometrie. So sollten sie zum Nutzen derer aufbewahrt werden, die sie vielleicht verstehen könnten.

In der östlichen (Cheops-)Pyramide wurden die Sphären des Himmels, die Bilder der Sterne und ihre Kreise aufgezeichnet. Zugleich auch die Geschichte und die Chronik der vergangenen und der zukünftigen Zeit und alle Ereignisse, die sich noch in Ägypten zutragen würden.«

Das Manuskript des arabisch-ägyptischen Historikers Makrisi bestätigt diese Enthüllung: »Die erste Pyramide war der Geschichte und der Astronomie gewidmet; die zweite der medizinischen Wissenschaft.«

In der großen Pyramide will man in der Tat astronomische und

mathematische Gegebenheiten niedergelegt finden. Sie ist die einzige, die genau in Nord-Süd-Richtung ausgerichtet ist. Die Abweichung beträgt nur 4′ 35″, eine bewundernswerte Leistung, wenn man dagegenhält, daß der Bau des Observatoriums von Paris um 18° von der wirklichen Nordrichtung abweicht.
Ein durch Gizeh laufender Meridian teilt die Ozeane und Kontinente nachprüfbar in zwei genau gleiche Hälften, was die Wahl des Meridians von Greenwich als Anfangs- oder Nullmeridian bedauerlich erscheinen läßt.
Die Summe der vier Seiten der Basis (931,22 m) dividiert durch die zweifache Höhe (148,208 m × 2) ergibt als Resultat die Zahl 3,14. Die Höhe (148,208 m) multipliziert mit einer Million ergibt annähernd die Entfernung der Erde von der Sonne = 149 400 000 km.
Man kann noch sehr viel dergleichen über die große Pyramide herausfinden. Aber ob es sich nun um wissenschaftliche Berechnungen oder Zufälle handelt, diese »Enthüllungen« bieten nichts Entscheidendes, besonders wenn sie sich auch noch in das Gebiet der Prophezeiungen wagen.
Der englische Astronom Charles Piazzi Smyth (1819–1900), einer, der der Cheopspyramide am leidenschaftlichsten Weihrauch spendete, hat einen ganzen Winter lang darauf verwandt, sie bis in alle Einzelheiten auszumessen. Im Jahre 1864 erklärte er, daß die Maße genauen geometrischen Verhältnissen entsprächen.
»Aber«, erzählt der britische Ägyptologe Sir Flinders Petrie, »einer seiner Schüler, Paul Brunton, war sehr enttäuscht, als er eines Tages Smyth überraschte, wie er an der Granitauskragung des königlichen Vorzimmers herumfeilte, um sie den durch seine Theorie geforderten Maßen anzupassen.«
Es ist leichter, die Pyramiden vom rein architektonischen Gesichtspunkt aus zu beurteilen. Kein Staat des zwanzigsten Jahrhunderts würde es mit seinen mächtigen, modernen technischen Mitteln wagen, eine so ungeheure Arbeit in Angriff zu nehmen. Zwei- bis dreihunderttausend Arbeiter müßten eingesetzt werden, mehrere Millionen Kubikmeter Steine wären zu behauen, und die Kosten würden Millionen und aber Millionen Franc betragen.
Um so gigantische Arbeiten zu einem guten Ende zu führen – in Ägypten und in Nubien kennen wir mehr als 180 Pyramiden –,

müßte nach den Schätzungen der besten Experten Ägypten zur Zeit des Pyramidenbaus mehr als 100 Millionen Einwohner gehabt und so mächtige und vollkommene Maschinen besessen haben, wie sie in unserem Jahrhundert nicht bekannt sind. Napoleon hatte geschätzt, daß man mit den Steinen der drei riesigen Bauwerke eine 1,50 m hohe und 1 m dicke Mauer um ganz Frankreich herum bauen könnte.

Alle die Erklärungen, die sich anboten – Gerüste, Aufschüttungen, schiefe Ebenen, Rampen aus Lehm –, halten näherer Betrachtung nicht stand.

Man hat nun eine andere Hypothese aufgestellt: Danach hätten die Ägypter vielleicht eine – allerdings unvorstellbare – Kenntnis von der Wirksamkeit der Ultraschallwellen und den die Schwerkraft aufhebenden Kräften besessen.

Der Schall und die Levitation

In unseren Tagen hat Professor Prudhomme vom Pasteur-Institut in Paris mit ganz schwachen Ultraschallwellen Korkkügelchen heben können. In Perpignan will Doktor Marcel Pagès die Antigravitation entdeckt haben. Aber er erbringt dafür keine Beweise. Im Jahre 1958 gelang es dem amerikanischen Physiker Hooper, einen Ferritring, der in einem Magnetfeld mit mehr als 15 000 Umdrehungen in der Minute rotierte, teilweise von der Schwerkraft zu befreien.

Der dabei festgestellte Gewichtsverlust betrug nur 1 %. Man kann sich danach unmöglich vorstellen, wie ein Teppich fliegen soll, wie Notre-Dame auf den Montmartre und die Basilika von Sacré Cœur auf die Ile de la Cité versetzt werden könnten.

In Frankreich ist Ingenieur Edgar Nazare mit einer Gruppe von Technikern dabei, das experimentell vorzuführen, wonach Doktor Pagès vergeblich suchte, nämlich die Antigravitation oder besser die Agravitation, die auf folgendem Prinzip beruht: Ein elektrostatisches Feld durch ein Magnetfeld mit Lichtgeschwindigkeit in Umdrehung zu versetzen. Also das Umgekehrte, was der Amerikaner Hooper bewerkstelligt hatte.

Mit diesen revolutionären Methoden wird es durch die Polarisation der Schwerefelder theoretisch möglich, Steinblöcke von mehreren Tonnen Gewicht mit Leichtigkeit zu heben und zu versetzen. Wir sind noch nicht so weit, aber die Levitation würde zum ersten Mal erklären, wie die riesigen Steinblöcke der Cheopspyramide und der Bauten von Ba'albek und Peru gehoben werden konnten. Es ist lächerlich, ein Wunder durch nicht kontrollierbare, okkulte Mächte (schwarze Magie) oder durch gänzlich unbegründete Hypothesen erklären zu wollen. Immerhin, die phantastische Entwicklung der Wissenschaft berechtigt uns zu glauben, daß jene schwachen Leistungen der im Embryonalstadium befindlichen okkulten Wissenschaft künftig verbessert werden können.

Vielleicht ist die Levitation wirklich ein übernatürliches Phänomen, aber das dürfen wir, die wir unsere Erkenntnis wissenschaftlich begründen, nicht einfach hinnehmen. Doch wenn wir die Levitation durch die Ultraschallwellen oder die Antigravitation erklären wollen, so ist das durchaus annehmbar, denn die Antigravitation sprengt ja schon die Pforten der Zukunft. Wir haben da sicherlich noch erhebliche Überraschungen zu erwarten. Der anfänglich sehr zurückhaltende Prince de Broglie hat, was die mit der Gravitation direkt in Beziehung stehende, lokale Energie des leeren Raumes betrifft, in seinen Ansichten eine völlige Kehrtwendung vollzogen. Er erklärt: »Der leere Raum erscheint uns heute von einer unfaßbaren Menge von Energie erfüllt: 10^{27} Joule pro Kubikmeter«, d. h. genau die Energiemenge, die zur Fusion des Wasserstoffs erforderlich ist. Wir wollen dem Folgenden keine allzu große Bedeutung beimessen, aber es ist doch sicher, daß man auch die Willenskraft eines Menschen in Joule (Energie = Materie) ausdrücken könnte, was uns – allerdings ein sehr kühnes Unterfangen! – in den Stand setzen würde, Erscheinungen zu erklären wie die Materialisationsphänomene der schwarzen Magie, die Levitation des heiligen Diego oder das Wandeln Christi auf den Wassern des Sees Genezareth.

Wie dem auch sei: Es bewahrheitet sich immer mehr, daß die Wissenschaft für alle in den Märchen erzählten Wunder eine vernunftgemäße Erklärung geben kann: für den fliegenden Teppich; den Ring, der unsichtbar macht; das Wort, das töten kann; den Zauberspruch, der einen Riesen oder einen reich gedeckten Tisch erscheinen läßt.

Der Dampfwagen von Cugnot fuhr 4 km in der Stunde – unsere Autos erreichen eine Stundengeschwindigkeit von 634 km. Die Flugmaschine von Clément Ader flog im Tempo eines gemächlich schreitenden Menschen. Die X-15 der Amerikaner durchbricht die Schallmauer mit einer Stundengeschwindigkeit von 6500 km.
Die Levitation durch Agravitation oder durch Ultraschall wird ähnliche Wunder vollbringen. Wenn wir hier den Ultraschall zusammen mit der Agravitation behandeln, dann, weil wir glauben, daß uns die ägyptische Überlieferung ein Recht dazu gibt.
Der Schall ist vielleicht eine noch unbekannte Dimension. Ihm wohnt eine Kraft inne, die die Wissenschaft erst seit kurzer Zeit untersucht. Man hat von einer Ultraschallbombe gesprochen, die das ganze animalische Leben im Umkreis einer großen Stadt vernichten könnte, ohne die Gebäude oder andere Gegenstände zu zerstören.
In der Medizin kann man schon mit Ultraschallwellen einen Knochen brechen und durch akustische Gehirnerschütterung den Tod herbeiführen. Es ist sicher, daß schon der von Flugzeugen beim Durchbrechen der Schallmauer erzeugte donnernde Knall die Nerven erschüttert und für herzkranke Menschen tödlich sein kann. Man behauptet sogar, daß dadurch das Brutgeschäft der Fasanen beeinträchtigt wird. Unlängst passierte bei einer solchen Gelegenheit etwas Merkwürdiges: In Noisiel (Seine-et-Marne) erlitt ein Förster plötzlich einen Wutanfall und gab mit seinem Gewehr auf die Flugzeuge Schüsse ab.
Die Okkultisten behaupten, daß der Klang der Kirchenglocken den vom Satan besessenen Personen unerträglich sei. Jean-Jacques Rousseau schrieb einmal: »Der Klang der Glocken hat mich immer seltsam angerührt.« Dasselbe galt für Karl Marx und Maurice Thorez sowie einige militante Atheisten.
Eine Legende – die übrigens von Leuten, die beim Sterben des sowjetrussischen Diktators zugegen waren, bestätigt wird – besagt, daß Stalin durch das plötzliche Läuten einer Glocke des Kreml getötet worden sei.
Wie dem auch sein mag: Von den Ultraschallwellen, die den Tod verursachen und die Schwerkraft aufheben können, führt eine gerade Linie zu den Ultraschallwellen, die vielleicht die Mauern von Jericho einstürzen ließen. Es gibt da eine wissenschaftlich

noch unerforschte Kraft, deren man sich schon in der Antike zu bedienen verstand.

Sesam, öffne dich!

Nach ägyptischen Palimpsesten mußten die Priester von Karnak, Abydos und Theben über deutliche, starke und schöne Stimmen verfügen. Wenn sie ein einziges Wort in einer gewissen Weise aussprachen, so konnten sie alle großen und schweren Tore der Tempel aufspringen lassen. Auch andere orientalische Erzählungen wimmeln geradezu von magischen Türen, mit denen Tempel, Grüfte und Höhlen verschlossen sind. Das Öffnen wie durch Zauberhand kann mittels mehr oder weniger kunstvoller Tricks bewirkt worden sein. (Ein aus trockenem Hanf geflochtener Strick, der durch Wasserdampf feucht gemacht wird oder umgekehrt, ein feuchter Strick, der durch Räucherpfannen getrocknet wird, ist noch heute, nach einem Bericht von Henry de Monfreid, ein von schwarzen Zauberern angewandter Trick.) Aber das überaus häufige Vorkommen solcher Berichte und das Geheimnis der Pyramiden veranlassen uns jedoch zu glauben, daß es dafür eine einfache oder komplizierte wissenschaftliche Erklärung gibt.
Eine einfache Erklärung: Bestimmte Töne einer bestimmten Frequenz lösen einen Federmechanismus aus.
Eine wissenschaftliche Erklärung: Die Schallwellen oder Ultraschallwellen wirken auf eine elektrische Zelle wie etwa das Licht. (In Amerika hat man Schreibmaschinen konstruiert, die mit Hilfe schallempfindlicher Zellen automatisch nach Diktat schreiben.)
Der bekannte Zauberspruch: »Sesam, öffne dich!« ist nicht von ungefähr erfunden. Die Samenkapsel der Sesampflanze springt, sobald sie reif ist, von selber auf. Aber auch ein tiefer Ton bewirkt ein vorzeitiges Aufspringen der Kapsel. Diese Erscheinung war den Ägyptern, den Hebräern und den Orientalen nicht unbekannt, und man darf annehmen, daß ihre höheren wissenschaftlichen Kenntnisse auf einer gewissen stimmlichen Gewalt beruhten, heißt es doch auch im Johannes-Evangelium: »Im Anfang war das Wort.« Es ist möglich, daß die Macht des Wortes weiter verbreitet war, als man glaubt.

Der Überlieferung nach kommt der Zorn Gottes im Blitz oder in der alles niederschmetternden Donnerstimme zum Ausdruck. Man behauptet, daß der Mensch in fernen prähistorischen Zeiten stumm oder doch keiner artikulierten Sprache mächtig war. Die Umstände, die ihm Macht über die Natur verliehen, sind uns unbekannt, aber es steht fest, daß er das Vorrecht, welches ihm das Wort verlieh, immer überaus hochgeschätzt hat. In den frühesten Zeiten bedeutete das »Wort« zugleich Weisheit, Macht und Zauberkraft. Das Wort war der höchste Besitz des Menschen, mehr wert als bloße Körperkraft, denn man konnte mit dem Wort eine brutale Tat befehlen oder verhindern, man konnte damit zähmen, fesseln, das Gemüt anrühren, verzeihen.
Wahrscheinlich übte der prähistorische Mensch durch den magischen Klang seiner Stimme die Herrschaft über die Tiere aus, aber das Geheimnis ist im Laufe der Jahrhunderte verlorengegangen, besonders seit der Zeit, da eine andere Wissenschaft die Zauberworte ablöste und man die der schwarzen Magie angeklagten Hexenmeister verbrannte. Die prähistorischen Menschen kannten das Phänomen der Schwingungen, das ihnen gestattete, durch Anwendung der Stoßwellen den Feuerstein zu spalten: ein jahrtausendealtes Wissen, an das sie eine schwache Erinnerung bewahrt hatten.
Immerhin stand in Ägypten auf Grund der atlantischen Enthüllung die Wissenschaft vom Schall und von der Levitation, die den Bau der amerikanischen Zyklopenstädte ermöglicht hatte, in besonders hohem Ansehen. Die Levitation war ja nichts anderes als eine auf Wissenschaft beruhende Leistung ebenso wie die die Schwerkraft aufhebende Antigravitation. Man mußte die Schwere aufheben, um die ungeheuren Steinblöcke der Pyramiden transportieren, heben und vielleicht auch zuschneiden zu können.
Es ist von Interesse, darauf hinzuweisen, daß der persische Sultan Melik al Aziz im Jahre 1196 die verrückte Idee hatte, die Pyramiden zu zerstören. Er mobilisierte zu diesem Zweck Zehntausende von Arbeitern, Pionieren und Trägern und gab Unsummen aus, nur um ein geradezu lächerliches Ergebnis zu erreichen.
Die Arbeiter begannen mit dem Abreißen der roten Pyramide, der kleinsten von den drei. Jeden Tag lösten sie ein oder zwei Steine, die herunterpolterten und sich tief in den Sand einwühl-

ten, aus dem sie wieder ausgegraben werden mußten. Nach acht Monaten wurde die erschöpfende Arbeit eingestellt. Von weitem gesehen erschien die kleine Pyramide kaum angekratzt.
Eine verblüffende Tatsache wurde uns von dem spanischen Biologen Garcia Beltran mitgeteilt. (Ihm ist übrigens die Entdeckung von Tiahuanaco zu danken.) Danach entsprechen die ägyptischen Pyramiden genau denen in den Anden.
Es ist in diesem Zusammenhang bemerkenswert, daß die älteste Pyramide die bei *Sakkara* (30 km von Kairo entfernt) gelegene Pyramide des Königs Djoser ist und daß der ursprüngliche Name von Tiahuanaco *Chucara* lautet. Sie hat sechs Stufen genau wie die im Lande der Vorfahren der Inka gebauten. Beltran schreibt:

Abgesehen von ihrer transzendentalen Bedeutung dienten die Pyramiden auch dem praktischen Zweck, Regen zu erzeugen.
Man sah sie schon aus einer Entfernung von Hunderten von Kilometern in der Sonne glänzen. Man nannte sie deshalb »die Leuchten«. Sie waren nämlich ursprünglich mit Platten aus einem weißen, hochpolierten Metall bedeckt. Es hätte Silber sein sollen, aber man hatte es durch eine Legierung ersetzt, da in Ägypten das Silber so selten war.
Man findet noch heute dieses Metall, mit einer Kalkmasse gemischt, auf den Mauern der Moscheen, insbesondere auf den Mauern der Moschee von Kairo, die weithin silbrig glänzen.
Die ägyptischen Archäologen wissen, daß dies Metall von der Plünderung der Metallplatten der Pyramiden herstammt.
Vor 10 000 Jahren standen diese Denkmäler, die viel älter sind, als man bisher annahm, inmitten einer grünenden, kultivierten, künstlich bewässerten und reiche Ernte tragenden Landschaft.
Memphis war damals die volkreichste Stadt der Welt und die Hauptstadt des Reiches. Das Land war ein blühender Garten, denn man konnte es nach Belieben regnen lassen.
In der Tat war es die profane Rolle der Pyramiden, »das Zauberwort widerhallen zu lassen«, das Mondlicht zu reflektieren und dessen Polarität zu verändern, so daß die Atmosphäre mit Wasserdampf angereichert wurde und man es zu bestimmten Mondphasen regnen lassen konnte.
Heute sieht man dort, ebenso wie in Tiahuanaco, nichts als Rui-

nen und Wüste, denn die Pyramiden sind durch die Anhänger falscher und trüber Lehren zerstört oder ihrem Zweck entfremdet worden.

Diese auf den ersten Blick unglaubliche Darstellung beruht in Wirklichkeit Wort für Wort auf tiefen wissenschaftlichen Erkenntnissen, die dem Laïen durchaus unbekannt bleiben können, die aber das Erstaunen bedeutender Gelehrter erregen.
Die Pyramiden sollen dazu gedient haben, Regen zu erzeugen? Das ist keineswegs unmöglich.
Auf den Flugplätzen der Vereinigten Staaten wird schon heute der Nebel durch Aussendung von kräftigen Ultraschallwellen zerstreut. Sie kondensieren die Nebeltröpfchen und lassen sie als Regen herunterfallen.
Im Jahre 1961 hat man in Saint-Nazaire (Loire-Atlantique) eine sogenannte »Luftfontäne« eingeweiht. Sie wurde von André Pasquet erfunden und liefert 300 Liter Wasser am Tage. Es handelt sich um ein Bauwerk aus poliertem Metall, das den atmosphärischen Wasserdampf kondensiert. Sein Erfinder, der vielleicht Garcilaso de la Vega gelesen hatte, hofft 3000 Liter Wasser in je 24 Stunden liefern zu können.
Es genügt jedoch, die Ultraschallmethode der amerikanischen Flugplätze anzuwenden, die ja selbst eine ferne Erinnerung an das ägyptische und präkolumbianische Geheimwissen darstellt, denn nach Garcilaso de la Vega »konnten die alten Inka aus der Luft Wasser herstellen«.
Doch die Überlieferung – zumindest die mittelamerikanische – weiß nichts von einer metallischen Verkleidung der Mayapyramiden, die allerdings in äußerst regenreichen Gebieten liegen.
Der Mensch von Tiahuanaco brachte außer wissenschaftlichen Erkenntnissen auf physikalischem Gebiet auch das Geheimnis der Schrift mit. Es handelte sich nicht um eine hieroglyphische Bilderschrift, sondern um eine lineare, alphabetische Schrift, denn die Geheimnisse mußten auf eine völlig eindeutige Weise aufgezeichnet und übermittelt werden. Die sogenannten ägyptischen »Hieroglyphen« sind das genaue Gegenteil einer heiligen, nur für Eingeweihte bestimmten Geheimschrift. Sie sind eine für die breite Masse bestimmte Schrift, die den Ureinwohnern Ägyptens

aufgezwungen wurde, damit sie kraft ihres allgemeinverständlichen Charakters die nur den Eingeborenen verständlichen Dialekte ersetzte. Zum Beispiel:

 Sonne  Auge  Sperber

Diese Zeichen sind für die Menschen in Afrika, in Amerika und in Asien gleichermaßen verständlich.

Es dürfte ein Irrtum sein, sie als Geheimschrift aufzufassen.

Diese Linearschrift war, wie man heute annimmt, der von uns angewandten ähnlich. Ihr phönizischer Ursprung ist nicht erwiesen. Phönizien hat zweifellos nur eine vermittelnde Rolle gespielt. Sie ist aus Ägypten entlehnt worden, das sie selbst nur von anderer Seite empfangen hat. Dieses Problem ist von großer Wichtigkeit, denn jede Kultur, die Erkenntnisse in die Wirklichkeit umsetzt, kann sie den folgenden Generationen nur durch das Wort und die Schrift übermitteln.

Wenn nun auch die atlanto-ägyptische Tradition im wesentlichen mündlich weitergegeben wurde, so erscheint es doch als sicher, daß es außer den Seekarten des Piri Re'is und den Inschriften auf dem Sonnentor noch schriftliche Dokumente gegeben haben muß, die uns heute noch nicht bekannt sind, von denen wir aber schon gewisse Andeutungen besitzen. Diese Elemente einer linearen und alphabetischen Schrift – die ältesten der Welt – sind im Museum von Glozel ausgestellt. Sie stammen aus dem Magdalénien, also annähernd aus demselben Zeitraum wie die Kultur von Tiahuanaco.

Solche Spuren einer neolithischen Kultur finden sich noch an verschiedenen Punkten der Erde: in Altamira (Spanien); Balmori (Spanien); Alvão (Portugal); Seltz (Böhmen); Bautzen (Deutschland); Puy-de-Lacan, Rochebertier, Laugerie-Basse, Saint-Germain-la-Rivière (Frankreich) usw.

Der französische Archäologe A. Morlet aus Vichy, der bewußt die ausgefahrenen Geleise der offiziellen Vorgeschichte verläßt, hat in seinem 1955 erschienenen Buch *Origine de l'Ecriture* (Ursprung der Schrift) klar bewiesen, daß es sich im Fall Glozel um eine alphabetische prähistorische Schrift handelt, deren Vorhandensein schon von zahlreichen Forschern geahnt worden war.

Bereits 1891 schrieb Estacio de Veiga, als er in Alvão einen mit linearen Schriftzeichen bedeckten Tonscherben untersuchte:

Es ist erwiesen, daß es im letzten Steinzeitalter auf der iberischen Halbinsel eine durch graphische Zeichen dargestellte Schriftsprache gab.

Edouard Piette, eine Autorität auf diesem Gebiet, entdeckte in der Grotte von Le Mas d'Azil eine regelrechte »Schule, wo man Lesen, Rechnen und Schreiben lernte«.
Die farbigen Steine sind zwar die ältesten Dokumente einer primären, von Menschen erfundenen Schrift, aber die bedeutendsten Dokumente einer auf Rentierknochen, auf Steinen oder auf Tontäfelchen eingegrabenen prähistorischen Schrift sind in Glozel gefunden worden.

Die Schrift des Moses

Die Prähistoriker der ganzen Welt erkennen die Echtheit der Funde von Glozel ebenso an wie die Tatsache, daß es sich um eine zehntausend Jahre alte prähistorische Silbenschrift handelt. Nun ist aber die Schrift in ganz besonderer Weise immer das Zeichen einer hochentwickelten Kultur, und es ist schwierig, ihre Erfindung den Menschen von Glozel zuzuschreiben. Aus welcher Quelle könnten sie jedoch ein so großes Geheimnis geschöpft haben? Man kann nicht umhin, an Tiahuanaco zu denken, das einzige aus jener Zeitepoche bekannte Kulturzentrum.
Indem man die Schrift von Glozel als Ausgangspunkt nimmt, kann man sich vorstellen, wie wohl die von den Priestern im alten Ägypten und von Moses benutzte Schrift ausgesehen hat.
Wir sind vielleicht in der Lage, Antwort auf eine schwierige Frage zu geben, nämlich: Wie sind die Fünf Bücher Mose eigentlich abgefaßt worden?
Voltaire hat sich schon in seinem *»Dictionnaire philosophique«* darüber den Kopf zerbrochen:

In welcher Sprache hätte wohl Moses mitten in der Wüste schrei-

ben sollen? Es konnte doch nur Ägyptisch sein, denn aus dem Buch Exodus selbst geht ja hervor, daß Moses und sein ganzes Volk in Ägypten geboren waren. Die Ägypter aber schrieben zu jener Zeit noch nicht auf Papyrusblättern. Man gravierte die Hieroglyphen in Marmor oder in Holz ... Man hätte also fünf Bände auf polierte Steine gravieren müssen.

Nun, die Papyrusstaude war seit der 18. pharaonischen Dynastie bekannt. Beweis: das im Louvre aufbewahrte Begräbnisritual. Wenn Moses große physikalische und chemische Kenntnisse besaß – wir werden das im folgenden Kapitel aufzeigen –, unterliegt es keinem Zweifel, daß er auch ein gelehrter Übersetzer war, der in den Texten die atlantische Botschaft zu lesen und sie ebensogut in die Sprache der Leute von Glozel wie ins Hebräische zu übertragen verstand. Er sicherte dadurch unstreitig die Weitergabe jener Botschaft in der Schrift der damaligen Zeit.
Er meißelte sicher nicht die fünf Bücher in Stein, sondern schrieb sie mit Tinte auf ein glattes, leichtes und dauerhaftes Material. Auf die gleiche Art hatte man auch die atlantischen Geheimnisse aufgezeichnet, die tausend Jahre später wenigstens zur Kenntnis der Priester von Saïs, wenn nicht sogar des Rabbiners Jechieli im 13. Jahrhundert gelangten.
Fernando de Montecinos, der Geschichtsschreiber Perus, der um 1630 fünfzehn Jahre seines Lebens daran wandte, die spanischen Besitzungen in Südamerika zu bereisen, schöpfte aus der Quelle selbst seine Kenntnisse der geheimsten von den Vorvätern der Inka stammenden Traditionen.
Montecinos hat deren Chronologie bis auf 103 vor Atahualpa regierende Herrscher zurückverfolgen können. Er hat sichergestellt, daß die vorkolumbianische Geschichte älter ist als die Sintflut, was später durch die Felsinschriften und durch die Ruinen von Tiahuanaco bestätigt wurde.
Montecinos versichert, daß die Vorfahren der Inka Bananenblätter zum Schreiben benutzten, was unter der Regierung des Huayna Caui Pirhua, des dritten Inkaherrschers der vordiluvianischen Dynastie, erfunden worden war. Später, unter der Regierung von Topu Caui Pachacuti IV. (dem 63. Inkaherrscher), war dieses Verfahren verboten worden.

Die Seher und Auguren hatten nämlich in den alten Schriften gelesen, daß die schlimmsten Katastrophen das Gebiet der Anden verwüsten würden (was sich als wahr erwies). Darum befahl Pachacuti IV. alle zum Schreiben verwandten Bananenblätter zu verbrennen und verbot das Schreiben bei Todesstrafe.
Sehr alte chinesische Überlieferungen berichten eine Tatsache, die Peru in seltsamer Weise mit dem asiatischen Festland in Beziehung setzt. Danach hätte ein chinesischer Kaiser die mit dem Pinsel gemalten Schriftzeichen durch ein Alphabet ersetzen wollen, dessen Buchstaben den Knoten der Inkaquipus glichen.
Die Tradition des Menschen von Tiahuanaco und die durch ihn anderen Völkern überlieferten Geheimnisse wurden aller Wahrscheinlichkeit nach mit Hilfe des Alphabets von Glozel übertragen.

Wie kann ein Geheimnis gewahrt bleiben?

Im Laufe der Jahrtausende sind die brüchigen, zu Staub zerfallenen Papyrusblätter verlorengegangen, wie auch die ganze ägyptische Kultur in Verfall geriet. Das verstümmelte Geheimnis wurde nur noch mündlich oder durch Vermittlung der damals vorherrschenden Sprachen – des Hebräischen, des Griechischen und des Arabischen – kommenden Generationen überliefert.
Aber ist es überhaupt möglich, daß Geheimnisse auf diese Art mehrere Jahrtausende gewahrt bleiben können? Gewiß sickerte manches durch, wie wir das schon im Fall des Menschen von Tiahuanaco zugegeben haben, besonders in dem Maße, wie sich ein Weltbewußtsein bildete. Aber die wirklich großen Geheimnisse sind niemals preisgegeben worden.
Noch heute enthüllt z. B. die Freimaurerei nur den höchsten »Eingeweihten« ihre Pläne in bezug auf die soziale Entwicklung. Die katholische Kirche befolgt die gleiche Politik. Und auf andern Gebieten haben die Kamarillas, die Mafias und die Verbrecherbanden über ihre Geheimnisse Stillschweigen bewahrt.
Vor allem gibt es ja auch immer noch Staatsgeheimnisse: Pakte, Geheimverträge, unbekannte Akten der Nachrichten- und Spionageorganisationen (Zweites Büro, Gestapo, Fünfte Kolonne, GPU, CIC, Scotland Yard usw.).

Diese Geheimnisse werden oft in erstaunlicher Weise gewahrt. Als im Jahre 1944 320 Stalinorgeln auf die deutschen Panzerdivisionen an der russischen Front Tod und Verderben spien, hatte selbst General Jeremko – dritthöchster Kommandierender der Roten Armee – keine Ahnung von der Existenz dieser neuen Waffe.
Die USA haben ihre geheimen Angriffs- und Verteidigungspläne, und man kann sich denken, daß die Russen das Geheimnis der mit einer Droge versetzten Nebelbombe, der Geheimwaffe ihrer Feinde, mit Gold aufwiegen würden. Umgekehrt würden die Amerikaner Milliarden ausgeben, um das Geheimnis des von den Russen für ihre Raketen verwendeten Treibstoffes zu erfahren.
Die Päpste, oder wenigstens die »eingeweihten« unter ihnen, haben immer die Geheimnisse der Kirche gewahrt, ohne sie jemals preiszugeben.
Es ist sogar möglich, daß sie im voraus Kenntnis von drohenden historischen Ereignissen, Kriegen, Verfolgungen und sozialen Unruhen gehabt haben, ohne zu versuchen, den natürlichen Gang der Ereignisse aufzuhalten. Die Päpste waren im Besitz von Voraussagen künftiger Ereignisse, die drei Kinder aus Aljustrel (Spanien) gemacht hatten. Die Prophezeiungen wurden unter der Bezeichnung *Das Wunder von Fatima* am 13. Mai 1917 versiegelt und im Jahre 1942 teilweise veröffentlicht. Nach Angaben der Nonne Lucie Dos Santos besagten sie folgendes:

Der Krieg von 1914 neigt sich seinem Ende zu. Aber wenn man nicht aufhört, den Herrn zu beleidigen, wird unter der Regierung Pius' XI. ein anderer noch schlimmerer Krieg ausbrechen (Annexion Österreichs, zweiter Weltkrieg 1939–1945). Wenn ihr die Nacht durch ein unbekanntes Licht erhellt sehen werdet (es handelt sich um die Nacht vom 24. zum 25. Januar 1938. Dieses Licht wurde von den Astronomen als ein Nordlicht bezeichnet, was vielleicht nicht die richtige Erklärung ist), so wisset, daß Gott die Welt für ihre Missetaten mit Krieg, Hungersnot und mit gegen die Kirche und den Heiligen Vater gerichteten Verfolgungen strafen wird. Um das zu verhindern, werde ich verlangen, daß Rußland meinem unbefleckten Herzen geweiht wird. Wenn man auf mein Flehen hört, wird sich Rußland bekehren, und wir werden Frieden haben. Wenn nicht, wird Rußland seine Irrtümer über die ganze Welt verbreiten und weitere Kriege und Verfolgungen herbeiführen. Viele Menschen werden gemartert werden, der Heilige Vater wird viel zu leiden haben, mehrere Nationen werden vernichtet werden.

Das Ende der zuerst von Pius XII., danach von Johannes XXIII. zurückgehaltenen Prophezeiung sollte im Jahre 1960 veröffentlicht werden. Johannes XXIII. hielt es jedoch mit Recht nicht für opportun, den kindlichen, vagen Aussagen der Visionäre einen Wahrheitsgehalt zuzuerkennen.

Die Geheimnisse von Tiahuanaco wurden nur »zugewählten« Personen anvertraut, d. h. Eingeweihten, die als besonders vertrauenswürdig angesehen wurden und zweifellos hohe religiöse Würdenträger waren. Das Buch der Großen Geheimnisse wurde im Laufe der Jahrtausende wahrscheinlich mehrfach den Ereignissen angepaßt, d. h. immer wieder abgeschrieben und berichtigt. Alle großen Religionen gründen sich auf die Vorschriften dieses Buches. Das erklärt die bis ins einzelne gehenden Übereinstimmungen der verschiedenen Doktrinen. Die Bibel, der Talmud, die Weden leiten sich vielleicht alle drei ab von jenem Buch der großen Geheimnisse.

Die Eingeweihten waren grundsätzlich verläßliche Personen. Man denke an Moses, Pythagoras, Platon, Numa, Jesus, Jechieli. Doch ist es erstaunlich, daß während mehr als 200 Generationen Menschen anderen Menschen phantastische Enthüllungen anvertrauen mußten – Geheimnisse, die niemals der Menge preisgegeben werden durften –, ohne daß sie sich jemals in diesen andern Menschen getäuscht hätten, ohne daß jemals einer ausgerufen hätte:

»Ich kenne die großen Geheimnisse. Ich werde sie euch enthüllen.« Solch eine Ankündigung würde übrigens wahrscheinlich gar keinen Widerhall gefunden haben, denn es kommt oft vor, daß eine mit großem Tamtam gemachte Veröffentlichung ganz erfolglos bleibt. Manchmal bedienen sich sogar politische Geheimdienste dieses Tricks. Auf offen zutage liegende Wahrheiten gibt gewöhnlich niemand acht.

So konnten die New Yorker Warenhäuser ungestraft kleine Mo-

delle der amerikanischen Atom-Unterseeboote verkaufen. Die amerikanischen Geheimdienste und die russische GPU schenkten diesen Spielzeugen erst Beachtung, als es schon zu spät war. Und was noch erstaunlicher war: Im Jahre 1948 veröffentlichten wir in der zu jener Zeit am weitesten verbreiteten Wochenschrift *Ici-Paris* (6. April 1948, Nr. 144) die technischen Grundlagen der Wasserstoffbombe, und dennoch wurde die H-Bombe erst drei Jahre später (1951) der breiten Öffentlichkeit bekannt.
Die Ankündigung war in Form eines großen Leitartikels auf einer Seite in sechs Spalten gedruckt worden. Auf Seite 3 wurde sie noch durch ein Photo illustriert und in einem Interview mit Paul Chanson, Privatdozent an der Ecole Polytechnique, und dem Leiter des Laboratoriums vom Pic du Midi in aller Form bestätigt.
Nachdem wir angekündigt hatten, daß die Amerikaner an einer »Superbombe«, der Wasserstoffbombe, arbeiteten, schrieben wir wörtlich:

In den USA arbeitet man an einer Wasserstoffbombe, aber nichts berechtigt uns zu der Annahme, daß sie schon vollständig entwickelt ist. Die auf der Basis von Wasserstoff (eines leichten Elements) entwickelte Bombe wird fünfzigmal wirkungsstärker sein als die aus einem schweren Element (Uran usw.) entwickelten Bomben.
Die Freisetzung der Energie schwerer Elemente (Uran = Bombe von Bikini) erfolgt bekanntlich durch die Zertrümmerung oder Spaltung des Atomkerns.
Umgekehrt soll diese Freisetzung von Energie leichter Elemente (Wasserstoff, Lithium) durch Vereinigung der Atomkerne geschehen. Diese Energiemenge ist fünfzigmal so groß wie die des Urans. Man sollte einen wichtigen Hinweis nicht übersehen: Die USA haben sich nicht an dem Wettlauf nach den in der Antarktis befindlichen Uranlagern beteiligt. Das scheint zu beweisen, daß von nun an die als »superterrific« bezeichnete Wasserstoffbombe im amerikanischen Forschungsprogramm an die Stelle ihrer Rivalin von Bikini getreten ist.

Obwohl diese Erklärungen unvollständig und in Einzelheiten

vermutlich falsch sind, war im April 1948 dennoch eine solche Veröffentlichung von größter Tragweite; eine Katastrophe für die Amerikaner und ein gefundenes Fressen für die Russen.
Schon am 7. April rief uns Paul Chanson an. Er war bestürzt, denn er hatte sicher eine solche Veröffentlichung weder vorausgesehen noch beabsichtigt. Gewiß: Der Ministerrat trat in Paris zu einer geheimen Sitzung zusammen, um die angeschnittene Frage zu erörtern, aber damit hatte es auch sein Bewenden, und wahrscheinlich hat niemand aus dieser Indiskretion irgendwelchen Vorteil gezogen.
Im Lauf der Jahrhunderte sind mehrfach in ähnlicher Weise Geheimnisse preisgegeben worden: im elften Jahrhundert der Blitzableiter (Gerbert); im Jahre 1709 die Fliegerei (Gusmão), aber bekanntlich legen die Menschen keinen Wert auf das, was ihnen gratis angeboten wird.
Wenn durch Zuwahl Geheimnisse dem Eingeweihten eines andern Landes anvertraut wurden, so mußte man sie mehr oder weniger genau in eine andere Sprache übersetzen. Die verläßlichsten Abschriften befinden sich wahrscheinlich heute noch im Besitz mohammedanischer Geistlicher (besonders der in Fez lebenden). Ein Teil dieser arabischen Handschriften wird in der Pariser Bibliothèque Nationale aufbewahrt, aber sie sind in einem derart schlechten Zustand, daß ihre Übersetzung beinahe unmöglich erscheint.
All das bestärkt uns in der Ansicht, daß die von uns dem Menschen von Tiahuanaco zugeschriebene Botschaft zum großen Teil verstümmelt, gefälscht, zerstört, verbrannt ist.
Das besterhaltene Dokument, die Steininschriften des Sonnentors, die wahrscheinlich das Geheimnis der stratosphärischen Flugmaschinen, der Raumraketen, der Raumanzüge enthüllten, wurde schon durch die letzten Nachkommen Orejonas verfälscht. Die Zeichnungen entsprechen sicher nicht mehr der Wirklichkeit. Sie stellen zwar Maschinen und Methoden der Raumfahrt dar, die uns jedoch zweifellos unbekannt sind.
Einfachere Geheimnisse, die unmittelbarer genutzt werden konnten, sind besser verstanden worden: z. B. Geheimnisse der Medizin, der Astronomie, der Architektur. Kannten die antiken Völker das Fernsehen, das Radio, das Telephon? Man kann nicht so

weit gehen. Unsere höherstehenden Ahnen haben uns die Grundlagen des Atoms, der Hertzschen Wellen, des Elektromagnetismus, des Ultraschalls, der Induktion, aber nur die Grundlagen vermacht. Dennoch darf man sich wohl vorstellen, daß in gewissen heiligen Geheimarchiven noch direkte Anweisungen des Menschen von Tiahuanaco vorhanden sind.

Hatten jedoch die Menschen der Venus ihre Kultur in derselben Weise aufgebaut wie wir?

Von den gleichen Prinzipien ausgehend, kann man höchst unterschiedliche Ausführungsformen etwa des Fahrrades, des Autos oder des Düsenflugzeugs konstruieren. Die letzten Menschen von Tiahuanaco kannten natürlich nur die Art Raumfahrzeuge, wie sie von ihren Ahnen benutzt worden waren, aber von den Einzelheiten hatten sie keine Vorstellung.

Wie sollten sie auch z. B. nur die genauen Konstruktionspläne eines einfachen Motors aufzeichnen? Die Antriebswellen, die Zylinder, die Kolben, die Propeller, die Rohrstutzen, die Ventile, das Getriebe, die Kondensatoren, die Wicklungen, die Überspannungsschalter?

Die Menschheit war noch nicht reif für diese Dinge. Sie mußte erst einmal die Prinzipien verstehen lernen. Die Eingeweihten von den Anden wie die von Ägypten kopierten einen Wust von Einzelkenntnissen, die ihnen meist unverständlich waren.

Wir haben zwar heute die experimentelle Wissenschaft wieder aufgebaut, aber von der parapsychologischen oder übersinnlichen Wissenschaft sind nur vage und umstrittene Bruchstücke auf uns gekommen. Man kann nur bedauern, daß einerseits die heutigen Wissenschaftler jenes übersinnliche Wissen so verfemen und daß andererseits diejenigen, die davon etwas verstehen, es geheimhalten. Wenn auch die darin Eingeweihten die Pflicht verspürten, gefährliche und verfrühte Kenntnisse für sich zu behalten, so sollten sie doch die Verantwortung auf sich nehmen, dieses Wissen, soweit es der Vernunft zugänglich ist, preiszugeben. Hatte Prometheus dafür nicht als erster das Beispiel gegeben?

Erbe seines Wissens und seiner Sendung, sollte ein anderer großer Eingeweihter – der größte von allen –, Moses, in historischer Zeit den Menschen das Geheimnis der Schöpfung und der experimentellen Wissenschaft enthüllen.

Tiahuanaco öffnet das Tor zu einer prähistorischen Welt, die in der urgeschichtlichen Periode Ägyptens ihre Fortsetzung findet.
Indessen hatten schon lange wißbegierige Geister etwas von dem Abenteuer unserer frühesten Vorfahren geahnt und auf das Unerklärliche gewisser Phänomene der Antike hingewiesen.
Wenn man diese Tatsachen mit den Hypothesen über »primhistorische«, d. h. vorprähistorische Kulturen verbindet, rückt das Abenteuerliche in einen sinnvollen Zusammenhang, und eine Linie führt ohne Unterbrechung von den frühesten Zeiten bis zum Atomzeitalter. Die Spiritualisten möchten diesen Ausdruck zwar durch Bezeichnungen wie »Zeitalter des Wassermanns« oder »Zeitalter der Apokalypse« ersetzen, doch hat die im Jahre 1940 einsetzende Epoche, ob man es wahrhaben will oder nicht, im Bewußtsein der Völker endgültig den Namen »Atomzeitalter« angenommen. Selbst wenn uns eine solche zeitliche Verkettung erschrecken sollte, wäre es kindisch und gefährlich, sie ungeprüft zurückzuweisen.
Empfanden die Zeitgenossen Ludwigs des Heiligen nicht auch Furcht, als sie zum ersten Mal eine elektrische Lampe aufleuchten sahen, ohne das Phänomen zu verstehen?
In Wirklichkeit gab es schon seit sehr langer Zeit elektrische Maschinen, da man ja in Babylon drei- bis viertausend Jahre alte Akkumulatoren gefunden hat, die den von Planté entwickelten glichen.
Wenn man noch weiter zurückgeht, könnte man fast glauben, daß die Maler der Grotte von Lascaux (14–25 000 Jahre v. Chr.) sich vielleicht auch einer elektrischen Beleuchtung bedient haben, um ihre Arbeiten auszuführen, aber dafür fehlt jedes Anzeichen.
Die Malereien in den Grotten von Mantignac-Lascaux (Dordogne) sind als eines der größten Weltwunder zu betrachten und

stellen eine veritable prähistorische Gemäldegalerie dar. Die Farben erscheinen so frisch, so rein, so unverschmiert, daß man sich nicht vorstellen kann, wie wohl die Menschen des Magdalénien diese Folge von Höhlen bei ihrer Arbeit haben erleuchten können. Fackeln oder Feuerstellen hätten Spuren hinterlassen. Man hat zwar eine Lampe gefunden, die Kohle enthielt, aber das hat das Rätsel nicht lösen können.

Eine elektrische Lampe zur Zeit Ludwigs des Heiligen

Mehrere Chronisten des dreizehnten Jahrhunderts bezeugen jedoch, daß Jechieli, ein französischer Rabbiner, dessen hoher Gelehrsamkeit Ludwig der Heilige große Achtung zollte, das Geheimnis einer strahlenden Lampe kannte, die von selbst aufleuchtete.

Diese Lampe brannte ohne Öl und ohne Docht, und der Magier stellte sie manchmal des Nachts vor sein Fenster, was seine Zeitgenossen mit Furcht erfüllte, obwohl er beim König großes Ansehen genoß und sogar sein Ratgeber war.

Eliphas Levi schreibt in seiner »Geschichte der Magie« auf Seite 206: »Alles, was man über diese Lampe und ihre magische Leuchtkraft sagen kann, beweist, daß Jechieli die Elektrizität entdeckt hatte oder zumindest ihre hauptsächlichsten Anwendungsmöglichkeiten kannte. Denn dieses Wissen, das ebenso alt wie die Magie ist, wurde als einer der Schlüssel zu den höheren Weihen von Generation zu Generation weitergegeben.«

Unstreitig war Jechieli ein Eingeweihter. Bestand das Geheimnis seiner Lampe darin, daß er die Elektrizität kannte? Nach den Chronisten hatte der Rabbiner eine sehr persönliche Art, unerwünschten Gästen – d. h. seinen Feinden –, die an seine Tür klopften, die Lust daran zu nehmen. Er »berührte einen in die Wand seines Zimmers geschlagenen Nagel, und sogleich sprang daraus ein bläulicher, knisternder Funke. Wehe dem, der in diesem Augenblick den eisernen Türklopfer berührte. Er krümmte sich vor Schmerz, heulte laut auf, als ob ihn die Erde verschlingen wollte, und machte sich aus dem Staube . . .«

»Eines Tages«, schreibt Eliphas Levi, »drängte sich unter drohen-

dem Gemurmel vor der Tür des Rabbiners eine Menge Menschen, die einander fest an den Armen hielten, um sich vor der Erschütterung und dem vermeintlichen Erdbeben zu schützen.
Der Kühnste setzte wütend den Klopfer in Tätigkeit.
Da berührte Jechieli seinen Nagel. Im selben Augenblick wälzten sich die Angreifer, einer über den andern, flüchteten und schrien, als hätten sie sich verbrannt. Sie behaupteten später, sie hätten gefühlt, wie sich die Erde unter ihnen öffnete und sie bis zu den Knien einsanken. Sie wußten nicht, wie sie da herausgekommen waren. Aber um keinen Preis der Welt wären sie noch einmal zurückgekehrt, um an der Tür des Hexenmeisters Krach zu machen. So sicherte sich Jechieli durch den Schrecken, den er verbreitete, seine Ruhe.«
Man kann das doch nur so erklären: Jechieli hatte die elektrische Lampe erfunden oder wieder erfunden und schickte, indem er auf einen Knopf drückte, elektrische Stromstöße in den eisernen Türklopfer.
Unzweifelhaft war der Rabbiner im Besitz eines wissenschaftlichen Geheimnisses, aber er hielt es nicht für opportun, es den Menschen des dreizehnten Jahrhunderts zu verraten.

Die Bundeslade: ein elektrischer Kondensator?

Auch heute kennt noch keiner die wahre Natur des Elektrizität genannten Phänomens, das doch so alt ist wie die Welt und dem diese vielleicht ihren Ursprung verdankt, das Moses in der Bundeslade zu zähmen wußte und Mesmer in seinem berühmten Zuber.
Maurice Denis-Papin, ein Nachkomme des berühmten Erfinders, ist der Ansicht, daß die Bundeslade (in der die Gesetzestafeln, der Stab Aarons und ein Gefäß, gefüllt mit dem Manna der Wüste, aufbewahrt worden sein sollen) eine Art elektrisch geladener Kasten war, der 500–700 Volt starke elektrische Schläge austeilen konnte.
Aus der Bibel (2. Mose, Kap. 25) ist bekannt, daß die Bundeslade genau nach den Anweisungen des Herrn von Moses angefertigt wurde.

Sie war aus Akazienholz gezimmert und innen und außen mit Blattgold überzogen, was dem Prinzip elektrischer Kondensatoren entspricht: zwei metallische Leiter durch einen Nichtleiter voneinander isoliert. Den Abschluß bildete eine umlaufende goldene Kranzleiste. Die Bundeslade befand sich stets in einem trockenen Lande, wo das natürliche elektrische Feld eine Spannung von 500 bis 600 Volt pro Vertikalmeter erreicht. Vielleicht enthielt sie auch noch galvanische Säulen, wie sie im Museum zu Bagdad aufbewahrt werden; die Kranzleiste hätte dann dazu gedient, die Säulen oder den Kondensator aufzuladen.
Die Bewachung der Bundeslade war den Leviten anvertraut, die allein das Recht hatten, sie zu berühren. Um sie fortzutragen, mußte man zwei mit Gold überzogene Stangen in die Ringe stecken, so daß der Strom bei der Berührung mit der Erde von der Kranzleiste in den Boden abgeleitet wurde.
Der Kondensator (oder das galvanische Element) entlud sich so ohne Gefahr für die Träger. Isoliert stehend, wurde die Lade manchmal von sprühenden Funken eingehüllt. Wenn ein Vorwitziger sie berührte, teilte sie elektrische Schläge aus, die den Uneingeweihten gefährlich und furchterregend erschienen. Kurz, die Lade verhielt sich genau wie eine Leydener Flasche.
Als David sie vom Hause Abinadabs in seinen Palast transportieren lassen wollte, ereignete sich ein seltsamer Unglücksfall. Die Lade war auf einen ganz neuen Wagen gestellt worden, der von Usa, einem Sohn Abinadabs, getrieben wurde. Als sie nun zur Tenne Nachons kamen, griff Usa mit der Hand nach der Lade Gottes und hielt sie fest, weil die Rinder durchgegangen waren und die Lade vom Wagen zu gleiten drohte. Wie vom Blitz getroffen, sank er tot zu Boden.
Es ist keineswegs so abwegig, Moses höhere Kenntnisse zuzuschreiben. In der Apostelgeschichte wird bezeugt, daß er in der Weisheit der Ägypter unterrichtet wurde, was bedeutet, daß er die der Priesterkaste vorbehaltene wissenschaftliche Ausbildung erhielt. Diese wissenschaftlichen Kenntnisse erstreckten sich über ein sehr großes Gebiet.
Besonders in der Architektur, der Astronomie und der Medizin hätten die Ägypter es gut und gern mit unseren heutigen Wissenschaftlern aufnehmen können. In mancher Beziehung waren sie

ihnen sogar überlegen. So hat man im Tal der Könige Zahnbrücken gefunden, die an den Kieferknochen von Mumien befestigt waren und die den von der modernen Zahnprothetik hergestellten völlig glichen.
Die Überlieferung, die Bibel, die Chronisten, Clemens von Alexandrien, Platon, Flavius Josephus u. a. bezeugen dieses Wissen, indem sie von sogenannten Wundertaten berichten:
Moses spricht den Namen Jehovahs so aus, daß der Pharao in Ohnmacht fällt.
Moses macht das Wasser trinkbar, indem er Holz hineinwirft.
Moses gebietet dem Volk der Frösche, die Stadt des Pharao zu überfallen, und ruft Scharen von Wanzen, Läusen und Heuschrekken ins Land. (Zweifellos bediente er sich der Schallwellen oder des Ultraschalls, mit dem die Entomologen heute Insekten anlocken.)
Moses erzeugt gewebezerstörende Krankheiten, die sich durch Epidemien (oder durch Strahleneinwirkung) erklären lassen.
Moses läßt Wasser aus einem Felsen hervorsprudeln, indem er ihn mit seinem Stab berührt.
Moses baut die Bundeslade, die jeden, der sie unbefugt berührt, blitzartig tötet.
Moses verkündet das Gesetz auf dem Berge Sinai, während der Donner rollt und die Blitze zucken.
Manche wollen in diesen Erzählungen nichts als »Wunder« sehen, aber im Licht unserer heutigen Kenntnisse erscheint es vernünftiger, sie auf natürliche Weise zu erklären. Moses besaß eben außerordentliche Kenntnisse in der Physik (Schall und Ultraschall), in der Chemie, in der Geologie und Meteorologie.
Der Physiker Laplace schreibt darüber:
»Es ist erstaunlich, daß die Ägypter uns ihre astronomischen Beobachtungen und Berechnungen nicht mitgeteilt haben.
Man weiß, welchen hohen Ruf ihre Priester genossen, die die Lehrmeister von Thales, Pythagoras und Platon waren.«
Man muß daraus wohl den Schluß ziehen, daß die Geheimnisse durch die Eingeweihten wohl gehütet wurden. Ausnahmen bildeten höchstens Enthüllungen, die soziale Dinge betrafen oder die sich auch die Gelehrten der profanen Schule weitgehend aneignen konnten.

Die Ägypter kannten die Präzession der Tag- und Nachtgleichen, die Grade des Erdmeridians, die vierundzwanzig Stunden des Tages, ein Geheimnis, Stoffe zu färben, das unseren modernen Verfahren überlegen war, die Zahnprothese; sie beherrschten die Kunst der Trepanation (Schädelbohrung) und verstanden sich auf die Chemie der Einbalsamierung.
Ein astrologischer Kalender, den Champollion im Grabe Ramses' IX. fand, beweist, daß die Ägypter 1500 Jahre v. Chr. wußten, daß die Sonne sich nicht nur abwechselnd von Süden nach Norden und von Norden nach Süden bewegt, sondern auch unter den Sternen von Westen nach Osten rückt und so innerhalb eines Jahres den ganzen Himmel durchläuft. Nach Herodot wußten die Priester, daß die im Sande der Wüste gefundenen fossilen Muschelschalen ursprünglich aus dem Meere stammten.
Man hat den Priestern vorgeworfen, daß sie sich der Magnete, der Elektrizität, der Dampfmaschinen, des Ultraschalls und anderer mechanischer Vorrichtungen bedienten, um falsche Wunder zu produzieren, die die Allmacht ihrer Götter beweisen sollten.
Nun, diese Wundertaten hatten nichts Göttliches an sich und beruhten lediglich auf der Anwendung damals noch unerforschbarer wissenschaftlicher Geheimnisse. Aber das ändert nichts daran, daß die Kenntnis der Dampfmaschine, der Ultraschallwellen und der Elektrizität das Vorhandensein eines für jene Epoche durchaus phantastischen Wissens beweist.

Die Maschinen des Heron

Diese Kenntnisse, die die Priester in den geheimen Schriften niedergelegt fanden, verrieten sie teilweise zwei äußerst geschickten Mechanikern und Physikern namens Ktesibios und Heron, allerdings unter der Bedingung, daß sie ihre Arbeiten nur zum Vorteil der Tempel ausführen durften.
Walter Kiaulehn analysiert in seinem Buch »Die eisernen Engel« die durch die Maschinen Herons verwirklichten »Wunder«:

Mit seinen Dampfautomaten hat Heron die Tempel zu geheimnisvollen Kultstätten gemacht. Wenn die heiligen Feuer auf den

Altären entzündet waren, gab ein steinerner Trompeter ein Hornsignal, und die Gläubigen strömten herbei. Sie sahen nach einiger Zeit, wie sich die großen Tempeltüren von selber öffneten, und wenn sie jetzt das Heiligtum betraten und an den erzenen Rädern drehten, die sich an den Truhen der Eingangshallen befanden . . ., dann strömte ein feiner Regen von geweihtem Wasser herab, und bronzene Vögel öffneten ihre Schnäbel und ließen einen überirdischen Gesang erschallen . . .
Wenn der Gottesdienst aber zu Ende ging, dann enttäufelte den Fingern erzener Heiliger ein feiner Regen, der die Flammen verlöschen ließ.

In den Heiligtümern konnte man metallische Götterbilder bewundern, die langsam zur Decke emporschwebten; viele Tonnen schwere Statuen blieben in der Luft hängen, und die mächtigen Bronzetüren öffneten und schlossen sich auf den Befehl von in Levitation befindlichen Priestern.
Oft wurden auch die auf der Wissenschaft beruhenden Experimente durch magische Phänomene übertroffen. Beide waren übrigens unlöslich miteinander verbunden. Die Priester konnten Geister erscheinen lassen, die Zukunft voraussagen und Verwünschungen gegen Heiligtumsschänder und Ungläubige schleudern. Eliphas Levi schreibt, daß nach dem Ermessen der Priester sich der Tempel in Wolken hüllte oder in überirdischer Klarheit erstrahlte. Während des Tages wurde es plötzlich dunkel und in der Nacht taghell, Lampen leuchteten von selbst auf, Götterbilder erstrahlten, man hörte das Donnergrollen, und wehe dem Spötter, der den Fluch der Eingeweihten auf sein Haupt geladen hätte.
Diese wundersamen Phänomene, die die Priester auf Grund ihres überlegenen Wissens und ihrer magischen Begabung erzeugen konnten, werden von Außenstehenden oft als Schwindel bezeichnet. Dem möchten wir nicht beipflichten.
Ist es Betrug, wenn sich ein Düsenflugzeug in den Himmel schwingt, wenn eine mit einer photoelektrischen Zelle versehene Tür sich vor dem Eintretenden öffnet, wenn eine chemische Reaktion oder ein Motor das Wasser in einem Kühlschrank zum Gefrieren bringt?
Vor 2000, 4000 und sicher auch 10 000 Jahren waren jene Priester

Diener des Glaubens und der Wissenschaft. Sie waren Chemiker, Physiker, Biologen, mit einem Wort: die Hüter aller Erkenntnis, die ja nicht nur die Metaphysik umfaßt, sondern die Gesamtheit aller menschlichen Probleme.

Sie vermittelten den Menschen ihrer Zeit das ihnen zuträgliche Maximum an Wissen und behielten für sich »das Geheimnis des vom Himmel herabfahrenden Blitzes, des dämonischen Dampfes und die göttliche Macht des gesprochenen Wortes«.

Aber es ist sicher, daß sie Heron ermächtigten, für die Laien solche Dinge zu konstruieren wie die Dampfkugel, die durch zusammengepreßte Luft sprühende Wasserfontäne, den Schröpfkopf, die Feuerspritze, jene wunderbare Wasseruhr und selbst den Wegmesser, der es gestattet, eine zurückgelegte Wegstrecke zu messen.

Nach René Pique, dem Chemiker und technischen Leiter der Sprengstoffabteilung des Heeres, dürften die Sprengstoffmischungen in Ägypten nicht unbekannt gewesen sein, und Moses, der von Thermutis, der Tochter Ramses' II., aufgenommen und adoptiert wurde, war in alle Geheimnisse der ägyptischen Wissenschaft eingeweiht. Wahrscheinlich hat er von seiner Kenntnis der Sprengstoffe Gebrauch gemacht, als sich Korah, Dathan und Abiram mit 25 Männern gegen ihn empörten.

Moses läßt eine Mine explodieren

Im vierten Buch Mose im 16. Kapitel vom 28. bis zum 35. Vers liest man folgenden Bericht:

Und Mose sprach: Dabei sollt ihr merken, daß mich der Herr gesandt hat, daß ich alle diese Werke täte, und nicht aus meinem Herzen:

werden sie sterben, wie alle Menschen sterben, oder heimgesucht, wie alle Menschen heimgesucht werden, so hat mich der Herr nicht gesandt;

wird aber der Herr etwas Neues schaffen, daß die Erde ihren Mund auftut und verschlingt sie mit allem, was sie haben, daß sie lebendig hinunter in die Hölle fahren, so werdet ihr erkennen, daß diese Leute den Herrn gelästert haben.

Und als er diese Worte hatte alle ausgeredet, zerriß die Erde unter ihnen
und tat ihren Mund auf und verschlang sie mit ihren Häusern, mit allen Menschen, die bei Korah waren, und mit all ihrer Habe;
und sie fuhren hinunter lebendig in die Hölle mit allem, was sie hatten, und die Erde deckte sie zu, und kamen um aus der Gemeinde.
Und ganz Israel, das um sie her war, floh vor ihrem Geschrei; denn sie sprachen: Daß uns die Erde nicht auch verschlinge!
Dazu fuhr das Feuer aus von dem Herrn und fraß die zweihundertundfünfzig Männer, die das Räuchwerk opferten.

Kann man nach diesem von René Pique, Maurice Denis-Papin, Georges Barbarin und Walter Kiaulehn als aufschlußreich bezeichneten biblischen Bericht Moses seine Befähigung als Elektriker und Feuerwerker absprechen? Und den ägyptischen Priestern den naturwissenschaftlichen Doktorgrad?
Auch bei andern Gelegenheiten gab Moses Proben seines Talents, besonders im Fall der Söhne Aarons, die, wie vom Blitz getroffen, tot hinstürzten.
Die beiden Brüder Nadab und Abihu hatten den Frevel begangen, dem Herrn in einer Räucherpfanne »ein fremdes Feuer, das er ihnen nicht geboten hatte«, zum Opfer anzubieten (3. Mose, 10, V. 1). Das erforderte eine Züchtigung, für die auch Moses die Verantwortung tragen sollte.
»Da fuhr ein Feuer aus von dem Herrn«, d. h. von der Bundeslade, und tötete die Schuldigen, ohne weder ihre Körper noch ihre Kleider zu verbrennen. Sie fielen dort, wo sie das verbotene Rauchopfer anboten, vermutlich am Eingang der Hütte des Stifts (3. Mose, 10, V. 2).
Die Bibel enthüllt das Bestehen von großen wissenschaftlichen Geheimnissen. Manche Ausleger meinen, in ihr sei sogar das Geheimnis der Atombombe enthalten.
Wir können Moses nicht tadeln, daß er seine Herrschaft über das Volk mit den Mitteln der Pyrotechnik und der Elektrizität gefestigt hat. Wir wissen ihm Dank, daß er diese gefährlichen Geheimnisse weise für sich behalten hat. Ihre Preisgabe hätte die Welt mit Sicherheit schon zweitausend Jahre vor unserer Zeit-

rechnung in den von der Offenbarung des Johannes verkündeten Untergang gestürzt.
Moses und Numa waren nicht die einzigen, die die Eigenschaften des Blitzes und des elektrischen Stroms kannten. Nach Apollonios von Tyana besaßen die Brahmanen ein Geheimnis, das ihnen gestattete, Blitz und Donner auf ihre Feinde zu schleudern. Nach dem Buch der Fabeln des Hyginus konnte auch Salome, die Tochter des Herodes, den Donner und den Blitz erzeugen.
Isaac Vossius berichtet im 16. Kapitel seines *Variarum Observationum Liber*, daß die Chinesen im Jahre 85 unserer Zeitrechnung unter der Regierung von Wi-Tai Pulver und Feuerwaffen gegen die Tartaren eingesetzt hätten.
Nach sehr alten indischen Texten wurden auf die feindlichen Armeen Brandfackeln geworfen, danach im Kampf sogar Luftschiffe verwandt. Diese »Brandfackeln« explodierten beim Aufprall und richteten erhebliche Verheerungen an.
Agathias Scholastikos erzählt in seinem Geschichtswerk über das Leben und die Regierung Justinians, daß Anthemios von Tralles, der Erbauer der Hagia Sophia, das Haus seines Nachbarn, des Redners Zenon, zerstörte, indem er ihm den Blitz und den Donner – d. h. eine Sprengrakete mit Brandsatz – schickte.

Die Wissenschaft der alten Völker

Die Alten kannten das »flüssige Feuer«, das die Festungswälle in Brand setzte, ferner die eherne Röhre, die vom Bug der Schiffe aus das todbringende, künstliche Feuer auf die Feinde schleuderte.
Brahmanische Schriften behaupten, daß im Jahre 18 617 841 v. Chr. – eine verblüffend genaue Zeitangabe – das erste von der Venus kommende Raumschiff auf der Erde gelandet sei. Und der Legende nach soll Tam, der Kaiser der zehnten Dynastie, mit seinem Gefolge sich auf weißen Wolken haben emportragen lassen, die die Form von Kampfwagen und Thronsesseln hatten und von Schwänen gezogen wurden.
Viel glaubhafter ist es, daß die Chinesen einen Wagen besaßen, auf dem eine mit Magnetstein umkleidete, kleine Figur stand, deren Arme immer nach Süden zeigten.

In den alten Büchern von Tibet (Tandschur und Kandschur) und Indien (Rāmāyaṇa und Mahābhārata) wimmelt es geradezu von Flugmaschinen – den »Perlen des Himmels« –, von prähistorischen, am Heck durch Luft, Feuer und Quecksilber angetriebenen Luftschiffen. Wenn das auch nicht die Beherrschung einer vollkommenen Technik beweist, so doch die Kenntnis von Grundbegriffen einer der Vergessenheit anheimgefallenen Wissenschaft. W. Scott Elliot spricht in seinem Buch *The Story of Atlantis* von einem »Luftschiff, das von einer Menschenrasse benutzt wurde, deren Nachkommen uns die Pyramiden von Mexiko und Ägypten und die Steine von Tiahuanaco und Ba'albek hinterlassen haben«.

Der assyrische König Assurbanipal besaß vor zweitausendfünfhundert Jahren eine Bibliothek, deren Alter auf die Zeit vor der Sintflut zurückgehen soll.

Er liebte es, die Forschungen der Gelehrten zu ermutigen, und ihnen Anleitung zu geben. Eines Tages, als er in seinem Palast eine Anzahl von ihnen um sich versammelt hatte, wies er mit dem Finger auf die Wüste und sagte:

»Vor langer, langer Zeit gab es dort sehr mächtige Städte, deren Mauern verschwunden sind, aber wir besitzen noch die Sprache ihrer Bewohner, die sie auf Tafeln eingeritzt haben.«

Aus den Ruinen von Ninive hat man Tausende und aber Tausende dieser Tafeln ausgegraben, die man noch nicht einmal genau gezählt hat. Sie sind zum Teil übersetzt worden, aber die meisten schlummern wieder in Museen, wo niemand sich darum kümmert, sie zu entziffern.

Der Historiker Gérard Heym vermutet, daß sie bedeutende wissenschaftliche Geheimnisse enthüllen. Bisher hat man nur auf – allerdings ganz außergewöhnliche – elementarmathematische Kenntnisse schließen können: Zählen mit Stäbchen, Addieren, empirische Multiplikations- und Divisionstabellen, Listen von Quadrat- und Kubikzahlen u. a. (Der Lehrsatz von dem Quadrat über der Hypotenuse, den 1500 Jahre später Pythagoras gefunden haben soll, war, wie Pierre Rousseau in seinem Buch *Histoire de la Science* schreibt, schon den Sumerern bekannt.)

Ebenso wie in die Pyramiden war vielleicht auch in den Tempel Salomos eine Anzahl wissenschaftlicher Erkenntnisse hineingebaut, darunter, wie wir wissen, das Geheimnis des Blitzableiters. Der Tempel ist zuerst durch Nebukadnezar, dann durch Crassus, danach durch Titus zerstört worden. Sie vernichteten, ohne es zu ahnen, eines der genialsten Denkmäler des menschlichen Geistes. Die Bibel berichtet, daß Salomon vor dem Portal zwei Säulen errichten ließ, deren Holz von Ablegern des Baumes der Erkenntnis stammte. Ein drittes Stück dieses Holzes war zur Herstellung des Vordergiebels verwandt worden. Die Säulen waren mit Bronzeplatten umkleidet; sie sollten Mann und Frau darstellen und hatten Namen: Jachin und Boas (das Starke und das Schwache). Sie waren also eigentlich eine Hieroglyphe, deren Bedeutung nur die Eingeweihten verstanden. Im Tempel lehrten die hebräischen Propheten die geheime Wissenschaft, die uns heute manchmal an Magie zu grenzen scheint.

In den Kellern zog man Löwen auf, deren man sich bediente, um die Eingeweihten auf die Probe zu stellen. Als Daniel, der Magie und des Betruges angeklagt, den Löwen vorgeworfen wurde, fiel es ihm nicht schwer, seine Macht über die Tiere zu beweisen. Das konnten die ägyptischen Priester und Eingeweihten auch. (Wenn die Dompteure von heute mit ihren Tieren reden, so haben sie in gewisser Weise die Macht des gesprochenen Wortes wiederentdeckt.)

Ebenso wie die Hebräer übernahmen auch die Griechen Teile des Erbes der ägyptischen Wissenschaft. Die mit Zahnrädern betriebene Sonnenuhr von Antikythera legt von einem sehr hohen Stand der Himmelskunde Zeugnis ab. Der Astronom Eratosthenes aus der Schule von Alexandrien berechnete im Jahre 250 v. Chr. die Schiefe der Ekliptik und maß den Erdmeridian. Er errechnete den Grad auf 59′5 Seemeilen (nach heutigen Berechnungen 60′).

Der Ingenieur Eupalinos leitete die Arbeiten am Durchbruch des Tunnels von Samos, die er an beiden Endpunkten beginnen ließ. Der Tunnel war 900 m lang, aber die Arbeiterkolonnen trafen sich genau in der Mitte, und der Tunnel ist völlig geradlinig. Um eine ähnliche Arbeit am Montblanc durchzuführen, verfügten die Italiener und Franzosen über elektronische Meßinstrumente, über Radar und über magnetische und Ultraschall-Detektoren. Eupalinos soll dagegen nicht einmal einen Kompaß besessen haben.

Aristoteles benutzte zum Schreiben eine Feder aus gespaltenem Metall. Platon konstruierte nach dem Prinzip der Wasseruhr einen Wecker. Die von Septimius Severus erbauten Thermen von Byzanz wurden mit Petroleum geheizt, das auf den Rücken von Eseln vom Ufer des Kaspischen Meeres herantransportiert wurde. Nero hatte in seinem Palast einen Fahrstuhl, der die Stockwerke bis zu einer Höhe von 40 Metern bediente.

Nach Plinius, Petronius, Dio Cassius und Isidorus von Sevilla war den Römern auch das unzerbrechliche Glas (eine Kunststoffmasse?) bekannt. Es war so beliebt, daß Tiberius die Fabrik zerstören ließ, denn er fürchtete, diese Erfindung könnte den Wert des Goldes und des Silbers sinken lassen.

Disraeli vermutet, daß die Römer auch die Buchdruckerkunst erfanden, aber sie gaben das Geheimnis nicht preis, da sie sich das Monopol dieser Technik sichern wollten. Diese und andere Erfindungen gerieten später in Vergessenheit, wie z. B. auch die gallisch-römische Mähmaschine.

In der Mitte des 15. Jahrhunderts entdeckte man in der Nähe der Via Appia in Rom ein Grab, in dem, ganz bedeckt von einer nicht identifizierbaren Flüssigkeit, die Leiche eines jungen Mädchens lag. Die Gesichtszüge waren so rein, daß es zu schlafen schien. Eine goldene Spange hielt seine blonden Haare zusammen, und zu den kleinen, überaus schönen Füßen glomm ein Lämpchen. Eine Aufschrift besagte, daß es sich bei dem Mädchen um Tullia, die Tochter Ciceros, handelte, die vor über 1500 Jahren gestorben war.

Kurz nach Öffnung des Grabes erlosch die Lampe, und man begriff nicht, wie sie so lange Zeit hatte brennen können.

Man versteht auch nicht, wie zur Zeit Karls des Großen plötzlich eine Art von Epidemie um sich griff, die man mit der unlängst grassierenden fixen Idee von den fliegenden Untertassen vergleichen kann. Das Volk sah überall seltsame Erscheinungen. Wir sind nicht der Ansicht, daß *alle* Visionen auf Sinnestäuschungen beruhten. Wir meinen im Gegenteil, daß die erste auf eine unerklärliche wirkliche Tatsache zurückzuführen sein kann, z. B. eine fliegende Untertasse. Aber wenn die Menge an Wunder glaubt,

sieht sie solche überall in Erscheinung treten, und es finden sich dann immer Magier und Hexenmeister, die über das rechte Maß hinausgehen.
Nach dem Grafen von Gabalis fühlte sich der Kabbalist Zedechias eines Tages inspiriert und berief die »Geister der Luft« zu einer großen Schaustellung.
»Es war eine überaus prächtige Vorführung: Diese Wesen erschienen in der Luft auf wunderbar konstruierten Schiffen, die sie nach Belieben lenken konnten.« Es handelte sich zweifellos um gefährliche Massenhalluzinationen, und Karl der Große tat recht daran, solche Satanskünste zu verbieten.

Die Erfindungen des Mönches Gerbert

Ehe noch der französische Mönch Gerbert unter dem Namen Sylvester II. zum Papst gewählt wurde, ließ er sich in Sevilla und Cordova durch die arabischen Meister in ihre Wissenschaften einweihen.
Schon im Jahre 970 hatte er Dampforgeln, die erste durch ein Gewicht in Gang gehaltene Uhr sowie einen aus drei Kugeln bestehenden Apparat erfunden, mit dem er die Bewegung der Planeten demonstrieren konnte. Auch stellte er Regeln für das Rechnen mit ganzen Zahlen und Brüchen auf, wie sie noch heute in der Schule gelehrt werden.
Seine geniale Begabung war dem Fassungsvermögen seiner Zeitgenossen so weit voraus, daß er darauf verzichtete, sie in die Geheimnisse der Mechanik, der mathematischen Wissenschaften und der Astronomie einzuführen. Insbesondere enthielt er ihnen sein Wissen von der Kugelgestalt der Erde vor, die er ja mit Hilfe des oben erwähnten Apparates beweisen konnte.
Die wenigen Wahrheiten, die er der Menge preisgab, wurden, kaum gehört, wieder vergessen.
Obgleich er das Prinzip des Blitzableiters sehr gut kannte, beschränkte sich Gerbert darauf, nur zu Vertrauten seiner Umgebung davon zu sprechen, »daß man sich vor dem Blitz schützen könne, wenn man hohe, mit einer sehr scharfen Lanzenspitze versehene Stangen in die Erde pflanzte«.

Im zehnten Jahrhundert wollte sich niemand für die Wissenschaft interessieren, ob etwa die Gewichtsuhr die Wasseruhr entthronen sollte, ob die Erde eine Kugel sei oder ob der Blitz nicht eine Geißel sei, der man nicht entrinnen konnte.
Ebenso ist es auch bekannt, daß Roger Bacon, von seinen Zeitgenossen wegen seiner umfassenden Kenntnisse »doctor mirabilis« genannt, in arabischen Manuskripten Geheimnisse entdeckte, aus denen die im 13. Jahrhundert lebenden Menschen keinen Nutzen ziehen konnten, da sie der experimentellen Wissenschaft ebenso ablehnend gegenüberstanden wie die Zeitgenossen Sylvesters II. im 10. Jahrhundert.
Gerbert, dieser wahrhaft geniale Mönch, hat seine Quellen nicht angegeben, aber sein Schicksal ist bezeichnend. Es beweist, daß wunderbare Erfindungen schon in der Antike bekannt waren, daß aber jede Enthüllung erst zu einem bestimmten Zeitpunkt wirksam werden kann.
Es ist höchst bemerkenswert, daß Gerbert und Bacon ihre Kenntnisse aus arabischen Manuskripten schöpften. Dasselbe gilt für die meisten Gelehrten des Altertums. Es scheint, daß die Gesamtheit des überlieferten Wissens in arabischen Schriften gesammelt worden ist.
Roger Bacon – geboren 1214 in Ilchester, gestorben im Jahre 1294 – war seiner Zeit so weit voraus, das Alexander von Humboldt ihn als »die hervorragendste geistige Persönlichkeit« des Mittelalters betrachtete.
Eines seiner ruhmvollsten Verdienste ist es, als erster die Reform des Julianischen Kalenders vorgeschlagen zu haben.
»Die Fehler dieses Kalenders«, schrieb Bacon an Papst Clemens IV., »sind unerträglich geworden. Die ungläubigen arabischen oder hebräischen Philosophen, die Griechen, die unter den Christen leben, staunen über deren Torheit, von der sie in ihrer Chronologie und der Datierung ihrer Feste Zeugnis ablegen. Und doch verfügen die Christen jetzt auch über genügend astronomische Kenntnisse, um ihren Kalender, von einer sicheren Grundlage ausgehend, zu berechnen.« Diese Bemerkung läßt keinen Zweifel an der Meinung Bacons: Er gesteht den Vorrang in den Wissenschaften arabischen Gelehrten zu.
In der Optik ist Bacon der Vorläufer Galileis und Newtons. Er

kennt die Phänomene der Ausbreitung, der Reflexion und der Brechung des Lichtes und behauptet im Gegensatz zu Aristoteles, daß das Licht sich nicht im selben Augenblick fortpflanze, sondern dazu eine bestimmte Zeit benötige. Gewisse merkwürdige Stellen aus seinem *Traktat über die Optik oder die Perspektive* beweisen, daß er schon im Jahre 1250 Mikroskope und Fernrohre herstellen konnte:

Wenn ein Mensch Buchstaben oder kleine Objekte durch einen Kristall, ein Glas oder irgendein anderes Objektiv, das er über diese Buchstaben hält, betrachtet, und wenn dieses Objektiv die Form einer Kugelkalotte hat, deren konvexe Seite gegen das in der Luft befindliche Auge gekehrt ist, so wird dieser Mensch die Buchstaben viel besser erkennen, und sie werden ihm größer erscheinen. Aus diesem Grunde ist ein solches Glas den Greisen und den kurzsichtigen Menschen sehr nützlich, denn sie können die kleinsten Buchstaben in genügender Größe sehen.
Wir könnten noch viel über das »gebrochene Sehen« sagen, denn die größten Dinge können klein und, umgekehrt, die entferntesten Objekte sehr nahe gerückt erscheinen. Denn wir können Gläser derart schleifen und sie in einer solchen Entfernung von unserm Auge und von den zu beobachtenden Gegenständen aufstellen, daß wir ein nahes oder ein entferntes Objekt unter einem beliebigen Winkel sehen werden. Und so dürften wir die kleinsten Buchstaben aus einer unglaublichen Entfernung lesen sowie die Sand- und Staubkörner zählen können, denn die Entfernung an sich spielt keine Rolle, sondern nur die Größe des Winkels.

Man kann daran zweifeln, daß der Mönch von Oxford jemals ein dem Fernrohr ähnliches Instrument selbst besessen oder benutzt hat, aber eins ist sicher: Die praktische Anwendung seiner theoretischen Kenntnisse hätte direkt erstens zur Fabrikation astronomischer Fernrohre geführt, die in China schon seit undenklichen Zeiten bekannt waren und in Europa erst im Jahre 1609 durch den Holländer Jakob Metius konstruiert wurden, und zweitens das durch Zacharias Janszen im Jahre 1590 erfundene Mikroskop vorweggenommen. Diese Kenntnisse hätten es auch ermöglicht, vier Jahrhunderte vor Newton ein Teleskop zu konstruieren.

Andererseits findet man in den Schriften Bacons auch die Formel für ein Schießpulver.
Was das Problem der Umwandlung der Metalle anlangt, so war Bacon Alchimist, aber um das Schießpulver herzustellen, bediente es sich ganz moderner experimenteller, chemischer Methoden.
Verfolgt, eingekerkert und von niemandem verstanden, schrieb der große Gelehrte:
»Ich bereue es, mir im Interesse der Wissenschaft so viel Mühe gegeben zu haben.«
Als er starb, nagelten Mönche seine Werke und Manuskripte als verdammenswerte Hexenkünste an die Klostermauern.

Der Kandelaber der Anden

In der Kordillere der Anden südlich von Lima in der ungefähr auf dem Breitengrad von Cuzco liegenden Bucht von Pisco findet sich eine seltsame, in die rote Wand der Steilküste eingehauene Zeichnung, die ein schwer zu lösendes Rätsel darstellt.
Die Zeichnung sieht wie ein Dreizack aus oder wie ein Kalvarienberg mit den drei Kreuzen oder auch wie ein großer 250 m hoher Kandelaber, den man aus einer Entfernung von über 20 km vom Meer aus sehen kann.
Als die Konquistadoren des sechzehnten Jahrhunderts das tief in den Felsen gehauene Bildwerk sahen, nannten sie es »das wunderbare Zeichen der drei Kreuze«, womit der Gott der Christen der Eroberung von Westindien seinen Segen erteilen wollte. Aber realistischer denkende Geister begnügten sich nicht mit dieser Erklärung.
Die Zeichnung hat die Form eines dreiarmigen Leuchters, dessen zwei seitliche Arme in Motive auslaufen, die an menschliche Gestalten erinnern. Man nennt das Zeichen gewöhnlich den »Dreizack der Anden«.
Trossen, die man in der Mittelsäule gefunden hat, lassen vermuten, daß dieser Dreizack schon von den Inka und sicher auch schon vor ihrer Zeit zu sehr exakten wissenschaftlichen Zwecken benutzt wurde.
Beltran Garcia schreibt dazu:

Diente der Kandelaber etwa zur Berechnung von Ebbe und Flut? Das ist möglich, aber seine Höhe über dem Wasserspiegel des pazifischen Ozeans deutet darauf hin, daß er andere Funktionen hatte. In der mittleren Säule hat man ein sehr langes Seil gefunden, das als Vertikalpendel diente, und in die seitlichen Arme reichten horizontale Seile.
Kurz, das mit Gegengewichten, einer Skala und über Rollen laufenden Seilen versehene System war ein riesiger Seismograph, der nicht nur von Peru, sondern von dem ganzen Erdball kommende tellurische Wellen und Erdbebenstöße exakt registrieren konnte.

Diese von Beltran Garcia aufgestellte Hypothese ist um so wahrscheinlicher, als Peru eines der am häufigsten von Erdbeben heimgesuchten Länder der Erde ist.
Aber welche Menschen haben wohl in grauer Vorzeit diesen wissenschaftlichen Apparat erfinden können?

Unbekannte Erfinder

Nach historischen Berichten darf man glauben, daß die alten Völker ein Kupfer herstellen konnten, das hart und elastisch wie Stahl war und nicht oxydierte. Die im Museum von Cluny ausgestellten gotischen Kronen aus dem Schatz von Guarazzar legen von einem Verfahren, Gold zu schweißen, Zeugnis ab, das völlig verlorengegangen ist. Selbst ein so berühmter Goldschmied wie Benvenuto Cellini hat niemals aufklären können, wie die Etrusker Gold verarbeiteten.
Unter Ludwig XIII. benutzte ein Erfinder namens de Meuves ein unbekanntes Material, um Eisenteile abzureiben, die danach wie Glas zerbrachen. In derselben Epoche hatte ein gewisser Louis Leroux ein Verfahren patentieren lassen, nach dem man auf die leichteste Art »Eisen in Stahl umwandeln konnte«.
Nach Lemontey *(Histoire de la Régence)* hatte die Comtesse de Bonneval zweifellos dieses Patent wiedergefunden. Am 20. Dezember 1720 bot sie dem Regenten an, »ihm ein chemisches Geheimnis zu verkaufen, nach dem man jährlich 20 Millionen Pfund Eisen in ausgezeichneten Stahl verwandeln könnte mit dem ge-

ringen Aufwand von nur drei Franc pro Zentner«. Als Preis verlangte die Gräfin eineinhalb Millionen Franc und eine Pension von 100 000 Pfund.

Das Geschäft kam nicht zustande.

Zahlreiche unglückliche Forscher mußten es erleben, daß ihre Erfindungen, die manchmal die Entwicklung der Wissenschaft hätten vorantreiben können, dem Unverständnis und der Verachtung anheimfielen.

Voltaire traf eines Tages einen dieser Menschen, der ihm zeigte, wie man Tombak, eine Nachahmung des Goldes, in feine Fäden ausziehen konnte, so daß es möglich war, Stoffe daraus zu weben. Der Philosoph spielte einen Augenblick mit dem Gedanken, eine neue Industrie ins Leben zu rufen, ließ den Plan aber fallen.

In China sollte sich gegen Ende des vierzehnten Jahrhunderts das Phänomen wiederholen, das die Zeitgenossen des Zedechias so stark beeindruckt hatte – wir denken noch einmal an die fliegenden Untertassen – aber in diesem Fall können die Beschreibungen genauer nachgeprüft werden.

Auf gewissen zeitgenössischen Zeichnungen sind mit Flügelschrauben versehene fliegende Wagen dargestellt, deren Triebkraft sehr wohl eine Art Elektromagnetismus gewesen sein könnte. (nach Jules Duhem: *Histoire des idées aéronautiques*).

Ein von B. Laufer in seinem Buch *The Prehistory of Aviation* beschriebener Stich zeigt zwei Reisende, die in einer Art Wagen durch die Luft fliegen. Das Gefährt ist mit Schaufelrädern versehen, die sich um eine zur Fahrtrichtung senkrechte Achse drehen. Welches Prinzip könnte wohl dieser Skizze einer Flugmaschine zugrunde liegen?

Eine andere Frage: Soll man in der berühmten mechanischen Fliege des Regiomontanus lediglich die einfache Erfindung eines geschickten Handwerkers sehen?

Mechanische Spielzeuge

Die Chronisten berichten oft Tatsachen, indem sie sie gröblich übertreiben. Wir wollen immer im Gebiet der Experimentalphysik bleiben. Aber wenn die Berichte exakt sind, so muß man ver-

muten, daß mehr dahintersteckt, nämlich die Kunde von einem Wissen, das uns noch unbekannt geblieben ist.
Das Spielzeug des Regiomontanus – es handelte sich um ein Spielzeug! – bestand in einer aus Metall gefertigten Fliege, die ihr Erfinder gern seinen Freunden vorführte. Bei einem Bankett etwa flog sie brummend um die Gäste, ohne gegen die Wände zu stoßen, und kehrte gehorsam in die Hand zurück, die sie emporgeschleudert hatte.
Noch außerordentlicher war der in natürlicher Größe gefertigte mechanische Adler, der beim feierlichen Einzug von Kaiser Maximilian I. in Nürnberg eine erstaunliche Probe seines Könnens ablegte. Der Adler wurde von der Höhe der Stadtwälle losgelassen und flog von weit her dem Kaiser entgegen. Als er ihn erreichte, flog er über ihn hinweg, drehte um und flog bis zum Stadttor vor dem Kaiser einher.
Von diesem Tage an war Nürnberg, was die Herstellung mechanischer und beweglicher Spielzeuge anlangt, berühmt, und sein Ruf verbreitete sich über die ganze Welt. Manche Leute meinen, daß der Grund für diese Erfolge im Anfang die Entdeckung eines großen wissenschaftlichen Geheimnisses gewesen sei.
Im Museum zu Lissabon kann man ein seltsames Gemälde von Hieronymus Bosch sehen. Es stellt die Versuchung des heiligen Antonius dar, so wie man sie sich im 15. Jahrhundert vorstellte. Um den Heiligen zu verlocken, entfaltet der böse Geist einen ganzen Fächer der bewährtesten irdischen Versuchungen, darunter auch kleine fliegende Objekte.
Eine dieser Flugmaschinen muß einen modernen Betrachter verblüffen: ein Luftschiff in Gestalt eines Vogels, das ein Steuermann mit Hilfe eines durch einen Ring laufenden Seils lenkt. Es hat ein Deck und einen Mast und ist wie ein Hochseesegler aufgetakelt, was soweit noch nichts Ungewöhnliches darstellt. Aber dann sieht man ganz deutlich vom Mast eine Antenne ausgehen, dazu ein Winkelmeßgerät, das ganz unmißverständlich ein Goniometer ist, das erst drei Jahrhunderte später von dem Physiker Carangeot erfunden wurde.
Jules Duhem äußert sich dazu wie folgt:
»Die vom Mast ausgehenden Drähte haben so eindeutig die Funktion einer Antenne, daß man glauben sollte, Hieronymus Bosch

habe wirklich schon im Jahre 1516 die Möglichkeit vorausgesehen, elektromagnetische Wellen aufzufangen und auszusenden. Ebenso hat er zum Messen der Winkel einen mit einer Skala versehenen Apparat gezeichnet, der das Urmodell eines Präzisionsgoniometers sein könnte.«

Unter den nicht erklärten, wundersamen Tatsachen findet sich auch eine aus der Mitte des 16. Jahrhunderts stammende Nachricht über eine erstaunliche Erfindung, die glücklicherweise geheim geblieben ist. Zu der Zeit belagerte Herzog Alba eine holländische Stadt, konnte sie aber nicht im Sturm einnehmen. Nun hatte er die wissenschaftlichen Kenntnisse eines Mannes rühmen hören, den man als einen Rosenkreuzer bezeichnete. Er ließ ihn in sein Hauptquartier kommen und fragte ihn, ob er die Mauern der Stadt brechen könne.

Der Mann behauptete, er sei dazu imstande.

Der Unbekannte trug eine ganz kleine, mit einer Öffnung versehene Büchse bei sich und zielte damit auf die belagerte Stadt. Fast im gleichen Augenblick sah man, wie die Wälle unter großem Krachen zerbröckelten und zusammenbrachen.

Die Spanier nahmen die Stadt ein.

Alba sagte dann zu dem Rosenkreuzer:

»Sehr gut, mein Freund. Hier hast du eine Börse mit Gold; aber wenn du dieses Ding da noch einmal verwendest, lasse ich dich aufhängen.«

Die Atombombe Ludwigs XV.

Höchstwahrscheinlich hat der Todesstrahlenapparat des Pseudo-Rosenkreuzers nie existiert, denn ein vor Tausenden von Augenzeugen durchgeführtes Experiment hätte in der Geschichte seinen Niederschlag finden müssen.

Dennoch wurde während der Regierungszeit Ludwigs XV. eine Art Atombombe wirklich zur Explosion gebracht, und doch blieb das Ereignis in der Öffentlichkeit fast unbemerkt. Man lese dazu den Artikel in der Ausgabe der »Paris-Presse« vom 21. Mai 1957:

Obwohl Ludwig XV. vor 183 Jahren gestorben ist, steht er heute im Mittelpunkt einer erbitterten Kontroverse, in der die Anhän-

ger und Gegner der *Atombombenversuche einander bekämpfen.* In einem Artikel des »News Chronicle«, in dem der englische Journalist James Cameron gegen diese Versuche Stellung nimmt, weist er auf das große, von weiser Voraussicht bestimmte Beispiel hin, das Ludwig XV. gab, wenn man dem folgenden Auszug aus einer englischen Chronik des 19. Jahrhunderts, dem *Livre des Jours* von Chambers, Glauben schenken soll:

Ludwigs XV. Privatleben ist nicht immer ein einwandfreies gewesen. Er zeigte jedoch auch gewisse gute Eigenschaften, die um so höher einzuschätzen sind, wenn sie an höchster Stelle zutage treten.
Eines Tages erklärte ein aus der Dauphiné stammender Mann namens Dupré, der sein ganzes Leben lang chemische Experimente durchgeführt hatte, er habe eine Art Feuer entdeckt, das im Nu solche Verheerungen anrichte, daß man es nicht bekämpfen und ihm nicht ausweichen könne. Es sei unmöglich, es zu löschen, da das Wasser die Gewalt der Flammen nur noch erhöhe.
In Gegenwart des Königs führte Dupré auf dem Kanal von Versailles und auf dem Hofe des Zeughauses von Paris Experimente vor, deren Folgen die Zuschauer aufs höchste erschreckten. Als klar bewiesen wurde, daß ein Mensch, der das Geheimnis der Herstellung dieses Feuers kannte, eine Flotte verbrennen und trotz heldenmütigen Widerstandes eine ganze Stadt zerstören konnte, untersagte Ludwig XV. die öffentliche Bekanntgabe dieser Erfindung. Der König war zu jener Zeit in einen Krieg gegen England verwickelt. Es kam sehr darauf an, die englische Flotte zu vernichten. Dennoch weigerte er sich, diese Erfindung einzusetzen, sondern befahl im Gegenteil, sie zum Wohle der Menschheit geheimzuhalten.
Dupré starb einige Zeit danach und nahm sein Geheimnis mit ins Grab. – Eine solche Geschichte klingt zunächst unglaubhaft, und doch erscheint es angesichts der Fortschritte der Wissenschaft nicht so unmöglich, daß eines Tages ein Feuer erfunden wird, dessen furchtbare Auswirkungen jeden Krieg sinnlos erscheinen lassen und die Aufstellung einer internationalen Polizeimacht erfordern würde, die die einzelnen Länder daran hindern müßte, gegeneinander Krieg zu führen.

Dieser Text wurde Ende des vorigen Jahrhunderts abgefaßt. Der englische Journalist veröffentlichte ihn ohne Kommentar. Man muß sagen, er tat wohl daran.

Ein wissenschaftliches Geheimnis? Ein Geheimnis der Magie?

Nach Eliphas Levi kannten die antiken Völker das Geheimnis, »die Elektrizität und den Blitz dem Willen des Menschen dienstbar zu machen«.

Aber was ist erforderlich, um diese furchtbare Macht zu gewinnen?

Zarathustra sagt es: »Wir müssen die geheimnisvollen Gesetze des Gleichgewichts kennenlernen, die selbst die Mächte des Bösen dem Reich des Guten untertan machen. Man muß gegen die Gespenster der Sinnestäuschung gekämpft und mit dem Licht gerungen haben wie Jakob mit dem Engel Gottes. Aber wenn man nicht reinen Herzens ist, verbrennt man an dem Feuer, das man anzündet, oder man fällt der Schlange (der Elektrizität), die man entfesselt, zur Beute, und man wird vom Blitz erschlagen wie Tullus Hostilius.«

Der gute Eliphas Levi hat im Jahre 1860 einen Blick in die Zukunft getan und recht gesehen.

Aus atavistischer Neugier und Liebe zum Satan haben die Menschen es gewagt, lange vor Christoph Kolumbus abenteuerliche Fahrten nach Amerika zu unternehmen (Björn Asbrandson, Leif Eriksson, Gudleif Gudlangson und, nach der Zeitung *Leningradskaja Prawda,* sogar russische Seefahrer), lange vor den Gebrüdern Montgolfier Luftschiffe zu bauen (Gusmão der Portugiese), lange vor der Bronzezeit Metalle zu schmelzen, ja, sogar vor dem Aufstieg unserer modernen Naturwissenschaft die Atombombe herzustellen. So haben das Smithsonian Institute und das U. S. Bureau of Standards Spuren hüttentechnischer Tätigkeit entdeckt, die 7000 Jahre alt sind und beweisen, daß man schon damals in Schmelzöfen mit einer Temperatur von 9000° Stahl herstellen konnte (G. Ketman). Und was die Atombombe betrifft, ist nach Ansicht des russischen Physikers Agrest die Zerstörung der Städte Sodom und Gomorra, die riesige Explosion in der Taiga u. a. auf die Explosion einer solchen Bombe zurückzuführen.

Allem Anschein nach führte uns die irregeleitete Wissenschaft in die schlimmste Katastrophe hinein: die Atombombe, von der die empirischen Forscher seit Jahrtausenden geträumt haben und die vielleicht der Chemiker Dupré schon hergestellt hatte. Denn die Empiriker sind ebenfalls Schüler des Satans. Der Ursprung ihrer Kunst verliert sich in der »Primhistorie«. Vielleicht war ihr Ausgangspunkt das Wissen der Menschen von Tiahuanaco.

Vielleicht kam es unglücklicherweise vor, daß die Hüter des durch Zuwahl weitergegebenen Geheimnisses nicht immer wertvolle und der Weihe würdige Menschen fanden, denen sie es anvertrauen konnten.

Irrtümer, Verzerrungen waren die Folge. Unwürdige entstellten den Charakter des Vermächtnisses und verwandelten es in niedrige Hexenkunst, jenen Okkultismus, der befiehlt, anstatt zu bitten, der vorgibt, sein Wissen irgendeinem Wunder des Teufels zu verdanken.

Diesen Okkultismus kann man nur als der Hölle entsprungen bezeichnen. Er wird praktiziert von Hellseherinnen, Kartenlegerinnen, Wünschelrutengängern, Astrologen, Wahrsagern, Hexenmeistern und Magiern, alles Leute, die der esoterischen, d. h. den Eingeweihten vorbehaltenen Wissenschaft erheblichen Abbruch tun.

Die niederen Kenntnisse verbreiteten sich unter den Hindus, den Arabern und den Schwarzen Afrikas; vielleicht auch auf den Kontinenten und in den Reichen, die meist, wie von einem göttlichen Fluch getroffen, verschwunden sind: das Land Mu, das Land Gondwana, das Königreich Punt, dessen Hauptstadt wahrscheinlich Simbabwe war; das Land der Hyperboreer, das unterirdische Königreich der Agartha in Tibet.

Sind das legendäre Reiche, von denen die Überlieferung erzählt? Was tut's!? Unsere Aufgabe ist es, diese Überlieferung zu sammeln und sie unsererseits als Vermächtnis den nach uns kommenden Rassen weiterzureichen.

Allmählich, im Lauf der Jahrhunderte, wir sie immer klarer und durchsichtig werden, wie es der Sage nach die Hyperboreer waren.

VERSUNKENE KONTINENTE

Die von Alfred Wegener am Anfang dieses Jahrhunderts postulierte Drift der Kontinente, das plötzliche Auftauchen des Meeresbodens und das nicht minder plötzliche Versinken von Landmassen legen den Gedanken nahe, daß die Gestalt der Erde im Laufe der Jahrhunderte mancherlei Veränderungen erfahren hat. Herodot berichtet, daß die ägyptischen Priester ihm erzählten, *während der vergangenen Jahrtausende sei die Sonne viermal im Westen aufgegangen und zweimal dort untergegangen, wo sie heute aufgeht.*

Sollte sich die Erde etwa in umgekehrter Richtung gedreht haben? Der *Große Zauberpapyrus Harris* versichert, daß infolge kosmischer Umwälzungen der Süden Norden wurde und die Erde rückwärts lief.

Zahlreiche alte Manuskripte, wie die *Papyri Ermitage* und *Ipuwer* sprechen von den gleichen Phänomenen, indem sie genau die gleichen Ausdrücke verwenden.

Auch in historischer Zeit ist unser Planet häufig von Anfällen übler Laune heimgesucht worden. Glücklicherweise waren es Katastrophen geringeren Ausmaßes. Im Jahre 1883 versanken zwei Drittel von der zum malaiischen Archipel gehörenden Insel Krakatau in einem 300 m tiefen Meeresschlund.

Im Chinesischen Meer, im Atlantik, tauchten Inseln auf und versanken wieder innerhalb eines Tages. Vor 30 000 Jahren war der Ärmelkanal noch eine aufgetauchte Landbrücke, die England mit Frankreich verband. Am 2. Oktober 1957 tauchte neben der Azoreninsel Fayal eine vulkanische Insel aus dem Meer auf. Seit dem 17. Jahrhundert sind – wenigstens den Seekarten nach – folgende Inseln aufgetaucht, versunken oder unauffindbar geblieben: Isla Grande, die Aurora-, Saxembourg-, Thompson- und Lindsay-Inseln im Atlantik und die Inseln der Compagnie Royale,

die Eméraude- und Dougherty-Insel sowie der Nimrod-Archipel im Pazifik. Kurz: Seit 2000 Jahren sind über 200 Inseln nach vorübergehendem Auftauchen wieder in den Fluten versunken.
Die Überlieferung, manchmal das Gedächtnis noch lebender Menschen haben die Erinnerung an diese geologischen Umwälzungen bewahrt. Man hat sie ausgeschmückt, hat hinzugedichtet, ja, selbst auf Rechnung unserer Milchstraße, d. h. unseres Sonnensystems, neue Planeten erfunden: Zur Zeit des Pythagoras glaubte man, daß eine »Anti-Erde« in genau entgegengesetzter Richtung um die Sonne kreise, die unser Ebenbild uns immer verbarg.
Doch ein- oder zweimal im Jahre könne man die Umrisse dieser »Anti-Erde« sehen. Heute noch gibt es Anhänger dieser Theorie.

Das Land der Hyperboreer

Platons Atlantis, das nach unserer Ansicht zwischen Südamerika und dem Wendekreis des Krebses lag, ist zweifellos der berühmteste der versunkenen Kontinente.
Doch schon seit den Zeiten Herodots, Diodors, des Plinius und Vergils haben die Menschen an das Vorhandensein einer andern sagenhaften Insel geglaubt: das in der arktischen Zone gelegene Land der Hyperboreer.
Es ist sicher, daß in einem sehr weit zurückliegenden geologischen Zeitabschnitt der Äquator und die Pole die Plätze gewechselt haben, so daß damals in den Gegenden um die Pole ein tropisches Klima und eine üppige Flora herrschte. Handelt es sich also um eine Erinnerung aus primhistorischer Zeit, die eine Generation immer der nächstfolgenden weitergereicht hat?
Die Überlieferung spricht von einer von hohen Gebirgen umgebenen Insel aus Eis, wo Menschen mit fast durchsichtigen Körpern lebten: die Hyperboreer. Griechische und ägyptische Seefahrer wollen die von einem diamantenen Wall umgürtete Insel gesehen haben. Eine so wundersame Vision, daß sie auf die Knie fielen und zu ihren Göttern beteten.
Die das Eis treffenden Strahlen schufen ein überirdisches Licht, und im Innern des Landes herrschte eine so milde Wärme, daß

sich dort eine blühende Pflanzenwelt völlig akklimatisierte. Zwischen der Insel und den übrigen Ländern der Erde schien keinerlei Verbindung zu bestehen. Doch ein geheimer (unterirdischer?) Gang soll bis nach Süddeutschland geführt haben. Die hyperboreischen Frauen waren von einer unsagbaren Schönheit, und die in jeder Familie als fünfte geborenen Mädchen besaßen stets außerordentliche hellseherische Fähigkeiten.
Als nun die Insel infolge der zunehmenden Vereisung der Pole unbewohnbar geworden war, seien ihre Bewohner, wie Sylvain Bailly schreibt, nach Europa und nach Amerika ausgewandert, und nach der Überlieferung hätten ihre Frauen ihre ererbten Gaben: Schönheit und hellseherischen Fähigkeiten, bewahrt. Sie hätten hochbegabte Männer geheiratet und mit ihnen Töchter gezeugt, die man noch heute an ihrer hohen, mit großer Schönheit einhergehenden Intelligenz erkennen könne.
Pherekydes von der Insel Syros, der Lehrer des Pythagoras, soll ein Nachkomme der Hyperboreer gewesen sein.
Es ist auch bemerkenswert, daß am Montag, dem 13. Juni 1961, eine archäologische Expedition von Cuxhaven aufbrach, um auf dem Meeresgrund in der Nähe von Helgoland nach Spuren von Atlantis zu suchen.
Es war eine seltsame Idee, nach Atlantis in Höhe des 54. Breitengrades zu suchen (man hätte dort eher Spuren vom Lande der Hyperboreer vermuten können), aber der Führer der Expedition, Pfarrer Jürgen Spanuth, war seiner Sache sehr sicher. Er hatte, wie er sagte, in Oberägypten hieroglyphische Inschriften entziffert, die berichteten, daß das Reich gerade an dieser Stelle versunken sei.
Schon im Jahre 1953 hatte Jürgen Spanuth geglaubt, auf dem Meeresgrunde die Fundamente einer Stadt entdeckt zu haben, von denen er sogar photographische Aufnahmen gemacht hatte. Der Forschungsgruppe gehörte auch der französische Ägyptologe Emile Briollay an. Fünf Froschmänner und ein Dutzend Taucher arbeiteten mehrere Wochen vergeblich: Atlantis – oder das Land der Hyperboreer – blieb unauffindbar.
Ein Gegenstück zu der Sage von der nordischen Insel bildet die Legende vom antarktischen Kontinent Gondwana oder von dem Lande Gond. Sie entspricht in allen Teilen genau dem Mythos

von den Hyperboreern. Nach der Ansicht ihrer Anhänger findet man in unseren höheren Schulen noch immer einen Nachkommen der Menschen von Gondwana: den besten Schüler.

Das Land Mu

Ein weiteres legendäres Gegenstück – diesmal zur Insel Atlantis – ist die Sage von Lemuria oder vom Lande Mu, das man in den Indischen Ozean verlegte.

Der geheimnisvolle Kontinent Mu erstreckte sich fast über das ganze Gebiet des pazifischen Ozeans: von der Beringstraße bis nach Australien, von Indien bis nach Kalifornien.

Seine Existenz beruht nur auf schlecht bewiesenen Behauptungen und auf den Täfelchen des englischen Obersten Churchward, die man nie zu Gesicht bekommen hat.

Als sich der Oberst im Jahre 1868 in Indien befand, wurde er der Assistent oder Hilfsgeistliche des Hohenpriesters einer Tempelschule und studierte voll Eifer die Inschriften eines sehr alten Flachreliefs. Stets auf der Suche nach Geheimschriften, erfuhr er, daß in den Geheimarchiven des Tempels Tontäfelchen aufbewahrt wurden, die von den »Naacals«, den Heiligen Brüdern, in ihrer versunkenen Heimat, dem Lande Mu, beschriftet worden seien. Die Täfelchen waren fest verpackt, und die Aufzeichnungen durften niemals gelesen werden. Aber der Oberst bediente sich einer Kriegslist, um seinen Wissensdurst zu befriedigen. »Es wäre doch angezeigt«, meinte er, »zwei Päckchen zu öffnen, nur um festzustellen, ob die Tontäfelchen noch gut erhalten sind.«

Der Hohepriester, der auch darauf brannte, die Täfelchen zu sehen, ließ sich nicht lange bitten. Er wickelte zwei Täfelchen aus ihren Stoffhüllen.

Unmöglich nun zu verkennen, daß in die Tontäfelchen wirklich Schriftzeichen eingeritzt waren. Unmöglich auch zu verkennen, daß diese Schriftzeichen denen auf jenem Flachrelief glichen. Kurz, die beiden Täfelchen wurden ebenso wie später alle andern des »unverletzlichen« Geheimdepots übersetzt. Sie erzählten die Geschichte von der Entstehung der Welt und wie 12000 Jahre vor unserer Zeitrechnung das Land Mu im Meer versank.

Als nun der Geologe William Niven in Mexiko unentzifferbare Täfelchen gefunden hatte, setzte sich Churchward für die Entdeckung ein und versicherte, daß jene indischen und mexikanischen Schriftzeichen identisch seien. Er behauptete auch, er habe mit Hilfe eines indischen Schlüssels die beiden berühmten Mayatexte übersetzen können: den Kodex Cortesianus und die Troano-Handschrift. Auf der Suche nach Bestätigungen für seine Ansichten bereiste der Oberst unermüdlich die ganze Welt. So viel Eifer muß wenn nicht Vertrauen, so doch Sympathie einflößen.

Das Volk von Mu, das sich Uigur nannte, soll den ganzen Erdball kolonisiert haben. Seine Hauptstadt lag in Asien, dort, wo Professor Koslov in der Wüste Gobi in fünfzig Fuß Tiefe unter den Ruinen von Khara-Khota ein ungefähr 18 000 Jahre altes bemaltes Grab entdeckte.

Der Sarkophag enthielt die sterblichen Hüllen einer Königin und eines Königs, die – nach Churchwards Ansicht – mit den Emblemen von Mu geschmückt waren: ein M, ein T und einen durch einen Diameter vertikal geteilten Kreis.

Ein in einem alten buddhistischen Tempel in Lhasa (Tibet) entdecktes Manuskript erzählt ebenfalls, wie Mu unterging. Und auf den im Jahre 1925 in Glozel gefundenen prähistorischen Töpfereien sollen die Schriftzeichen der Uiguren eingeritzt sein. Wahrscheinlich hat Mu seine Blütezeit vor 75 000 Jahren erlebt. Aber das Reich soll seit mehr als 150 000 Jahren bestanden haben. In unseren Tagen vertritt die amerikanische Sekte von Ramona (Kalifornien) immer noch die Theorien Churchwards, und in Übereinstimmung mit den Traditionen von Tiahuanaco beschäftigt sie sich auch mit den Beziehungen des Landes Mu zur Venus. Der englische Oberst hat niemals den Beweis erbracht, daß jene indischen Täfelchen wirklich existierten. Doch geben uns zwei bezeichnende Überlegungen zu denken:

1. Churchward hat sich gutgläubig beim Übersetzen der Schrift auf den Täfelchen täuschen können. Aber er kann die Geschichte von seiner Entdeckung der Täfelchen nicht erfunden haben.
2. Vor achtzig Jahren hatte die von ihm aufgestellte Theorie noch keinerlei Zusammenhang mit andern Theorien. Aber heute wird sie durch die Entdeckungen von Tiahuanaco und Glozel erheblich gestützt.

Wir wissen nun, daß es in Indien und auch in Europa, im Vatikan, im Escorial (man denke an die nach dem Fall von Granada gefundenen arabischen Manuskripte) und sogar in Frankreich (in Paris und Aix) Geheimbibliotheken gibt. Unter diesen Umständen versteht man sehr wohl, daß Churchward nie verraten wollte, wo er die Täfelchen gelesen hatte. Und selbstverständlich war er nicht in der Lage, sie vorzuweisen.

Ein weiterer Punkt, der zugunsten Churchwards spricht: Er wendete sein ganzes Vermögen daran, um in den letzten Jahren seines Lebens auf der Suche nach Bestätigungen die Welt zu durchreisen. So handelt nicht ein schlechter Spaßvogel.

Die Identität der Schriftzüge auf den indischen, mexikanischen und den in Glozel gefundenen Täfelchen fügt sich recht gut in unsere Hypothese ein: nämlich, daß aus Atlantis stammende Menschen sich über die ganze Welt verbreitet haben.

In Tiahuanaco hat man keine Täfelchen gefunden. Allerdings hat sich niemand jemals die Mühe gemacht, danach zu suchen. Aber die Überlieferung ist ganz unmißverständlich: Es gab in Südamerika vor der Zeit der Sintflut eine Schrift, die auf Befehl des 63. Inkaherrschers Pachacuti IV. ausgerottet wurde.

Man dachte nicht, daß die vor den Maya lebenden Mexikaner schreiben konnten, und doch hat der Geologe Niven Täfelchen entdeckt.

Man wollte von einer prähistorischen Schrift nichts wissen, und doch fand man sie in Glozel.

Und nun bezeugen Churchward und seine Anhänger, daß die Schriftzüge all dieser Tontäfelchen einander ähnlich sind und sich von einem gemeinsamen Ursprung herleiten.

Man wagt es sogar, diesen Ursprung genauer zu bestimmen: Diese Schrift ist außerirdischen Ursprungs. Sie stammt von der Venus – wie die Orejona von Tiahuanaco.

Die fliegenden Menschen von Simbabwe

Wenn auch die Ruinen von Simbabwe in Rhodesien das Bestehen einer alten Kultur in Südafrika bezeugen, so stellen sie uns nichtsdestoweniger im Bereich des Nachprüfbaren vor ein Rätsel.

Simbabwe wurde im Jahre 1868 von Adam Renders entdeckt. Es ist eine riesenhafte Stadt, die nach Ansicht mancher Historiker im 16. nachchristlichen Jahrhundert erbaut wurde. Andere Forscher hingegen verlegen ihre Gründung in prähistorische Zeit. Sie liegt in einem Landstrich, der reich an goldhaltigen Erzen ist. Sie wurde sogar für das geheimnisvolle Ophir gehalten, wo die Schiffe Hirams und Salomos das Gold herholten, von dem die Bibel erzählt.

In der Umgegend und in ganz Südafrika scheinen sich kaum früher irgendwelche Kulturen entwickelt zu haben, so daß Simbabwe eine Art Insel bildet, wo ein geheimnisvolles Volk lebte.

In den noch in recht gutem Zustand erhaltenen Ruinen fallen einem hohe, ovale, fast wie eine Retorte aussehende Türme auf, wie sie auch in Machu Picchú in Peru stehen. Sie haben keinerlei seitliche Öffnung; der einzig mögliche Zu- und Ausgang befindet sich an der Spitze hoch oben, so als ob die Bewohner dieser seltsamen Häuser mit Flügeln ausgerüstet gewesen wären und fliegen konnten. In Machu Picchú nennt man diese Türme die Kammern der fliegenden Menschen.

Wir glauben nicht an mit Flügeln versehene Menschen, aber sehr wohl an Menschen, die das Geheimnis kannten, die Schwerkraft aufzuheben und sich in die Lüfte zu schwingen – ein niemals allgemein preisgegebenes Geheimnis, von dem jedoch amerikanische, afrikanische und asiatische Überlieferungen zu berichten wissen.

Fliegende Menschen hat es nach den Chroniken zu allen Zeiten gegeben: von den auf fliegenden Platten sitzenden Inka, von Ikarus und den die Schwerkraft überwindenden Heiligen bis zu den modernen »Rocket-Belt-Männern«, die mit einem auf dem Rückstoßprinzip basierenden Fluggürtel ausgerüstet sind.

Man sollte über solche Berichte nicht voreilig den Stab brechen. Es ist unseres Erachtens durchaus möglich, daß Simbabwe und Machu Picchú in grauer Vorzeit von Menschen bewohnt waren, die ein geheimes Wissen besaßen, von dem wir noch keine Vorstellung haben.

Wer hat Simbabwe gebaut?

Wir denken an die Ägypter und, genauer gesagt, an noch aus Tiahuanaco gekommene Sendboten oder, was auf dasselbe hinausläuft, an Bewohner von Atlantis, die durch die Zerstörung ihres Kontinents oder das Versinken ihrer Insel aus ihrer Heimat vertrieben wurden. Die Geophysik hält auf Grund neuer Erkenntnisse für die Berichte Platons jetzt eine Erklärung bereit, die die Atlantisüberlieferung sinnvoller erscheinen läßt. Sie stützt sich dabei auf die Theorie Wegeners von der Drift der Kontinente, die durch die Entdeckungen des Nobelpreisträgers für Physik Professor Stuart Blackett bestätigt wird (nach Hilaire Cuny in der Zeitschrift »Horizons«, März 1961). Blackett hat unlängst erklärt:

»Es ist in hohem Grade wahrscheinlich, daß sich die kontinentalen Erdmassen seit dem Paläozoikum voneinander entfernt haben. Ich glaube z. B., daß sich während der 440 Millionen Jahre, die dem Quartär vorangingen, Nordamerika sich ungefähr 3000 Meilen von dem alten Kontinent entfernt hat.«

Das würde bedeuten, daß zur Zeit des Tertiärs Süd- und Nordamerika mit Afrika und Europa fest verbunden waren.
Was die chronologische Datierung der geologischen Epochen angeht, braucht man mit Professor Blackett nicht einer Meinung zu sein. Es handelt sich da um sehr vage Schätzungen. 400 Millionen Jahre könnten auch auf 4 Millionen Jahre oder selbst auf 400 000 Jahre zusammenschrumpfen – die Prähistorie ist da nicht kleinlich – aber die Theorie über die Drift der Kontinente ist eine durchaus annehmbare Hypothese.
Grob gesagt, besteht der Erdball aus einem Nickel(*Ni*)-Eisen(*Fe*)-Kern, dem sogenannten »Nife«, das von einer hauptsächlich aus *Si*likaten und *Ma*gnesium gebildeten Masse, dem »Sima«, umschlossen wird.
Diese Schicht ist eine verformbare, zähflüssige Masse, die sich allmählich zu der uns bekannten, hauptsächlich aus *Si*lizium und *Al*uminium bestehenden Kruste, dem »Sial«, verhärtet.
Die Kontinente dürften also eine Art hartgewordene Inseln sein, die auf dem zähflüssigen Sima schwimmen.
»Im Anfang«, sagt Wegener, »muß es eine einzige kontinentale Masse gegeben haben, die durch die Umdrehung der Erde die Tendenz hatte, sich über den gesamten Erdball zu verteilen.

Amerika trieb nach Westen ab, Australien nach Osten, die Antarktis nach Süden und Grönland nach Norden.«
Sir Stuart Blackett hat berechnet, daß Großbritannien in jedem Jahrhundert um sechs Meter nach Nordwesten verschoben wird. Man weiß ferner, daß Grönland in jedem Jahr 90 cm nach Westen treibt. Bald werden die amerikanischen und russischen Satelliten die bisher geschätzten Entfernungen der Kontinente voneinander exakt angeben können und uns in den Stand setzen, die Drift Amerikas von dem Alten Kontinent auf den Meter genau zu bestimmen.
Wahrscheinlich sind diese Driften nicht konstant und können bald langsamer, bald in Form eines plötzlichen Abreißens vor sich gehen können. Das wirft ein neues Licht auf die Überlieferung vom Untergang des atlantischen Kontinents.
Das Atlantis, von dem Platon berichtet, wäre demnach Amerika gewesen, das damals noch im atlantischen Ozean ziemlich nah den Küsten Afrikas und Europas verankert war. Ein plötzliches Abreißen hätte dann eine furchtbare Erdumwälzung oder ein teilweises Versinken in den Fluten zur Folge gehabt.
Wohlverstanden: All dies ist nur eine Hypothese. die allerdings einen »hohen Grad von Wahrscheinlichkeit« besitzt, wenn man in Betracht zieht, daß dieses Abreißen besonders heftig auf der Linie des Äquators erfolgte, d. h. dort, wo die Erdumdrehung sich am stärksten auswirkt.
Diese Hypothese bestätigt zwar nicht die Überlieferungen von Atlantis, von dem Lande Mu, von Lemuria und den vom Festland getrennten arktischen Inseln Grönland, Island, Spitzbergen. Nichtsdestoweniger ist jenen Überlieferungen ein gewisser Wahrheitsgehalt zuzuerkennen.
Allerdings gibt es da einen Einwand: Die Geologen und die Prähistoriker sprechen von Millionen von Jahren, über die sich das Erinnerungsvermögen von Menschen unmöglich erstrecken könnte. Aber wenn nun diese Schätzungen stark übertrieben wären?
Die Datierungsmethoden, die sich auf den Zerfall und die Umwandlung von Elementen, z. B. des radioaktiven Kohlenstoffisotops C 14, gründen, sind notorisch unzuverlässig. Dieser Meinung jedenfalls sind die amerikanischen Gelehrten, die im Rah-

men des Mohole-Projekts auf dem Boden der Tiefseegräben im Atlantik und im Stillen Ozean Bohrungen durchführen.
Insbesondere stimmt die Wärme, die entweder von einer im Erdinnern befindlichen flüssigen Masse oder von der natürlichen Radioaktivität der Felsen erzeugt wird, nicht mit den von den Geologen angegebenen Berechnungen der Mächtigkeit der Erdschichten überein.
Ebensowenig entspricht die Dicke der Ablagerungen, die die Bohrer durchdringen müssen, ehe sie auf die harten Schichten des Erdmantels treffen, dem bisher angenommenen Alter der Ozeane. Man hatte geglaubt, sie bestünden seit einer Milliarde von Jahren. Nun, 90 Millionen Jahre dürften zur Entstehung der heute etwa 550 Meter dicken Ablagerungen genügt haben.
Es steht fest: Bei der Schätzung des Alters der Ozeane ist den Wissenschaftlern ein kleiner Fehler unterlaufen. Eine Milliarde Jahre anstatt 90 Millionen Jahre! Das bedeutet: Der Erdball ist wesentlich jünger, als bisher angenommen wurde.
Den Astronomen geht es auch nicht besser. Die Techniker vom Mount-Palomar-Observatorium in Amerika geben zu, daß ihre Berechnungen der Ausmaße des Universums 100 bis 200 % Fehler enthalten. So soll z. B. unsere Milchstraße um 60 000 oder sogar um 60 Millionen Lichtjahre größer sein, als man bisher angenommen hatte.

Hanns Hörbigers phantastische Ideen

Gewiß, die Überlieferung bietet uns keine verläßlichere Garantie als die umstrittenen Berechnungen der Gelehrten. Aber es ist doch nicht undenkbar, daß »Amerika-Atlantis« oder eine jetzt in der Gegend der Bermudainseln oder im Karibischen Meer versunkene große Insel vor 20 000 Jahren wirklich im Atlantischen Ozean existiert hat.
Die Theorien des dem Illuminatenorden angehörigen österreichischen Maschineningenieurs Hanns Hörbiger, die von dem Franzosen Denis Saurat wiederaufgegriffen worden sind, halten sich bewußt von wissenschaftlichen Erkenntnissen fern und stoßen sich an der Verteilung der Kontinente und der Meere.

Kurz gesagt: Für Hörbiger wird die Gestaltung des Kosmos durch einen unaufhörlichen Kampf zwischen Kälte und Hitze, zwischen dem Eis und der Sonne bestimmt. Monde nähern sich der Erde und entfernen sich wieder von ihr; sie ziehen die Ozeane an und stoßen die Wassermassen wieder ab, so daß Gebirge von den Fluten verschlungen und die Tiefen der Meere ausgetrocknet werden. Nach dieser Philosophie des Kosmos ist das Schicksal des Menschen völlig von dem sich im All vollziehenden Geschehen abhängig, und unter dem Einfluß des Mondes treten in der Entwicklung des Menschengeschlechts regellose Mutationen auf. Wenn ein naher Mond eine verdoppelte Anziehungskraft ausübt, wachsen Generationen von Riesen heran, im anderen Fall unterliegt der Mensch dem Einfluß der bleiernen Erdenschwere.
Nach dieser Theorie stammt die heutige Menschheit von blonden Riesen ab, deren Haut in den Regionen des ewigen Eises gebleicht ist. Der alte Mythos vom Lande der Hyperboreer und seinen hochbegabten Männern und hinreißend schönen wahrsagenden Frauen feiert seine Auferstehung.
Doch Hörbiger beschränkte sich nicht darauf. Er wollte eine neue, von allen alten Prinzipien abweichende Wissenschaft begründen und für die Physik, die Chemie, die Literatur und die Archäologie neue Normen aufstellen. Diese politisch-romantische Schau der zukünftigen Welt, konzipiert auf dem Hintergrund einer in dramatischen Abläufen sich vollziehenden Vergangenheit, sollte der Menschheit ein Wissen vermitteln, das allen klassischen Vorstellungen diametral entgegengesetzt war.

Invasionen der Mondbewohner

In Frankreich ähnelt die sehr eigenwillige Hypothese des Prähistorikers Marcel Boscher den von Hörbiger, Bellamy und Saurat verfochtenen Theorien. Der Mond spielt darin eine überragende Rolle. Man kann aber auch Beziehungen zu den über das Land Mu aufgestellten Hypothesen entdecken. Boscher behauptet, der Mond habe auf doppelte Art das Schicksal der Erde und ihrer Bewohner bestimmt: 1. durch Auslösung von Naturkatastrophen, 2. durch kriegerische Eroberungszüge der Mondbewohner.

Diese Hypothese zieht in überraschenden Gedankengängen die gesamte Kosmogonie, die Metaphysik und die Physik in ihren Kreis, lehnt jedoch bewußt alle rationellen Forschungsmethoden ab.
Sie nimmt ihren Ausgang von einem einzigen Postulat: Das All besteht aus Energie und Materie, die untrennbar miteinander verbunden sind. Sie unterscheiden sich nur insofern, als die Energie potentielle Kraft und die Materie Masse ist. Die im Weltall wirkenden mechanischen Prinzipien sind einerseits die Schwerkraft und andererseits die durch die Energie-Materie ausgeübte Anziehung.
Eine konstante Differenz des magnetischen Potentials sichert die Versorgung der lebenden Zelle mit Sauerstoff. Das Leben und die Entwicklung des Menschengeschlechts hängen einzig und allein von diesem magnetischen Potential und vom Sauerstoff ab.
Der Urmensch, der in einer völlig im Gleichgewicht ruhenden Umwelt lebte, war eine Art Gott, dessen Zellen sich von selbst regenerierten. Er kannte weder das Leiden noch den Tod und besaß ein allumfassendes Wissen. Seine hochentwickelten psychischen Fähigkeiten arbeiteten nach Art von Fernsehsendern und -empfängern und gestatteten es ihm, auf jeden technischen Fortschritt zu verzichten. Er war ungefähr drei Meter groß, und auch in der Tier- und Pflanzenwelt herrschte Großwüchsigkeit.
Der Mensch lebte also wie im Zustand der Gnade, wie im Paradies der biblischen Zeiten. Dem wurde ein Ende bereitet, nicht durch den Sündenfall Evas, sondern durch ein Versagen der Himmelsmechanik, also gewissermaßen Gottes selber.
Man weiß nicht, welch eine kosmische – oder durch die Vorsehung heraufbeschworene – Katastrophe den Mond aus seiner Bahn warf. Jedenfalls begann er, im Kosmos umherzuschweifen, bis er schließlich seine Umlaufbahn in die Ebene der irdischen Ekliptik verlegte.
Vorher hatte er sich in größerer Sonnennähe befunden. Seine Bewohner, denen auf Grund seines kleineren Durchmessers eine verhältnismäßig kurze Lebenszeit vergönnt war, hatten die Entwicklungsstufen rasend schnell durchmessen und besaßen Kenntnisse, die wir erst um das Jahr 2000 erreichen werden.
Ohne Beweise dafür zu erbringen oder das Ereignis zeitlich zu bestimmen, vermutet Boscher, daß die »Seleniten«, d. h. die Be-

wohner des Mondes, in Lebensgefahr gerieten; die Atmosphäre ihres Gestirns wurde immer dünner, und der Boden trocknete infolgedessen immer mehr aus.

Das Auftauchen der Erde in erreichbarer Nähe erschien ihnen als eine unverhoffte, rettungverheißende Chance, und sie bereiteten sich darauf vor, unseren heimatlichen Planeten zu überfallen.

Die Verwandlung des Mondes in einen Satelliten der Erde dauerte eine beträchtliche Zeit – Jahrhunderte – und hatte für die Erdbewohner katastrophale Folgen.

Da das magnetische Gleichgewicht gestört war, wurde die Lufthülle der Erde infolge der Verminderung des atmosphärischen Druckes immer sauerstoffärmer, und die Wirkung der Schwerkraft nahm immer mehr zu.

An den Boden gepreßt, verloren die Menschen schnell ihre besten Fähigkeiten und zugleich die Unempfindlichkeit des Nervensystems.

Nun erst lernten sie den Schmerz und den Tod kennen.

Der Mond schraubte sich in immer enger werdenden Kreisen auf die Erde zu, was Sturmfluten und Vulkanausbrüche zur Folge hatte. Eine große Katastrophe wurde durch das Schwanken der Pole ausgelöst, und das hatte eine beschleunigende Wirkung auf die Umdrehungsgeschwindigkeit und steigerte die Anziehungskräfte.

Die Luft wurde immer sauerstoffärmer, und die Wirkung der Schwerkraft machte sich immer drückender bemerkbar, so daß die Mondbewohner, als sie auf der Erde landeten, verkümmerte Menschen vorfanden, die sich nur noch mit ganz primitiven Waffen verteidigen konnten, wie sie etwa den Persern, Assyrern oder Chaldäern zur Verfügung standen.

Die Angreifer, von riesiger Statur und mit atomaren Waffen ausgerüstet, hatten keine Mühe, die Erdbewohner zu besiegen, in deren Augen sie wie vom Himmel gestiegene Götter erschienen.

Die Rasse der Menschen wandelte sich gemäß dem Rhythmus der kosmischen und geophysikalischen Katastrophen, denn der Erdball war dadurch völlig verändert worden.

Ganze Kontinente waren versunken, andere tauchten aus den Ozeanen auf. Der Äquator, der einst durch Sibirien verlief, umgürtete jetzt die Erde unterhalb Asiens.

Dennoch kam es weder zu einer Sintflut noch zu einer Eiszeit. Die Erde näherte sich wieder der Sonne und kam allmählich in ihrer jetzigen Umlaufbahn zur Ruhe. Die Atmosphäre erwärmte sich, und das magnetische Potential und der Gehalt an Sauerstoff wurden wieder normal.

Im Laufe dieser natürlichen Entwicklung verschmolzen die ursprünglichen Erdbewohner und ihre Eroberer zu einer einzigen Rasse, deren charakteristische Merkmale hauptsächlich in der gelben Rasse erhalten geblieben sein könnten.

So stellt sich Marcel Boscher den Verlauf der Primhistorie vor. Offenbar hält eine solche Konstruktion unserem kritischen Sinn nicht stand. Dennoch bietet sie völlig neue Aspekte, die man nicht a priori ablehnen sollte.

Marcel Boscher hält es auch für möglich, daß eines Tages die ungeheuren, durch die Atomspaltung freigesetzten Kräfte es gestatten würden, die Gravitation der Erde zu verlangsamen. Dadurch könnte der atmosphärische Druck vermehrt und der Sauerstoffgehalt der Luft erhöht werden. Schließlich würde das oben geschilderte, ursprüngliche ideale Gleichgewicht wiederhergestellt, die Abnutzung der Zellen hörte auf, und die psychischen Fähigkeiten unserer uns so weit überlegenen Ahnen würden sich auch bei uns erneut entwickeln. Doktor Siegel vom amerikanischen Carbide Research Institute befürwortet übrigens, um die allgemeine Lebenserwartung zu erhöhen, die künstliche Versorgung des Zellgewebes mit Sauerstoff.

Sollten etwa im Anfang die Erdbewohner, die zum Teil außerirdischer Abkunft waren – nach Boschers Vermutung die gelbhäutigen Menschen, verkümmerte Nachkommen der Mondriesen –, das Land Mu bewohnt haben? Und hätte vielleicht der Mond als echtes Raumschiff oder als Raumrakete Bewohner der Venus oder des Mars zur Erde transportieren können?

Verschiebung der Kontinente, Naturkatastrophen, Erdbeben, Sturmfluten, Vulkanausbrüche, herabstürzende Himmelskörper, versunkene Erdteile, Invasion von Bewohnern anderer Planeten: Schon ergänzen sich geschichtliche Forschung, Überlieferungen und gewisse phantasievolle Deutungen, um dem unbekannten Antlitz unserer Vergangenheit erkennbare Züge zu verleihen.

Tiahuanaco, die Pyramiden, Ba'albek werfen schon einiges Licht auf manches Rätsel, und bald werden auch die geheimnisvollen Heiligtümer ihre Pforten öffnen.

Viele Zeugnisse sind zerstört worden. Julius Cäsar trägt die schwere Verantwortung, zuerst den Befehl gegeben zu haben, die Bibliothek von Alexandrien zu verbrennen. Dort hatte der gelehrte Ptolemäus Soter 700 000 Bände gesammelt, in denen die gesamte Überlieferung und alles damalige Wissen der Menschheit aufgezeichnet war.

Vier Jahrhundert später suchte ein zweiter von zügellosen Horden angelegter Brand dieselbe Bibliothek heim. Im Jahre 641 wurde sie auf Befehl des Kalifen Omar endgültig verbrannt. Als seine Hauptleute ihn fragten, was mit den Büchern geschehen solle, antwortete er (nach der Überlieferung):

»Wenn sie das erzählen, was auch im Koran steht, sind sie unnötig, und ihr könnt sie verbrennen. Wenn das, was sie erzählen, nicht im Koran steht, müßt ihr sie als schädlich und unfromm vernichten.«

Die kostbaren Manuskripte dienten monatelang dazu, um die Kessel der öffentlichen Bäder Alexandriens zu heizen. Nur wenige entrannen dem Schicksal, ins Feuer geworfen zu werden.

Im Jahre 240 v. Chr. veranstaltete der chinesische Kaiser Tsin Che Hoang eine ähnliche Massenvernichtung, der alle geschichtlichen, astronomischen und philosophischen Bücher, die in seinem Reich existierten, zum Opfer fielen.

Im dritten Jahrhundert ließ Diokletian in Rom alle Bücher suchen und zerstören, die Formeln enthielten, um Gold zu machen. Er fürchtete, diese Kunst könnte es den Leuten ermöglichen, ganze Reiche aufzukaufen.

Die Apostelgeschichte berichtet, daß Paulus in Ephesus alle Bücher sammeln ließ, die von seltsamen Dingen handelten, und sie öffentlich verbrannte.

Jacques Weiss berichtet in seinem Buch »La synarchie«, daß unwissende irische Mönche 10 000 auf Birkenrinde aufgezeichnete Runenmanuskripte verbrennen ließen, die alle Überlieferungen und Annalen der keltischen Rasse enthielten.

In dem fesselnd geschriebenen Werk von Jacques Weiss liest man:

»Savary berichtet in seinen ›Briefen über Ägypten‹, was Pater Sicard zu Ende des 18. Jahrhunderts in seinen ›Erbaulichen Briefen‹ schreibt:
›Man trägt mir zu, daß es in diesem Dorf – dem kleinen ägyptischen Hafen Ouardan – einen Taubenschlag vollgestopft mit Papyrusblättern gibt, die mit magischen Zeichen beschrieben sind und die man koptischen und ketzerischen Priestern abgekauft hatte.
Ohne Widerstand zu finden, veranstaltete ich, wie es sich gehörte, ein Autodafé und errichtete an der Stelle des Taubenschlags ein Kreuz, das nun die Kopten andächtig verehren.‹«

Schon im 16. Jahrhundert hatte religiöser Fanatismus, gepaart mit sträflicher Unwissenheit, die Manuskripte von Yucatán (Mexiko) den Flammen überliefert.

Die spanischen Bischöfe ließen ungeheure Mengen dieser Manuskripte verbrennen, und erst das Eingreifen des französischen Franziskanermönchs Jacques de Testera verhinderte die Zerstörung der letzten dieser kostbaren Dokumente.
Darüber hinaus begingen die Eroberer unerhörte Grausamkeiten. Sie schnitten den durchaus friedlichen Bewohnern Arme, Hände und Beine, den Frauen die Brüste ab, schlugen kleine Kinder mit dem Gewehrkolben tot, so daß die Rasse beinahe ausgerottet wurde (nach Paul Le Cour, *A la Recherche d'un Monde perdu,* 1931).

Der Vizekönig von Peru, Francesco Toledo, spricht 1566 in seinem Bericht von reich mit historischen, wissenschaftlichen und prophetischen Texten beschrifteten Inkastoffen und Täfelchen.
Er ließ alles ins Feuer werfen; die Existenz dieser Inkaschrift wird auch von José d'Acosta, Balboa und dem Pater Cobo bezeugt.
Glücklicherweise retteten die Jesuiten und die Päpste einen Teil des überlieferten Erbes der Vorväter.
Die Bücher des Garcilaso de la Vega und einige Manuskripte, die die kostbarsten Nachrichten über die südamerikanische Mytholo-

gie enthielten, wurden in Spanien im 16. Jahrhundert verbrannt, aber in der Vatikanbibliothek befinden sich noch wichtige, die Überlieferung betreffende, nicht herausgegebene Manuskripte. Wir selbst standen auch in Verbindung mit Garcia Beltran (einem Nachkommen des Garcilaso), dem wir wertvolle Auskünfte verdanken.

Die Steine von Bamijan

Botschaften und Zeugnisse sind fast in der ganzen Welt in Bauwerken verewigt worden, um sie vor der Vernichtung durch den »Zahn der Zeit« oder durch Katastrophen zu bewahren. In Afghanistan erzählen die steinernen Statuen und Skulpturen von Bamijan die Geschichte von der Odyssee und von der Wandlung des Menschen.

Bamijan ist eine in Ruinen liegende Stadt in der Provinz Kapisa nordwestlich von Kabul. 12 000 Behausungen sind dort in den Felsen gehauen. In früheren Zeiten hieß dieses »Theben des Orients« Ghulghuleh. Im Jahre 1221 wurde es durch Dschingis-Khan geplündert und zerstört.

Das ganze Tal, in dem die Stadt liegt, ist voller Höhlen und Grotten, in denen buddhistische Mönche jahrhundertelang gelebt und Manuskripte aufgehäuft haben, denen man ein überaus hohes Alter zuschreibt.

Heute noch werden die Ruinen durch drei aus dem Felsen herausgehauene Kolossalstatuen bewacht. Vor kurzem waren es noch fünf Monolithe. Die größte Statue war 53 Meter hoch, also sieben Meter höher als die Freiheitsstatue in New York. Die zweite mißt 35 Meter, die dritte 10 Meter. Von den andern beiden war die kleinste ungefähr so groß wie ein Mann.

Sie sind nach der Überlieferung die »unvergänglichen Zeugen« der geheimen Lehre, die die nach Asien geflüchteten Bewohner von Atlantis hinterlassen haben. Mönche haben die Statuen mit Gips überzogen, um sie in Buddhas zu verwandeln, aber man kann die Fälschung mühelos erkennen.

Wohlverstanden: Die offiziellen Archäologen stimmen in diesem Punkte mit den Verfechtern der Überlieferung nicht überein.

Aber eine seltsame Tatsache scheint den letzteren Recht zu geben: Diese Pseudo-Buddhas haben keine Gesichter.
Während die Körper der Statuen trotz der Bearbeitung verhältnismäßig geschont worden sind, hat man die Gesichter systematisch zerstört. Weder Stirn noch Nase, weder Augen noch Lippen sind zu erkennen: Von der Stirn bis zum Kinn bilden die Gesichter eine vertikale Fläche.
Durch diese offenbar willkürliche Verstümmelung hat man die Gestalten unkenntlich machen wollen, so wie Verbrecher mit ihren Opfern verfahren.
Die Statuen dürften demnach keine Abbilder Buddhas sein, sondern stellen wahrscheinlich irgendwelche geheimnisvollen Persönlichkeiten dar, deren Existenz man zu verschleiern suchte. Waren es Götter? Riesen?
Sollte die in der »Grotte von Kohistan« eingravierte Kosmographie einen wertvollen Hinweis geben? Dort wird nämlich der Planet Venus dargestellt, als sei er mit der Erde durch eine Sternenstraße verbunden.
Sollten die Statuen etwa von der Venus oder anderen Sternen gekommene Wesen darstellen?
Nach einer Überlieferung sind sie materielle Abbilder der beiden ersten Rassen, die einen ätherischen Körper besaßen.
Die dreißig bis vierzig Fuß hohen Statuen auf der Osterinsel, geschaffen durch vom amerikanischen Kontinent kommende Flüchtlinge, würden dann die dritte Rasse darstellen, die erste, die mit einem physischen Körper ausgestattet war. (Wir geben hier entschieden okkultistische Ansichten wider.)
Trotz ihrer riesigen Höhe gleichen die den Atlantiden gewidmeten Statuen in ihren Abmessungen doch den heute lebenden Menschen.
Einer der Tempel von Bamijan war so groß, daß er einer ganzen Armee als Zufluchtsstätte dienen konnte.
Vor 10 000 Jahren wurde Asien von der aus Europa verjagten schwarzen Rasse kolonisiert, und eine der beiden Metropolen war Bamijan.
In Europa wurde die weiße Rasse durch die Priesterinnen der Druiden beherrscht. Das Zentrum ihrer gottesdienstlichen Handlungen war die Insel Sein. Als sich die Kelten gegen ihre Herr-

schaft auflehnten, verbreiteten diese hinterlistigen Zauberinnen einen furchtbaren Aberglauben, um die Empörer zu dezimieren. Die Kelten standen in dem Ruf, unvergleichlich mutige Männer zu sein. Die Druidinnen rechneten mit ihrem Stolz und ihrer Todesverachtung. Sie beschlossen, die edelsten und tapfersten Männer in das Jenseits abzuordnen, damit sie den Ahnen eine Botschaft überbringen sollten.

Und so geschah das Grauenvolle: Bei jedem Sonnwendfest gaben sich die Edelsten der Kelten entweder selbst den Tod oder ließen ihn erhobenen Hauptes über sich ergehen. In wenigen Jahren war der Adel des Volkes ausgerottet, und nicht einer wagte es, sich der freiwilligen Selbstaufopferung zu entziehen.

Da trat der Reformator Ram auf. Auch er wurde durch die Synode der Druidinnen zum Tode verurteilt. Doch um die Rasse zu retten, wanderte er mit seinem Volk nach Osten aus. Er hinterließ auf seinem Zuge und in der Geschichte zahlreiche Spuren seines Namens: Hiram, Ram, Iran, Ramayana.

Das goldene Zeitalter Rams in Asien dauerte 3500 Jahre. Die in den Upanischaden erhaltene arische Überlieferung erstreckt sich offenbar nicht auf unsere von andern Weltkörpern her auf die Erde gekommenen Urahnen, deren Existenz vielleicht durch die Wissenschaft von morgen und die Raumraketen nachgewiesen werden kann. Es steht fest, daß die Überlieferung sich nur mit dem metaphysischen Aspekt solcher außerirdischen Einflüsse befaßt.

In historischer Zeit wollte Buddha als erster allen Menschen die heiligen Geheimnisse enthüllen. Doch die Priester und die Brahmanen widersetzten sich einer solchen Preisgabe, die sie als ein Sakrileg ansahen, ganz so wie die Weissagungen Jesu durch die Gelehrten der Synagoge verdammt wurden.

Die Brahmanen verstümmelten demzufolge bewußt ihre schriftlich niedergelegten Glaubenssätze, um die Ausdehnung des Unheils zu begrenzen. Sie behielten alles Wesentliche und Esoterische für sich und überließen den Uneingeweihten nur die exoterischen Lehren.

Wir sind nicht der Meinung, daß man den okkulten Interpretationen der Überlieferung blinden Glauben schenken soll. Wie im Altertum gibt es solche Autoren auch in unserer Zeit: Fabre d'Olivet, Schuré, Saint-Yves d'Alveydre, René Guenon, Ossendowski, Rudolf Steiner, G. Trarieux d'Egmond, Jacques Weiss, Helena Blavatzki.

Da es für das Rätselhafte keinen wissenschaftlichen und in aller Form niedergeschriebenen Beweis gibt, muß man versuchen, die Vergangenheit wie ein aus vielen Steinen bestehendes Puzzlespiel mühsam zusammenzusetzen. Doch macht man es sich ein wenig zu leicht, sie wiederauferstehen zu lassen in hellseherischen Erlebnissen oder in einer göttlichen Offenbarung oder auch in einer bewußt geheimgehaltenen Dokumentation nach Art des Obersten Churchward.

Andererseits wäre es auch kindisch, sich mit den pseudowissenschaftlichen »Erkenntnissen« der Prähistoriker zufriedenzugeben, und es wäre unredlich, die Überlieferung en bloc als unglaubhaft abzuweisen.

Schliemann ist davon ausgegangen, daß die Bücher Homers nicht bloß Fabeln enthielten, sondern Berichte von historischen Ereignissen. Und so hat er Troja entdeckt.

WESEN VON ANDEREN GESTIRNEN SIND AUF DER ERDE GELANDET

Nachdem Jean Sylvain Bailly, Bürgermeister von Paris, ein überragender Gelehrter und Astronom des Königs, im Jahre 1778 die von Missionaren aus Indien mitgebrachten astronomischen Tafeln übersetzt hatte, war er höchst erstaunt.

Diese wahrscheinlich mehrere tausend Jahre alten Tafeln benutzten ein Ziffernsystem, das aus zehn Zeichen bestand; jedes davon hatte gleichzeitig einen absoluten Wert und einen Stellenwert, abgesehen von der verschiedenen graphischen Form, ganz ähnlich wie die römischen Ziffern 0 bis 9, auf denen unsere Arithmetik aufgebaut ist.

Als der königliche Astronom diese Tafeln nachprüfte, fand er, daß sie falsch waren, wenn man annahm, daß sie in Indien aufgestellt worden waren, ebenso falsch, wie eine in Paris gezeichnete Himmelskarte sein würde, die etwa das doch nur in der südlichen Hemisphäre sichtbare Kreuz des Südens enthielte.

Jene indischen Tafeln wären jedoch richtig gewesen, wenn sie unter dem 49. Grad nördlicher Breite aufgestellt worden wären.

Bailly schloß daraus, daß die Brahmanen diese Karten von einem sehr alten, in der Wüste Gobi lebenden Volk übernommen haben müssen.

Er verfolgte diesen Gedanken weiter und stellte die Theorie auf, daß es einen unbekannten Kulturkreis gegeben haben müsse, der durch eine Naturkatastrophe mit einem Schlage vernichtet wurde. Darauf sei dann eine lange Zeit der Unwissenheit gefolgt, die gewissermaßen eine Art Barriere bildete zwischen der ersten zerstörten Astronomie und der durch die Schule von Alexandrien erneuerten Astronomie.

Bailly gab diesem Volk den Namen Atlantis und verlegte seinen Wohnsitz auf den 49. Grad nördlicher Breite. Danach rückte der von Platon erwähnte Kontinent weit nach Osten, beinahe bis zu seinen Antipoden, falls es sich nicht etwa um das Land der Hyperboreer oder um Lemuria handelte. Nach der okkulten Überlieferung erstreckte sich das Land Lemuria vom Himalaja bis nach Australien. Das Land der Hyperboreer umfaßte die weiter nördlich gelegenen Inseln jenseits der Wüste Gobi, die damals ein Meer war.

Okkultistische Kreise verfechten die abenteuerliche Hypothese, daß 700 000 Jahre vor dem Tertiär eine furchtbare Katastrophe diese Kontinente vernichtet hat. Eins erscheint sicher: Es hat vor Zeiten in Asien, genauer gesagt in Peking, in Tibet, in Indien und in Afghanistan eine blühende Kultur gegeben.

Um der Wahrheit die Ehre zu geben: Der Glaube an diese sagenhafte Kultur ruht nicht auf so soliden Grundlagen, wie es etwa in den Anden oder in Ägypten der Fall ist. Die überlieferten Dokumente – Täfelchen, Pergamente, steinerne Inschriften – sind niemals auch nur annähernd datiert worden. Doch seit einem Jahrhundert üben Indien und besonders Tibet auf die Jünger des Spiritismus, der Theosophie und der schwarzen Magie eine unwiderstehliche Anziehungskraft aus.

Das Aufkommen des Kommunismus in Tibet, die Flucht des Dalai-Lama, die erwiesene Nutzlosigkeit der berühmten magnetischen Mauern, die den Potala, den Palast des Dalai-Lama, verteidigen sollten, nichts hat den blinden, alles hinnehmenden Glauben der Orientalen erschüttern können. Man muß allerdings zugeben, daß dieser Glaube durch die unbestreitbare Meisterschaft der Tibetaner in der Magie und der indischen Yogis gestützt wird.

Es gibt in der Tat nur eine Gewißheit, die von den Scharlatanen geschickt ausgebeutet wird: Tibet ist das Weltzentrum der schwarzen Magie, vielleicht sogar auch der weißen Magie, wie es manche Eingeweihte wahrhaben wollen.

Das Mysterium von Agartha

Eine seltsame Legende behauptet, daß Lhasa der weiße Pol der Welt ist, während der schwarze Pol auf der Osterinsel liegen soll. Die dort befindlichen riesenhaften Monolithe sollen die schäd-

lichen Wellen abfangen, um den Gegenpol Lhasa davor zu schützen. Diese Statuen dürften gewissermaßen die »mineralische Wesenheit« der magischen Kreise gewesen sein und fingen die Gegenstöße auf, wenn die Zauberkünste der Hexenmeister die Person, auf die sie gerichtet waren, nicht trafen.
Auf jeden Fall gibt es im Fernen Osten ein Mysterium, das seine Nahrung aus der Sage von Agartha zieht.
Die Existenz von Agartha wurde zuerst von Saint-Yves d'Alveydre, René Guenon und F. Ossendowski behauptet. Es soll ein unter der Gebirgskette des Himalaja verborgenes unterirdisches Heiligtum sein, wo die »Meister der Welt« residieren und ihr Amt ausüben.
Wir geben im folgenden nach Saint-Yves d'Alveydre einen gekürzten, von Jacques Weiss in seinem Buch *La Synarchie* glänzend kommentierten Bericht über dieses geheimnisvolle Reich, an dessen Dasein wir auf sein Wort hin glauben müssen:

»Agartha ist die große asiatische Universität der in die Geheimnisse Eingeweihten. Ihr ›Mahatma‹ (große Seele) spielt die Rolle eines obersten geistigen Führers der Menschheit, ohne sie sich anzumaßen.
Diese Rolle ist eine rein erzieherische und friedliche, obwohl Agartha physikalische Kenntnisse zur Verfügung stehen, die es ihr gestatten würden, unseren Planeten in die Luft zu sprengen, und die Wissenschaft von der Seele ist dort gleich hoch entwickelt.
Bis zum 19. Jahrhundert hat Agartha der Welt die Kenntnis von ihrer Existenz vorenthalten.
Der Grund dafür? Ihre Wissenschaft hätte wie die unsere dem Übel, dem Antichrist und der Anarchie im Kampf gegen die Menschheit die Waffen geliefert.
Die Geheimhaltung wird erst dann überflüssig sein und aufgehoben werden, wenn die von Moses und Jesus aufgestellten Gebote von den Christen gehalten werden, d. h. wenn die An-archie in der Welt durch die Syn-archie abgelöst wird. (Merkwürdig ist, daß diese Worte sich fast mit denen der Marienerscheinung in dem portugiesischen Dorf decken: »Wenn man auf meine Bitte hört, wird Rußland sich bekehren, und man wird Frieden haben.«)
Wo liegt nun Agartha?

Es ist nicht tunlich, genauere Angaben als die folgenden zu geben: Vor der Ankunft Rams wurde das Hauptquartier von Agartha, das sich in Ayodhya, der Sonnenstadt, befand, an einen andern Ort verlegt. Im Jahre 1800 v. Chr. siedelte das Heiligtum endgültig an einen Ort im Himalaja über, der Millionen von Asiaten bekannt ist. Doch wird man unter ihnen keinen finden, der diese neue Residenz verrät. (Wir haben den »Christus Rex« Serge Raynaud de la Ferrière – Pontifex Maximus der Weltkirche, Höchster Regent von Agartha, Direktor des ständig tagenden Weltbüros für kulturelle Fragen usw. – persönlich kennengelernt. Er verlegte den Eingang zu Agartha in die Gegend des Klosters Chigatzeh und von Kwen Lun. Wir haben auch den Prinzen Cherenzii Lind, Maha Chohan, sehr gut gekannt. Auch er bezeichnete sich als den höchsten Regenten von Agartha und versprach, uns in das nördlich von Lhasa gelegene, unterirdische Heiligtum zu führen. Wir haben sogar die Ehre gehabt, von Agartha wegen Gotteslästerung zum Tode verurteilt zu werden.)

In dem heiligen Gebiet von Agartha leben 20 Millionen Menschen. (Nach Angabe des Maha Chohan soll auch der Apostel Paulus noch heute im Großen Rat Gottesdienst abhalten.) *Es gibt dort kein Gefängnis, nie wird die Todesstrafe verhängt. Die Polizeigewalt liegt in den Händen der Familienväter.*

Millionen Dwijas (»Wiedergeborene«) und Yogis (»mit Gott Vereinte«) bewohnen die symmetrisch aufgeteilten Vororte von Agartha. Sie sind meist in unterirdischen Bauten untergebracht.

Ihnen übergeordnet sind 5000 Pundits (Gelehrte), 365 Bagwandas (Kardinäle) und schließlich die 12 Mitglieder des Hohen Rates der Eingeweihten.

In den Bibliotheken ist seit 55 700 Jahren alles Wissen und alle Kunstfertigkeit der Menschheit in Dokumenten gesammelt worden. Sie befinden sich in tiefen unterirdischen Gewölben. Auch die Profanen dürfen sie benutzen.

Die eigentlichen Archive der Paradesa (Universität) sind in auf Tausende von Kilometern sich erstreckenden Galerien untergebracht. An dem Tag, da in Europa das anarchische Regime durch die dreieinige Synarchie abgelöst wird, werden alle diese Kostbarkeiten allen zugänglich sein.

Bis dahin aber gilt: Wehe den Vorwitzigen, die sich daranmachen

würden, die Erde zu durchwühlen. Ihrer wartet eine furchtbare Enttäuschung und ein sicherer Tod. Nur der Pontifex Maximus von Agartha und seine unmittelbaren Mitarbeiter kennen den gesamten Katalog dieser planetarischen Bibliothek.
Die Fakire sind meistens ehemalige Schüler von Agartha, die ihre Studien abgebrochen haben, bevor sie höhere Grade erreichten. Keiner kann jedoch Originaltexte seiner Schulbücher mitnehmen. Er muß sein Wissen allein in seinem Gedächtnis aufbewahren.
Als im sechsten Jahrhundert v. Chr. Sakya Muni (Buddha) nach einem Ausflug in seine Zelle zurückkehrte, stieß er einen furchtbaren Schrei aus: Verschwunden waren die Studienhefte, auf die er gerechnet hatte, um seine im geheimen vorbereitete revolutionäre Bewegung zu vollenden.
Vergebens lief er zum höchsten Tempel, wo der Brahatma wohnt. Die Pforten blieben unerbittlich verschlossen. Vergebens setzte er eine ganze Nacht lang alle seine Kenntnisse der Magie ein. Die Hierarchie hatte alles vorausgesehen und wußte alles.
Der Begründer des Buddhismus mußte fliehen und in aller Eile seinen ersten Schülern diktieren, was er im Gedächtnis hatte behalten können.

Gewiß, man kann nicht umhin, gegen diesen reichlich wirren Bericht erhebliche Zweifel anzumelden. Der gute Saint-Yves d'Alveydre muß das im Traum gesehen haben, oder es ist ihm von einem mythomanischen Fakir übermittelt worden. Dennoch ist die Überlieferung von dem unterirdischen Königreich Agartha vielleicht nicht in allen Teilen erfunden.
Es bleibt nun unsere Aufgabe, den wahren Kern herauszuschälen, der sich unter der Fabel verbirgt. Daß zu einer sehr weit zurückliegenden Zeit sich Eingeweihte oder Menschen planetarischer Herkunft in geheimen Sekten zusammengeschlossen und die Grotten des Himalaja, von Kohistan oder Bamijan gewählt haben, um sich von der profanen Welt zurückzuziehen – das widerspricht durchaus nicht dem gesunden Menschenverstand.
Wir haben im Gegenteil tausend Beweise von der Existenz okkulter Gemeinschaften in Amerika (Tiahuanaco, Tacarigua), in Europa (Glozel), in Afrika (Memphis und Simbabwe), in Kleinasien und in Zentralasien.

Sollte sich die Legende von Agartha vielleicht aus einem solchen wenig bekannten und sorgsam geheimgehaltenen Wissen entwikkelt haben? Das ist nicht unmöglich.
Der an die Überlieferung glaubende Archäologe Michel Carguèse stellt eine abenteuerliche Hypothese auf, die allerdings die Kosmonauten von heute nicht völlig zurückweisen würden. Schicken sie sich doch an, den Mond zu kolonisieren, indem sie sich wie Maulwürfe in den Boden unseres Trabanten wühlen, im Innern von Maschinen, die als Riesenbohrer funktionieren sollen.
Nach Carguèse sollen also möglicherweise Wesen von den Planeten auf der Erde gelandet sein. Da sie die Erdatmosphäre nicht lange zu ertragen vermochten, hätten sie sich in das Innere der Erde zurückgezogen, aber auf der Oberfläche rätselhafte Spuren ihrer Anwesenheit hinterlassen. Rätselhaft für uns, aber nicht für Menschen ihrer Rasse.
Diese höherstehenden Vorfahren hätten in Agartha gelebt. Sie seien dorthin eingedrungen durch den Dolmen von Do-King (Tibet), so wie sie auch in andere unterirdische Behausungen in der Bretagne, in Palästina und in Indien eingedrungen seien, d. h. überall da auf dem Erdball, wo es viele Grotten gibt und viele Dolmen stehen.
Unter diesem Gesichtspunkt gewinnen die Monolithstraßen von Carnac in der Bretagne eine phantastische Bedeutung, die auch in der keltischen Mythologie eine Rolle spielt. Es ist interessant, daß die von einem anderen Planeten gekommenen Menschen der Anden, ehe sie nach Ägypten auswanderten, sich in die unterirdische Stadt von Tiahuanaco zurückzogen. Das sind zumindest sehr seltsame Parallelen.
Nach einer in amerikanischen okkulten Kreisen verbreiteten Glaubensüberzeugung soll vom Nordpol aus ein Gang in eine unterirdische Welt führen.
Auch G. Trarieux d'Egmond griff, gelegentlich seiner Beschäftigung mit der Wissenschaft der Antike, den Mythos von Agartha auf. Er schreibt darüber:
»Diese Zahlen und Berechnungen sind wie alle heilig gehaltenen Wissenschaften im unterirdischen Agartha aufbewahrt.
Sie wurden durch Flüchtlinge, die von Atlantis kamen, nach Ägypten gebracht, zugleich mit ihrem Symbol: der Sphinx.

Auch das Studium der Naturkräfte wurde viel weiter vorangetrieben als je zuvor. Nicht nur die sogenannten modernen Errungenschaften – die Erfindung der Raumschiffe, der Giftgase und der Bomben – waren den antiken Völkern bekannt, sondern darüber hinaus auch noch andere uns bisher unbekannte Energien wie die des Äthers.«

So lebt bei den Okkultisten die Überlieferung von Atlantis fort und verbindet sich mit dem indischer Einbildungskraft entstammenden Wust.

Im Jahre 1947 kam ein Abenteurer – er ließ sich Prinz Cherenzii Lind, Maha Choan (Großer Führer) und oberster Regent des Königreichs von Agartha nennen – nach Frankreich, um dort mit Bruder Michail Iwanow, dem Großmeister der weißen Weltbruderschaft von Sèvres, zusammenzutreffen.

Maha Choan

Der Bericht über den Besuch dieser hohen geistlichen Persönlichkeit steht in der Zeitschrift *Point de Vue*, Nr. 140 vom 20. November 1947. Wir geben ihn hier gekürzt wieder:

Ist dieser Mensch ein Gott oder ein Betrüger?

Der Prinz Cherenzii Lind, Multimilliardär und Epikuräer, behauptet, er sei der Regent eines unterirdischen Königreichs und der Erlöser der Welt. Der Maha Choan oder Kut Humi stellt sich vor als Führer der Eingeweihten von Agartha, aber auch als Direktor der Großen Weißen Weltbruderschaft, einer spiritualistischen Vereinigung, deren eingestandenes Ziel es ist, die Welt zu erretten.

Bei meiner ersten Zusammenkunft mit ihm wurde ich ganz von seinem Charme gefangengenommen. Was er sagte, erschien logisch und klug.

In seiner Behausung lebten mit ihm zwei neue Adepten, die sich ihm schon in wenigen Stunden unentbehrlich gemacht hatten: eine reiche und in ihrer Heimat einflußreiche brünette Argentinierin und die berühmte Lydia Bastien.

Er ist ein Mann von 45 Jahren, ein ausgesprochen europäischer Typ. Man könnte ihn beinahe für einen Belgier halten.

Seine Haare und sein kurzer Schnurrbart sind schwarz, seine Stirn

verrät Intelligenz, und seinen Augen merkt man es an, daß er gewohnt ist zu befehlen.
Bei unserer ersten Unterredung empfing er mich in der Rue Lesueur. Er hatte über seine städtische Kleidung einen dunkelblauen Dhoti geworfen, und er bewegte in seinen Fingern die holzgeschnitzten Kugeln eines großen tibetanischen Rosenkranzes, von denen jede einzelne eine besondere symbolische Bedeutung haben soll. Unser Gespräch verlief folgendermaßen:
»Sind Sie Tibetaner?«
»Ich bin in Darjeeling in Indien geboren worden, bin aber trotzdem Tibetaner, denn zur Zeit meiner Geburt (1902) hatten die Engländer Darjeeling noch nicht Tibet entrissen und ihrem indischen Kolonialreich eingefügt.«
»Sind Sie ein Abkömmling von Dschingis-Khan?«
»Ich stamme in direkter Linie von ihm ab.«
(Der Maha trägt am linken Ringfinger einen goldenen Reif, der ihm von dem tatarischen Eroberer vermacht sein soll.)
»Sind Sie auch verwandt mit Kut Humi, der im vorigen Jahrhundert die Theosophische Gesellschaft gründete?«
»Ich bin er selbst in einer neuen Inkarnation.«
»Sind Sie der Herr der Welt oder der verheißene Messias?«
»Meine Lehre wird es bezeugen.«
»Wer hat Ihnen den Titel Maha Choan verliehen?«
»Der zu einem Kongreß zusammengetretene Hohe Rat von Agartha, das heißt die Gesamtheit der Weisen und großen Lehrer. Ihr Hauptsitz befindet sich nur in Tibet. Aber die Weisen bewohnen die ganze Welt. Es gibt welche in Paris, und in Europa leben ungefähr 4000 Eingeweihte verschiedener Grade. In Amerika gibt es bedeutend mehr. In Agartha befinden sich zur Zeit drei Europäer. Einer davon ist ein Franzose.« (Es ist möglich, daß damit Monsieur Daniélou gemeint ist, der Sohn des ehemaligen Ministers der dritten Republik.)
»Wer hat Agartha gegründet?«
»Agartha ist sehr alt. Sein Ursprung liegt 56 000 Jahre zurück. Aber man muß bedenken, daß früher die Jahre viel länger waren als heute.«
»Gibt es ein unterirdisches Königreich in Tibet? Ist die von Ossendowski entworfene Beschreibung dieses Königreichs zutreffend?«

»In Tibet besteht wirklich ein unterirdisches Königreich. Fast alle Klöster sind durch ungeheure Gänge miteinander verbunden, die manchmal 800 km lang sind. In diesen gibt es Gewölbe, die so groß sind, daß man bequem Notre-Dame von Paris darin unterbringen könnte.«

»Liegt dieses Königreich zwischen dem nördlichen Tibet und der Mongolei?«

»Ja. Es wohnen darin Menschen, aber auch Jinas, Wesen hoher Intelligenz, die jedoch keinen physischen Körper besitzen.

Die Jinas leben in den Eingeweiden der Erde und steigen niemals in die Oberwelt hinauf. Sie sind mit Flügeln und langen Krallen ausgerüstet, etwa wie die Fledermäuse.

Es sind böse Geister, aber nicht so böse wie die Menschen. Denn bösere Wesen als die Menschen gibt es nicht. Später entwickeln sich die Jinas zu menschenähnlichen Wesen. Es sind die Zwerge, die Luftgeister und die Kobolde Ihrer Märchen.«

»Gibt es im Königreich Agartha eine unbekannte Kultur? Haben Sie vollkommenere Erfindungen als unsere Atombombe und Düsenflugzeuge?«

»Die Kultur von Agartha trägt rein geistigen Charakter. Wir haben keine Maschinen, aber Bibliotheken, von denen Sie keine Ahnung haben. Wir haben Gemälde und Bildwerke von einer künstlerischen Qualität, die Ihnen höchste Bewunderung abnötigen würde. Die ganze Welt wird das eingestehen müssen, wenn ich erst den Journalisten und Kameramännern gestattet haben werde, nach Agartha zu reisen und die Schätze zu filmen, die sich dort befinden. Ich werde im August 1948 eine Expedition dahin ausrüsten und die Türen zu allen Heiligtümern öffnen lassen.«

(Wir brauchen wohl kaum zu versichern, daß diese Expedition ein bloßes Versprechen geblieben ist.)

»Wer wird diese Expedition finanzieren?«

»Ich selbst.«

(Der Prinz Cherenzii soll ein in Japan blockiertes Vermögen von 16 Milliarden Francs besitzen. Er hat mir versichert, ihm gehörten 56 000 Hektar Land in Kuba und 350 000 Hektar in Panama.)

»Es muß doch dunkel in diesem unterirdischen Königreich sein. Die Photographen müßten sich also mit elektrischen Batterien ausrüsten.«

»Nein. Es gibt dort keine Beleuchtung. Die Menschen und die Gegenstände in Agartha leuchten aus eigener Kraft.«
(Trotzdem haben wir, um den Maha Choan zu photographieren, Blitzlicht verwenden müssen. Dieser Große Eingeweihte strahlt keinerlei Licht aus.)
»Man behauptet, daß Sie 19 Sprachen sprechen?«
»Ich kenne das Mongolische, das Tatarische, Sanskrit, das Hindustanische, das Bengalische, das Shensi-Chinesische, das Französische, das Englische, das Deutsche, das Spanische, das Italienische ...«
»Ist in Ihrem Ring ein Heliumatom eingeschlossen? Ich glaube, daß unsere Wissenschaftler noch nicht in der Lage sind, ein so kleines Teilchen zu isolieren.«
»Ich werde Monsieur Joliot-Curie erklären, wie man das macht.«
»Meister, Sie wissen, daß solche Offenbarungen immer viele Ungläubige finden. Früher, als Sie noch der erste Kut Humi waren, haben Sie Wunder vollbracht, indem Sie Schrift in die Ferne projizierten. Die Franzosen sind sehr kritisch veranlagte Leute. Sie werden nur ganz greifbare Beweise anerkennen. Könnten Sie nicht zur Feier Ihrer Ankunft in Paris ein richtiges Wunder tun? Das würde auch Ihrer friedlichen Mission zugute kommen.«
»Wenn ich ein Wunder tue, dann muß ich immer neue produzieren, immer neue ...«
Ich bestehe energisch auf meiner Bitte, und schließlich, ehe wir unsere Unterhaltung beenden, kündigt mir der Maha Choan in gewichtigen Worten an:
»Ehe ich Paris verlasse, werde ich noch ein Wunder vollbringen.«
»Ein wirkliches Wunder? Ein greifbares materielles Wunder? Etwa auf diesem Tischchen hier eine Blumenvase erscheinen lassen?«
»Solche Wunder vollbringe ich alle Tage. Ja, ich werde ein wirkliches, gleichzeitig materielles und spirituelles Wunder vollbringen.« (Dieses Versprechen wurde in Gegenwart von mehreren Personen gegeben, die es bezeugen können.)
Ich stelle eine letzte Frage, die sich auf die Legende bezieht, daß der immer noch lebende Evangelist Johannes in Tibet auf die Wiederkunft Christi warte.
»Wer hat Ihnen das erzählt? Es stimmt beinahe. Der heilige Jo-

hannes gehörte der Gemeinde von Agartha an, aber er ist im 12. Jahrhundert in Tibet gestorben.«

Bemerkung der Redaktion:

»Damit endeten die Erklärungen Maha Choans. Im Laufe der Unterhaltung hatte er indessen den Wunsch ausgesprochen, mit französischen Wissenschaftlern zusammenzutreffen, um sich mit ihnen über Fragen der Kernenergie zu unterhalten. Daher bereitete unser Reporter alles für eine Zusammenkunft mit einigen wissenschaftlichen Größen vor. Die Wochenschau war eingeladen worden, um das denkwürdige Geschehen zu filmen. Aber der Meister von Agartha erschien nicht. Die unnötig bemühten Wissenschaftler waren verärgert und bezeichneten das ganze als Schwindel.

Unser Reporter begab sich nach der Rue Lesueur, wo man ihm erklärte, daß Maha Choan abgereist sei. Das versprochene Wunder hatte natürlich auch nicht stattgefunden. Eine Umfrage bei den Hausbewohnern ergab, daß der Herr der Welt niemals irgendwelche Briefe aus Tibet erhielt.

Andererseits stand die Lebensweise Maha Choans in dem kleinen Haus zu Sèvres, wo ihm sein »Gesandter« in Frankreich, Bruder Michail Iwanow, Gastfreundschaft zuteil werden ließ, in einem merkwürdigen Gegensatz zu der gewöhnlichen Lebensweise der Großen Eingeweihten. Der Maha Choan behauptete, daß er unaufhörlich faste. Unser Reporter konnte dagegen feststellen, daß er eine Schwäche für Hühnchen und Burgunderwein zeigte. Er verkonsumierte eine erstaunliche Menge von Zigarren der besten Marke und verbrachte seine Abende in Gesellschaft der berühmten Lydia Bastien, der Exmätresse des Surrealisten Gengenbach. Man sagt, im Laufe dieser Abendunterhaltungen sei der Champagner in Strömen über die weißen Füße der schönen Lydia geflossen und von den gierigen Mündern ihrer Bewunderer abgeschleckt worden.«

Solche Erfahrungen, wie sie jedes Jahr in der ganzen Welt im Kreise der leichtgläubigen Anhänger »spiritualistischer« Gesellschaften gemacht werden, tragen nicht dazu bei, den Glauben an die Legende von Agartha zu stärken, wo die »Obersten Führer« über die »Bibliotheken« wachen, in denen die Archive von 55 700 Jahren menschlicher Kultur aufgespeichert sind.

Zu allen Zeiten sind geheime Formeln mündlich oder schriftlich der Nachwelt überliefert worden. Zu solchen Büchern gehörte sicher auch das berühmte *Enchiridion* (wenn es überhaupt existiert hat), ein kleines Handbuch, das die schönsten Gedanken des Christentums, die größten Geheimnisse der Kabbala enthielt und von Papst Leo III. geschrieben sein soll, der es Karl dem Großen als »das kostbarste aller Geschenke« übergab.

Nach Eliphas Levi konnte der Fürst, »der dieses Buch besitzt und sich seiner in der rechten Weise bedient«, der Herr der Welt werden. Diese Überlieferung, meint Eliphas Levi, legt folgende Schlußfolgerungen nahe:

1. Es muß eine allererste und weltumfassende Offenbarung gegeben haben, die alle Geheimnisse der Natur und der Wissenschaft zu deuten wußte.
2. Diese Geheimnisse durften nur Eingeweihten preisgegeben werden.
3. Es gab eine Überlieferung, nach der die Kenntnis dieser Geheimnisse nur den geistlichen Führern und den weltlichen Herrschern vorbehalten war.
4. Es hat von jeher immer wieder bestimmte überlieferte Zeichen, z. B. Pentagramme, gegeben, die diese Mysterien versinnbildlichten und die nur den Eingeweihten bekannt waren.

Hat Karl der Große aus dem *Enchiridion* Nutzen gezogen? Das ist wenig wahrscheinlich. Hat man doch behauptet, daß der berühmte Kaiser nicht einmal schreiben konnte. Leo III. hat ihm wohl wie die Priester von Eleusis die rätselhafte, rituelle Formel ins Ohr flüstern müssen: »Knox om pax«, was nach Paul le Cour heißen soll: »Wer es verstehen kann, möge es verstehen.«

In der Überlieferung darf nicht alles wörtlich genommen werden. Aber alles kann auch nicht sinnlos oder falsch sein. Wir denken da an den Ring des Gyges, an die Zauberpulver der Alchimisten, an die Drogen, die körperliche Verwandlungen bewirken können und die heute ihre wissenschaftliche Bestätigung finden, an die Sagen des Homer, die als wahr erkannt worden sind, an den Schatz des Marquis von Carabas, der völlig echt ist. (Trotz seines von der Legende umsponnenen Namens ist die Existenz dieses

Schatzes historisch bezeugt. Claude Gouffier, im Jahre 1546 der Oberstallmeister Franz' I., trug den Titel Comte de Caravaz. Als er starb, hinterließ er ein großes Vermögen, das man nie wieder gefunden hat. Es soll in seinem Schloß Oiron, das im Departement Deux-Sèvres in der Nähe von Airvault gelegen ist, vergraben sein. Der Graf von Caravaz diente Perrault als Modell für seinen Marquis de Carabas.)

Die phantastischsten Einbildungen beruhen manchmal auf Erinnerungen an wirkliche Geschehnisse.

Was bedeutet also dic Sage von Agartha? Ein okkultistisches Hirngespinst oder eine der Stätten, wo die Wahrheit eine Heimat hat und die uns von den von ihrem Heimatplaneten vertriebenen Venusbewohnern hinterlassen worden sind? (Das Observatorium in Meudon hat am 7. Juli 1959 feststellen können, daß der Planet Venus von einer 20 bis 40 km hohen, mächtigen Atmosphäre umgeben ist. Der Durchgang des Regulus durch diese Gasmasse hat mehr als zwei Sekunden gedauert. Nach der Überlieferung soll die Oberfläche der Venus von einem riesigen Ozean bedeckt sein.)

Heute läßt der Planet Venus phantastische Hypothesen darüber entstehen, wie wir selber dorthin auswandern könnten. Aber schon seit dem frühesten Altertum war er immer das Ziel geheimnisvoller Spekulationen. Nach einer indischen und afghanischen Legende standen Mars, Venus und die Erde schon vor 18 Millionen Jahren in enger Verbindung.

Auf einer magnetischen Bahn, die diese Planeten verband, schwebte ein mächtiges, in wunderbarer Schönheit schimmerndes Raumschiff zur Erde. Es hatte an Bord »dreimal fünfunddreißig vollkommene menschliche Wesen«, die die ersten Bewohner unseres Planeten wurden.

Venus, der Planet unserer Vorfahren

Die Glaubwürdigkeit dieses Berichts wird durch eine Kosmographie unterstützt, die in der Felswand einer Grotte von Kohistan eingraviert ist und auf der Venus und Erde durch Striche verbunden sind, die eine durch den Raum verlaufende Route darstellen.

Diese im Orient aufgefundene Geschichte über den Ursprung der Menschen stimmt auch mit der christlichen Kosmogonie überein und wirft ein helles Licht auf unsere Primhistorie, wie sie im Alten Testament erzählt wird.
Die ersten Worte der Bibel lauten: »Am Anfang schuf Gott Himmel und Erde.«
Adam und Eva lebten im Paradies (das auf der Venus lag); nach dem Sündenfall, als sie nach ihrer schweren Verfehlung des göttlichen Schutzes verlustig gingen, wurden sie (von dem Planeten Venus) verjagt und nach der Erde verbannt.
Das besagen vielleicht die heiligen Texte in ihrer klaren Sprache, und das stimmt mit der orientalischen Überlieferung und auch mit dem überein, was im Propheten Jesaja steht.
Außer in Tiahuanaco und in der Sage von Prometheus wird uns der Schlüssel zur Entzifferung der Hieroglyphen auch durch die Etymologie des Namens Luzifer gegeben: Lichtträger (lat. lux = Licht, lat. fero = ich trage, bringe).
Luzifer, den man zu Unrecht mit Satan verwechselt, ist in Wirklichkeit ein vom Himmel stammender Engel, aber ein Engel, der verstoßen wurde, weil er den Menschen das Licht der göttlichen Wissenschaft brachte.
Schon immer ist er auch ein Symbol für den Planeten Venus, der ja ein außergewöhnlich helles Licht ausstrahlt.
Nach christlicher Überlieferung erfolgte der Fall Luzifers vor der Schöpfung der Welt, während der Prophet Jesaja erklärt, daß dieser Fall erst in der Zukunft stattfinden würde: ein merkwürdiger Widerspruch, der den Theologen viel zu schaffen gemacht hat.
Wer hat nun recht, die orthodoxe Überlieferung oder der nicht weniger orthodoxe Jesaja?
Ist der Mensch von der Venus schon auf die Erde herabgekommen, oder steht seine Ankunft in naher Zukunft bevor? Wird sie vielleicht angekündigt durch die Schwärme Fliegender Untertassen, die gewisse Phantasten schon am Himmel gesehen haben wollen?
Der von der Venus stammende Luzifer sei der Urvater der ersten Menschheit gewesen, versichern die Hindus, und den Bericht der Bibel könnte man auch so interpretieren. Und nun wollen ge-

rade nach der Venus die Kosmonauten ihre Raumflüge unternehmen – die unvermeidliche Rückkehr in die ursprüngliche Heimat der Menschheit. Sie haben dazu unbewußt und bewußt ihre Gründe: Auf dem Planeten des Luzifer herrschen Lebensbedingungen, die denen auf der Erde ähnlicher sind als irgendwo im All.

So spannt sich auf die Venus zu eine Kette glaubwürdiger Indizien, deren erste Glieder zurückreichen bis in die fernste Vergangenheit.

Das auf Grund der Funde in Tiahuanaco, Glozel, Indien, Ägypten, Kleinasien u. a. O. durchgesickerte Geheimnis rechtfertigt die Aufstellung von mehr als einer kühnen Hypothese.

Die klassische Wissenschaft erbringt nicht den geringsten Beweis für die nicht irdische Herkunft des Menschen. Hingegen verteidigt die Überlieferung diese These seit Tausenden von Jahren, und sie gewinnt täglich mehr Anhänger.

Wie ein Mensch, der von einer langen Forschungsreise zurückkehrt, hat auch diese These die Ausbeute eines großen Abenteuers vorzuweisen: die seltsamen Motoren des Sonnentors von Tiahuanaco, die mit Schriftzeichen bedeckten Ziegel von Glozel, die Felsinschriften von Kohistan, die rätselhaften »schwarzen Steine« des Prometheus, Luzifers und Mohammeds.

Ist das das ganze seltsame Erbe unserer fernen Vorfahren? Selbst den Anhängern der Theorie einer Besiedlung unserer Erde von den Planeten her – Flammarion, Richter, Kelvin, Robert Tocquet – ist es noch nicht in den Sinn gekommen, in unserer Kultur, in unserer Wissenschaft, Architektur oder Industrie nach dem zu forschen, was nicht aus dem Geist der Erdbewohner entstanden sein könnte. Und doch gibt es dafür überall seltsame Anzeichen.

Die schwarzen Steine

Es wäre zum Beispiel sehr wertvoll, wenn wir Werkzeuge entdeckten, deren Zweck wir nicht deuten können, oder nicht identifizierbare Gegenstände aus einer unbekannten Materie oder Skelette von Tieren, die in unserer Atmosphäre gar nicht hätten leben können.

Ein unbekanntes Element kann man verhältnismäßig leicht feststellen. Das andere ist viel schwieriger. Es gibt in unsern Museen Gegenstände, deren Verwendungszweck wir uns unmöglich erklären können. Die Überlieferung der Inka berichtet davon, daß Orejona, als sie auf dem heiligen Stein der Sonneninsel im Titicacasee landete, von ihrem Planeten her Pflanzen, Tiere und »andere Dinge« mitbrachte.

Nach den Mutationen, welche Pflanzen und Tiere haben durchmachen müssen, ist es schwierig, ihre ungewöhnlichen Merkmale heute noch festzustellen. Aber auf der Erde sehr selten gefundene Steine machen den Mineralogen allerlei Kopfzerbrechen: die Tektite oder »schwarzen Steine«.

Nach der präkolumbianischen Legende ließ der Gott Tvira zu Ehren von Orejona auf der Stelle des Heiligen Felsen einen Tempel errichten, in dem mehrere schwarze Steine aufbewahrt wurden.

Diese »Kala« genannten Steine, die man in mysteriöser Weise mit dem Sonnengott in Verbindung brachte, sind von der Insel im Titicacasee verschwunden.

Sind diese drei Kala vielleicht die gleichen, die man jetzt in der Kaaba zu Mekka verehrt, wo sie in die Mauer eingelassen sind?

In diesem Zusammenhang ist übrigens bemerkenswert, daß man im Mittelalter glaubte, die Katharer seien im Besitze des Grals und auch des vom Himmel gefallenen »schwarzen Steins«, der der Sage nach dazu dienen sollte, auf Erden den Tempel Gottes zu errichten.

Ebenso wie der Stein Luzifers und die schwarzen Steine der Anden sollen auch die arabischen Steine himmlischen Ursprungs sein. Sie sind der Legende nach ein Geschenk des Engels Gabriel an Abraham zur Belohnung für den Sieg des Patriarchen über den Teufel. Eine andere Überlieferung versichert, daß sie von der Venus herabgefallen seien.

Ursprünglich, sagen die Mohammedaner, waren diese Steine weiß, aber sie hatten die Eigenschaft, wenn man sie berührte, die Sünden der Menschen aufzusaugen. Während mehr als tausend Jahren kamen die Pilger, um sie zu küssen und ihre Stirn daran zu legen, so daß sie schwarz wie die Sünde wurden.

Die Wissenschaftler halten sie für Aerolithe oder Steinmeteorite,

die lange vor dem Aufkommen des Islams auf die Erde gefallen sind.
Nach der Ansicht von Garcia Beltran sind die schwarzen Steine der Kaaba von Menschenhand bearbeitet worden. Folglich sind sie nicht einfach so, wie sie sind, vom Himmel gefallen. Der spanische Biologe vermutet, daß die Kala vom Titicacasee nach Arabien transportiert worden sind. Vom »Nabel der Welt« der Inka zur Kaaba, dem »Nabel der Welt« der Mohammedaner.
»Wenn Orejona sie in den Anden ihrem Schicksal überließ, so ist das ein Zeichen, daß sie als wertlos angesehen wurden, etwa wie der Inhalt einer ausgebrannten Batterie. Vielleicht haben diese Steine die Antriebskraft für die von der Venus kommenden Raumschiffe geliefert. Sie enthalten weder Uran noch Radium und waren ehemals antimagnetisch mit einer Polarität, die imstande war, das Phänomen der Schwerkraft aufzuheben.«
Diese Hypothese Beltrans stützt sich auf die Tatsache, daß in der Überlieferung der Anden der schwarze Stein vom Titicacasee der »mit dem Kondor verbündete Stein des Pumas mit den Karfunkelaugen« genannt wurde.
Wie bei den Raumfahrzeugen, die auf dem Sonnentor eingeritzt sind, findet man hier wieder den Puma, das Symbol der Kraft, den Kondor, der Reise, Flug bedeutet, und den Karfunkelstein, der die geheimnisvollen Kräfte der Materie und ihre Ausstrahlung symbolisiert. Was man auch darüber denken mag, die schwarzen Steine der Anden und der Araber scheinen eine Beziehung zum Kosmos zu haben.
Die andern schwarzen Steine oder Tektite findet man über den ganzen Erdball verstreut, besonders in Indien, in Australien, bei Ba'albek und in Lessac (Charente). Sie könnten ebenfalls Abfall vom Treibstoff außerirdischer Raumfahrzeuge sein.
Die Geologen können sich das Vorkommen dieser aus Aluminium und Beryllium bestehenden Steine auf der Erde nicht erklären. Sie sind reich an Isotopen, deren Zerfallsalter man geschätzt hat. Sie müssen vor etwa einer Million Jahre sehr hohen Temperaturen und sehr starken radioaktiven Bombardements ausgesetzt gewesen sein.
Labeyrie und die Gruppe von Atomforschern, die mit ihm in Gif-sur-Yvette zusammenarbeiten, vermuten, daß es sich um

Splitter von Meteoren handelt, die auf die Mondoberfläche aufgeprallt sind.
Der Archäologe Danguy aus Lessac, der im Departement Charente sehr viele solcher Steine gefunden hat, ließ sie bei einer Temperatur von 400° C schmelzen. Er ist der Ansicht, daß es Abfälle einer sehr leicht schmelzbaren, glasartigen Substanz sind, die also gar nicht vom Mond hergekommen sein können, da sie sich aufgelöst haben müßten. In Wahrheit bedeuten diese sich widersprechenden Erklärungen keine endgültige Lösung des Problems.
Wir selbst haben Tektite in einer altsteinzeitlichen Grotte des Tals der Charente gefunden. Das beweist zumindest, daß die prähistorischen Menschen sie kannten. Aber sie versuchten nicht, sie zu bearbeiten, was sie leicht und mit Vorteil hätten tun können. Soll man daraus schließen, daß sie vor diesen Steinen Scheu oder Angst empfanden, vielleicht sie auch als göttlichen Ursprungs verehrten?
Hierher gehört auch noch eine ganz andere Art von Botschaften aus dem All: Signale, die durch Leuchtzeichen oder Hertzsche Wellen ausgestrahlt werden und durch die vielleicht die Bewohner der Venus, des Mars und des Merkur mit uns in Verbindung treten möchten. Aber wie sollen wir diese Botschaften identifizieren und ihren Sinn verstehen?
Sind wir nicht mehr fähig, das Phantastische, das über unsere bürgerlichen, längst überholten Vorstellungen hinausgeht, in uns aufzunehmen und auf uns wirken zu lassen?
Nach unserer Meinung bestehen solche Beziehungen zu andern Planeten wirklich; daher müssen wir auch versuchen, sie wahrzunehmen und zu deuten. Nachstehend haben wir eine Liste all der Phänomene aufgestellt, die aus dem Rahmen des Gewöhnlichen herausfallen und die wir keinem irdischen Kulturkreis zuordnen können.

Ungelöste Rätsel

In der Höhle von Kohistan (Indien) die 14 000 Jahre alte eingeritzte Zeichnung, auf der die Erde als mit der Venus durch einen gestrichelten Weg verbunden dargestellt ist.

Die unbekannte Rasse von Glozel, die in der prähistorischen Epoche des Feuersteins die Schrift und die Glasfabrikation kannte.
Die prähistorische Schrift von Glozel.
Die Töpferarbeiten von Glozel, die den Kopf eines Kosmonauten und ein wie eine fliegende Untertasse aussehendes Tier darzustellen scheinen.
Die Fliegenden Untertassen (falls es wie wirklich gibt).
Das »Oreichalkos« oder (in der latinisierten Form) »Orichalcum« der Atlantiden, ein in alten Texten erwähntes Metall, das jedoch nie identifiziert wurde.
Der sechs Meter große Riese auf den Fresken von Tassali (falls sie authentisch sind). Er scheint mit einem Taucheranzug bekleidet zu sein. Der Archäologe Lhote hat ihn als Marsmenschen bezeichnet.
In Tiahuanaco die Zeichnungen von seltsamen Maschinen, die man für Raumfahrzeuge hält.
Der Venuskalender vom Sonnentor.
Die Menschen mit vier Fingern auf den Abbildungen und an den Statuen aus der Frühzeit von Tiahuanaco.
Die zum Himmel aufsteigenden zylindrischen Flugmaschinen, die in Jün-nan auf Pyramiden eingraviert sind, welche nach einem Erdbeben aus dem Wasser auftauchen. In dieser Gegend und im Kunming-See finden sich Spuren einer unbekannten, hochstehenden, nach Ansicht von Professor Tschi-Pen-Lao aus der Zeit vor 45 000 Jahren stammenden Kultur. Diese Flugmaschinen und die ehemals 900 Fuß hohen Pyramiden weisen hin auf die außerirdische Mythologie von Tiahuanaco und Theben.
Die von Moses im Pentateuch 4000 Jahre vor den modernen Erforschern des Kosmos beschriebene Erschaffung der Welt.
Das geheime Wissen Mosis und der alten Ägypter.
Die Entrückung des Elias und des Henoch in den Himmel. Ihre Schilderung der Reisen in den Kosmos.
Der Mythos von Prometheus, dessen außerirdisches Abenteuer dem des Menschen von Tiahuanaco gleichzusetzen ist.
Der Mythos von Luzifer, der den »schwarzen Stein« von der Venus auf die Erde bringt. Auch er gleicht in vielem dem Mythos vom Menschen von Tiahuanaco.
Die Erzählung von Atomkriegen im indischen Mahābhārata.

Die in Sanskrittexten beschriebene Benutzung von Quecksilber bei Düsenflugzeugen.
Die mehrere Jahrtausende alten elektrischen Elemente von Bagdad, die nach wissenschaftlichen Gesichtspunkten aus eisernen und kupfernen Elektroden und einem unbekannten Elektrolyten hergestellt waren.
Ba'albek – die große Pyramide – Ollantaytambo – Machu Picchú: nach einer uns unbekannten Bauweise errichtet.
Das Geheimnis der Aufhebung der Schwerkraft.
Die versteinerte Stadt des Obersten W. Walker.
Die Kammern der fliegenden Menschen in Afrika (Simbabwe) und in Amerika (Machu Picchú).
Das von den Inka benutzte Gold geringer Dichte.
Die verblüffend genaue Beschreibung von zwei Marsmonden durch Jonathan Swift (Gullivers Reisen) 150 Jahre vor ihrer wissenschaftlichen Entdeckung: Einer bewegt sich doppelt so schnell wie der andere. Das wurde erst im Jahre 1877 astronomisch nachgeprüft.
Das Eisen des alten Pfeilers von Delhi, das weder durch Schwefel, noch Mangan, noch Phosphor angegriffen wird.
Die »schwarzen Steine« (Hadschar eleswad) der Kaaba und vom Titicacasee, die nach der in den Anden und bei den Mohammedanern verbreiteten Überlieferung von der Venus stammen. Die »schwarzen Steine« des Luzifer und der Katharer, die den gleichen Ursprung haben dürften.
Die Tektite aus Kleinasien, Australien und Aquitanien (Frankreich).
Der 250 Meter hohe »Leuchter der Anden«, der in eine Felswand der Bucht von Pisco eingemeißelt ist. Er zeigt mit höchster Genauigkeit Erdbeben an.
Ein Objekt kosmischer Herkunft, das aus 100 % reinem Magnesium bestand, ein Reinheitsgrad, den unsere Techniker noch nicht herstellen können. Es explodierte im Jahre 1957 am Strande von Ubatuba in Brasilien. (Nicht nachgeprüft.)
Der Metallring von 1000 Fuß Umfang, der den Gipfel eines Berges in Schweden umgibt, auf dem eine Vegetation wächst, die von der irdischen gänzlich verschieden ist. (Nicht nachgeprüft.)
Berichte in der Bibel und in den Überlieferungen aller Länder

von der Eroberung der Erde durch Wesen, die aus dem Weltraum und besonders von der Venus und vom Mond kamen.

Die Zerstörung von Sodom und Gomorra nach der durch Professor Agrest vorgenommenen Auswertung der Schriftrollen vom Toten Meer.

Die Explosion in der Taïga im Jahre 1908.

Die in Ur in Chaldäa entdeckten Goldplättchen, die enthüllten, daß die Schmuckstücke von Atlantisbewohnern herrührten. Diese hätten sie von menschenähnlichen Wesen erhalten, die in einem Raumschiff auf die Erde gekommen seien.

Die Behauptung Platons, daß die Bewohner von Atlantis nicht irdischer Abkunft waren.

Die blauen Menschen: die Bewohner von Atlantis, die Rasse von Tiahuanaco und die Götter Ägyptens.

Die Menschen mit plattem Schädel (selbst der Fetus zeigt diese ungewöhnliche Kopfform), deren Skelette in der Nähe des Tacarigua-Sees in Venezuela durch Professor Requena entdeckt wurden. Der Schädel des prähistorischen Menschen von Glozel, dessen Dicke nicht den Normen der Erdbewohner entspricht.

Die Karten des Piri Re'ïs, die sich auf einem Atlas finden, der vor der Eiszeit aus der Luft aufgenommen wurde.

Diesem kurzen Katalog des Rätselhaften, der nur Arbeitshypothesen umfaßt, könnte man vielleicht noch die Rätsel hinzufügen, die uns die schwarze Magie, die Parapsychologie und die Geheimnisse der ägyptischen und der indischen Priester aufgeben.

Die Städte der Zyklopen

Von allen Geheimnissen, die sich uns bieten, ist der Bau der Pyramiden das erregendste.

Die Steine der Cheopspyramide sind ungeheuer schwer. Die meisten wiegen 15 bis 100 Tonnen und sind bis auf ein Hundertstel Zoll genau abgeschliffen, während bei modernen Bauten Steine aus dem viel weicheren Kalk, deren Gewicht dreihundertmal geringer ist, nur mit ein Zehntel Zoll Genauigkeit eingepaßt sind. In der Kammer des Königs besteht die Decke aus roten Granitblöcken, die 70 000 kg wiegen. Wie hat man diese Blöcke trans-

portieren, zerschneiden, hochwinden und einpassen können? Heute könnten solche Leistungen nur vollbracht werden, wenn man um die Pyramiden herum in den losen Sand Terrassen aus Eisenbeton baute, die fugenlos geschweißte Schienen und Waggons mit 40 Rädern tragen könnten. Kurz, eine Parforceleistung.
Der Obelisk, der den Place de la Concorde ziert, ist ein zerbrechlicher Monolith, dessen Gewicht verhältnismäßig gering ist. Im Jahre 1835 erforderte es in Luxor am Ufer des Nil zwei Monate mühseligster Arbeiten, um ihn zu verladen. Der Ingenieur Lebas mußte bei der Gelegenheit ein völlig neues Transportmittel erfinden.

Nun, wenn schon der Obelisk von Luxor verglichen mit den gewaltigen Steinen der Pyramiden ein Zwerg ist, so erscheinen diese noch winzig gegenüber den ungeheuren bearbeiteten Steinen und den Sayaucas (den »müden Steinen«) der peruanischen Bauten von Sacsahuaman, von Machu Picchú und Ollantaytambo. Dort finden sich zurechtgehauene Steine, die manchmal sechs Meter lang und drei Meter dick sind und ohne Mörtel und Krampen so genau eingepaßt sind, daß es einem schwerfällt, an eine menschliche Leistung zu glauben (Siegfried Huber, *Im Reiche der Inkas*). Also eine uns fremde Technik?

Und die kolossalen Monolithe erscheinen selbst noch von mittelmäßiger Größe, wenn man sie mit den Steinplatten vergleicht, die in Ba'albek an Ort und Stelle eingesetzt worden sind.

Die Ruinen dieser im Libanon gelegenen antiken Stadt sind das geheimnisvolle Werk eines Volkes, das es verstand, Steine von 750 000 kg Gewicht zu transportieren, zu bearbeiten und hochzuheben zu einer Zeit, da die andere Welt noch nichts wußte von Schubkarren, vom Schlußstein im Gewölbe und von Eisenbeton.

Manche Platten der Fundamente sind 25 Meter lang und 4,60 Meter dick und breit.

In dem Steinbruch, aus dem sie stammen – er liegt ungefähr einen Kilometer weit von der Stadt entfernt –, kann man noch den größten je in der Welt zugehauenen Stein sehen: Hadschar el Guble, den Stein des Südens. Er wiegt 2 Millionen Kilogramm. Es erscheint unglaublich, daß auf der Erde geborene Menschen in jenen fern zurückliegenden Zeiten solche kolossalen Steine transportieren und heben konnten.

Sollten wir hier den Beweis haben, daß von anderen Planeten auf unsere Erde gekommene Wesen uns unbekannte Geheimnisse gekannt haben?
Aber wenn das der Fall ist, welcher Art waren die wissenschaftlichen Kenntnisse, die es den Menschen ermöglichten, das ungeheure Gewicht solcher Monolithe zu bewältigen?
Denis Saurat umgeht diese Schwierigkeit, indem er vermutet, daß es einst eine Rasse von Riesen gegeben hat. Der russische Professor Agrest hingegen beruft sich in der *Literaturnaja Gazeta* auf archäologische Gegebenheiten und alte essenische Texte. Er spricht sich offen dafür aus, daß wir es mit einer unbekannten Wissenschaft zu tun hätten, die von prähistorischen Astronauten auf die Erde verpflanzt worden sei.
Vor einer Million Jahren seien Besucher aus dem Weltraum auf die Erde gekommen und mit ihrer Rakete oder ihrer fliegenden Untertasse in der Gegend des Mittleren Orients gelandet.
Agrest, ein in der UdSSR angesehener Mathematiker und Physiker (wir machen uns nicht alle seine gewagten Theorien zu eigen), stützt seine Hypothese auf eine der am Toten Meer gefundenen Schriftrollen:
»Menschen sind vom Himmel gekommen, und andere Menschen sind von der Erde in den Himmel aufgehoben worden. Die vom Himmel gefallenen Menschen sind noch lange nach der Ankunft des Sohnes Gottes auf der Erde geblieben.«
Aus der Bibel zitiert Agrest auch das, was sich auf die Zerstörung von Sodom und Gomorra bezieht.
»Fliehe, wenn du gerettet werden willst, und dreh dich nicht um. Bleib nicht stehen. Lauf bis zum Ende dieser Ebene, und geh ins Gebirge, wenn du nicht sterben willst.« Und Lot antwortete: »Ich werde das Gebirge nicht erreichen können, weil das Übel meinen Leib durchdringen und mich töten wird.«
Agrest analysiert diese Stelle der Bibel wie folgt: »Es ist klar, daß es sich hier um eine nukleare Explosion handelt, was auch die folgende Stelle des Textes zu beweisen scheint:
»Eine Rauch- und Staubsäule stieg auf, die sah aus, als sei sie aus dem Innern der Erde aufgestiegen. Und sie ließ Schwefel und Eisen auf Sodom und Gomorra regnen und zerstörte die Städte, die ganze Ebene, alle Bewohner und alles, was da wächst.«

Wenn man die völlig unwahrscheinliche Zeitangabe von einer Million Jahren beiseite läßt, ist diese Theorie von einer Atomexplosion nicht absurd. Agrest fährt dann fort, sie noch näher zu begründen und ersetzt die »Racheengel« durch Astronauten.

»Die Besucher aus dem Weltraum wollten, ehe sie die Erde verließen, noch ihren Vorrat an spaltbarem Material vernichten. Doch vorher empfahlen sie noch den Bewohnern der Gegend, weder in der Stadt noch im offenen Gelände zu verweilen, sondern sich unter der Erde zu verbergen und die Explosion nicht mitanzusehen. Die Zerstörung war von einer Rauchsäule begleitet (man denke an den Atompilz), und die radioaktiven Niederschläge töteten die Menschen und vernichteten die Vegetation. Die Überlebenden, wie Lot und seine Töchter, die zuerst in Höhlen Unterschlupf gesucht hatten, mußten sich aber noch viel weiter flüchten.«

Agrest ist ferner der Auffassung, daß die große Terrasse im Innern des Tempels von Ba'albek, die 134 m lang und 113 m breit ist, ein Landeplatz für fliegende Untertassen gewesen sei, den die Astronauten während ihres Aufenthalts auf der Erde eigens angelegt hätten.
Diese Hypothese des sowjetrussischen Physikers erschien im Jahre 1959 noch als sehr gewagt, aber nach gewissen Entdeckungen seiner Landsleute hat sie eine größere Wahrscheinlichkeit für sich: seitdem Professor Jirow den Venuskalender von Tiahuanaco entzifferte und Professor Kazanzew die Zeichnung der in den Fries des Sonnentors gravierten Raumfahrzeuge deutete.
Was die von Agrest vorgeschlagene Datierung von einer Million Jahren anlangt, beruht sie auf der Untersuchung der im Libanon gefundenen Tektiten.
All das ist natürlich in hohem Grade hypothetisch und löst nicht das Rätsel der gigantischen Monolithe im Libanon und in Ägypten. Indessen sollte man sie zu den Mysterien von Peru und Tiahuanaco in Beziehung setzen. Noch andere Indizien sprechen dafür, daß unbekannte, vergessene oder aus dem Weltraum stammende Menschen auf die Erde gekommen sind, die sich der Atomkernspaltung zu bedienen verstanden.

Im Jahre 1850 erforschte eine abenteuerliche Persönlichkeit, der Oberst William Walker, der auch der Conquistador von Nicaragua war, den ganzen Westen Amerikas, einschließlich des Landes zwischen La Gila und San Juan. Dabei entdeckte er die Ruinen mehrerer Städte.
Er schreibt darüber:

»*An dieser Stelle sieht man ein in der Mitte liegendes imposantes Gebäude, um das herum sich eine Meile weit die Ruinen einer Stadt erstrecken. Spuren eines Vulkanausbruchs, verkohlte oder verglaste Blöcke bezeugen, daß die Stadt einer furchtbaren Katastrophe zum Opfer gefallen ist.*
Im Zentrum der Stadt, einem amerikanischen Pompeji, ragt ein 20 bis 30 Fuß hoher Felsen auf, der noch die Trümmer eines gigantischen Bauwerks trägt.
Sein Südende sieht aus, als ob es aus einem Glutofen herausgeflossen sei. Selbst der Felsen trägt noch die Spuren des Schmelzprozesses.
Es ist seltsam, daß die Indianer in bezug auf die einst in jener Gegend bestehende Kultur keinerlei Überlieferung aufbewahrt haben.
Der Anblick dieser traurigen Ruinen erweckt in ihnen eine abergläubische Scheu, aber was ihre Geschichte anlangt, wissen sie davon nichts.

Der nahe bei der Mohave-Wüste gelegene Ort heißt Death Valley (Todestal).
An diesem Bericht sind mehrere Punkte von Interesse, aus denen man im 19. Jahrhundert noch nicht die Schlüsse ziehen konnte, die uns heute naheliegen.
Oberst Walker, der noch nichts von der Spaltung des Atoms und von der Kernphysik wußte, schreibt die Katastrophe im Tal des Todes einem Vulkanausbruch zu. Aber wenn man sich die Folgen der Katastrophen von Herculaneum, Pompeji und Saint-Pierre auf der Insel Martinique vor Augen hält, ist es unbestreitbar, daß weder ein Vulkanausbruch noch ein Erdbeben, noch ein Brand Sand zu Glas werden lassen und Felsen zum Schmelzen bringen konnten.

Ein anderes Detail: Dieses Todestal, in dem einst eine Stadt lag mit Bäumen und grünen Feldern, ist heute völlig unfruchtbar. Es liegt in der Wüste Nevada, wo heute die amerikanischen Atombomben gezündet werden.
Fürwahr, eine dafür seltsam prädestinierte Örtlichkeit.

Die Explosion in der Taiga

Am 30. Juni des Jahres 1908 sahen die Bewohner der Gegend von Kansk in Sibirien einen feurigen Schweif über den Himmel ziehen und sich fern in der Steppe verlieren. Man hörte eine furchtbare Explosion. In der ganzen Welt registrierten die Seismographen eine deutliche Erschütterung, deren Epizentrum nordwestlich des Baikalsees lag.
Die Moskauer Akademie der Wissenschaften entsandte Professor Kulik in jene Gegend. Die Leute des Nomadenstamms der Ewenki berichteten ihm erstaunliche Beobachtungen.
»Wir befanden uns etwa 80 Werst (85 Kilometer) von der Tunguska entfernt und haben das Feuer gesehen. Die Hitze war so stark, daß wir uns auf die Straße hingelegt haben.«
»Ich hatte Angst«, sagte ein Zeuge, »meine Bluse könnte Feuer fangen.«
»In einem Dorf des Gebiets der Podkamennaja Tunguska wurden mit einem Schlage 1500 Rentiere getötet.«
Die Nomaden glaubten, das Ende der Welt sei gekommen, ein Zeichen, wie beispiellos heftig die Explosion war, obgleich sie an einer Stelle stattfand, die von dem Lagerplatz der Nomaden so weit entfernt war wie Chartres von Paris.
In den folgenden Nächten zeigten sich im nördlichen Europa Phänomene seltsamer Art. Der Himmel wurde von phosphoreszierenden Wolken überzogen, die Berlin, Kopenhagen und London taghell erleuchteten.
Dennoch glaubte Professor Kulik bloß an das Niedergehen eines besonders großen Meteoriten.
Indessen sollte die Angelegenheit damit noch nicht erledigt sein. Im Jahre 1958 wurde von der sowjetischen Gesellschaft für Astronomie und Geodäsie nach erneuter Prüfung des Problems in aller

Form erklärt, daß am 30. Juni 1908 überhaupt kein Meteorit in der Taiga niedergefallen sei und daß die Explosion nicht erst im Augenblick der Berührung mit der Erde, sondern schon in der Luft erfolgt sei.

In den Jahren 1959 und 1962 erklärten die Professoren Gucorgui Piechanow und Ziegler ihrerseits:

An der Stelle des Einbruchs ähnelt der Krater in keiner Weise einem Meteoritenkrater, und wir haben dort eine starke Radioaktivität festgestellt.

Alles legt den Gedanken nahe, daß es sich um eine in einer gewissen Höhe innerhalb der Atmosphäre ausgelöste Kernexplosion gehandelt hat oder auch um die Zerstrahlung eines Blocks von Antimaterie. (Nach der Theorie sollte die Antimaterie symmetrisch im umgekehrten Verhältnis zur Materie stehen. Aber die Antimaterie ist praktisch nicht realisierbar, denn wenn sie eines Tages in Erscheinung träte, würde sie sofort positive Kerne aufnehmen, was die Freisetzung ungeheurer Energie zur Folge hätte. Immerhin kann man ein negatives Elektron erzeugen, wenn man Energien in der Größenordnung von 400 000–500 000 Elektronenvolt zur Interferenz bringt, aber dieses negative Elektron verschwindet sofort, nachdem es entstanden ist. Die Wissenschaftler neigen heute dazu, sich Gegenkräfte zu den schon vorhandenen vorzustellen: Antiprotonen, Antigravitation, Antimaterie, so wie man sich früher eine Antierde vorstellte. Wenn unser aus Materie aufgebautes Universum auf ein im umgekehrten Sinne aus Antimaterie aufgebautes träfe, würde die dabei entstehende Explosion den Kosmas zerstören.) Noch eine andere Hypothese wurde aufgestellt: Könnte nicht ein Raumschiff auseinandergeplatzt sein?

Lucien Barnier, ein französischer Spezialist für wissenschaftliche Grenzfragen, der über das »Hiroshima von 1908« Untersuchungen anstellte, schloß sich dieser Erklärung ohne Einschränkung an. »Zahlreiche Zeugen«, schrieb er, »haben eine seltsame Maschine gesehen und sie als rohr- oder walzenförmig geschildert. Hat man jemals zylindrische Meteoriten gesehen?«

Dem Kapitel über merkwürdige Tatsachen fügte er als Untertitel hinzu: »Ein Feuerpilz von 80 km Höhe ... Drei taghelle Nächte in London und Tokio ... und seit 52 Jahren wächst in der Umgegend der Katastrophe kein Gras mehr ...«

In den heiligen Büchern der Inder, im Mahābhārata und im Rāmāyaṇa ist die Rede von Eindringlingen, die von anderen Himmelskörpern herstammten, denn sie werden Söhne des Mondes und der Sonne genannt. Eine etwas verwirrende Bezeichnung, wenn man weiß, daß mehrere Überlieferungen von Eroberern oder Göttern reden, die vom Himmel auf die Erde gekommen sein sollen. Sicher ist, daß vor allem der Mond die Einbildungskraft der antiken Völker gefangennahm. Man muß aber auch berücksichtigen, daß ein Satellit für ein im Weltraum wohnendes Volk ein geradezu ideales Transportfahrzeug darstellt. Sollte der Mond ursprünglich vielleicht eine Art Raumschiff gewesen sein, ein Supersputnik, der von Astronauten besiedelt wurde, die von einem in Gefahr befindlichen Planeten in eine gastlichere Welt flüchteten?

Die Hypothese verdient in Betracht gezogen zu werden, um so mehr, als ja die Überlieferung von der Existenz und vom Verschwinden mehrerer Monde zu berichten weiß.

Indem die indischen Texte sich auf eine Kernphysik der Primhistorie beziehen, schildern sie mit erstaunlicher Genauigkeit einen Atomkrieg, der dem ähnlich ist, wie er sich in der Gegenwart abspielen könnte.

Diese und andere Enthüllungen kann man in verschiedenen Sanskritschriften nachlesen (Rāmacarita, Mahāvīracarita, Dronaparvan, Rasernava, Kirātārjunīya). Aber sie machten auf die Menschen des Jahres 1939 keinen Eindruck. Mit einem beklagenswerten Mangel an Phantasie beschränkten sie sich darauf, diese indischen Erzählungen den Fabeln Homers oder den Abenteuern Münchhausens gleichzusetzen. Erst die heutigen Forscher, mit den Wundern der Kernphysik und der Mikrobiologie vertraut, erkannten, daß die Atomkriege, die die altasiatischen Könige zu führen hatten, Punkt für Punkt unsern künftigen Kriegen ähnlich sind (soweit wir sie uns vorstellen können). Handelte es sich in jenen Schriften um Reportagen, die an Ort und Stelle von aufrichtigen, aber nicht eingeweihten Journalisten gemacht wurden? Man glaubt vielmehr, daß die Erzählungen der über 3000 Jahre alten Weden sich auf einen Atomkrieg beziehen, der sich 10 000 oder 20 000 Jahre früher abgespielt hat. Ein Atomkrieg zwischen Kämpfern sehr ungleicher Kulturen. Der Unterliegende setzt Elefanten, Pferde und hölzerne Kampfwagen ein, während die Sieger – vom Himmel gekommene Götter, also außerirdische Wesen – Atombomben, Todesstrahlen und Flugmaschinen benutzen.

Man kann das im Rāmāyaṇa und im Droṇaparvan nachlesen. Dort heißt es:

Die fliegenden Maschinen, die Vimānas, hatten die Form einer Kugel und navigierten in den Lüften mit Hilfe von Quecksilber, das einen großen Antriebswind erzeugte.

Die in den Vimānas sitzenden Menschen konnten so in kürzester Zeit große Entfernungen zurücklegen.

Die Vimānas ließen sich nach dem Willen des Piloten lenken. Sie flogen von unten nach oben, von oben nach unten, nach vorn und rückwärts, je nach der Stellung und Neigung des Motors.

Es handelte sich also um Düsenmaschinen, die durch Quecksilber oder »rasa« angetrieben wurden, und schon in diesem Punkte bietet sich uns heute eine merkwürdige Parallele. Auf dem internationalen Kongreß für Raumschiffahrt, der im Jahre 1959 in Paris stattfand, schlug L. Gérardin – Ingenieur im Dienste der Société Thompson Houston – als besonders für den Antrieb von Raumraketen geeignet einen mit Quecksilber-Ionen betriebenen Motor vor.

Im Jahre 1962 kündigte die französische Gesellschaft für das Studium und die Erprobung von Düsenantrieben das Projekt »Phaëton« an. Frankreich werde im Jahre 1966 einen Satelliten starten, dessen Motor ein mit *Quecksilber* betriebener Sonnenkraftofen ist.

Doch zurück zum Atomkrieg im alten Indien:

Das Feuer dieser (vom Helden Rāma angewandten) Waffe zerstörte die Städte, indem sie ein Licht verbreitete, das heller war als hunderttausend Sonnen.

Dann erhob sich ein Wind, und das Feuer der furchtbaren Waffe verbrannte die Elefanten, die Soldaten, die Kampfwagen und die

Pferde, ohne daß man es sehen konnte, denn es war unsichtbar. Dieses Feuer bewirkte es auch, daß den Menschen die Haare und die Nägel an den Händen und Füßen ausfielen. Es bleichte das Gefieder der Vögel, färbte ihre verkrampften Pfoten rot.
Um diesem Feuer zu entfliehen, warfen sich die Soldaten in die Flüsse, um sich selbst darin zu waschen und alles, was sie berühren mußten.

Gewiß, man muß der Phantasie der Orientalen mißtrauen, aber zum andern sich klarmachen, daß da ein im Jahre 1000 v. Chr. lebender Mensch von sehr weit zurückliegenden Ereignissen spricht, die aber sicher durch schriftliche Dokumente belegt waren, denn man findet in ihnen keinerlei Irrtum oder Widerspruch. Man muß zugeben, daß dieser Mensch gar keine treffenderen Worte oder Bilder verwenden konnte, um zu schildern, wie eine Atombombe, die Städte zerstört, alles verbrennt und Mutationen hervorruft (eine relativ wenig bekannte Wirkung der Strahlung). Wenn wir da an ein zufälliges Zusammentreffen glauben sollen, ist das etwas viel verlangt.
Im Mahāvīracarita des Dichters Bhavabhūti (8. Jahrhundert) benutzt Rāma genau die Waffen, mit denen die USA seit dem Jahre 1961 in Maryland experimentieren: Waffen auf pharmakodynamischer Basis, die noch als Staatsgeheimnis behandelt werden und über die auch die Russen ihrerseits keinerlei Informationen durchsickern lassen.
Dies ist der Text des Mahāvīracarita:

Da der Weise zu ihm Vertrauen hat, enthüllt er ihm alle Geheimnisse ihrer Handhabung. Es sind Waffen höchster Wirksamkeit, die den Gegner in Betäubung (jrimbhaka) versinken lassen. Sie verbreiten einen tiefen Schlaf (prasvāpana). Eine andere Waffe strahlt ein Feuer aus, das das ganze große Heer des Kumbhakarna in einen Aschenhaufen verwandeln kann (Mahāvīracarita, 6. Akt).

Eine verblüffende Übereinstimmung mit den geheimen »Nebeln« der Amerikaner, die ebenfalls die Feinde in *jrimbhaka* und *prasvāpana* versinken lassen.
Ganz sicher berichten die Sanskrittexte von einem wirklich statt-

gefundenen Kriege, in dem von einer Rasse Waffen eingesetzt wurden, die ebenso weit fortgeschritten war wie die unsere.

Ein fliegender Kampfwagen, »puṣpaka« genannt, trägt mehrere Personen nach der alten Hauptstadt Ayodhyā. Der Himmel ist von anderen Flugmaschinen verdunkelt, die ein gelbliches Licht ausstrahlen.

Diese immer wiederholte Beschreibung der Maschinen und Flugzeuge des Atomkrieges sollte auf den Leser des 20. Jahrhunderts einen tiefen Eindruck machen. Je nachdem, wie weit sein kritischer Sinn entwickelt ist, wird ein jeder darin eine Erfindung, eine Vorahnung, ein Anzeichen oder den absoluten Beweis sehen, daß es einst eine hochstehende primhistorische Zivilisation gegeben hat. Im fünften Akt des Mahāvīracarita stellt Rāma fest, daß die Art dieser Waffen nicht unserem irdischen Lebenskreis entstammt. Hier der Text:

Sie können nur nach einer besonderen Anweisung gehandhabt werden, diese Waffen, die durch geheimnisvolle magische Kraft geschleudert und wieder zurückgezogen werden. Nachdem die alten Weisen, Brahma und die anderen, mehr als 1000 Jahre lang sich Entbehrungen auferlegt hatten, um in die heilige Wissenschaft einzudringen, ist ihnen das Geheimnis und die ruhmreiche Kraft dieser Waffen offenbart worden als Frucht ihrer Kasteiungen.
Kṛśāśva hat die geheime Kenntnis (Upaniṣad) von der vollständigen Wissenschaft der Mantras – geheimnisvolle und zauberkräftige Formeln, die dazu dienten, die göttlichen Waffen einzusetzen und ihre Wirkungen augenblicklich wieder aufzuheben – Viśvāmitra offenbart, der sie wiederum mir übermittelt hat.

Wieder ist hier die Rede von der Beschwörung des Geheimnisses und von einer hochentwickelten Zivilisation der Vorzeit, deren Menschen alle die Kenntnisse unserer Experimentalwissenschaft und vielleicht auch übersinnliche Fähigkeiten besaßen, auf die Rāma anspielt, wenn er von den das Studium ermöglichenden Kasteiungen spricht.

Schon vor der christlichen Ära zählt das indische Yogasūtra die Leistungen (aiśvarya) auf, die zu vollführen der Mensch erstreben kann:

Die willkürliche Verkleinerung oder Vergrößerung des Körpers (aṇiman).

Das Sich-leichter-Machen und In-die-Luft-Schweben (laghiman).

Alle Dinge berühren können, z. B. den Mond (prāpti).

Nichts ist dem Willen unmöglich: z. B. das Eintauchen in der Erde, als ob es Wasser sei (prākāmya).

Dinge erzeugen, verschwinden lassen und verwandeln (īśitva).

In den Geist oder den Körper eines andern Menschen eindringen.

Sich unsichtbar machen.

Das Yogasūtra (III, 44) stellt fest, daß man diese Kräfte durch Askese oder samādhi (den wesentlichen Akt des Yoga) erwerben kann.

»Die Götter haben dies Vorrecht von ihrer Geburt an, aber auch die Titanen und die gewöhnlichen Menschen können sie mit Hilfe von Pflanzen erwerben.«

Nach den Sanskritschriften dürfen wir zwischen zwei Methoden wählen. Die Askese oder die Wunderdrogen lassen in uns Fähigkeiten aufblühen, von denen das menschliche Gehirn noch nichts weiß: Eines Tages können wir das Unbegreifliche begreifen, vielleicht sogar in ein unbekanntes, neben dem unsrigen her bestehendes Universum eindringen. Diese Thaumaturgie scheint einer Magie anzugehören, die den geistigen Fähigkeiten der Erdbewohner fremd ist, die aber ohne Zweifel der wissenschaftlichen Entwicklung eines aus dem Weltraum kommenden Volkes entspricht, das auf der Erde seßhaft geworden ist.

Diese sich außerhalb unserer Zivilisation entwickelnden Kräfte fallen sicherlich unter den Begriff des auf Erden Rätselhaften, das wir ergründen möchten.

Da die Annahme, die Wissenschaft von Tiahuanaco stamme vielleicht von der Venus, zuerst als recht gewagt erscheint, denkt man – eine einfache Arbeitshypothese – an die Mondbewohner des Marcel Boscher, die nach seiner Ansicht den von den gelben Menschen bewohnten Kontinent erobert hatten.

Der Mond war sicher nicht immer ein totes Gestirn. In der Überlieferung, in der Mythologie, aber auch im Leben der Menschen spielt er eine außergewöhnliche Rolle. Bald werden unsere Astronauten auf dem Mond landen und feststellen können, ob er nur ein öder, ausgeglühter, jungfräulicher Himmelskörper ist, oder ob er einst einer jetzt verschwundenen Rasse das Leben schenken konnte, oder ob die Hypothese von seiner Rolle als Raumschiff irgendwelche Wahrscheinlichkeit beanspruchen kann. Auf alle Fälle ist es sicher: Die Erdbewohner werden bald die Hypothese von Marcel Boscher nachprüfen können. Dann werden vielleicht von der Erde stammende Wissenschaftler auf einem Raumschiff, das wie eine Rakete gesteuert wird, eine Reise in das Weltall unternehmen können.

Die Riesen

Abgesehen von manchen uns noch unbekannten Phänomenen beeinflußt unser Trabant auch das Wachstum der Pflanzen der Erde. Er hat, möchten wir meinen, auch sicher etwas damit zu tun, daß einst Riesen auf unserem Erdball gelebt haben, von denen die Überlieferung mit so seltsamer Beharrlichkeit erzählt. In grauer Vorzeit kreisten auf uns unbekannten Bahnen zwei, vielleicht sogar drei Monde als Satelliten um die Erde.
Ob es sich nun um riesige Raumfahrzeuge oder um Planeten handelte, jedenfalls näherten sich diese Monde stetig unserer Erde. Aus dieser Nachbarschaft entstand eine Anziehungskraft, deren Wirkung wir uns als eine Umkehrung der Theorie von Marcel Boscher vorstellen. Es war die Epoche der Großwüchsigkeit in der Natur: Bäume von 100 m Höhe, riesige Tiere, die 1000 Zentner wogen und deren Häupter zehn Meter hoch in die Luft ragten. Es ist schwer vorstellbar, daß unter den gegenwärtigen Schwerkraftverhältnissen sich Tiere wie der Brachiosaurus altithorax entwickeln und leben konnten.
Gewiß, in der Folge wurde die Großwüchsigkeit eine Anomalie und verschwand schließlich fast ganz. Aber daß sie überhaupt entstehen konnte, legt die Vermutung nahe, daß es einst eine Zeit gegeben hat, da die Schwerkraft sich in geringerem Maße auswirkte und eine größere Anziehungskraft auf die Erde ausgeübt wurde, eben die eines erdnäheren Mondes. Das würde z. B. auch

die Großwüchsigkeit der Menschenrasse erklären. Die alten Texte werden nicht müde, davon zu erzählen.
Man braucht nicht die im Yogasutra erwähnten okkulten Kräfte zu bemühen; offenbar kann das Gleichgewicht zwischen Anziehungs- und Schwerkraft auch durch andere Gründe gestört worden sein. Zahlreiche Autoren haben nach solchen Gründen gesucht. Manche gingen so weit, vielerlei Erscheinungen gleichzeitig erklären zu wollen: den zyklopischen Charakter gewisser Bauten, die Riesenstatuen von der Osterinsel, von Peru, von Bamijan und das Geheimnis, wie die mächtigen Steine von Ba'albek und die der Pyramiden transportiert und an Ort und Stelle eingefügt wurden.
Was diesen letzten Punkt anlangt, so geht man sicherlich zu weit. Aber die Hypothese von der Existenz einer Rasse von Menschenriesen erscheint durchaus haltbar, ob es sich nun um eine autochthone Rasse oder um eine von einem in Verfall befindlichen Planeten ausgewanderte Rasse handelt.
Die Hypothese von den primhistorischen Riesen ruht auf wissenschaftlichen Gegebenheiten, die allerdings nur einen gewissen Grad von Wahrscheinlichkeit haben. Michel Cargèse schreibt:

»Die Riesenteleskope und die künstlichen Satelliten erfüllen ihre Aufgabe als Raumdetektive mit großem Erfolg.
Sie haben erst kürzlich ein Gesetz der Himmelsmechanik bestätigt, das durch den Franzosen Roche im Jahre 1850 entdeckt wurde: Der natürliche Satellit eines Planeten darf sich ihm ohne Gefahr nicht auf weniger als 2¾ Radien seines Durchmessers nähern.
Man hat die Geltung dieses Gesetzes nachprüfen können in dem Falle eines kleinen, den Merkur umkreisenden Weltkörpers, und man kann mit Sicherheit prophezeien, daß die Marsmonde in den letzten Zügen liegen, da sie von dem Mars nur noch ungefähr 2,767 Radienlängen entfernt sind.
Unser Mond hat noch Aussicht auf eine ziemlich lange Lebensdauer, da er noch 170 Radienlängen von der Erde entfernt ist, aber Monsieur Danjon, Direktor des Observatoriums von Paris, ist nichtsdestoweniger der Meinung, daß unser Mond Gefahr läuft, eines Tages auf die Erde zu stürzen oder in den Weltraum davonzufliegen. (Die Gefahr betrifft natürlich uns.)

Seine Bahn ist in der Tat fast kreisrund und bietet nicht den Sicherheitsspielraum, den Planeten oder Kometen mit einer elliptischen Umlaufbahn haben.
Nach der Überlieferung sind unsere Vorfahren in uralten Zeiten von Katastrophen heimgesucht worden, die auf das Niederstürzen eines Mondes auf die Erde zurückzuführen sind.
Dieser Trabant umkreiste die Erde in einem Abstand von nur wenigen Radien. Er übte eine erhebliche Anziehungskraft aus und erzeugte damit den Riesenwuchs von Pflanzen, Tieren und Menschen, die ungefähr eine Größe von vier Metern erreichten.
Auf Grund der verhältnismäßig geringen Schwerkraft waren die Gegenstände viel leichter, das Blut floß müheloser durch die Adern, die Ermüdung des ganzen Organismus war weniger spürbar und der Mensch erfreute sich eines außerordentlich langen Lebens. Er besaß ein höher entwickeltes Gehirn und Fähigkeiten, die es ihm ermöglichten, ein von dem unseren verschiedenes Wissen zu erwerben.
Der Bau der Riesenstädte und der Transport von Monolithen, die mehrere tausend Tonnen wogen – in Machu Picchú, in Ba'albek und in Gizeh – alles wird begreiflich, da die Menschen ihre riesigen Körperkräfte und zugleich ihre hochstehenden wissenschaftlichen Kenntnisse einsetzen konnten.
Die sieben und mehr Meter hohen Statuen, die man an verschiedenen Punkten der Erde findet – in Peru, auf der Osterinsel, den Marquesas-Inseln –, könnten also Menschen in damals natürlicher Größe darstellen oder Ausdruck der Verehrung sein, die die kleiner gewordenen Menschen ihren riesenhaften Ahnen zollten.
Gewiß, die offizielle Wissenschaft schweigt sich über dieses noch wenig aufgeklärte Problem unserer Primhistorie aus, allen Entdeckungen zum Trotz, die sie doch hätte in Rechnung stellen müssen. In Gargayan, in einer nördlichen Provinz der Philippinen, hat man das Skelett eines Riesen gefunden, der nicht weniger als 5,18 Meter groß war. Seine Schneidezähne waren 7,5 cm lang und 5 cm dick.
Knochen, die von drei Meter großen Menschen stammten, sind im Südosten von China entdeckt worden. Doktor Pei Wen Chung, der als Paläontologe Weltruf genießt, versichert, daß die Reste 300 000 Jahre alt sind.

In der Gegend von Agadir hat Lafenechère eine Werkstätte mit prähistorischen Werkzeugen freigelegt, die ebenfalls 300 000 Jahre alt sind. Neben anderen Gegenständen fand man dort zweischneidige Äxte, die man mit der Hand führte. Sie wiegen 8 kg, und wer sie ergreifen wollte, mußte Finger haben, die nur einem vier Meter großen Riesen gehören konnten.
Die gewöhnlichen zweischneidigen Äxte wiegen ungefähr 400 g. Lafenechère hat fast 500 Stück gefunden, von denen eine jede zwanzigmal soviel wiegt.
Es ist also nicht zu gewagt, daraus zu schließen, daß im Einklang mit der Bibel und den Mythologien – nach Schätzung der Fachleute vor 300 000 Jahren – eine Rasse von Riesen unsere Erde bewohnt haben kann.
Alles führt zu der Annahme, daß es ein Vorläufer unseres Mondes gewesen ist, der das Erscheinen dieser Titanen bewirkt hat. Durch die Anziehungskraft des Mondes von einer übergroßen Last ihres Gewichtes befreit, haben sie sich nach den Normen dessen entwickelt, was sie ertragen konnten. Als nun der zu nahe Mond auf die Erde herabstürzte, erfolgte eine furchtbare Katastrophe, die zweifellos einen ganzen Kontinent versinken ließ und die Pole sowie die ganze Geographie der Erde in Mitleidenschaft zog.
Die Riesen, die überlebten, waren geschwächt und degeneriert und konnten das sie erdrückende Gewicht ihres Fleisches nicht mehr ertragen. So starben sie nach dem Gesetz der natürlichen Auslese aus und machten kleineren Menschen Platz, die den Lebensbedingungen auf einer mondlosen Erde besser angepaßt waren oder auf einer Erde, die einen nächtlichen Lichtspender hatte, der nur noch eine schwache Anziehungskraft ausübte, den gegenwärtigen Mond.«

Nach andern Hypothesen soll die Rasse der primhistorischen Riesen außerirdischen Ursprungs sein.
Immer häufiger glauben die Wissenschaftler heute an die Existenz einer Vielzahl von bewohnten Monden. Einer von ihnen, Professor Robert Tocquet, bringt diese weithin anerkannte Meinung in seinem Buch *La Vie sur les Planètes* sehr einleuchtend wie folgt zum Ausdruck:

»Wenn man daran denkt, daß unsere Milchstraße nur ein Spiralnebel ist unter den ungefähr 100 Milliarden Weltinseln, von denen eine jede mehrere Milliarden Sterne enthält, so wird man zugeben müssen, daß unter den Trillionen, Quadrillionen, Quintillionen von Sonnen die Wahrscheinlichkeit und die Möglichkeiten des Lebens geradezu unendlich sind.«

Drei amerikanische Wissenschaftler von der Universität Fordham haben einen Kohle-Meteoriten analysiert. Er war am 18. Mai 1864 in Orgueil (Tarn-et-Garonne) niedergegangen und wird gegenwärtig im Museum von Montauban aufbewahrt. Sie haben durch spektroskopische Analysen, durch Beschießen mit Elektronen und durch Untersuchung der Beugung von Röntgenstrahlen in dem Meteoriten das Vorhandensein von organischen Verbindungen und Kohlenwasserstoffen festgestellt, die Rückschlüsse auf Lebewesen zulassen. Sie haben ferner im Mikroskop fossile Mikroben erkennen können, die aus fremdartigen, doch den irdischen verwandten Zellen aufgebaut waren. Es ist also mit Sicherheit anzunehmen, daß es auf dem nicht identifizierten Planeten, von dem der Meteorit stammt, aus Zellen aufgebaute Lebewesen gibt.

Dasselbe kann bei der Untersuchung aller Kohle-Meteoriten festgestellt werden. Es gibt allerdings nur zwanzig Exemplare dieser Art in der ganzen Welt, davon fünf in Frankreich.

Schon im 15. Jahrhundert zeigte Kardinal von Cusa einen außerordentlichen Weitblick, indem er das Abenteuer einer Fahrt in den Weltraum voraussah:

»Da die Welt so beschaffen ist, als sei ihr Mittelpunkt überall und ihre Grenze nirgends – Mittelpunkt und Grenze der Welt ist ja Gott, der überall und nirgends ist –, so muß jeder Sternenraum von Menschenwesen bewohnt sein, die ihrer Natur und ihren Fähigkeiten nach verschieden sind.«

Professor Tocquet faßt die Möglichkeit ins Auge, daß der Planet Mars von denkenden Wesen bewohnt ist. Er schreibt darüber:

»Falls sie dort leben, haben sie gegen das allmähliche Verschwinden des Wassers und des Sauerstoffs – die wahrscheinlich zu einer weit zurückliegenden Epoche in Fülle vorhanden waren – Vor-

kehrungen treffen müssen. Sie haben vielleicht unterirdische Städte gebaut, in denen in bezug auf den atmosphärischen Druck, die Feuchtigkeit und die Temperatur erträgliche Verhältnisse herrschten. (Die Marsbewohner hätten also Tausende oder Millionen Jahre Zeit gehabt, ihre Zivilisation zu entwickeln. Doch die Not schreibt das Gesetz des Handelns vor. Da sie auf ihrem Planeten nicht mehr ausreichende Lebensbedingungen fanden, darf man wohl vermuten, daß sie sich in den Kosmos flüchteten. Aber wohin? Die Erdbewohner sehen im Mars einen Bruderplaneten. Das Umgekehrte wäre nur logisch.
Nach dieser Hypothese könnten unsere prähistorischen Ahnen vom Planeten Mars gekommene Menschen sein, die sich den auf der Erde herrschenden Lebensbedingungen angepaßt haben.)
Es ist andererseits möglich, daß sie sich an die Verdünnung der Atmosphäre durch geeignete Veränderungen ihrer Atmungs- und Kreislauforgane teilweise oder vollkommen angepaßt haben.«

Der sowjetische Astronom Chklowski erklärt sich für die Hypothese, daß der Mond ein ungeheures Raumschiff sei. Er stützt sie dadurch, daß er versichert, die beiden Marsmonde Phobos und Deimos seien künstlich ausgehöhlte Himmelskörper, die leichter als die Luft sind. Vielleicht könnten es sogar um den Mars herum verankerte Raumschiffe sein, die aber doch nicht ohne eine gewisse Selbständigkeit sind, da man festgestellt hat, daß Phobos seine Umlaufbahn um zweieinhalb Grad nach vorn verschoben hat.
Es erscheint also heute schon nicht ausgeschlossen – und morgen wird es noch weniger unmöglich erscheinen –, daß aus dem Weltraum kommende Wesen zu einer sehr weit zurückliegenden Zeitepoche auf unserer Erde gelandet sind und ein Wissen mit sich gebracht haben, von dem ein Teil – nämlich die Agravitation, die Levitation und die Parapsychologie – in der Folgezeit entweder völlig vergessen oder geheimgehalten wurde.
Wenn die Nachkommen der von der Venus stammenden Orejona nicht den in prähistorischen Zeiten lebenden Amerikanern dieses dreifache und auf unserem Planeten völlig unbekannte Geheimnis übermittelt hätten, dann wären die Tempel in Peru, in Ägypten und in Syrien nie erbaut worden.

Nach den im Besitz von Garcia Beltran befindlichen handschriftlichen Aufzeichnungen von Garcilaso de la Vega hielten im 16. Jahrhundert die Goldschmiede von Lima Barren in Händen, die aus von den Inka stammendem Gold gegossen waren – reines Gold, das in jeder Beziehung unserem üblichen reinen Gold glich – bis auf die Besonderheit, daß seine Dichte oder sein spezifisches Gewicht um das Doppelte geringer war als das des normalen Goldes, das 19,3 beträgt.

Diese Goldschmiede schmolzen Inka-Schmuckstücke bei einer Temperatur von etwa 1100° und erhielten Barren, deren spezifisches Gewicht nur 8 bis 9 betrug.

Diese verblüffende Tatsache ist niemals aufgeklärt worden, aber es scheint, daß wir es da mit einem Phänomen der teilweisen Aufhebung der Schwerkraft zu tun haben, was durch wissenschaftliche Mittel erreicht wurde.

Wenn andererseits Heilige und andere Menschen wirklich im Zustand der Levitation in der Luft schweben konnten (was durch Dutzende von ernsthaften Chronisten berichtet worden ist), darf man die Aufhebung der Schwerkraft im Altertum wohl als möglich in Betracht ziehen. Aber die einst so alltägliche Levitation scheint in unseren Tagen völlig unbekannt zu sein. Sollte es sich um betrügerische Schwindelmanöver handeln? Vielleicht.

Noch vor 50 Jahren besaßen die Brieftauben eine Fähigkeit, die ebenso geheimnisvoll ist wie die Levitation. Selbst wenn man sie Tausende von Kilometern von ihrem heimatlichen Schlag entfernt fliegen ließ, fanden sie, ohne sich jemals zu verirren, mit sicherem Instinkt dahin zurück, vorausgesetzt, daß dieser Taubenschlag in nördlicher Richtung lag. (Der Flug der Tauben wird durch den magnetischen Nordpol gelenkt; sie fanden stets ihren Weg in der Nord-Süd-Richtung, niemals in einer anderen Richtung.)

Man hat gar nicht nötig, das zu beweisen, denn es wird ja schon dadurch bezeugt, daß es bis vor kurzem noch in den Armeen mit Brieftauben ausgerüstete Einheiten gab.

Seit dem Jahre 1950 finden die Brieftauben nicht mehr ihren Weg zurück. 1961 ließ man 8000 Tauben fliegen und erhielt ein überraschendes Ergebnis: 7950 kehrten nicht in den Schlag zurück.

Man hat das damit erklärt, daß die Sendestationen des Rundfunks und des Fernsehens, die Hertzschen Wellen und die Elektrizitätswerke den Instinkt der Vögel unsicher machten und schließlich zerstörten.
Warum sollten diese in der modernen Welt entstandenen Störungen nicht auch die im Altertum vorhandene Fähigkeit der Levitation vernichtet haben?

DIE LEVITATION

Pater Francisco Alvarez, im Jahre 1515 Sekretär der Portugiesischen Gesandtschaft in Äthiopien, traute seinen Augen nicht: Dort vor ihm in Reichweite seiner Hand schwebte ein vergoldeter Stab in der Luft. Man konnte nicht sehen, durch welche magische Kraft er in der Schwebe gehalten wurde. Er ruhte auf nichts Materiellem, es sei denn auf der friedlichen Atmosphäre des Klosters von Bizan.

Noch nie hatte seines Wissens die Luft einen ein Eigengewicht besitzenden Gegenstand tragen können. Dieser Stab mußte ein bis zwei Pfund wiegen, und wirklich und ganz unbestreitbar schwebte er in der Luft wie eine Seifenblase, aber ohne sich auch nur einen Zoll fortzubewegen.

Pater Francisco Alvarez hatte gute Augen. Zur Not hätte ein Faden den Gegenstand halten können. Er zog es vor, sich auf seine Hände zu verlassen. So führte er seine Finger ringsherum um den unbeweglich in seiner Stellung verharrenden Stab, strich durch die Luft in allen Richtungen, oberhalb und unterhalb des Stabes, an den Enden und an den Seiten. Schließlich mußte er zugeben: Das ist ein Wunder!

Vor ihm hatten Tausende von Pilgern den »fliegenden Stab« von Bizan bewundert, der seit mehreren Jahrhunderten den Gesetzen der Schwerkraft und allen Erklärungsversuchen der Menschen trotzte.

Pater Alvarez war so bewegt von dem, was er gesehen hatte, daß er in seine Berichte eine lange Schilderung des Erlebten einflocht.

Zwei Jahrhunderte später wollte der in Kairo stationierte französische Arzt Jacques Poncet mit eigenen Augen das Wunder sehen. Er reiste also nach Bizan. Sein Zeugnis ist in aller Form abgefaßt:

»Ganz dicht neben der Epistelseite des Altars (so genannt, weil

von dieser Stelle aus – d. h. auf der von den Anwesenden aus rechten Seite der Kirche – die Epistel verlesen wird) schwebte in der Höhe eines erwachsenen Mannes ein vier Fuß langer, runder und ziemlich dicker Stab. Da ich argwöhnte, es könnte irgendein unsichtbarer Trick im Spiele sein, erbat und erhielt ich vom Abt die Erlaubnis, mich ganz nach meinem Belieben von der Wahrheit des Unglaublichen zu überzeugen. Ich führte mit der Hand einen andern Stock oberhalb und unterhalb und nach allen Seiten um den Wunderstab herum und stellte fest: Es gab nicht den geringsten Zweifel, daß der Stab wirklich frei in der Luft schwebte. Da ich keine natürliche Ursache für eine so wundersame Erscheinung zu entdecken vermochte, konnte ich mich von meinem Erstaunen kaum erholen.«

Man weiß nicht, wie es kam, daß der fliegende Stab schließlich verschwand.

In Tibet, drei Wegstunden von Lhasa entfernt, hoch oben auf dem Berg der Himmlischen Seligkeit, steht das alte Lamakloster Khaldan. Jahrhundertelang sind Millionen und aber Millionen von Gläubigen dahin gepilgert, um vor dem einbalsamierten Körper von Tsong-kha-pa, dem heiligen tibetanischen Reformator, zu beten. Auch er schwebte, durch ein Wunder gehalten, ein paar Fuß hoch über dem Erboden, ohne daß er durch irgend etwas gestützt wurde. Im Jahre 1845 gelangte durch Zeugen die Kunde von dieser schon seit dem 14. Jahrhundert bestehenden Levitation zu den lazaristischen Missionaren Huc und Gabet, die aber den Fall nicht selber nachgeprüft haben.

Warum ist nun das Phänomen der Levitation, das einst so häufig zu sehen war, fast völlig verschwunden?

Angesichts der großen Zahl von Berichten kann man das wirkliche Vorkommen von Levitationen in alter Zeit kaum bezweifeln. Sie bezogen sich nicht nur auf Menschen, meistens Heilige, sondern auch auf unbelebte Gegenstände, so daß man vermuten kann, daß auch das Phänomen der Agravitation bekannt war.

Die Schriftsteller Desmond Leslie und Georges Adamski betonen in ihrem vor einigen Jahren unter dem Titel »Fliegende Untertassen landen« auch in Deutschland erschienenen Buch (ohne ihre Quellen zu nennen): »Es muß ein Wissen gegeben haben, das den ersten Mitgliedern der ›Sonnenfamilie‹ gestattete, ihre Raumschiffe zu lenken, große Gewichte zu heben und übernatürliche Kräfte einzusetzen.«

Zauberkünste ägyptischer Priester

Südamerikanische Überlieferungen versichern in der Tat, »daß in alten Zeiten alle Menschen fliegen konnten. Ohne Anstrengung konnten ungeheuer schwere Steine bewegt werden«. In Ägypten erkannte man die Berufung eines echten Priesters daran, daß er imstande war, sich nach Belieben in die Lüfte zu schwingen.
Nach einer arabischen Überlieferung waren die Ägypter im Besitz eines Geheimnisses, das sie befähigte, ihre Tempel und ihre Pyramiden zu bauen. »Sie legten unter die Steine Papyrusblätter, auf die Zauberworte geschrieben waren, und schlugen die Steine mit einem Stäbchen. Die Blöcke erhoben sich in die Luft und legten eine Strecke zurück, die ein Pfeil durchfliegen kann. Auf diese Weise gelangten sie zu den Bauplätzen der Pyramiden.«
Wir mögen lachen über eine solche Erklärung. Doch auch Jacques Weiss versichert in seinem Buch *La synarchie,* das die ägyptischen Eingeweihten sich der Levitation bedienten, um die Pyramiden zu bauen.
Die riesigen, bis zu 600 Tonnen wiegenden Steinblöcke sind auf gewissen Flächen konvex, damit sie sich vollkommen in die konkaven Flächen der angrenzenden Blöcke einfügen und ein jeder Belastung gewachsenes, einheitliches Ganzes bilden.
Die Schwerkraft ist ein rätselhaftes Phänomen. Seit kurzem weiß man, daß sie auf einem gegebenen Breitengrad nicht überall gleich ist. Sie hängt von der Dicke der Erdkruste ab, denn sie ist auch an das Phänomen der Isostasie gebunden. Bei gleicher Höhe ist die Schwerkraft auf dem Festland geringer als auf dem Meer.
Andererseits wird das Prinzip der Schwerkraft selbst in Zweifel gezogen.
Nach Maxwell üben Wärme-, Licht- und andere Strahlungen auf die Körper, auf die sie auftreffen, einen wirklichen Druck aus. Andere Physiker – z. B. Dr. Pagès aus Perpignan – sind der Meinung, daß der »Schwerkraft« genannte Effekt in Wirklichkeit ein Druck ist, der vom Kosmos ausgeht, was auf dasselbe hinausläuft.

Wir glauben, daß Jesus wirklich auf dem Wasser des Sees Genezareth gewandelt ist. Wir glauben das, weil erstens die Schwerkraft sicherlich nicht einzig und allein von physikalischen Gesetzen abhängt – sie kann durch unbekannte andere Gesetze modifiziert werden –, weil es zweitens feststeht, daß durch Begeisterung verwandelte, d. h. verklärte Wesen nicht mit dem gleichen Gewicht schreiten wie normale Menschen, und drittens, weil solche volkstümlichen Redensarten wie »er ging nicht, sondern flog förmlich« oder »die Furcht (beziehungsweise die Freude) verleiht Flügel« einer exakten Wirklichkeit entsprechen.

Ein durch Begeisterung verwandelter oder verklärter Mensch kann eine Lebhaftigkeit, eine Intelligenz, eine strahlende Heiterkeit, eine Gewandtheit, eine Beschwingtheit zur Schau tragen, die einfach verblüffend und bis heute unerklärlich sind.

Die geheimnisvollen Levitationen können nicht bezweifelt werden, ebensowenig wie der schwebende Stab von Bizan oder die posthume Levitation des Tsong-kha-pa. Und gleich rätselhaft ist die »Levitation« hoch fliegender Vögel, die mit einem einzigen Flügelschlag ihre Schnelligkeit hemmen können, um unbeweglich dahinzuschweben, *als hätten sie vergessen, daß es die Schwerkraft gibt.*

Was die Vögel anlangt, vermutet Galien, daß das oben geschilderte Phänomen auf dem exakten Gleichgewicht zweier einander entgegenwirkender Kräfte beruht, nämlich auf der Schwerkraft und auf einer starken Spannung, die gleichzeitig muskulär und psychisch ist und die in der Steigerung der inneren Wärme des Vogels zum Ausdruck kommt.

Plinius spricht von gewissen rätselhaften Levitationen, die die Ägypter ausführen konnten, und erzählt, der Architekt Dinokrates habe es unternommen, den Tempel von Artinoë mit Magnetsteinen zu überwölben, um damit in der Luft schwebende Truggebilde zu demonstrieren.

Die ägyptischen Priester verstanden es sehr gut, Zauberkünste vorzutäuschen, die auf wissenschaftlichen Phänomenen beruhten. Eine besonders augenfällige ihrer Kraftleistungen bestand darin, daß sie eine die Sonne darstellende Metallscheibe in dem großen, in der Nähe von Alexandria gelegenen Serapistempel emporschweben ließen.

Der Mönch Rufinus aus Aquileja, der es mit eigenen Augen gesehen hat, vermutet, daß mehrere starke, in der Decke verborgene Magneten die Sonnenscheibe an einem Gleichgewichtspunkt in der Luft schwebend halten konnten.
Lukian, von Natur skeptisch veranlagt, versichert, er habe gesehen, wie syrische Priester öffentlich das Zauberkunststück vorgeführt hätten, ihr Götterbild zur Decke aufsteigen oder in der Luft schweben zu lassen. Auch dies zweifellos eine geniale Verwendung des Magneten.
Cassiodorus spricht von einem eisernen Cupido, der im Tempel der Diana frei in der Luft schwebte, ohne irgend etwas zu berühren, genau wie bei den Zauberkünsten der Ägypter.
Auch der Sargschrein Mohammeds hing einst an der Decke der Moschee von Medina, ohne daß irgend etwas Sichtbares ihn anzuziehen oder zu halten schien. Chalkondylas vermutet, daß man auch hier sich die Anziehungskraft eines Magneten zunutze machte.
Heutzutage hört man nichts mehr von Levitationen. Man muß sich klarmachen, daß selbst unsere Wissenschaft, unsere ungeheuren Elektrizitätswerke uns nicht in den Stand setzen würden, mit Magneten, mit Elektrizität oder sonstwie uns den Nimbus zu schaffen, der den schwebenden Stab von Bizan, die Levitation des Tsong-kha-pa oder auch nur die im Tempel der Diana hängende Eisenstatue umgab.
Im letzteren Fall wäre ein Experiment möglich. Man müßte aber, um die dazu nötige Energiemenge zu erzeugen, ein ganzes Elektrizitätswerk einsetzen. Das läuft darauf hinaus zuzugeben, daß im 20. Jahrhundert die Wissenschaft solche »Tricks« nicht zustande bringen kann.
Ein Historiker meint dazu:
»Was die Alten von diesen Kräften – von der Elektrizität und dem Magnetismus – und von ihrer Anwendung zur Aufhebung der Schwerkraft wirklich gekannt haben, wird man nie feststellen können, da besonders in Ägypten die Handlungen der Eingeweihten von einem religiösen Geheimnis umgeben waren.«
Dennoch versichert Pater Leurechon in seinen 1626 in Paris erschienenen *Récréations mathématiques*, daß man noch zu seinen Lebzeiten das Geheimnis kannte, auf Gegenstände einen

Magneten wirken zu lassen, so daß sie frei in der Luft hängen blieben, ohne irgend etwas anderes zu berühren, genau wie einst der schwebende Stab von Bizan, der Totenschrein Mohammeds in Medina oder die von den Ägyptern in der Schwebe gehaltenen Körper.

»Nichts kann leichter Erstaunen hervorrufen, als wenn man inmitten eines Gebäudes eine schwere Eisenmasse schweben sieht, ohne daß sie mit irgend etwas anderem in Berührung steht als mit der Luft.«

Nun, der Meinung des Pater Leurechon ungeachtet glauben wir, daß im 17. Jahrhundert das antike Geheimnis der Levitation seit langem verlorengegangen war, wenigstens was die unbelebte Materie betrifft. Dafür sind die Nachrichten von Levitationen menschlicher Körper im christlichen Zeitalter überaus häufig.

Die Levitationen der Heiligen

In der Kirche von San Domenico zu Neapel zeigt man noch die Stelle, wo der heilige Thomas von Aquino sich in der Ekstase vor einem Kruzifix drei Fuß über der Erde schwebend gehalten hat.

Die heilige Teresa de Jesús aus Avila in Spanien war zu allen Manifestationen des Mystizismus befähigt. Vor den Karmeliterinnen ihres Klosters erhob sie sich mehrere Male in die Lüfte.

In dem von ihr auf Geheiß ihrer Oberinnen geschriebenen Buch *Libro de su Vita* erklärt sie ihre Verzückung auf folgende Weise:

»Ehe man sich sammeln kann, kommt der Geist über einen wie ein plötzlicher und starker Schock. Man sieht ihn und spürt ihn wie eine Wolke oder einen mächtigen Adler, der sich zum Himmel aufschwingt und einen auf seinen Fittichen davonträgt.

Das ist so erschreckend, daß ich sehr oft Widerstand leisten wollte, besonders wenn die Verzückung vor allen Leuten über mich kam. Manchmal konnte ich mich um den Preis einer gewaltigen Anstrengung eine kurze Zeit wehren, aber dann wurde ich überwältigt, als hätte ich gegen einen übermächtigen Riesen gekämpft. Bei anderen Gelegenheiten waren alle meine Anstrengungen ver-

gebens. Meine Seele wurde davongetragen und fast immer auch mein Kopf (Verstand) und manchmal sogar mein ganzer Körper, so daß er von der Erde emporgehoben wurde.«

Eines Tages unterhielt sie sich im Empfangszimmer ihres Klosters mit Juan de la Cruz. Da sah eine Nonne, die der Unterhaltung beiwohnte, wie die beiden künftigen Heiligen sich vom Boden erhoben und in Verzückung dahinschwebten.

Joseph von Copertino, ein italienischer Mönch, der im 17. Jahrhundert lebte, konnte sich nach Belieben in die Luft erheben. Er trieb die Gefälligkeit so weit, daß er sogar Passagiere und – Gepäck mitnahm. Als der Pförtner seines Klosters sich nach Assisi begeben wollte, bat er Joseph, ihm als Reitpferd zu dienen.

Eines Tages erhob sich der gute Heilige vor dem Herzog Friedrich von Braunschweig-Lüneburg in die Lüfte. Der mißtrauische Lutheraner wurde gezwungen, das Wunder anzuerkennen.

Sein im buchstäblichen Sinne »Hingerissensein« schien nur mit Hilfe des Teufels möglich. So wurde er vor ein Inquisitionsgericht zitiert, jedoch für unschuldig erklärt. Um indessen zu vermeiden, daß die Sensationslust sich der Sache bemächtigte, wurde er in ein anderes Kloster versetzt, wo das Phänomen sich sofort von neuem zeigte.

Bei den Franziskanern von Osimo wurde er von der Erde bis zu einer kleinen Wachsstatue Jesu emporgehoben, deren Füße er küssen wollte. Diese Levitation trug ihn ungefähr zwei Meter vom Fußboden empor. Der Heilige nahm dann die Statue in seine Arme und führte sie im Saal vor seinen Klosterbrüdern hin und her.

Unter den zahlreichen Zeugen, die zum Teil unter Eid aussagten, erwähnt man Herzog Friedrich, Marie, die Infantin von Savoyen, und König Kasimir von Polen. Gelegentlich der Seligsprechung des Heiligen mußte der große Kanoniker Prospero Lambertini, der spätere Papst Benedikt XIV., als Promotor fidei (advocatus diaboli) die Fälle von Levitation untersuchen. Er erklärte sie für authentisch.

Elisabeth von Bayern, die heilige Margarete von Ungarn, der heilige Bernhard von Clairvaux und der heilige Franz Xavier befanden sich oft im Zustand der Levitation. Pedro von Alcántara blieb eines Tages mehr als drei Stunden in der Luft. Der Franziskaner Juan de Jesús machte lange Luftwanderungen, was auch dem Jesuiten Ignatius von Azevedo gelang, der über das Wasser der Flüsse flog.

In Gegenwart von König Philipp II. stieg der heilige Dominicus de Jesús in Madrid vom Boden auf und blieb in der Luft hängen.

Auch im frühen Altertum wurde die Levitation praktiziert, aber anscheinend (in Form von magischen Künsten) als Magie angesehen.

Jules Duhem berichtet, daß die Helden des Rāmāyana fliegen konnten, indem sie sich kasteiten, und die Hexenmeister von Neu-Guinea erwarben sich diese Fähigkeit durch eine strenge Diät.

Nach Strabon (»Geographika«, Buch VII, Kap. 3) erreichten die im östlichen Thrakien wohnenden Kapnobaten durch Fasten die gleiche Fertigkeit; die tibetanischen Lamas benutzten als Triebkraft eine übermenschliche Anspannung psychischer Energie.

Simon der Magier flog vor den Augen Neros von der Spitze des Kapitols hinab.

Vom Beginn der christlichen Ära an gab es eine Art Übergang zwischen der antiken Agravitation und der mystischen Levitation.

Im Jahre 250, so erzählt man, mußten 400 Bogenschützen wütend zusehen, wie ihre Pfeile, in der Luft schwebend, aufgehalten wurden, als sie auf den selig gesprochenen heiligen Christoph schossen.

Im Jahre 1290 soll in Paris ein Jude aus der Rue des Jardins versucht haben, eine geweihte Hostie zu schänden. Sie erhob sich sofort in die Luft und gab den Frevler der Wut der Menge preis. (Zitiert nach P.-L. Jacob, *Curiosités de l'histoire des croyances populaires au Moyen Age*, Paris, 1859.)

Im 16. Jahrhundert mußte Jean Bonnevault, der Hexenmeister aus dem Poitou, vor seinen Richtern erscheinen.

»Als er den Teufel anrief«, weiß die Chronik zu berichten, »wurde er ungefähr fünf Fuß in die Luft gehoben und fiel wieder lautlos auf das Pflaster herunter, obgleich er an den Füßen eiserne Schellen und Ketten trug.

Die Richter befragten ihn nach der Ursache dieses Vorfalls. Er antwortete, der Teufel habe versucht, ihn zu entführen, aber es wäre ihm nicht gelungen, denn, nachdem er vor den Richtern den

Eid abgelegt habe, sei jede Verbindung zwischen ihm und dem Teufel abgerissen.«

Gewiß, man kann einwenden, daß – wenigstens im zivilisierten Europa – das Phänomen der Levitation immer seltener erwähnt wird in dem Maße, wie sich die experimentelle Wissenschaft entwickelte. Das stimmt, und es gibt zu denken.

Immerhin wurde noch im Jahre 1731 in Frankreich einer Frau namens Cadière die gegen ihren Willen die geheimnisvolle Gabe der Levitation besaß, der Prozeß gemacht. Pater Girard, der sie verhörte, tadelte sie, daß sie sich an den Stuhl klammerte, »als sie eines Tages im Begriff war, sich in die Luft zu erheben«.

Drei Jahre später gab es in Bayeux den Fall eines armen Dienstmädchens namens Anne Neel, das manchmal nicht mehr auf dem Fußboden gehen konnte und sich gezwungen sah, von einem Zimmer ins andere durch die Luft zu schweben.

Die Ärzte der Sorbonne, Nicolas Andry und Winslow, die sie untersuchten, kamen zu dem Schluß, daß ihre Levitation nicht auf »natürliche Kräfte« zurückzuführen sei.

Dennoch scheint es, als habe die Levitation im Laufe der Jahrhunderte einen Entartungsprozeß durchgemacht, bis sie zu einem einfachen Phänomen wurde, das darauf abzielte, die Wirkung der Schwerkraft zu verringern.

Wundersames Fallen

Am 25. Mai 1591 trug sich in Saintes-Maries-de-la-Mer ein seltsamer Unfall zu. Ein Kind fiel von dem Turm der Kirche und kam ganz sacht auf dem Boden an, ohne sich den geringsten Schaden zuzufügen. Alte Schriften besagen, daß die Mutter im Augenblick der Gefahr die heiligen Frauen angerufen habe. In diesem Fall handelte es sich nicht um Levitation, sondern um eine Außerkraftsetzung der eigenen Schwerkraft.

Hierzu kann man gewisse, übrigens sehr selten vorkommende Unfälle nicht in Parallele setzen; nämlich, wenn aus ihrem Flugzeug herausgeschleuderte Piloten, anstatt zur Erde hinabzuschweben, zweifellos durch starke aufsteigende Luftströmungen mit ihrem Fallschirm in die Höhe getragen werden. Andere Fälle bleiben unverständlich und entziehen sich jeder Erklärung. Am 17. Oktober 1950 stürzte eine britische Dakota in einen Garten des Londoner Vororts Mill Hill. Sie hatte 29 Personen an Bord, 28 wurden getötet. Der einzige Überlebende, der Steward Mac Kissick, wurde aus dem Flugzeug geschleudert und fand sich nach einem freien Sturz von 100 m auf der Erde wieder, ohne daß er einen Knochen gebrochen hatte.

Am 21. März 1961 fällt in Bobigny in der Rue d'Ankara die vierjährige Patricia aus der vierten Etage, ohne sich auch nur eine Schramme zuzuziehen.

Am 9. April 1961 bleibt der fünfjährige Jean Claude nach einem Sturz von 12 m völlig unverletzt.

Der außergewöhnlichste Unfall war jedoch derjenige, der dem sechseinhalbjährigen Roland Esper am Donnerstag, dem 5. Oktober 1961, zustieß. Das in der neunten Etage eines Neubaus in der Wohnung seiner Eltern eingeschlossene Kind wollte aus dem Fenster gucken; dabei lehnte es sich zu weit hinaus und fiel hinunter. (Es handelte sich um die achte Etage über dem Zwischengeschoß, also um das neunte Stockwerk.) Es kam unverletzt auf dem Rasen des Mietshauses an, hatte auch nicht eine Schramme davongetragen und fing sofort an, vor seiner Mutter herzulaufen, die gerade dazukam.

Madame Paulette Esper konnte an das Wunder gar nicht glauben. Sie brachte Roland in das Hospital Saint-Louis, wo die Ärzte zunächst ihren Worten keinen Glauben schenken wollten. Die Zeitungen berichteten über das Ereignis und brachten Photos.

Wie soll man diese rätselhaften Stürze erklären? Einfach damit, daß es sich meist um Kinder handelte, die nur ein verhältnismäßig geringes Gewicht besitzen?

Aber der Steward Mac Kissick war kein Kind, und die Gesetze der Schwerkraft gelten prinzipiell für alle fallenden Körper.

Im Rahmen der Experimentalphysik kann da keine Erklärung gegeben werden: Mac Kissick, Patricia, Jean-Claude und Roland hätten normalerweise tot sein oder sich schwer verletzen müssen. Normalerweise! Aber zweifellos gibt es eine supranormale Physik, von der wir uns im Augenblick noch keinen Begriff machen können. Und gerade in dieses unbekannte Gebiet wagen sich die Theoretiker der Agravitation vor.

Über dieses Thema schreibt Jacques Weiss in seinem Buch *La Synarchie* folgendes:

Gelegentlich meines Aufenthalts in den Vereinigten Staaten während des Winters 1947–48 versicherte mir ein Ingenieur, daß es der General Electric gelungen sei, gerade die Levitation in ihren Laboratorien experimentell zustande zu bringen.
Ein steinerner Würfel von ungefähr zwei Fuß Kantenlänge habe drei oder vier Wochen ein Meter vom Fußboden entfernt frei in der Luft geschwebt, dann habe er sich allmählich der Erde genähert in dem Maße, wie der elektronische Effekt nachließ.

Schon jetzt also liefert die neue Wissenschaft einen ersten Beitrag zur Auflösung der Rätsel von Ba'albek, von Gizeh, von Machu Picchú und Tiahuanaco. In Amerika hat diese neue Wissenschaft eine Vorkämpferin in der berühmten Ethnologin Margaret Mead gefunden. Nachdem das Budget für kulturelle Ausgaben der USA (23 Milliarden 400 Millionen Dollar für 1962) genehmigt war, stellte sie den Antrag, die Lehrstühle für die Geschichte der Vergangenheit durch Lehrstühle für die Zukunft zu ersetzen.
Margaret Mead hat recht, wenn sie verlangt, daß wir uns auf die Zukunft vorbereiten sollen, aber sie hat unrecht, wenn sie die Vergangenheit unterschätzt. Die Inhaber der »Lehrstühle für die Zukunft« werden die Wissenschaftler auf Wege führen, die schon die Fußspuren unserer Vorfahren tragen.
Wie man annimmt, ist die Erklärung der antiken Levitation schon seit vielen Jahrhunderten in dem Geheimarchiv der Bibliothek des Vatikans niedergelegt.
Auch das Geheimnis der Luftfahrt war schon dort aufbewahrt, als die Gebrüder Montgolfier im Jahre 1783 den Luftballon neu erfanden, aber der Vatikan schwieg, obwohl sein Schweigen keinen Sinn mehr hatte.

Im Jahre 1709 baut der Jesuit Gusmão ein Flugzeug

Die Inquisition belegte mit dem Interdikt die erste seit Menschengedenken bekannte fliegende Maschine, die der Jesuit Gusmão konstruiert hatte. Er hatte seine Kenntnisse aus guter Quelle in Südamerika geschöpft.

Als Bartholomeu Lourenço de Gusmão im Jahre 1708 nach Lissabon kam, war er entschlossen, den Bau eines Flugzeuges in Auftrag zu geben, dessen Konstruktionsgeheimnis er kannte.

In Bolivien, der Urheimat der Inka, war es ihm gelungen, die unbekannte Wissenschaft eines altamerikanischen Volkes zu entdecken, dessen Ursprung sich in der Nacht der Zeiten verlor.

Die Jesuiten waren bekannt als intelligente und von Forschungsdrang beseelte Leute. Sie hatten sofort begriffen, daß die Ureinwohner von Westindien ihnen außer Gold, Smaragden und Kupfer die Rudimente einer in Europa unbekannten Wissenschaft liefern konnten. So lernten sie das berühmteste medizinische Rezept aller Zeiten kennen: das des Chinins.

Gusmão hatte zu seinem Erstaunen das Geheimnis von Maschinen entdeckt, mit denen man Lasten heben, Zerstörungen anrichten und fliegen konnte, das Geheimnis von Schiffen, in denen man von einem Planeten zu einem anderen reisen konnte, doch im Anfang des 18. Jahrhunderts erschien ihm nur der Bau einer in der Luft fliegenden Maschine durchführbar.

Der Jesuit setzte sich zuerst mit dem lieben Gott und dann mit der weltlichen Macht ins Benehmen, indem er einen Bericht mit der Bitte, eine solche Maschine herstellen zu dürfen, an den König João V. richtete. Er zählte die Vorteile auf, die seine Maschine der Krone von Portugal sichern könnte: in der Luft längere und schnellere Reisen auszuführen als auf der Erde, Meere und Gebirge mehr als 200 Meilen am Tage zu überfliegen, aus der Luft Heere zu befehligen, belagerte Städte zu versorgen, die Erde bis zu den Polen zu erforschen, Güter zu transportieren, schließlich den Ruhm und die Ehre der portugiesischen Nation zu vermehren und ihr in der Luft die Vorherrschaft zu sichern, die sie einst auf den Meeren besaß.

Am 17. April 1709 sandte ihm der König eine zusagende Antwort und setzte ihm eine Pension von 600 000 Reis aus, die es Gusmão ermöglichte, sofort mit der Arbeit zu beginnen.

Man hat viel über seine von Tausenden von Menschen bewunderte Maschine geschrieben. Doch der Jesuit wachte eifersüchtig darüber, das Geheimnis zu bewahren, und nur die Bibliothek des

Vatikans besitzt die genauen Konstruktionspläne. Man vermutet, es handelte sich um ein Flugzeug, das mit horizontalen Röhren versehen war, die als Düsen oder Gebläse dienten und einen Luftstrom in ein taschenförmiges Segel schickten.
Die Maschine sah wie ein Vogel aus mit einem Kopf, einem als Steuer dienenden Schwanz und schlagenden Flügeln.
Ein zweiter Mechanismus beruhte auf einer magnetischen Wirkung, die durch über den Flügeln angebrachte und eine Anziehung ausübende Bernsteinkugeln erreicht wurde. Diese Vorrichtung scheint eine offen gestanden ziemlich mysteriöse Rolle gespielt zu haben. Pater Manuel Antonio Gomez, ein jesuitischer Physiker, spricht von kleinen, mit Wassserstoff aufgeblasenen Ballons und von einer Gaserzeugungsmaschine.
Wie dem auch sei, am 15. August ließ Gusmão seinen Apparat vor dem König und seinem ganzen Hofstaat bis zu einer Höhe von 20 Spannen (etwa 5 m) fliegen, aber an Bord brach Feuer aus, das Luftfahrzeug landete wieder, und man hatte Mühe, den Brand zu löschen.
Am Donnerstag, dem 30. Oktober, war in dem Hofe der Casa da India ein neuer Versuch von Erfolg gekrönt. Diesmal stieg der Apparat sehr hoch und kehrte unversehrt zur Erde zurück.
Die Erfindung löste Begeisterung aus. Man gab dem Flugzeug einen Namen: *Passarola* oder Fliegende Gondel. Gusmão erhielt einen akademischen Grad und wurde zum königlichen Almosenier ernannt mit dem Beinamen »O Voador« (der Flieger).
Danach ganz plötzlich völliges Schweigen.
Die Inquisition hatte die Erfindung für gefährlich, vielleicht sogar für satanisch erklärt, und Bartholomeu Lourenço Gusmão mußte seine Versuche einstellen und seine Baupläne verbrennen. Das erste Flugzeug wurde kurz nach seiner Fertigstellung verboten. Und Gusmão, gehorsam, enthüllte das Geheimnis seiner Konstruktion nie wieder.

DIE FLIEGENDEN UNTERTASSEN

Wenn die Levitation mit den wissenschaftlichen Geheimnissen außerplanetarischer Wesen zusammenhängt, was soll man von den Fliegenden Untertassen halten?

Seit 1947 erscheinen sie am Himmel verschiedener Länder, und man ist noch weit entfernt davon, über dieses Phänomen einer Meinung zu sein: Handelt es sich um authentische Wahrnehmungen oder Halluzinationen?

In einem Punkt jedoch ist man sich einig: Falls die Fliegenden Untertassen wirklich existieren, dann kommen sie von einem andern Planeten, entweder vom Mars oder von der Venus. Kürzlich hat M. Layne aus San Diego, ein amerikanischer Spezialist für dieses Problem, ein allerdings sehr zweifelhaftes Vorkommnis enthüllt, das, falls es sich als wahr erweist, in die amerikanischen Geheimarchive hineingehörte. Im Jahre 1951 landete angeblich eine Fliegende Untertasse auf dem amerikanischen Militärflugplatz von Muroc. Zwei Männer stiegen aus und verlangten sofort Präsident Eisenhower zu sprechen.

M. Layne berichtete über die Angelegenheit wie folgt:

Angesichts des phantastischen Charakters dieses Besuches telephonierte man sofort nach Washington. Das Flugzeug des Präsidenten brauchte vier Stunden, ehe es auf dem Flugplatz von Muroc landete. Es gab eine Unterhaltung zwischen den Raumpiloten, Eisenhower, einem hohen Regierungsbeamten und zwei Offizieren.

Einer davon war ein auf dem Flugplatz stationierter junger Leutnant. Als die Unterhaltung beendet war, flogen die Männer in ihrer Untertasse wieder ab, und der Präsident kehrte nach Washington zurück.

Ein junger mir bekannter Amerikaner, der von dem abenteuerlichen Vorfall gehört hatte, begab sich in aller Eile zum Flugplatz

von Muroc. Er hatte Glück und konnte mit dem Offizier sprechen, der Zeuge jenes Zusammentreffens gewesen war.
Der zeigte sich zunächst sehr zurückhaltend; als er jedoch merkte, daß sein Gesprächspartner nicht nachgab und die Gefahr bestand, die Sache an die Öffentlichkeit gelangen zu lassen, erklärte er sich bereit, eine Frage zu beantworten.

Er berichtete wörtlich folgendes:

»Die beiden Männer, die aus der Fliegenden Untertasse gestiegen waren, sprachen Englisch und erklärten, sie seien von einem dem Riesenstern Beteigeuze benachbarten Planeten gekommen. Die Lebensbedingungen auf diesem Planeten sollen den auf der Erde herrschenden entsprechen. Das ist alles, was ich Ihnen sagen kann.«

Es war unmöglich, aus dem Offizier noch ein Wort herauszubekommen. Man ist jetzt der Meinung, daß die amerikanische Regierung über eine Angelegenheit Stillschweigen bewahren wollte, die der militärischen Geheimhaltung unterliegt.
Haben die Astronauten von Beteigeuze mit Amerika einen Pakt abgeschlossen? Waren sie die ersten Sendboten einer außerirdischen Macht, die mit den Erdbewohnern Beziehungen anknüpfen wollte?
Da aber Beteigeuze Tausende von Lichtjahren von der Erde entfernt ist, könnten die Folgen dieses ersten Kontaktes erst nach einer sehr langen Zeit, d. h. nach dem jetzigen Stand unserer Raumfahrtkenntnisse eigentlich niemals in Erscheinung treten.
Sollten dennoch junge Menschen auf die Erde gekommen sein nach einer Reise, die im Prinzip Milliarden von Jahren gedauert haben müßte?
Aber wohlgemerkt nur »im Prinzip«, denn es ist fast sicher, daß die astronomischen Entfernungen ebenso zufällig geschätzt sind wie die Zeitangaben der Physiker und der Archäologen.
Eine Entfernung, die auf 40 Millionen Lichtjahre geschätzt wird (eine Dimension, die gänzlich außerhalb des menschlichen Vorstellungsvermögens liegt), wird vielleicht morgen auf 40 Jahre zusammenschrumpfen, vielleicht sogar 40 Sekunden. Albert Ein-

stein hat eine verblüffende Hypothese aufgestellt: Wenn das Licht sich in einer krummen Linie fortpflanzt, so gilt: je stärker unsere Teleskope sind, desto mehr täuschen sie uns über die wahren Entfernungen. Was darauf hinausläuft, daß das Bild eines Sternes sich in dem gekrümmten Universum in einer Spirale fortpflanzen kann, die uns eine völlig falsche Vorstellung von der Entfernung vermittelt, denn das Bild dreht sich unendlich oft im Kosmos, ehe es wieder genügend nahe an seinen Ausgangspunkt zurückkehrt.

Die Astronauten des chinesischen Altertums hatten diese Möglichkeit, die für sie eine Gewißheit war, ins Auge gefaßt, wenn sie sagten: Mit einem genügend starken Fernrohr könnte ein Mensch seinen Hintern sehen.

Und da wir nun gerade von Einstein sprechen, können wir versichern, daß er kurze Zeit vor seinem Tode mit einem intimen Freund ein erstaunliches Gespräch führte:

Einstein: Die Fliegenden Untertassen existieren wirklich, und das Volk, das sie besitzt, ist vor 20 000 Jahren von der Erde ausgewandert.

Sein Freund: Und warum kommen sie hierher?

Einstein: Sie kommen gern auf die Erde wieder, um mit der Geschichte der Menschheit auf dem laufenden zu bleiben. Die Rückkehr zu den Quellen ...

Diese Erklärungen eines Wissenschaftlers, der früher bekannt hatte, er habe kein Interesse an den Fliegenden Untertassen, sind es wohl wert, daß man darüber nachdenkt.

Die Untertassenhysterie

Man muß zugeben: Die meisten Menschen glauben nicht an die Existenz dieser Flugmaschinen, seien sie nun interplanetarischer Herkunft oder nicht. Sie werden in ihrer Zurückhaltung bestärkt durch die oft von der Presse verbreiteten haltlosen Gerüchte, die den Bemühungen der ernsthaften Wissenschaftler und Forscher Abbruch tun.

Der Fall der Untertasse von Nouatré (Departement Vienne, 1954) ist dafür typisch. Er spielte sich in einer Gegend ab, deren Schelmengeist, fruchtbare Phantasie und Hang zu lustigen Streichen allbekannt ist. Wir hatten keine Mühe, im Laufe einer guten Mahlzeit dem Geisterseher auf den Zahn zu fühlen, der uns mit vielem Augenzwinkern und Ellbogenstößen bald die Wahrheit gestand. Es handelte sich ganz sicher um einen Schabernack, und die Urheber – es waren ihrer fünf – hatten ihr ganzes Leben lang Stoff zum Lachen.

Eine der ersten Erscheinungen in Frankreich – die Untertassen von Mureaux – war ebenfalls eine witzige Irreführung, die in allen Stücken von der charmanten Schauspielerin Liliane Ernoult erfunden war.

Kurz, es ist sicher, daß diese Flunkereien auf die Leichtgläubigkeit der Leute Eindruck machten, aber es wäre ungerecht und absurd, nun die Existenz der Fliegenden Untertassen schlankweg für unmöglich zu erklären.

Sicher, das christliche Dogma, geprägt von der biblischen Schöpfungsgeschichte, nach der das Universum dem Menschen untertan sein sollte, erlegt uns Zurückhaltung auf. Die Macht der Gewohnheit, der sich daraus ergebende Mangel an Einbildungskraft, die unglaubliche Engstirnigkeit mancher Geister sind Elemente, die der Annahme jeder neuen Idee Widerstand entgegensetzen.

Wenn der Mensch unfähig ist, sein Heil selber zu schaffen, erwartet er es vom Himmel, sagte Jung, und ebenso beschränkt wie die Leugner hat sich auch eine leichtgläubige Menschheit, ohne nachzudenken, in das Abenteuer mit den Fliegenden Untertassen eingelassen.

Gerade eine dieser Maschinen aber sei es gewesen, die im Jahre 1908 in der sibirischen Taiga explodierte, und der große Hof der Ruinen von Ba'albek sei ein Flughafen für interplanetarische Raumschiffe gewesen – behauptet man!

Krasses Leugnen und stures Beharren auf einer Meinung sind aufgeklärten Geistern zuwider. In Wahrheit kann man aber doch nicht zugeben, daß die Erde eine Insel im Weltraum ist ohne irgendeine mögliche Verbindung mit dem übrigen Universum.

Die Kette der Zeit ist zu unendlich lang, als daß man eine von der Wissenschaft geschaffene Zivilisation nur den paar tausend Jähr-

chen zuerkennen sollte, die uns geschenkt sind, an dem winzigen Punkt dieser Kette, der die uns bekannte Geschichte darstellt.
Wenn die Besucher aus dem Weltraum eines Tages kommen – oder bereits eines Tages auf der Erde gelandet sind –, muß man sich vorstellen, daß sie in Raumfahrzeugen sitzen, die viel erstaunlicher sind als unsere Sputniks oder Raketen, ausgerüstet mit uns unbekannten und unglaublich leistungsstarken Maschinen. Vielleicht sogar mit – Fliegenden Untertassen?
Diese Untertassen sollen geräuschlos fliegen und strahlend leuchten, so wie sie Garcilaso de la Vega beschrieben hat. Sie sind nämlich nicht erst heute plötzlich in unserer Geschichte aufgetaucht. Die Ägypter und die Römer haben sie gekannt und nannten sie »leuchtende Schilde«. Seit undenklichen Zeiten haben sie eine oft in Sagen gekleidete Erinnerung hinterlassen – die Umdeutung eines ersten Besuches und ganz besonders in Südamerika, auf das wir bei unserer Betrachtung, wie durch eine dunkle Macht angezogen, immer wieder zurückkommen.

Die fliegenden Goldplatten der Indianer

Wie D. Leslie und G. Adamski in ihrem Buch »Fliegende Untertassen landen« berichten, verstanden es einst die Indianer, Strekken zurückzulegen, indem sie auf Goldplatten verschiedener Größe und ausgesuchter Klangfarbe stiegen, denn wenn man darauf schlug, erklangen sie wie Glocken.
Diese sagenhaften Platten, die an die fliegenden Teppiche der Orientalen erinnern, waren aus dem völlig reinen Gold der Inka gegossen, ein bearbeitetes Gold, dessen spezifisches Gewicht geringer war als das des gewöhnlichen Goldes. Auf Grund ihrer Masse und ihres Gewichts blieben die Platten natürlich auf dem Erdboden, aber, wenn man sie »anschlug«, daß sie in einer bestimmten Tonlage zu schwingen anfingen, flogen sie sofort während der Dauer des Schwingens mit ihrer Last davon. Sie vollführten also einen Sprung.
Diese Flugmaschinen waren, je nach dem Gewicht, das sie tragen sollten, in verschiedener Größe gegossen. Es ist wahrscheinlich, daß die Berechnung ihrer Oberfläche und Klangfarbe nach von

den Glockengießern benutzten Maßstäben vorgenommen wurde, die das Gewicht, die Dicke und die Dimensionen der »Glockenspeise« bestimmen.
Man könnte sich auch vorstellen, daß unsere uns überlegenen Vorfahren auf ihren fliegenden Goldplatten »Ätherbatterien« anbrachten, deren Zweck ihre Inkanachkommen vergessen haben. Sie behielten im Gedächtnis nur die faszinierende Sage vom Fliegen.
Nach dem Glauben der Spiritisten »hebt eine ätherische Ladung die Wirkung der Gravitation auf«. Vielleicht muß man darunter verstehen, daß unsere Vorväter imstande waren, im Kosmos besondere Kräfte einzufangen, unmeßbare Kräfte, die aber dennoch existieren, wie aus den jüngsten, diesem Problem gewidmeten Abhandlungen von Louis de Broglie hervorgeht, Kräfte, deren Vorhandensein schon Doktor Pagès vorausgesagt hat, als er seine Theorie von der Antigravitation aufstellte.
Eine in den Anden verbreitete Sage erzählt, daß die Goldplatten immer eine sorgsam abgemessene Ladung von Kräften erhielten, damit nicht etwa ein Kind zu weit fortgetragen wurde, ohne seinen Flug abstoppen zu können.
Aus diesem Grunde waren die Platten auch von verschiedener Größe und konnten infolgedessen verschiedene Energiemengen speichern. Die Energie wurde so berechnet, daß sie die Platte an der Grenze zwischen Gravitation und Agravitation hielt.
Eine andere Sage berichtet, daß die Goldplatten während des Fluges dauernd »geschlagen« werden mußten. Nur so konnten die Tonschwingungen in Gang gehalten werden, die die Fortsetzung des Fluges gewährleisteten.
Die Goldplatten von Peru stellen eine deutliche Parallele dar zu dem Transport der riesigen Steine von Ba'albek und der Pyramiden, zu der Levitation der eingeweihten Priester von Theben und von Memphis und zu der Wissenschaft vom Überschall, die in den meisten ägyptischen Mysterien in Erscheinung tritt.
Wie heute die Fliegenden Untertassen, so durchlebten im Mittelalter sagenhafte »Luftschiffe« eine Periode der Berühmtheit.
Eliphas Levi schreibt darüber:

Unter der Regierung Pippins des Kurzen waren in Frankreich in

aller Öffentlichkeit ganz einzigartige Phänomene zu sehen. Die Luft war erfüllt von menschlichen Gestalten, am Himmel sah man Luftspiegelungen von Palästen und Gärten, von wildbewegten Meeresfluten, von Schiffen mit windgeblähten Segeln, von in Schlachtordnung aufgestellten Heeren. Es war wie ein Traum. Alle Leute konnten jede Einzelheit dieser phantastischen Bilder sehen. Handelte es sich um eine Krankheit, die die Sehorgane befallen hatte, oder um atmosphärische Störungen, die Luftspiegelungen auf die verdichtete Luft projizierten?
Die Einbildungskraft der Menge war von diesen Luftspiegelungen am Himmel und von in den Wolken erscheinenden menschlichen Gestalten völlig in Anspruch genommen. Traum und Wachen flossen ineinander. Manche Leute glaubten, sie würden durch vom Himmel kommende Wesen entführt. Man erzählte sich nur noch Geschichten von Reisen ins Land der Feen, so wie man heute redet von Möbeln, die sich in die Luft heben, und von zerfließenden geisterhaften Erscheinungen. Die Tollheit erfaßte die klügsten Köpfe, und schließlich mußte die Kirche dagegen einschreiten.

Es war die gleiche Psychose, wie sie in unseren Tagen die den Fliegenden Untertassen zugeschriebenen Phänomene ausgelöst haben.
Mrs. Mary King, die Gattin des Gründers der »Äthergesellschaft«, die ihren Sitz in London hat, behauptet, sie habe eines Nachts ein Rendezvous mit einem Marsbewohner gehabt, der sie auf seine Untertasse eingeladen und sie auf einen Flug zum Mars mitgenommen hätte. Alle Mitglieder der Sekte sind natürlich von der Wahrheit dieser abenteuerlichen Erzählung fest überzeugt.
Die Amerikaner dürften schon aus dem einfachen Grunde von der Existenz der Fliegenden Untertassen überzeugt sein, da sie solche selber aufsteigen lassen. Sie brauchen also keineswegs alle von anderen Planeten zu kommen. Monsieur Desgrandchamps, Professor an der Ecole nationale supérieure française, hat im März 1950 folgendes erklärt:

»Fliegende Untertassen werden von einer Nation gebaut, die sich eines großen technischen Vorsprungs vor anderen Nationen er-

freut. Da sie nun diese Maschinen besitzt, muß sie damit Probefahrten durchführen. Um ihr Geheimnis so lange wie möglich zu wahren, kommt es ihr sehr gelegen, den Glauben an den außerirdischen Ursprung der Fliegenden Untertassen zu fördern.«

Charles Garreau, Fachmann auf diesem Gebiet, hat darauf hingewiesen, daß Fliegende Untertassen nacheinander in Frankreich, England und Skandinavien gesehen wurden, danach auf dem Fluge nach Mexiko, Südamerika und der Antarktis. Aimé Michel glaubt eine Flugtaktik feststellen zu können, wonach die Piloten der Fliegenden Untertassen beauftragt waren, eine topographische Aufnahme allergrößten Stils vorzunehmen. Aus diesem Grunde kehren wir zurück zu der Hypothese von der außerirdischen Herkunft dieser Flugkörper, an deren Existenz die Techniker keinerlei Zweifel hegen.

Spence Jones, Direktor des Observatoriums von Greenwich, glaubt nicht, daß die Fliegenden Untertassen vom Mars kommen, denn, versichert er, es mag vielleicht Leben und sogar Menschen auf dem Mars gegeben haben, aber in längst vergangenen Zeiten, bevor das Wasser und die Lufthülle dort praktisch verschwunden sind.

Aber sollten sie dann etwa ihren Flug von der Venus, vom Merkur oder gar von der Tiefe des Kosmos, vom Riesenstern Beteigeuze aus, unternommen haben? Und was suchen an unserem Himmel Menschen, die aus einer andern Welt kommen?

Auf diese Frage kann man folgendes antworten: Sie suchen hier nichts anderes, als was wir Erdbewohner auf dem Mond und der Venus suchen, nämlich mit andern Planetenbewohnern in Verbindung zu treten, zwei Zivilisationen einander gegenüberzustellen, endlich eine weltumspannende Neugier zu befriedigen.

Ob uns die außerirdischen Wesen kolonisieren möchten? Es ist nicht ausgeschlossen, daß die Volksvermehrung in China uns in naher Zukunft zwingen könnte, ganze Bevölkerungen nach jungfräulichen Weltkörpern umzusiedeln.

Das Umgekehrte wäre ebenso möglich. Was würde geschehen, wenn z. B. die Bewohner der Venus die Erde angriffen?

Das ist jedoch nicht sehr wahrscheinlich, denn wie groß auch die Macht des Angreifers ist, er müßte bis an die Zähne gerüsteten Armeen gegenübertreten und unter ihm fast unbekannten Lebens-

bedingungen kämpfen. Gegen biologische Waffen, z. B. in einem Bakterienkrieg, hätte er schwerlich etwas einzusetzen. Also a priori brauchen wir uns vor einem Angriff aus dem Weltraum nicht zu fürchten.
Eines ist dagegen beunruhigend: Die Fliegenden Untertassen haben unseres Wissens niemals Kosmonauten abgesetzt, die doch hier auf Erden mit den größten Ehren empfangen worden wären. (Es gibt Hunderte von Zeugenberichten über derartige Begegnungen; sie können aber kaum ernst genommen werden.) Es sei denn, daß von anderen Planeten kommende Kommandos nach topographischer Erkundung der Erde in irgendeiner mit Vorbedacht ausgewählten menschenleeren Gegend des Erdballs heimlich gelandet sind.

Die Venusleute vom Mount Shasta

Es gibt gewisse Gründe, die eine solche Landung wahrscheinlich machen. In seinem Buch *Les Civilisations inconnues* schreibt Serge Hutin:

Auf den Bergen Kaliforniens bemerkt man, wie von Zeit zu Zeit ein seltsames blendendes Licht aufleuchtet, das wie der Blitz eines Photographen aussieht und das durch geheimnisvolle Menschen erzeugt sein könnte.
Man erzählt sich auch andere sagenhaft anmutende Geschichten, deren Schauplatz man gern auf den im äußersten Norden des Bergmassivs der Sierra Nevada gelegenen Mount Shasta verlegt.
Der majestätische, schwer ersteigbare Mount Shasta ist ein uralter Kegel, der noch in regelmäßig wiederkehrenden Abständen leichte Zeichen einer vulkanischen Tätigkeit von sich gibt. In diesem ganzen noch wenig bekannten Gebiet Nordkaliforniens will man »seltsame« Menschen gesehen haben, die sich gewöhnlich sorgfältig in den Wäldern verbergen, aber manchmal daraus hervorkommen, um mit den Bergbewohnern Tauschhandel zu treiben.
Diese Menschen sind groß, anmutig, gewandt und haben eine hohe Stirn. Sie tragen ihr Haar so gekämmt, daß es vorn bis auf den Nasenansatz herunterfällt. Bis hierher ist das alles nicht be-

sonders bemerkenswert. Es könnte sich sehr gut um einen harmlosen Indianerstamm handeln, dem es gelungen ist, sich in einer von Vertretern der Regierung wenig besuchten, gebirgigen Gegend verborgen zu halten.

Aber das Rätsel wird undurchsichtiger: Von Zeit zu Zeit werden um große Feuer herum geheimnisvolle Feiern abgehalten. Es ist unmöglich, nahe heranzukommen. Wer Zeuge sein möchte, wird durch »Schwingungen« auf den Boden scheinbar festgenagelt, so daß er sich nicht bewegen kann.
Seitdem nun die nicht »identifizierbaren Flugobjekte« unsere Chronisten so ausgiebig beschäftigt haben, werden die geheimnisvollen Vorkommnisse auf dem Mount Shasta gern von der Venus gekommenen Besuchern zugeschrieben. Die Verfechter der Idee, daß sich dort ein unbekanntes Volk in einer unterirdischen Stadt niedergelassen habe, können sich auf seltsame Tatsachen berufen. Ein amerikanischer Astronom, Professor Edgar-Lucien Larkin, ehemaliger Direktor des Observatoriums auf dem Mount Lowe, hat durch das Teleskop von weitem eine golden schimmernde metallische Kuppel erkennen können, die von seltsamen Konstruktionen umgeben war. Serge Hutin fährt fort:

Autofahrer haben auf entlegenen Waldwegen plötzlich Menschen einer unbekannten Rasse angetroffen – weiß gekleidet, mit langem, lockigem Haar, von majestätischer Statur –, die bei jedem Versuch, mit ihnen in Berührung zu treten, sofort verschwanden. Lange, bevor die »Untertassenhysterie« einsetzte, haben glaubwürdige Zeugen seltsame »Luftschiffe« ähnlicher Form beobachten können. Man hat sie übrigens auch weiter im Norden in der Gegend der Aleuten und von Alaska gesehen. Alle diese Maschinen flogen völlig geräuschlos, ein charakteristisches Merkmal auch der berühmten Untertassen.
Eine kalifornische Überlieferung behauptet, daß sich unter dem östlichen Gipfel des Mount Shasta ein nach einer geheimnisvollen Höhlung führender Tunnel befinde, in der eine ganze Stadt mit seltsamen Häusern steht; die periodisch aus dem alten Krater aufsteigenden Rauchwolken seien nicht vulkanischen Ursprungs, sondern kämen aus der geheimnisvollen verlorenen Stadt.

Was soll man von dieser verlockenden Hypothese halten?
Hohe Autoritäten der Luftfahrt zeigen sich geneigt, ihr Glauben zu schenken. Mr. Keyhoe, im Handelsministerium ehemaliger Chef der Abteilung für Informationen über die amerikanische Luftfahrt, behauptet, daß die Fliegenden Untertassen nichts andres seien als interplanetare Fahrzeuge, auf denen die Bewohner anderer Planeten zur Erde fliegen und dort landen, um uns zu beobachten.
In Frankreich hat Oberstleutnant M., im Luftfahrtministerium Chef der Abteilung für »nicht identifizierte Flugobjekte«, folgendes erklärt:
»Die ›Uranier‹ kommen wahrscheinlich auf unsere Erde, um irgend etwas zu erforschen, das für uns gänzlich uninteressant, für sie aber sehr wertvoll ist. Über uns selbst machen sie sich nur lustig.«
Wenn das wirklich die Absicht der Venusleute vom Mount Shasta ist, was könnten sie denn in Kalifornien suchen? Gold, Kupfer, Silber, Quecksilber? Das ist wenig wahrscheinlich. Alle Metalle muß es auf den anderen Planeten auch geben, oder sie können durch Transmutation (Umwandlung) hergestellt werden.
Was dann? Irgend etwas für uns Uninteressantes? Z. B. Setzlinge von Bäumen. Sicher sind für die Menschen Wälder nötiger als Gold- oder Quecksilberminen. Dafür liefern uns die Menschen der Jungsteinzeit den Beweis. (Falls Leben auf der Venus existiert, so kann es sich nur um niedere Pflanzen handeln, aber es kann durchaus sein, daß der durch die Pflanzen verursachte Abbau des in der Venusatmosphäre enthaltenen Kohlendioxyds schon begonnen hat. In diesem Fall können die ersten Formen tierischen Lebens auf der Venus aufgetaucht sein.)
Wenn im Prozeß der allgemeinen Entwicklung die Bäume gefehlt hätten, wäre unsere biologische Entwicklung gänzlich anders verlaufen. Man kann sich fragen, warum die Menschen heute eher davon überzeugt sind, auf anderen Planeten Menschen vorzufinden als Eichen, Palmen oder Fichten.
Was die »Uranier« vom Mount Shasta anlangt, so kann man außer der Ansicht, daß es sie überhaupt nicht gibt, auch noch andere Hypothesen aufstellen. (Sicher werden ja auf die Untertassenhysterie eine Mars- und eine Venushysterie folgen.) Falls diese

Wesen wirklich von einem anderen Planeten gekommen sind, vielleicht können sie nicht dahin zurückkehren und sind gewissermaßen Gefangene auf der Erde. Das gleiche Geschick wird wahrscheinlich den Erdbewohnern beschieden sein, die zuerst auf dem Mond oder gar auf der Venus landen.
Wahrscheinlich ist das sogar schon geschehen, und auf dem Mond liegen die Leichen ein paar unbekannter Menschen, obwohl die Amerikaner vermuten, es seien Russen.
Die amerikanische Presse nennt die Zahl von fünf Kosmonauten, darunter ein Mann und eine Frau, Passagiere einer am 17. Mai 1961 gestarteten Rakete, die, nachdem sie von den Stationen in Turin, Meudon, Bochum und Jodrell Bank im Verlauf ihres Fluges registriert worden war, spurlos im Weltraum verschwand.
Der Schriftsteller Henry Ward gibt dazu in »L'Enfer est dans le Ciel« folgenden Kommentar:

Der erste russische Satellit, dem es gelungen ist, den Bannkreis der Erde zu verlassen und sich in den unendlichen Raum zu schwingen, ist von der Abschußrampe von Usun-Bulak gestartet worden, die sich ungefähr 150 Meilen vom rechten Ufer des Flusses Tarim entfernt befindet, nördlich der Wüste von Takla Makan an der Grenze zwischen Ost-Turkestan und der in Sinkiang im östlichen China gelegenen Provinz Pe-Schan, und zwar am 2. März 1956 um 0 Uhr 17 Minuten 40 Sekunden (Weltzeit). Dieser Satellit soll nach dem, was ich unverbindlich feststellen konnte, an Bord drei Mann Besatzung gehabt haben.

Wir wissen nicht, ob alle Einzelheiten stimmen, aber wir haben aus bester Quelle erfahren, daß die Russen wirklich schon Menschen auf den Mond und vielleicht auch zur Venus geschickt haben.

Der Schwarze Ritter

Andererseits ist es in den Kreisen der Astronomen und der Astronautiker bekannt, daß sich in der Gegend des Mount Shasta und im chinesischen Sinkiang geheimnisvolle Dinge ereignen.

Schließlich wissen amerikanische, russische, italienische und zweifellos auch französische Astronomen, daß seit dem 26. November 1958 (also ein Jahr nach dem Abschuß des Sputnik I am 4. Oktober 1957) ein unbekannter Satellit die Erde umkreist. Mangels irgendwelcher genauen Information hat man ihm den Namen »Der Schwarze Ritter« gegeben. Er sendet oft über Sprechfunk in Italien aufgefangene Nachrichten in einer unbekannten Sprache:

Die Wissenschaftler der russischen Abschußbasis von Sinkiang sollen an Bord dieses Satelliten, der in regelmäßigen Zwischenräumen zu seiner Basis zurückkehrt, einander ablösen.

Man darf nicht alles glauben, was über die Fliegenden Untertassen gefabelt wird, aber man kann eine Nachricht als sicher begründet betrachten: In der Nacht vom 19. Februar 1956 waren die vor den Radarschirmen sitzenden Beobachter nicht mit Blindheit geschlagen, als sie volle vier Stunden lang »unbekannte Flugobjekte« beobachteten, die bald bewegungslos am Himmel standen, bald mit einer Geschwindigkeit von mehr als 3000 Kilometer in der Stunde dahinrasten.
Die als fachkundig angesehenen Gelehrten wenden ein: Die Schnelligkeit und die Beschleunigungen der Fliegenden Untertassen sind nach Ansicht der Wissenschaftler für einen menschlichen Organismus unerträglich. Das hat man auch behauptet, ehe Gagarin, Titow und Sheppard mit fast 40 000 km Stundengeschwindigkeit um die Erde flogen. Und wer weiß denn mit Sicherheit, ob die außerirdischen Flugkörper wie feste Körper fliegen?
Die Fragen der Schnelligkeit, der Erwärmung der Metalle, der Beschleunigung sind keine unüberwindlichen Hindernisse für die Raumschiffahrt von morgen, wenn die Kosmonauten der Erde in wenigen Stunden, in Bruchteilen von Sekunden oder in einem Augenblick auf Sternen ankommen werden, die zehn Millionen Lichtjahre entfernt sind.
Das Problem der unbekannten Flugobjekte (Ufos) muß mit größtmöglichem Ernst untersucht und im Auge behalten werden, denn selbst wenn sie zur Zeit nicht existieren sollten, so ist es doch wahrscheinlich, daß die Fliegenden Untertassen bald existieren werden und sie schon einmal existiert haben. Eine Briefschrei-

berin aus Calvados sammelt alle Informationen, die sich auf die unbekannten Flugobjekte beziehen, und führt am Teleskop außerordentlich interessante Beobachtungen durch. Alle Informationen und Beobachtungen werden mit der Maschine in kleine Hefte eingetragen, meist ohne irgendeinen Deutungsversuch, um möglichst getreu das reine Faktum festzuhalten.

So notierte unsere Korrespondentin, als sie den Mond beobachtete, folgendes:

Am 17. November 1959 beobachtete ich zehn Minuten lang einen Lichtbogen über dem Krater Platon. Danach verschwand das Licht.

Am 5. November desselben Jahres sah ich ein blinkendes Licht im Krater Aristarchus und später am Abend zwei runde leuchtende Objekte, die den Mond mit größter Schnelligkeit verließen.

Im Jahre 1960 sah ich, wie fünf Minuten lang die dunkle Seite des Kraters Aristarchus hell beleuchtet wurde. Danach erlosch die Beleuchtung wieder.

Am 15. April 1961 sah ich im Krater Aristarchus Lichter aufblinken. Danach verließen fünf Objekte im Abstand von 15 Sekunden den Mond in östlicher Richtung.

Mondbeobachtung

Doktor John Kraus, Direktor des Staatsobservatoriums von Ohio (USA), nimmt auf Grund von mehrfach aufgefangenen Signalen an, daß auf der Venus eine Radio-Sendestation vorhanden sein könnte.

Frank Halstead, Kurator des Observatoriums von Duluth (Minnesota), glaubt, daß der Mars ein Stützpunkt für Fliegende Untertassen ist, die von einem andern Sonnensystem kommen.

In Übereinstimmung mit dieser Hypothese könnten die Beobachtungen unserer Korrespondentin vermuten lassen, daß auch der Mond eine Basis für unbekannte Flugobjekte sein dürfte, mag es sich dabei nun (falls der Mond bewohnt ist) um eine Abschußbasis oder einen Zwischenlandeplatz handeln.

Seit mehr als einem Jahrhundert sind von den Astronomen auf

dem Mond geheimnisvolle Phänomene beobachtet worden. Im Jahre 1822 berichtete der deutsche Astronom Gruithuisen, daß er auf dem Mond die Ruinen einer Stadt festgestellt habe. Ganz deutlich seien die Mauern zu erkennen. Die Stelle auf der Mondkarte heißt heute noch *Gruithuisen City*.

Dieser Beobachtung würde eine erhebliche Bedeutung zukommen, wenn nicht in der Mitte des 19. Jahrhunderts eine Hypothese aufgestellt worden wäre, die das Phänomen erklärte. Wenn nämlich die Oberfläche des Mondes mit Asche bedeckt ist, könnte sie Bilder von der Erde reflektieren.

So könnte z. B. ein in Europa befindlicher nächtlicher Beobachter auf dem Mond virtuelle Bilder des dann von der Sonne beschienenen amerikanischen Kontinents zu sehen bekommen.

Ebenso könnte das Bild von San Franzisko mit seinen Wolkenkratzern durch einen Projektions- oder Brechungseffekt an den Rändern unseres Trabanten so erscheinen, daß es den europäischen Beobachter zu falschen Schlüssen verleitet.

Dann wäre also Gruithuisen City nicht eine Stadt auf dem Monde, sondern eine Luftspiegelung.

Am 11. Dezember 1947 sah der Engländer Hodgson leuchtende Punkte auf der dunklen Seite unseres Satelliten.

Zahlreiche Astronomen haben zu verschiedenen Zeiten und an verschiedenen Stellen der Mondoberfläche solche Lichtquellen festgestellt: z. B. ganz bedeutende im Krater Aristarchus, ein X im Krater Eratosthenes, den griechischen Buchstaben γ (Gamma) im Krater Littrow und quadratische Gitterfiguren im Krater Platon.

Sollen wir daraus schließen, daß die Krater entweder von Mondmenschen oder von aus dem Weltraum kommenden Wesen besucht werden?

Diese Möglichkeit darf nicht von vornherein ausgeschlossen werden, vor allem was den Krater Platon betrifft, wo Lichter und geheimnisvolle Signale sich häufen, besonders dann, wenn der Mars in größter Erdnähe ist.

Am 23. November 1920 sah man am Rande des Mondes einen so stark leuchtenden Fleck, daß ein Teil des Kraters Furnerius aufgehellt wurde.

Am 12. August 1944 beobachtete man im Krater Platon ein Objekt, das das Sonnenlicht sehr stark reflektierte.

Eine amerikanische Zeitschrift weiß dazu weitere interessante Einzelheiten mitzuteilen:
Warum befindet sich das Luftwaffenhauptquartier zur Erforschung des Problems der unbekannten Flugobjekte in Wright Patterson und nicht im Pentagon? Etwa weil die »geborgenen« – oder sollte man lieber sagen: die »überlisteten«, »abgefangenen« – Untertassen sich unter den Hangars der Abschußbasis Patterson unterbringen lassen?
Warum wird die Öffentlichkeit nicht davon unterrichtet, daß sich oben auf einem hohen Berg in Schweden ein metallischer, im Durchmesser 1003 Fuß messender Ring befindet, in dessen Innern eine Vegetation gedeiht, die von der auf der Erde gänzlich verschieden ist?
Die amerikanische Zeitschrift stellt neben anderen – unstreitig sehr phantastischen – Enthüllungen die Behauptung auf, daß zwei führende Wissenschaftler und wenigstens (!) zwei Vertreter der amerikanischen Regierung (darunter Präsident Eisenhower) persönliche und physische (nicht nur eingebildete!) Kontakte mit aus dem Weltraum kommenden Menschen gehabt haben.
Die Zeitschrift berichtet ferner, daß eine mit dem 5-m-Teleskop auf dem Mount Palomar vom Krater Gassendi gemachte Aufnahme kuppelförmige Gebäude zeigt. Das würde unwiderleglich beweisen, daß auf unserem Trabanten außerirdische Wesen leben. Diese Bauten sollen an den Eingängen zu den unter der Oberfläche befindlichen Städten stehen und auf ihren Dächern Röhren haben, um den im Innern herrschenden Druck konstant zu halten. Vor dreißig Jahren wurden im Krater Gassendi Linien festgestellt, die mit den vom Mount Palomar gemachten photographischen Aufnahmen voll übereinstimmten.
Diese Berichte, diese Tatsachen würden, wenn sie sich bewahrheiten, offenbar die Gesellschaftsordnung auf der Erde umstoßen und beweisen, daß unser Planet von außerirdischen Beobachtern überwacht wird, die uns von Zeit zu Zeit besuchen und sich vielleicht schon in unsere Unternehmungen einmischen.
Nun, wenn wir uns schon zum *advocatus diaboli* machen, so müssen wir doch zugeben, daß für ein solches Eingreifen außerirdischer Mächte auch nicht das geringste, wirklich auswertbare Anzeichen vorliegt. Im Gegenteil, alles beweist oder scheint zu

beweisen, daß die von den Parteigängern der Ufos aufgestellte Hypothese mindestens verfrüht und manchmal in sich widerspruchsvoll ist.
Wenn wirklich Bewohner anderer Gestirne Signale aussenden, rings um die Erde Basen errichten und damit beginnen sollten, uns zu überfliegen oder auf unserem Erdball zu landen, würde das doch bedeuten, daß sie durch direkte, wirkungsvolle und erkennbare Mittel mit uns in Verbindung zu treten wünschen.
Warum also sollten diese Bewohner anderer Welten seit Jahrhunderten, ja seit Jahrtausenden sich nur durch zweifelhafte und stark umstrittene Erscheinungen offenbart haben?
Wie soll man zugeben, daß die Raumfahrtversuche der Russen und besonders der Amerikaner sich immer noch im Stadium der Rakete des Konfuzius befinden und daß von zehn dieser Versuche fünf stets gescheitert sind, wenn außerirdische Mächte mit diesen Regierungen in Verbindung stehen und ihnen Modelle von Raumschiffen anvertrauen sollen?
Zurückhaltung, Vorsichtsmaßnahmen seitens jener Bewohner anderer Gestirne? Lang andauernde Beobachtungen? Alle diese Erklärungen sind wenig stichhaltig.
Eine Stillschweigeverschwörung der Amerikaner und der Russen? Doch ein Geheimnis auf Regierungsebene – besonders eins von dieser Gewichtigkeit – ist schwer zu bewahren. Und der Ost-West-Gegensatz, der die Welt vergiftet, scheint kaum mit einer Leitung vom Raum her vereinbar.
Übrigens ähnelt die Geschichte von den Fliegenden Untertassen in einem Punkte ganz gefährlich den Berichten von Gespenstern, von Geistererscheinungen und vom Verkehr mit dem Jenseits: Man redet zuviel davon.
Eine große Anzahl von Personen (dem Vernehmen nach 8000 im Fall der Fliegenden Untertassen, und was die Phantome anlangt, gibt es millionenfache Augenzeugenberichte) erklären, daß sie diese Manifestationen gesehen und gehört haben. Seltsam nur, daß niemals der Beweis für ihre wirkliche Existenz geglückt ist. Schwärmer, Gaukler und Wirrköpfe verwechseln Traum, Halluzination und Phantasiegebilde mit der objektiven und greifbaren Wirklichkeit. Sie erschüttern damit auch den Glauben an echte Manifestationen des Übersinnlichen.

Dennoch läßt sich für die Fliegenden Untertassen eine Erklärung finden.

Zunächst ist es gut, sich einzuprägen, daß ihnen in fast allen Fällen die Form eines Diskus, eines Kreises, einer Zigarre oder einer geraden Linie zugeschrieben wird, was ja auch einem unter verschiedenen Gesichtswinkeln gesehenen Diskus entspricht.

Niemals werden sie als quadratisch, rechteckig, trapezförmig oder als in zwei Spitzen auslaufend beschrieben, was unserem Erklärungsversuch entgegenstehen würde.

Wenn ein Aerolith – ein kosmischer Meteorit – zufällig eine Umdrehungsgeschwindigkeit von 31 km in der Sekunde erreicht, was bei einigen hundert von den Milliarden, die den Kosmos durchschwärmen, mathematisch möglich ist, nimmt er in der Nähe unseres Planeten und in einer selbst sehr dünnen Atmosphäre infolge der Reibung und der Zentrifugalkraft zwangsläufig die Form eines Diskus an.

Seine Rotation von 31 km pro Sekunde befreit ihn von den Gesetzen der irdischen Schwerkraft, und wenn seine Anfangsgeschwindigkeit fast 108 000 km pro Stunde betrug (Geschwindigkeit, mit der die Erde die Sonne umkreist), so kann der Diskus entweder unbeweglich am Himmel schweben oder sich langsam oder der Anfangsgeschwindigkeit entsprechend mit einer erheblichen Schnelligkeit bewegen.

Es ist vielleicht nicht unmöglich, daß die Magnetfelder, die der Körper erzeugt, oder magnetische oder andere Energien, die wir nicht kennen, auf ihn so einwirken, daß seine Bewegung sich verlangsamt oder in umgekehrter Richtung verläuft oder plötzlich ganz aufhört...

Diese unbekannten elektrischen Kräfte, die auf ihn einwirken, müssen mindestens als Hypothese angenommen werden können.

Wenn es selbst nicht wahrscheinlich ist, daß außerirdische Wesen uns bespitzeln und in Fliegenden Untertassen herumsausen, so ist es dafür aber absolut sicher, daß unbekannte Kräfte – elektrische oder solche anderer Natur – im Kosmos existieren.

Im ganzen genommen ist das Phänomen, so wie wir es auffassen, dem der »Feuerkugeln« oder Kugelblitze verwandt, die sich bei schweren Gewittern vom Himmel herabsenken und ganz langsam um die Köpfe der entsetzten Menschen herumschweben.

Um noch einmal alle möglichen Vermutungen zusammenzufassen: Die Fliegenden Untertassen können also Meteorite oder Meteore oder Phänomene in der Art der Feuerkugel sein. Folglich müßten wir also leugnen, daß sie existieren oder ein Eingreifen außerirdischer Wesen darstellen? Wir werden uns wohl hüten, diese Schlußfolgerung zu ziehen. Denn was auch noch so »vernünftig« erscheint, entspricht nicht immer der Wahrheit.

Selbst wenn die Fliegenden Untertassen eine Täuschung, eine Luftspiegelung, eine Halluzination wären, so muß man sie doch ernst nehmen. Man muß sie sorgfältig beobachten und immerhin als möglicherweise oder theoretisch wahr ansehen. Andererseits zieht die Hypothese, daß dem wirklich so ist, eine andere Hypothese nach sich, die erklären würde, warum sie sich nicht in die Angelegenheit der Menschen einmischen.

Man hat behauptet, die Astronauten der Fliegenden Untertassen hätten Angst vor den Menschen. Das ist nicht sehr wahrscheinlich, aber man kann wohl vermuten, daß die Lebensbedingungen auf der Erde oder andere zwingende Gründe die Verzögerung einer Kontaktnahme erklären.

Nach unserem Begriff von der Zeit erscheint diese sich über Jahrhunderte oder über Jahrtausende erstreckende Verzögerung unbegreiflich, doch wissen wir nicht, was Zeit und Zeitdauer für außerhalb der Erde wohnende Wesen bedeuten. Für Wesen, die von tausend Lichtjahre entfernten Sternen kommen, die das Problem des Raumes gelöst und die Mauer der Zeit durch eine relative Zusammenziehung in einen Augenblick oder eine zur Unendlichkeit zerdehnte Zeit durchbrochen haben, für sie sind vielleicht zwei Jahrtausende soviel wie wenige irdische Sekunden.

Das Problem der Zeit im kosmischen Abenteuer ist für uns zu undurchdringlich, als daß wir es mit unseren willkürlich aufgestellten Maßstäben lösen könnten. Mit andern Worten: Auch die Erklärung der unbekannten Flugobjekte ist zweifellos unvereinbar mit unserer experimentellen Wissenschaft. Schließlich ist es auch möglich, sich noch andere Erklärungen auszudenken.

Die phantastischste von allen, die man indes nicht von vornherein ausschließen kann und die sich eines Tages als ebenso wahr herausstellen könnte wie die Übermittlung von Wort und Bild quer durch den Raum, die Zerlegung und Wiederzusammen-

setzung von Ton und Licht wahr geworden sind – diese phantastische Erklärung ist zweifellos die folgende: Die von anderen Gestirnen gekommenen Menschen sind unter uns. Wir kennen sie, ohne sie als solche zu erkennen.
Der Sieg über den Raum und die Zeit setzt bei jenen außerirdischen Wesen ein Wissen voraus, von dem wir uns nur eine annähernde Vorstellung machen können und das die Kenntnis des Geheimnisses der durch die Desintegration und Reintegration möglich gemachten Reise in die Zeit einschließt. Nach dieser Hypothese könnten die aus dem Kosmos kommenden Reisenden sich durch eine Substitution wieder integrieren, d. h. sie könnten in dem Körper oder Geist eines Erdbewohners Wohnung nehmen, ohne daß dessen äußere Erscheinung sich dadurch merklich verändert.
Eine kühne Hypothese, aber sie ist in ihrer Extravaganz vernünftiger als der Versuch, die aus dem Raum kommenden Wesen mit einer der unseren ähnlichen Persönlichkeit zu umkleiden.
In diesem Fall sitzen die Reisenden aus dem Kosmos ohne Wissen der physischen Person, die sie sich zur Wohnung erkoren haben, vielleicht an den Steuerhebeln unserer Regierungen und lenken ihre Geschicke.

Lächerliche Raumfahrzeuge

Das Problem der Fliegenden Untertassen zwingt uns auch, das der Raumfahrzeuge zu untersuchen, die unserer Gegenwart so viel Stoff zur Unterhaltung bieten.
Die Wostoks und andere Raumraketen sind unter bestimmten Gesichtspunkten lediglich »Raumpflüge«, Flugzeuge, die ebenso überholt sind wie die mit Kolbenmotor ausgerüsteten Doppeldecker von 1914.
Es ist unbegreiflich, daß so fortschrittliche Nationen wie die UdSSR und die USA so viel Geld und Zeit verschwendet haben, um mit einer Art von Raketen zu experimentieren, die man schon zur Zeit des Konfuzius in die Lüfte aufsteigen ließ und die kaum über größere Schubkraft verfügten als ihre Vorgänger. Allerdings erschöpfen dieselben Regierungen ihre Mittel, um

Atomwaffen herzustellen, die aller Wahrscheinlichkeit nach als solche niemals benutzt werden können.
Vor 2500 Jahren flogen Raketen von der Erde zum Himmel mit einer Geschwindigkeit von 100 km in der Stunde. Sie erreichten eine Höhe von etwa 100 m, vielleicht auch mehr. Nach demselben Prinzip fliegen die Wostoks, die einen schubkräftigeren Treibstoff benutzen, 380mal schneller und 2500mal höher, nicht etwa in den Kosmos, wie man selbstgefällig betont hat, sondern in den irdischen Himmel, genau wie die Flugzeuge, die ja auch nur siebenmal langsamer und dreimal niedriger fliegen.
Gemessen an den Weiten des Kosmos (den man unklugerweise ins Spiel bringt – »Kosmonauten!«), sind die Raketen des Konfuzius und der USA sowie der sowjetische Wostok nichts anderes als noch dicht am Erdball entlang schleifende Gefährte, deren unbedeutende, lächerliche Geschwindigkeiten einander gleichzusetzen sind.
Das Problem kann erst dann mit Erfolg einer Lösung nähergebracht werden, wenn man darangeht, wirklich auf wissenschaftlichen Grundlagen beruhende Raumfahrzeuge zu konstruieren, Fahrzeuge, die mit dem alten Prinzip der Kanonenkugel nichts mehr gemein haben, die wahrscheinlich zuerst mit der Schwerelosigkeit operieren und irdischen »Untertassen« gleichen werden. Denn diese sind berufen, die Nachfolge der Rückstoßraketen anzutreten.
Eine echte Raumschiffahrt setzt voraus, daß man an Fahrten denkt, die einige tausend oder Millionen Lichtjahre dauern. Daraus folgt, daß unsere experimentelle Wissenschaft eine die herkömmlichen Maßstäbe sprengende Wissenschaft werden muß, die vielleicht mit der von den Okkultisten vorausgesagten Wissenschaft einen Bund eingehen wird.
Auflösung der Zeit, des Raumes, der festen Körper? Anabiose? Ein phantastisches Jonglieren mit mathematischen Formeln?
Die Wissenschaft von morgen wird uns den Zugang zu einer Magie eröffnen, die sich schon in der nicht mehr fernen Neutralisierung der Schwerkraft ankündigt. Falls es ein Geheimnis der Schwere gibt, so gibt es ein noch viel undurchdringlicheres, das die Menschen seit den Schöpfungstagen in seinen Bannkreis gezogen hat: das Geheimnis der Zeit.

DIE ZEITMASCHINE

Es ist schwierig, einen klaren Kopf zu behalten, wenn man sich an das Geheimnis der Zeit heranwagt. Jemand hat gesagt: Die Zeit ist Gott, denn sie ist unendlich, ewig, unerforschlich und allmächtig.

Die Dimensionen des Raumes, die Begriffe, alles, was materiell ist und was nicht materiell ist, kann verschwinden, ausgenommen die Zeit, die sogar dem Nichts Trotz bietet. Die blaue oder schwarze Zeit, unzerstörbar und geduldig, aus Schweigen und Unnahbarkeit gewoben, unbezähmbar.

Wissenschaftlich gesprochen ist die Zeit eine Unbekannte, die man als »immer« interpretiert und mit »immer« gleichsetzt, letztlich ein unvermeidlicher Irrtum.

Wir wissen durchaus nicht, in welchem Jahr wir eigentlich leben. 1963, 1964, 1965 sind nur annähernde Schätzungen, die sich auf eine noch viel größere Ungewißheit beziehen: das Datum der Geburt Christi.

Man erzählt eine kuriose Anekdote, deren Helden der Teufel, die Zeit und ein Alchimist sind. Der Alchimist hatte mit dem Teufel einen Pakt abgeschlossen, um von ihm das Geheimnis der Verwandlung zu erfahren, und zwar am 5. Oktober, dem Fest des heiligen Franz von Assisi im Jahre des Heils 1573. Es handelte sich um eine Laufzeit des Paktes von 3,6 oder 9 Jahren. Der Alchimist hatte ihn mit seinem Blut unterzeichnet und sich verpflichtet, nach auf den Tag genau neun Jahren seine Seele dem Teufel zu übergeben. Er hatte die Möglichkeit, alle drei Jahre vom Vertrag zurückzutreten. Aber der Teufel wußte, mit wem er es zu tun hatte, und war keineswegs beunruhigt.

Im ersten Jahr verriet er dem Alchimisten das Geheimnis des Goldmachens. Da wurde der sehr reich. Im dritten Jahr übermittelte er ihm das Geheimnis, wie man Macht über die Menschen gewinnen kann. Da wurde der eine sehr gewichtige Persönlichkeit. Um zu verhindern, daß sein Kunde im sechsten Jahr vom Vertrag zurücktrat, enthüllte der Teufel ihm das Geheimnis des Jungbleibens, und der Alchimist hörte auf zu altern.

Aber da kam das neunte Jahr heran, und am 4. Oktober spätabends klopfte der Teufel an die Tür dessen, der nun zur Hölle fahren sollte.

Lakaien öffneten dem hohen Besucher die Tür und führten ihn in einen prächtigen Festsaal, wo zwei Gedecke aufgelegt waren: goldene Teller, Becher aus vergoldetem Silber, französische Weine, saftige Braten, Früchte der Jahreszeit und ausgesuchte Desserts.

»Oha!« sagte der Teufel. »Ich sehe, Gevatter, du willst dieser Welt herrlich und in Freuden Lebewohl sagen.«

»Ich erwartete Euren Besuch, gnädiger Herr, und bitte Euch inständig, in meiner Gesellschaft zu soupieren.«

Es war kaum zehn Uhr, kurz nach dem Abendläuten, und der Teufel sagte sich, es sei ein guter Gedanke, sich mit einem Festessen die Zeit zu vertreiben, bis er um Mitternacht seine Beute in Empfang nehmen konnte.

Er setzte sich also gegenüber dem Alchimisten an die Tafel und tat ihm Bescheid. Von Zeit zu Zeit jedoch warf er einen Blick auf die Uhr, denn nichts liegt dem Satan so am Herzen wie der Besitz einer Christenseele.

Endlich waren die Zeiger auf zwei Minuten vor Mitternacht gerückt, und der Satan konnte nicht länger an sich halten.

»Lieber Gevatter, du mußt dich nun darauf vorbereiten, mir zu folgen. In zwei Minuten ist der morgige Tag angebrochen. Was abgemacht ist, ist abgemacht!«

»Das heißt –?« fragte der Alchimist.

»Das heißt, daß du am 5. Oktober des Jahres 1573 einen Pakt mit mir abgeschlossen hast, der mir auf den Tag genau neun Jahre danach deine Seele überantwortet.«

»Und wann muß ich Euch meine Seele übergeben?«

»Am 5. Oktober, also genau in einer Minute und dreißig Sekunden. Ein Pakt ist ein Pakt. Daran kann niemand etwas ändern.«

»Habt Ihr es so eilig, Herr Satan?«

»Der Pakt nennt den 5. Oktober und keinen andern Tag. Also – jetzt in einer Minute!«

»Ihr sagt, am 5. Oktober?«
»Ja, ich sage am 5. Oktober. Weder am 4. noch am 6., sondern am 5. Und ich werde mich bedienen!«
»Eine Sekunde, gnädiger Herr, wenn ich bitten darf!«
Der Alchimist klatschte in die Hände, und zwei Laienbrüder kamen zur Tür herein.
»Du bist verloren, Gevatter«, grinste der Teufel. »Die Laienbrüder können daran nichts ändern. Was unterzeichnet ist, ist unterzeichnet, und –«
In das feierliche Schweigen tönten langsam die zwölf Schläge der Mitternacht, und der Höllenfürst fuhr fort:
»– jetzt haben wir den 5. Oktober. Deine Seele gehört mir!«
»Irrtum!« rief der angeblich zur Hölle Verdammte. »Irrtum, Herr Satan! Fragt doch lieber diese Brüder. Sie sollen Euch die Wahrheit sagen, und wenn wir wirklich den 5. Oktober haben, soll meine Seele Euch verfallen sein!«
»Nun wohl«, wandte sich der Satan an die Brüder.
»Welchen Tag haben wir heute?«
»Der heutige Tag ist der 15. Oktober im Jahre des Heils 1582 nach der Entscheidung Seiner Heiligkeit Gregors des Dreizehnten, der soeben den Julianischen Kalender reformiert hat.«
»Könnt ihr das beschwören?« fragte der Satan.
»Wir schwören es vor Gott«, antworteten die Laienbrüder.
Da erhob sich ein Wirbel von Rauch und Flammen, und in einem übelriechenden Schwefelgestank verschwand der Teufel.
Es stimmte wirklich: Am 5. Oktober 1582 hatte die Zeit einen Katzensprung gemacht, um die Frühlings-Tagundnachtgleiche, die infolge eines Fehlers des Julianischen Kalenders um zehn Tage nach rückwärts verschoben war, wieder an die rechte Stelle zu rücken.
Und der Papst hatte angeordnet, daß dieser 5. Oktober nun der 15. werden sollte.
Jener Alchimist nannte sich Graf von Saint-Germain.
An dem gleichen Tag noch, am 15. Oktober 1582, mitten in der Nacht, sandte der Mond auf die Türme von Notre-Dame mit einer Geschwindigkeit von 300 000 Kilometern in der Sekunde Lichtstrahlen, die zehn Tage und $1^1/_3$ Sekunden brauchten, um an ihr Ziel zu gelangen. Damals machten die Menschen zum

ersten Mal in der Geschichte eine Reise in die Zeit, d. h. in die Zukunft, indem sie in weniger als einer Sekunde die 240 Stunden einer Dekade durchrasten.

Die Reise in die Zeit – ein Mythos wie die Liebe, der Traum, der Wunsch, in den Weltraum zu fliegen, die Welt zu beherrschen, die Bösen zu strafen und die Guten zu belohnen.

Von all diesen alten Wunschträumen der Menschen ist keiner zählebiger und fester verankert als der von der Reise in die Zeit, denn in Vergangenheit, Gegenwart und Zukunft gab es nie, gibt es nie und wird es nie einen Menschen geben, der sich nicht danach sehnt, sein Leben noch einmal zu durchleben.

Wieder jung werden, noch einmal nur eine Stunde, eine Minute das Rad der Zeit zurückdrehen, das Wunder, an das sich der Unglückliche klammert, wenn er in den Abgrund stürzt, wenn er sieht, wie das todbringende Auto auf ihn zurollt, wenn er sieht, wie der zu Tode getroffene Freund, den er hätte retten können, zusammenbricht.

Die Reise in die Zeit ist möglich, aber eins beweist ihre Einzigartigkeit: Sie ist praktisch möglich und theoretisch unmöglich. Mit Hilfe des Filme oder der Schallplatte, in Gedanken und im Traum kann der Mensch sich, wenn auch nicht in die Zukunft, so doch wenigstens in die Vergangenheit versetzen und darin umherstreifen. Doch das sind nur geistige oder sinnliche Erlebnisse, an denen der Körper keinen Anteil hat.

Der Traum allein allerdings verschafft uns die Illusion einer Reise mit vollkommen nachempfundenen oder oft auch wirklichen Sinneseindrücken: Die Rose strömt ihren Duft aus, der Kanonenschuß betäubt uns, der Kaffee ist bitter oder köstlich, die Frau, die man bewundert, ist anbetungswürdig schön, die Wollust, die einen durchzuckt, ist wirklich erlebt.

Unser Unterbewußtsein kennt also einen Mechanismus, um sich in der Zeit hin und her zu bewegen, während die experimentelle Wissenschaft im Wachzustand nur eine bei weitem nicht so dynamische Art des Reisens kennt. Aber der Mechanismus des Unterbewußten gehorcht keinem Befehl, die Traumreise in die Vergangenheit kann nicht auf Kommando angetreten werden, ganz unvermutet setzt sie ein. Sie ist auch nur eine Illusion und läßt das, was in Wahrheit in der Vergangenheit geschah, phan-

tastisch verändert und nur zum Schein wieder aufleben. Im Traum ist alles falsch und willkürlich: die Entfernungen, die Zeit, die Undurchsichtigkeit, die Schwerkraft, die Logik.
Lediglich drei Realitäten sind absolut: das Lachen, die Tränen, der Sinnenrausch, und deshalb ist der Traum trotz allem unvollkommen; deshalb hat das Verlangen, im Wachzustand in die Zeit zu reisen, die Menschen nie verlassen.
Die Bahn der Zeiten wachend zu durchfliegen, bietet gegenwärtig noch große, unmöglich zu überwindende technische Schwierigkeiten und liegt auch theoretisch im Bereich der Unmöglichkeit, mit der selbst die Autoren von Zukunftsromanen nicht zu Rande gekommen sind.
Die Wissenschaft indessen wird auch dieses Problem lösen, vielleicht hat die gleiche Wissenschaft es sogar schon einmal in grauer Vorzeit gelöst – denn schon das Zusammenraffen der Zeit durch die Geschwindigkeit gestattet uns, Hypothesen aufzustellen, deren Unwahrscheinlichkeitsgrad immer geringer wird.
Die Reise in die Zeit ist nicht nur von der Wißbegier der Menschen abhängig, sondern sie ist auch eng verbunden mit dem Problem der Eroberung des Weltraums.
Der Stern, der der Erde am nächsten steht, Alpha Centauri, ist 4,5 Lichtjahre von ihr entfernt. Eine Reise dorthin mit einer Geschwindigkeit von 36 000 km/st würde 130 000 Jahre dauern (bei 1 800 000 km/st 2600 Jahre). Also eine praktische Unmöglichkeit.
Dennoch scheint es, als hätten die Astronauten der Fliegenden Untertassen (falls es sie wirklich gibt) die Lösung des Problems gefunden, indem sie entweder die Zeit oder den Raum zusammenraffen.
Bis jetzt gestattet uns noch keine wissenschaftliche Erkenntnis, eine solche Möglichkeit ins Auge zu fassen, aber wir haben eine Vorahnung, ja, es erscheint uns als sicher, daß eines Tages Zeit und Raum einer solchen Reise überwunden sein werden und daß die Menschen im Bruchteil einer Sekunde zu den fernsten Grenzen des Kosmos fliegen können, sei es nun auf Grund einer mathematischen Operation oder durch Desintegration und Reintegration der Persönlichkeit mit der Schnelligkeit des Gedankens (die ja unendlich viel schneller ist als die des Lichtes), d. h. mit der Geschwindigkeit Null.

Da er diese ferne Entwicklung voraussah, hat als einziger ein Franzose, der Astronom und Ingenieur Emile Drouet, ernst zu nehmende Versuche angestellt. Seit 1946 haben wir selbst zusammen mit der Chemikerin Lucile Berthelot (einer Verwandten des berühmten französischen Chemikers Marcelin Berthelot) und mit einem Leutnant der Luftwaffe an diesen Arbeiten teilgenommen.

An der Wand unseres Arbeitszimmers war eine Übersichtstabelle angeheftet, die uns die ersten Ansatzpunkte stets vor Augen hielt:

Geschwindigkeit 0 = Ewigkeit
300 000 + x = Vergangenheit
0 – x = Zukunft

Sehr schnell hatte sich der Ausdruck 300 000 + x in eine offensichtliche Absurdität verwandelt.

Stellen wir uns vor, auf unsere Brust sei der Lauf einer Kanone gerichtet. Man schiebt in den Lauf eine Granate, die mit einer hypothetischen Geschwindigkeit von mehr als 300 000 km/sec abgeschossen wird. Was wird passieren? Werden wir durchbohrt werden oder in Atome aufgelöst, d. h. desintegriert werden? Keineswegs. Da die Granate mit mehr als Lichtgeschwindigkeit fliegt, wird sie in die Vergangenkeit zurückkehren, d. h. sie wird in die Hand des Kanoniers, in das Waffenarsenal, in die Fabrik, in das Bergwerk zurückkehren. Sie wird niemals aus dem Rohr herausfliegen, und wir werden heil und gesund bleiben.

Aber wie soll man sich vorstellen, daß eine Granate mit einer Geschwindigkeit von 300 000 km/sec losfliegt?

In der »theoretischen Wirklichkeit« spielen sich die Dinge nicht so ab. Jedenfalls war es in den Jahren 1954–51 praktisch unmöglich, sich vorzustellen, daß ein fester Körper Lichtgeschwindigkeit erreichen oder diese gar übertreffen könnte. Und noch unmöglicher – man lasse diesen Komparativ einmal ausnahmsweise gelten–, daß er sich mit der Geschwindigkeit 0 und langsamer als 0 in der Stunde bewegen könnte. Im Folgenden soll die Rede davon sein, wie Emile Drouet zunächst seinen Plan ausarbeitete und danach ein Modell anfertigte.

Die Erde dreht sich bekanntlich um sich selbst und außerdem um die Sonne. Das Ganze dreht sich in einer Spirale im Kosmos auf den Sternhaufen des Herkules zu, in den unsere Milchstraße in Millionen oder Milliarden Jahren hineinstürzen wird.

Wenn man eine letzte Synthese vollziehen will, so ist die Erde auf dem Wege vom Urnebel zum Sternhaufen des Herkules.

Die Zeit, wohlverstanden, ist unwandelbar. Wir sind es, die vergehen, wir, der Erdball, die Berge, die Ozeane, die Städte, die Häuser, die Menschen, wie wenn auf einem laufenden Band unaufhörlich eine Folge von Bildern entstünde, die gleich wieder verblaßten. Dieses unendliche laufende Band zieht an uns vorüber wie eine Landschaft, die wir vom Zuge aus an uns vorbeigleiten sehen, während in Wirklichkeit sich doch nur der Reisende fortbewegt.

Auf der Reise vom Urnebel zum Sternhaufen des Herkules – sonst Ponex-Apex genannt – erlebt die Erde im Jahre 1000 das Jahrhundert der Großen Furcht, 1789 die Französische Revolution, 1914 den ersten Weltkrieg.

Nehmen wir einmal an, wir wollten in die Vergangenheit bis zum Jahre 1000 reisen. Wie wird sich das abspielen? Wir müssen unser 20. Jahrhundert an Bord einer sehr schnellen Raumrakete verlassen, die senkrecht zur Ebene der Ekliptik auf den Ponex zufliegt, bis wir den theoretischen Punkt erreichen, an dem sich die Erde zur Zeit des Jahres 1000 befand.

Aber wir werden sie dort gar nicht sehen. Denn wir sind auf eine dauernd anwachsende Zeitwellenlinie eingestellt, und wir sehen nur die Wesen und die Gegenstände, die auf die gleiche Wellenlänge eingestellt sind.

Zum Beispiel kann sich der Mensch $H = 29 - 1 - 1963 - 23\,h\ 52'\ 24''\ 0{,}18'''$ nur in der kosmischen Zeit des gleichen Wertes integrieren.

Und er verändert das Universum kontinuierlich nach einem unbekannten Rhythmus in Sekundenperioden ($^{1}/_{15}$ der Wahrnehmungsfähigkeit der Netzhaut), der ihn x-mal in der Sekunde sterben und ebensooft wieder auferstehen läßt.

Das nennt man altern.

Nun sind wir also im Ponex an den Pforten des Jahres 1000, dessen Zeitwellenlänge wir nun übernehmen müssen. Ein zweites Raumschiff, das dem unseren gefolgt ist, hat an Bord ein fre-

quenzmoduliertes Radargerät, das uns auf die Zeitwellenlänge des Jahres 1000 (oder auf eine Harmonische) abstimmt. Sofort verlassen wir unser 20. Jahrhundert; wir verlieren es ganz aus den Augen und sind nun im Königreich Roberts des Frommen, wo unsere Rakete, die die gleiche Verwandlung erfahren hat wie wir, nun landen kann.
Das wäre die erste Stufe einer Reise in die Zeit, etwas romanhaft ausgeschmückt, denn die Aufzeichnungen des Ingenieurs Drouet wenden sich nicht an ein breites Publikum:

Die Vorrichtung ist an Ort und Stelle von der Schwerkraft durch eine doppelte Rotation befreit. Diese erzeugt eine auf dem Coriolis-Effekt beruhende zusammengesetzte Zentrifugalbeschleunigung. Sie vollzieht sich senkrecht zu den horizontalen Achsen einer im Innern angebrachten Batterie von Gyroskopen. Es ist nötig, aber es genügt, daß diese Zentrifugalkraft der Schwere von 1 G gleich sei.
Diese Bedingung ist realisierbar durch die Anwendung der Formel

$$Jc = \frac{m\,(2\,\omega r \sin a\, Vr)^2}{R}$$

Darin ist J c die zusammengesetzte Beschleunigung; die Masse m der Körper sei P = 0'1, während 2 ωr die Winkelgeschwindigkeit der Rotation des Körpers ausdrückt, woraus man folgert . . .

Dieser kurze Auszug soll nur einen summarischen Eindruck geben von einem Exposé, das 200 Seiten karierten Papiers bedeckt. Diese Reise in die Vergangenheit war eine Reise ohne Wiederkehr. Das definitive Projekt sah ein Raumschiff in Form einer Ringfläche (Torus) vor, Ahnherr und Vater der Fliegenden Untertassen. Im Jahre 1946 war es bereits als Modell fertiggestellt. Mehrere Zeitungen berichteten seinerzeit darüber (z. B. das »Jeudi Magazine« Nr. 19 vom 10. Oktober 1946).
Dieser Torus, vom Äquator aus durch die Zentrifugalkraft der Erde angetrieben, war eine durchaus konstruierbare Maschine, unendlich rationeller, »intelligenter«, wissenschaftlicher als die russischen Sputniks oder die amerikanischen Raketen. An Bord war ein frequenzmoduliertes Radargerät eingebaut, das mit dem

Raumschiff verbunden und darauf abgestimmt war. Es gestattete Flüge zum Apex oder zum Ponex, ohne daß die Notwendigkeit bestand, zu einer Basis zurückzukehren.
Die einzige unerläßliche, in der Zeit und im Kosmos verankerte Basis war die Energie des leeren Raumes, die genau wie die Agravitation ebensogut im Jahre plus 1000 existierte wie im Jahre minus 250 000.
Wir werden Ihnen die technischen Einzelheiten ersparen, die für ein amerikanisches Erdsatellitenprojekt durch James Forrestal und durch das Centre de Recherches Scientifiques von Meudon erarbeitet wurden. Man wird die Bedeutung der Erfindung des Ingenieurs Drouet ermessen, wenn man weiß, daß sein als Torus konzipiertes Raumschiff einen Durchmesser von 200 m besaß (da lag vielleicht die Schwierigkeit, obwohl die Festigkeit der Materialien auf das genaueste berechnet worden war). Dieser mit Gyroskopen ausgerüstete Torus sollte auf einem am Äquator gelegenen See rotieren und durch die Zentrifugalkraft der Erddrehung eine Anfangsgeschwindigkeit von 108 000 Kilometern in der Stunde erhalten, und zwar *ohne Beschleunigung*.
Diese 108 000 Stundenkilometer entsprechen genau der Geschwindigkeit, mit der sich die Erde um die Sonne dreht, einer Geschwindigkeit, der wir uns sehr gut anpassen.
So war also das Problem der Reise in die Zeit theoretisch gelöst. Man wandte sich an den Milliardär Williamson, den Diamantenkönig, um das Drouet-Projekt zu finanzieren. Die Kosten hätten im Jahre 1946 zwei Milliarden Francs betragen. Verständlicherweise schreckte das ungeheure Risiko eines Fehlschlages Mr. Williamson ab. Ein solches Unternehmen kann nur von einer großen Nation geplant und finanziert werden.

Der Sieg von Waterloo

Das Modell des astronautischen Torus sollte nur eine Stunde des Ruhmes kennenlernen: auf dem Grundwasserspiegel einer Sandgrube in Vigneux-sur-Seine, als die Photographen sich darum drängten. In Wirklichkeit ließ diese Lösung des Problems einer Reise in die Zeit doch noch zahlreiche Fragen offen.

Kommen wir noch einmal auf unsere Hypothese zurück. Angenommen, die Reisenden in die Vergangenheit landen im Jahre 1815 auf der Erde in Waterloo, sie lassen den französischen Marschall Grouchy zur rechten Zeit auf dem Schlachtfeld eingreifen, führen Blücher in die Irre und verleihen Napoleon den Sieg. Gehen wir noch etwas weiter zurück, ins Jahr 1769. Unsere Reisenden ermorden Bonaparte, als er noch ein Kind ist. Napoleon wird nie existieren.

Wie soll man Unvereinbares miteinander vereinen? Das, was war, mit dem, was nicht war? Napoleon als Sieger mit dem Napoleon, der die Schlacht verlor?

Emile Drouet, der Ingenieur, hörte von dieser offenbaren Absurdität nicht gern sprechen und verschanzte sich hinter seiner Rolle als Raumfahrttechniker. »Was ihr da redet«, pflegte er zu sagen, »ist Philosophie, und ich bin kein Philosoph!«

Um im Bereich der Logik zu bleiben und das Experiment bis zum Äußersten voranzutreiben, mußten wir eine faszinierende Theorie aufstellen: die Oberschwingungen (die Harmonischen) des Lebensschwingungsbandes.

Die Geschichte der Menschen, das Leben der Menschen würde sich dann auf diesem Schwingungsband des Lebens oder dem *Grundschwingungsband* abspielen.

Auf diesem Band – um den Fall von Napoleon zu nehmen – finden wir: den Staatsstreich vom 9. November 1799 – Bonaparte 1. Konsul – Krönung zum Kaiser – den Sieg von Austerlitz – die Abdankung 1814 – Waterloo 1815 – den Tod Bonapartes auf St. Helena im Jahre 1821.

Erinnern wir uns einmal an die alten Radioapparate von 1927, deren Trennschärfe so gering war, daß man eine Sendung gleichzeitig auf der Wellenlänge von 522 m und auf allen Harmonischen, d. h. Oberschwingungen, von 522 m: 696 m, 870 m, 1044 m usw. empfing. Man konnte also, wenn man die Wellenlänge von 1044 m einstellte, beispielsweise auf dieser Welle ein Gedicht hören, und gleichzeitig auf 870 m spanische Musik und auf 520 m Wellenlänge eine Opernsängerin.

Jedoch übertönte bei gleicher Sendestärke das Gedicht die anderen akustischen Wahrnehmungen, wobei Musik und Gesang zusammen einen klanglichen Hintergrund bilden.

Mit den Schwingungen verhält es sich folgendermaßen: Alle Schwingungen haben Oberschwingungen (die Harmonischen). Das Grundschwingungsband des Lebens hat Harmonische, wo Napoleon geboren wird, Schlachten gewinnt, andere verliert und auf St. Helena stirbt.

Wenn man in die Zeit reist, landet man – mathematisch betrachtet – stets auf einer Harmonischen, deren Zahl unendlich ist. Auf dieser Harmonischen spielt sich alles genauso ab wie auf dem Grundschwingungsband, aber sozusagen auf einer punktierten Linie oder in widerrufbarer Art und Weise, denn es handelt sich tatsächlich nur um eine Induktion. Wenn man einen dieser Oberschwingung oder Harmonischen entsprechenden Strom fließen läßt, hebt dieser Strom die Oberschwingung auf.

Auf der 1. Harmonischen können die in die Zeit Reisenden Napoleon in Waterloo gewinnen lassen, und im Jahre 1821 wird er der Herr der Welt sein.

Auf der 2. Harmonischen wird der Staatsstreich Napoleons fehlschlagen. Er wird zum Tode verurteilt, begnadigt und in die Verbannung geschickt.

Auf der 3. Harmonischen wird ihm der Staatsstreich ebenfalls mißlingen; er flieht und beendet sein Leben in einem Kloster.

Auf der 4. Harmonischen haben die Reisenden einen Grippevirus mitgebracht, und Bonaparte stirbt im Alter von 8 Jahren. Einen Napoleon wird es niemals geben.

Hier ist vielleicht die Lösung eines Problems gelungen, an dem sich alle Theoretiker die Zähne ausbeißen: in die Vergangenheit zurückzukehren, den Ablauf der Geschichte zu ändern und dennoch die erlebte historische Wahrheit bestehen zu lassen.

Die Reise in die Zeit – in die Vergangenheit und in die Zukunft – zerfällt nach dem Projekt von Emile Drouet in drei Teile: 1. die schon jetzt oder in naher Zukunft technisch realisierbare Reise mit dem als Torus ausgebildeten Raumschiff zum Ponex und zum Apex; 2. die noch ungewisse Abstimmung mit dem frequenzmodulierten Radargerät und 3. – rein hypothetisch – die Theorie der Oberschwingungen oder Harmonischen.

Niemand wird behaupten, daß eine solche Reise in die Zeit völlig in das Gebiet der utopischen Romane gehört. Das stimmt nur zum Teil. Uns scheint, daß das als Ringfläche oder Torus ausgebildete

Raumfahrzeug von Emile Drouet auf höherem Niveau steht als die Raketen der Amerikaner und der Russen. Es beruht auf einem Prinzip, das eines Tages das alte Kanonenkugelsystem entthronen wird. Und dann wird man vielleicht auch darangehen, das Problem eines Zeitwellengleichrichters zu studieren und ihn zu entwickeln.

Und wenn nun unter uns schon Menschen lebten, die eine solche Reise in die Zeit durchgeführt haben? Wie, wenn sie sich im Innern des Mount Shasta verborgen halten sollten?

Und wäre es auch nur für die Archive künftiger Zeiten: Es ist vielleicht von Interesse, daß Theoretiker die folgende Hypothese aufgestellt haben:

In einigen Jahrhunderten oder einigen Jahrtausenden wird es technisch möglich sein, die Reise in die Zeit praktisch durchzuführen. (In diesem Zusammenhang bemerkenswert ist, daß der sowjetische Astronom Kozyrew 1962 geschrieben hat, die Technik werde uns bald gestatten, die Zeit zu manipulieren.)

Und wenn im Jahre 5000 unserer Zeitrechnung Menschen in die Vergangenheit oder in die Zukunft reisen können, haben sie wahrscheinlich auch den Wunsch, sich in unserer Zeitepoche zu integrieren.

Sind die Fliegenden Untertassen vielleicht die Verkehrsmittel dieser Zeitpiraten? Unsere Wissenschaftler, die Großmächtigen des Kapitalismus und des Marxismus sowie alle gesellschaftlich oder politisch Einflußreichen sind vielleicht schon selber Zeitreisende. Sie dürften entweder in gewinnsüchtiger Absicht oder als aufgeklärte Führerpersönlichkeiten handeln. Wie sollen wir das wissen?

Wie Moses, Gerbert, Jechieli, wie alle großen Eingeweihten der Geschichte, die vielleicht aus den Jahren 5000, 10 000 oder 100 000 *nach* Chr. (!) stammende Menschen gewesen sind, so würden auch die oben erwähnten Magnaten, d. h. die in unserer Zeitepoche lebenden Eingeweihten, das Geheimnis ihres Charakters, ihrer Natur, ihrer überragenden Kenntnisse in der transzendenten Biologie und Physik eifersüchtig wahren. Diese Kenntnisse würden es ihnen gestatten, durch psychische Induktion sich der Persönlichkeit führender Staatsoberhäupter zu bemächtigen, in-

dem sie in deren bewußtem Intellekt oder Unbewußtem Wohnung nehmen.
Wohlgemerkt, ohne daß jene Menschen, in deren Ich sie eindringen und deren Tun sie lenken, irgend etwas davon ahnen. Ob es sich nun um eine Induktion oder Inkarnation handelt, in jedem Fall bleibt es unmöglich, die physische Identität dieser Eindringlinge zu entschleiern. Die Reise in die Zeit, morgen eine Realität, gibt uns die Gewißheit, daß die Reisenden der Zukunft schon unter uns weilen.
Solange die Reise in die Zeit, d.h. die Eroberung des Kosmos, noch nicht eine Tatsache ist, stellt sie die Mauer dar, welche höhere Mächte zwischen dem Menschen und dem verbotenen Wissen aufgerichtet haben. Aber der Mensch schreckt vor nichts zurück, selbst nicht vor der Tragik seines Geschicks. Und selbst wenn er noch ein zweites Mal seinen Anteil am Paradies verlieren sollte, wird er die verbotene Pforte aufbrechen.

Zuerst ertönte vom Himmel ein ernster, wohlklingender Harfenakkord, dann wurde die Musik der Engel immer lauter, und plötzlich zerrissen die Wolken wie vom Geheul eines Wahnsinnigen. Schließlich leuchtete ein blendendes, violettes Licht auf, und um den Erdball rasten Schockwellen, welche Wesen und Dinge zerfallen ließen und den Menschen das Herz ausrissen, ehe sie sie vernichteten. Was gewesen war, war nicht mehr, und in ewigem Schweigen regierte der Tod. Ist das die Beschreibung des nahen Weltendes?

Die Menschen haben davon eine Vorahnung, und sie fügen sich darein. Die Kühnsten denken daran, in den Weltraum zu flüchten. Die andern vergraben sich in der Erde oder denken in verbrecherischer Weise daran, die Apokalypse heraufzubeschwören. Die Psychose vom Ende der Welt ist so verbreitet, daß selbst die Regierungen fest davon überzeugt sind.

Am 20. September 1961 sprach M. Sudreau, der Minister für das Bauwesen in Frankreich, im Fernsehen und erklärte folgendes:

Man baut nur noch für 40 bis 50 Jahre, da man nicht weiß, wie es um das Leben in jener Epoche bestellt sein wird.

Im Oktober 1961 haben die Russen auf dem XXII. Parteitag der Kommunistischen Partei beschlossen, durch intensive Entwicklung ihres Erziehungssystems einen neuen Sowjetmenschen zu schaffen. Er soll fähig sein, sich einer sozialen Ordnung anzupassen, die eine stärkere Disziplin, eine völlige Selbstverleugnung und einen höchstentwickelten Sinn für die staatsbürgerliche Pflichterfüllung verlangt.

Wollen die Russen diesen Roboter, der bis zur völligen Selbstverleugnung diszipliniert ist, für das Paradies auf Erden vorbereiten?

An welche Art von Tod wollen sie ihn gewöhnen? Denn den Sowjetführern scheint es nicht darum zu gehen, ihr ganzes Volk vor der Katastrophe zu retten, sondern sie hoffen nur, daß es vielleicht einige Überlebende geben werde. Und das ist auch die Sorge und die einzige Hoffnung aller anderen Regierungen.

Die Amerikaner haben schon weitverstreut in ihren Staaten unterirdische Depots angelegt, wo sie Papierdollars aufstapeln, die dann in Umlauf gesetzt werden sollen, wenn etwa das alte Geld strahlenverseucht sein sollte.

Professor Hermann Muller, Nobelpreisträger für Medizin des Jahres 1946, schlägt die Schaffung einer »Samenbank« vor, wo man in Kühlvorrichtungen Mengen von ausgewählter Samenflüssigkeit deponiert, die das Überleben des Menschengeschlechts gewährleisten sollen. In amerikanischen Wochenschriften findet man häufig Anzeigen folgenden Inhalts:

> Denkt an eure lieben Kleinen!
> Habt ihr alles getan, damit sie
> am Leben bleiben?
> Zögert nicht einen Tag mehr!
> Bestellt . . .

Eine sehr bedeutende Firma bietet dem Käufer, der das Ende der Welt überleben will, für 3500 Franc »präfabrizierte Unterstände in Stahlausführung an mit einem Zuschlag von 600 Franc für das Entlüftungssystem«.

Der Stadtrat von Livermore in Kalifornien läßt sieben riesige Luftschutzräume bauen, die 17 000 Personen aufnehmen können. Das Rockefeller Center in New York richtet für seine 38 000 Mieter unterirdische Bunker ein und stapelt darin für sie Lebensmittel. Die englische Regierung baut Atomschutzräume, nicht etwa, um die ganze Bevölkerung zu retten, sondern nur 15 000 bevorzugte, namentlich erfaßte Personen. Am 14. Oktober 1961 wurde in Maidstone, der Hauptstadt von Kent, bereits eine Luftschutzübung abgehalten, bei der man annahm, daß die Stadt durch 70 Atombomben zerstört worden sei. Die Übung wurde geleitet durch Captain Rusby, den Kommandanten des Royal Observer Corps, und durch Raymond Firth, Unterstaatssekretär im Innenministerium, der verantwortlich ist für den Schutz der Zivilbevölkerung in Südengland.

Was die Chinesen anlangt, so bereitet sie eine gefährliche, von Lucien Bodard in seinem Buch *La Chine du Cauchemar* angeprangerte Philosophie auf die Endkatastrophe vor, und sie hoffen, daß das Gesetz der größeren Zahl – 38 % der Erdbevölkerung – sich zu ihren Gunsten auswirken wird. Unter den Überlebenden wird die Majorität aus Angehörigen der gelben Rasse bestehen.
Es läßt sich vorhersehen, daß in der Endkatastrophe die Menschheit zugrunde gehen wird mit Ausnahme ausgewählter Musterexemplare, die man in Sicherheit gebracht oder irgendwie »konserviert« hat. Aber falls das Ende der Welt ganze Völker ausrotten würde, so könnte sich doch der Fall des »Schweins Nr. 113«, das Wunder von Bikini, wiederholen, und einige wenige Menschen könnten die Katastrophe wohlbehalten überleben.
Jede Rasse hofft, zu den Entkommenen zu gehören, die die Erde wieder bevölkern würden, und rechnet sich ihre Gewinnchancen aus. Nun, das Ende der Welt ist nicht unvermeidbar. Jedenfalls braucht es nicht zu dem von den Biologen vorausgesehenen Datum (ungefähr das Jahr 2100) hereinzubrechen. Die Chancen der Hoffnung sind größer, als man denkt. Ganz plötzlich ist den Wissenschaftlern zum Bewußtsein gekommen, eine wie große Verantwortung sie tragen, und sie versuchen, auf das Schicksal der Welt Einfluß zu nehmen, ungeachtet der politischen Konstellationen. Doch diese zum Guten wirkenden Kräfte sind noch nicht zum Zuge gekommen, und die Meister der schwarzen Magie sind noch am Werke. Das neue Zeitalter ist unbestreitbar durch den Krieg 1939–1945 eingeleitet worden. Er hat die Dringlichkeit des Problems klar herausgestellt.

Die Warnung der Biologen

Die Politiker, die im Jahre 1945 sich vor die Aufgabe gestellt sahen, eine aus den Fugen gegangene Gesellschaft wieder aufzubauen, faßten eine katastrophale Lösung ins Auge. Unter den Händen dieser Zauberlehrlinge wandelte sich das Antlitz der Welt in eine Totenmaske.
Sie empfahlen geradezu wahnsinnige Lösungen: die Weiterentwicklung der atomaren Aufrüstung, die Ermutigung, immer mehr

Kinder in die Welt zu setzen, Klassenkampf, rücksichtsloser Wettkampf um höheren Lebensstandard und größeres Prestige, während doch die wahre Lösung darin bestand, trotz allem die Menschheit zu einer Einigung zu bringen und sie auf diese Weise zu retten.
Angesichts dieser verhängnisvollen Machinationen und besonders angesichts der Atomexplosionen kam besonders zwei Wissenschaftlern, Albert Einstein und Leo Szilard, die Größe der Gefahr zum Bewußtsein, und sie sandten einen SOS-Ruf in die Welt.
Die japanischen Ärzte, ganz besonders in der Lage, ein Urteil zu fällen, enthüllten, daß im Jahre 1962 in Japan 200 000 abnorme Kinder geboren wurden, was auf die Atombombenexperimente zurückzuführen sei, davon 15 000 Kinder allein auf die Superbombe der Russen.
Caesium 137, das bei diesen Explosionen frei wird, begünstigt sehr stark Mißbildungen an Neugeborenen, z. B. die Geburt von Kindern mit vier oder zehn Fingern an jeder Hand, mit durch Schwimmhäute verbundenen Fingern oder mit Händen, die unmittelbar an den Schultern sitzen.
Papst Johannes XXIII. und Albert Schweitzer wiesen zwar in aller Form auf die ungeheure Gefahr hin, aber große Wissenschaftler wie Jean Rostand und Doktor Delaunay (Frankreich) sowie Professor Muller, der amerikanische Nobelpreisträger für Medizin von 1946, hielten es über die päpstlichen Reden und die lächerlichen Beschlüsse der UNO hinaus für erforderlich, der Menschheit ganz offen ihr Geschick vor Augen zu halten.
Andere Biologen von Weltruf – die Professoren Fujii (Japan); Pomerat, Paul Weiß (USA); Dalq (Belgien); Verne (Frankreich) und verschiedene andere Persönlichkeiten, Philosophen, Volkswirtschaftler, Geistliche, äußerten sich in der gleichen Weise, an ihrer Spitze François de Clermont-Tonnerre und Professor Maurice Marois. (Auch die Gattin des ehemaligen sowjetischen Ministerpräsidenten, Nina Chruschtschow, hat zweifellos nicht ohne Wissen ihres Mannes am 18. Februar 1962 über den Rundfunk einen SOS-Ruf an die Welt gerichtet: *Werfen wir alle Atombomben ins Meer!)*
Am 4. Februar des Jahres 1962 fand im Château de la Muette (Paris) ein denkwürdiges Ereignis statt: Die größten Biologen der

Welt traten zusammen, und diese Elite, diese Männer, deren Wissen und Kompetenz sie auf die höchste Stufe der Menschheit stellten, sandten einen weithin hallenden Warnruf in die Welt: *Achtung! Ihr werdet alle am Strahlentod zugrunde gehen, wenn ...* Um die öffentliche Meinung aufzurütteln, gab sich die Verschwörung der Retter einen Namen, der schon an sich die unmittelbar drohende Gefahr zum Ausdruck brachte: Institut de la Vie – Akademie des Lebens. Mit der Begeisterung eines Apostels hatte Jean Rostand auf die apokalyptischen Zeiten, in denen wir leben, hingewiesen: auf den Niedergang der Art, das unvermeidliche und nahe Ende der Menschheit, falls nicht mächtige Sperr- und Schutzwälle errichtet werden. Er führte folgendes aus:

Die radioaktiven Niederschläge sind ein wahrer Blütenstaub des Todes. Sie sind verantwortlich für ein Übermaß an Mutationen. Man kann mit Sicherheit annehmen, daß sie die Ursache für die ständig wachsende Zahl taubstumm, schwachsinnig und verstümmelt geborener Kinder sind.
Die Keimzellen einer ganzen künftigen Generation könnten in einer Aspirintablette Platz finden. Diese Tablette wäre der kostbarste Schatz der Welt.
Ich glaube an die Vielzahl der bewohnten Welten, aber ich bin nicht sicher, ob es auf irgendeinem anderen Planeten ein Wesen gibt, das ebenso wertvoll ist wie der Homo sapiens.
Wenn man die Keimzellen schädigt, ist das schlimmer als Töten. Man begünstigt die Entstehung minderwertigen Lebens.
Andererseits kommen zu den Kernexplosionen noch die Wirkungen der Atomindustrie und der chemischen Industrie, die heute schon die Hauptquellen für Strahlenschäden darstellen.
Amerikanische Spezialisten haben bewiesen, daß die durch Röntgenstrahlen heraufbeschworene Gefahr sechsmal so groß ist wie die auf Atombombenexplosionen zurückzuführende.
Und wie viele Mutationen werden durch Medikamente verursacht, die man in der Apotheke kaufen kann!
Die Medizin fördert viele Krankheiten, auch die Therapeutik trägt oft zur Entwicklung von Schädigungen bei und vermehrt noch die Zahl der Menschen, die sich ihr anvertrauen müssen.
Es gibt keine Sicherheitsschwelle; es gibt keine kleinen Dosen.

Zu diesem Punkt hatte schon Professor Lhéritier erklärt:

Jede Strahlungsdosis, und sei sie noch so klein, kann Mutationen hervorrufen. Jede Mutation ist erblich.

Das läuft darauf hinaus, daß kein Mensch, der auch nur einmal in seinem Leben bei einer Röntgenaufnahme Strahlen ausgesetzt war, völlig normale Kinder erzeugen kann. Das hat immer automatisch eine wenn auch noch so geringe Mutation zur Folge, die sich stets vom Guten zum Schlechteren auswirkt.
Nun, die durch Röntgenaufnahmen, durch Medikamente, Fernsehen usw. verursachten Strahlenschäden werden in den nächsten 5000 Jahren immer häufiger auftreten. Augenblicklich kennen wir noch keine Möglichkeit, sie unwirksam zu machen. (Doktor Robert Wilson, Mitglied der amerikanischen Atomenergie-Kommission, hat kürzlich in Columbus vor einem Gremium von Wissenschaftlern und Industriellen erklärt, daß die Fernsehapparate mehr radioaktive Strahlung aussenden, als die bisherigen Kernwaffenversuche der Amerikaner und Russen erzeugt haben.)
Aus diesem Grunde können auch die aus den Atomfabriken stammenden Abfälle nicht unschädlich gemacht werden, selbst wenn man sie in die Tiefen der Ozeane versenkt. Man hat noch ein anderes Mittel vorgeschlagen, um den Erdball von diesen Produkten zu befreien: Man wollte sie in den Kosmos befördern!
Auf jeden Fall sind schon 75 % der Bewohner unseres Planeten für die nächsten 5000 Jahre strahlenverseucht. Nach Ansicht der Biologen ist die menschliche Rasse früher oder später zum Untergang verurteilt. Jean Rostand macht dafür den ganzen kulturellen Entwicklungsprozeß verantwortlich, der durch unsere griechischen Lehrmeister und mehr noch durch das Jahrhundert der großen Erfindungen gekennzeichnet ist:

In Hiroshima hat sich die Wissenschaft bewußt dem Verbrechen verschrieben.
Die Wirkungen der Zivilisation auf die Keimdrüsen sind zutiefst beklagenswert. Darum muß das Institut de la Vie, die Akademie des Lebens, das Hauptquartier des Kampfes um die Erhaltung des Menschengeschlechts werden.

Fast niemand erfuhr etwas von dieser Zusammenkunft der Wissenschaftler. In wunderbarer Übereinstimmung schwiegen sich Presse, Rundfunk, Fernsehen und Wochenschau darüber aus. Wohlgesinnte Zeitungen widmeten ihr eine Spalte auf der ersten Seite und vielleicht noch im Innern einen kleinen Artikel. Die meisten erwähnten das Ereignis überhaupt nicht.

Unter denen, die ein paar Zeilen veröffentlichten, gab es einige, die sogar Partei gegen die Biologen ergriffen und besonders auch gegen Jean Rostand, dem sie »einen gefährlichen Pessimismus« vorwarfen.

Sicher, die mutige Initiative der Wissenschaftler wird nicht ohne Folgen bleiben, und das Institut de la Vie wird sich immer weiter entwickeln und an Einfluß gewinnen. Und das um so mehr, als die Zahl der verstümmelt geborenen Kinder in beunruhigender Weise ansteigt, besonders in den Ländern, wo die mit Atomenergie arbeitenden Industriebetriebe stark entwickelt sind.

Kürzlich wollte eine geschickt gelenkte Kampagne die Verantwortung für die Mißbildungen bei Neugeborenen auf das amerikanische Beruhigungsmittel Thalidomid (Contergan, Distaval, Softenon, Talimol usw.) abwälzen.

Dann klagte man andere Medikamente an: Preludin wurde in Italien verboten, und Doktor Clarke Fraser von der McGill-Universität in Montreal beschuldigte das Cortison und sogar das Aspirin. Wohl erfolgte von Professor Giroud (Académie de Médecine) eine Richtigstellung: »In Frankreich, wo das Thalidomid verboten ist, nimmt die Zahl der verstümmelt geborenen Kinder ständig zu.« Aber dem schenkte niemand Beachtung.

Es handelt sich hier um eine wohlüberlegte Verschwörung, die dazu bestimmt ist, eine grauenhafte Wahrheit zu verschleiern: Verstümmelte Kinder werden häufiger als früher geboren – eine Folge der Strahleneinwirkung.

Eine andere wenn auch geringer zu bewertende, aber doch nicht zu übersehende Folgeerscheinung: In den Krankenhäusern, in denen man hemmungslos drauflosröntgt, heilen normale Knochenbrüche heute erst in 90 Tagen. Vor 30 Jahren bildete sich der Kallus in 40 Tagen. Manchmal dauert die Substanzneubildung und Verknöcherung, ohne daß von Tuberkulose die Rede sein kann, sogar vier bis fünf Monate.

Es wird allgemein üblich, einen Patienten, der sich ein Bein gebrochen hat, zur Nachkur nach Berck oder Roscoff zu schicken. Die Krankenkassen erkennen die Notwendigkeit einer solchen Rekonvaleszenz an, was viel besagen will. Von zehn Frauen werden sieben vorzeitig entbunden.

Die an der Grenze von Mexiko wohnende Bevölkerung wurde im September 1960 von seltsamen Krankheitssymptomen befallen. Die Leute hatten unter einem unerträglichen Hitzegefühl zu leiden, und ihre Haut rötete sich wie nach einer Verbrennung. Man vermutete, daß das Regenwasser, das sie tranken, durch die von den Amerikanern in Nevada durchgeführten Atombombenexplosionen radioaktiv geworden war.

Nach den russischen in der Mongolei und im Pazifik durchgeführten Explosionen wurden fast alle Einwohner der Stadt El Petén (Guatemala) krank. Es gab sogar zahlreiche Todesfälle, als ob Wolken den tödlichen Staub über die Kontinente und die Meere hinweggetragen hätten. Und das war auch wirklich geschehen.

Man weiß, daß in den höchsten Höhen der Atmosphäre starke und sehr schnelle Luftströmungen fließen: die Strahlströmungen. Sie sind den Piloten der Flugzeuge wohlbekannt und können ihnen bei einer Flugstrecke von 3000–4000 Kilometern eine Flugstunde ersparen.

Diese Strahlströmungen benutzen mit einer gewissen Regelmäßigkeit Luftkorridore, die, wenn sie mit radioaktiven Partikeln angefüllt sind, zu wahren »Tälern des Todes« werden.

Die Strahlströmungen lagern ihren radioaktiven Staub immer an denselben Orten des Erdballs ab.

Es scheint, daß die Stadt El Petén am Ende eines dieser Todestäler liegt. Die Japaner hatten während des Krieges im Jahre 1944 die Strahlströmungen benutzt, um nach den USA Brandballons zu schicken, die an genau vorgesehenen Orten in Kalifornien niedergingen, ohne allerdings großen Schaden anzurichten.

Die Verschlechterung unserer natürlichen Lebensbedingungen und die Bedrohung, die auf unserer Nachkommenschaft lastet, scheint die gegenwärtigen Machthaber nicht zu beunruhigen. Das ist ein klinisches Anzeichen für eine Psychose der Resignation, die heute schon grassiert, als ob das Weltende schon morgen bevorstehe. Jean Rostand setzt trotz allem seine Hoffnung auf die Wissenschaft, »die ja immer mehr geleistet hat, als man von ihr erwartete«.

Anekdoten vom Ende der Welt

Es gibt noch andere Anzeichen dafür, daß wir in apokalyptischen Zeiten leben.

Zehn Jahrhunderte überspringend, erneuert sich die Große Furcht des Mittelalters in der Furcht vor dem Jahre 2000, und die Menschen beginnen schon wieder irre zu reden. Die falschen Propheten stehen wieder auf, und wieder erleben wir Fälle von Massenwahn.

Werden die Regierungen Maßnahmen ergreifen, um der Schrekkenskampagne, die im Entstehen begriffen ist, Einhalt zu gebieten? Wahrscheinlich, und man darf vielleicht in Kürze erwarten, daß die Zunft der Wahrsager, Hellseher und Kartenlegerinnen verboten wird.

Sicher, im Laufe der Zeitepochen ist das Ende der Welt Tausende von Malen vorausgesagt worden, und im 16. Jahrhundert wurde das zum Anlaß einer amüsanten Anekdote.

Als der Deutsche Stoeffer die astronomischen Tabellen seines Meisters Regiomontanus nachprüfte, kam er auf die astrologische Voraussage, daß am 20. Februar des Jahres 1524 eine große Sintflut die Erde heimsuchen würde. Als das bekannt wurde, verbreitete sich in Europa eine große Panik. In Toulouse begann Präsident Auriol – ein neuer Noah – eine Arche zu bauen.

Durch eine boshafte Ironie des Schicksals war das Wetter am 21. Februar 1524 außergewöhnlich trocken.

Im Jahre 1680 war am Himmel ein bemerkenswertes Phänomen zu sehen: Es erschien ein mächtiger, heller Komet, der auf die Bevölkerung großen Eindruck machte.

Die *Chroniques de l'Œil-de-Bœuf* von Touchard-Lafosse (1829 bis 1833) berichteten: »In der Stadt herrscht ein großer Schrecken. Die von Furcht ergriffenen Menschen sehen in dieser Himmelserscheinung das Zeichen einer neuen bevorstehenden Sintflut, da Wasser sich immer durch Feuer ankündigt.«

Die Erregung bemächtigte sich nicht nur des einfachen Volkes.

Auch der Mathematiker Jakob Bernoulli sah in dem Kometen ein Symbol göttlichen Zorns.
Selbst die Hühner waren der gleichen Ansicht. Flammarion erzählt, daß er einmal einen zeitgenössischen Kupferstich fand, der folgende Erläuterung trug: »Ungewöhnliches Wunder: Wie in Rom eine Henne ein Ei gelegt hat, auf dem sich ein Abbild des Kometen befand.«
Im Juli 1960 wollte ein italienischer Scharlatan namens Elio Bianca – in seinem Orden Bruder Eman genannt – sich ebenfalls als Prophet aufspielen. Als ehemaliger Kinderarzt bei der Elektrizitätsgesellschaft von Mailand, aus deren Diensten er wegen seiner Überspanntheit entlassen worden war, hatte er eine Sekte von Schwärmern gegründet. Er behauptete, in direkter Verbindung mit dem »Absoluten« zu stehen, und kündigte nach einer Prophezeiung Jesajas das nahe Weltende an: »Zur Zeit des großen Unglücks wird der Mensch Zuflucht in einer Hütte finden. Nur 12 Millionen Menschen werden die Katastrophe überleben.«
Männer und Frauen schenkten seinen Worten Glauben. – In Hokkaido (Japan) hatte es ungewöhnlich heftige Erdbeben gegeben. Bergeshohe Wogen schleuderten Eisschollen gegen die Häuser und zerstörten sie. In Cuzco in Peru hatten Indianer, um eine unheilvolle Trockenperiode abzuwenden, das schönste junge Mädchen aus dem Stamme der Mashcos dem Feuertode überantwortet. In Agadir hatte ein Erdbeben Tausende von Todesopfern gefordert. Chile und Fréjus in Frankreich waren durch Überschwemmungen verwüstet worden.
Bruder Eman, der mit Hilfe eines Tonbandgerätes vorspiegelte, mit den himmlischen Mächten in Verbindung zu stehen, fiel es nicht schwer, 110 einfältige Geister davon zu überzeugen, daß nach seinen Berechnungen das Ende der Welt auf den 14. Juli 1960, 14 Uhr 45 Minuten festgesetzt war. Die Berge würden zusammenstürzen, und alle Menschen müßten sterben mit Ausnahme der Bevorzugten, die um den Montblanc herum wohnten. Die 110 Illuminaten packten Lebensmittel, Kleider und Gegenstände des täglichen Bedarfs in Rucksäcke und Handkoffer, und unter Führung des Narren suchten sie Zuflucht in der »Hütte Gehovonise«, die nicht weit von Courmayeur in einer Höhe von 2200 m gelegen war.

Natürlich verlief der 14. Juli, ohne daß sich irgend etwas Besonderes ereignete.
Bruder Eman zog sich geschickt aus der Affäre:
»Meine Berechnungen stimmten nicht. Das Ende der Welt ist auf ein späteres Datum verschoben worden!«
Das erstaunlichste war der weltweite Widerhall, den die Phantasien des verrückten Arztes fanden. Presse und Rundfunk verbreiteten seine Prophezeiungen, die in fast allen Ländern der Erde Glauben fanden, ausgenommen Skandinavien, Frankreich, Spanien und (abgesehen von den 110 Illuminaten) Italien sowie Deutschland und Rußland. Afrika, Asien, Amerika und die angelsächsischen Länder stellten wie immer das größte Kontingent an Leichtgläubigen.
Am Kap der Guten Hoffnung wurde am 14. Juli das Aufgehen der Sonne von den Schwarzen mit frenetischem Jubel begrüßt. Sie hatten die ganze Nacht vor Angst nicht geschlafen. Auch auf den Philippinen herrschte eine panische Furcht, und die Kirche mußte ihre Priester mobilisieren, um die Bevölkerung zu beruhigen. In Indien waren alle Tempel überfüllt, und in den USA verkrochen sich die Amerikaner in unterirdischen Atomschutzbunkern.
Sehr zuversichtlich, aber gleichzeitig sehr raffiniert gingen die Anhänger einer religiösen Sekte in Benson (Arizona) vor. Sie hatten, um nach dem erwarteten Weltuntergang weiterexistieren zu können, große Mengen von Lebensmitteln gekauft und ihre Rechnungen mit Schecks bezahlt, die auf den 15. Juli vordatiert waren.
Als der Erzbischof von Cebu (Philippinen), Monsignore Julio Rosales, von Journalisten interviewt wurde, gab er zur Antwort: Niemand könne das Datum des Endes der Welt wissen, nicht einmal der Papst.
Aus diesen nicht eingetroffenen Voraussagen wurde indessen keinerlei Lehre gezogen. Schon achtzehn Monate danach kam es zu einem denkwürdigen Rückfall.
Am 1. Februar 1962 gelangte nach Europa die sensationelle Ankündigung vom Untergang der Welt, die von den Magiern Indiens ausging. Der Weltuntergang sollte danach zwischen Sonnabend, dem 3., und Montag, dem 5. Februar, erfolgen, wenn die acht Planeten unseres Sonnensystems unter dem Zeichen des Steinbocks in Konjunktion treten würden. Für viele schien das

eine ernsthafte Prophezeiung zu sein, handelte es sich doch um Inder. Und wie jeder weiß, ist Indien das einzige Land, das die sakrosankte Wahrheit gepachtet hat.
Nun, Indien sprach, und seit Menschengedenken war es das erste Mal, daß Mönche, Bonzen, Priester aus Benares, Manipur und Bombay, die Lamas der tibetanischen Klöster, alle Buddhisten, kurz: die Eingeweihten von ganz Agartha das tausendjährige Siegel des Schweigens brachen.
Allerdings lohnte es sich auch, denn es sollten schließlich Berge zusammenstürzen, der Planet auseinanderbersten und 3 Milliarden 500 Millionen Menschen umkommen. Es handelte sich also wirklich um das Ende der Welt.
Am Vorabend der prophezeiten Katastrophe begannen Tausende von Hindupriestern religiöse Zeremonien zu zelebrieren. Millionen von Gläubigen tauchten bei Benares in das Wasser des Ganges und beteten am Ufer des Flusses, um im Stande der Gnade zu sterben. Beschwörungen, Opfer auf den heiligen Feuern, nichts wurde unterlassen, um das Überleben des Planeten zu erflehen. Doch der 3., der 4. und der 5. Februar gingen vorüber, und der Erdball setzte artiger als gewöhnlich – man registrierte an diesen Tagen ausnahmsweise kein Erdbeben – in aller Gemütsruhe seine Reise um die Sonne fort.
Die Hindus waren nicht die einzigen, die das Hereinbrechen einer Katastrophe fürchteten. Auch die Papuas von Neu-Guinea waren infolge einer Sonnenfinsternis auf das Schlimmste gefaßt.
In England setzten die Zeitungen ihren Lesern die düsteren Vorahnungen der »Gesellschaft des Äthers« vor, deren Führer, Georges King, behauptete, er sei »Chef der aus dem Weltraum gekommenen Menschen und habe von den Bewohnern der Venus ein Mandat in der UNO erhalten«.
Nach Meinung dieses Angebers war das Ende der Welt ebenfalls auf den 5. Februar festgesetzt, aber es sollte Überlebende geben, nämlich seine Schüler, die »Ätherischen«. Sie behaupteten, mit den Bewohnern der Venus und des Mars in Verbindung zu stehen und würden im Fall der Katastrophe auf dem Gipfel der Berge Britanniens Zuflucht finden.
Da nichts passierte, verkündete Georges King – nach dem Vorbild von Bruder Eman –, daß die Welt noch 300 Millionen Jahre be-

stehen würde, daß aber die Erde bald zu schwanken beginnen werde und dann die Pole an die Stelle des Äquators verschoben würden.
Um nicht zurückzustehen, hatten auch die Amerikaner sich von der Furcht vor der Konjunktion der Planeten anstecken lassen. Während der drei kritischen Tage bombardierten sie Mr. Hayden, den Direktor des New Yorker Planetariums, mit Telephonanrufen und fragten an, ob die Konjunktion von Jupiter, Saturn, Uranus, Erde, Venus und Mars wirklich eine kosmische Katastrophe hervorrufen würde.
Auch Hitler litt an der blinden Leichtgläubigkeit der Okkultisten. Im Jahre 1942 wollte er einen Teil Sibiriens erobern, genauer gesagt, die Gebirge von T'ien-schan (Himmelsgebirge) an der Grenze von Russisch-Turkestan und Chinesisch-Turkestan, denn er glaubte, daß diese Gegend von einer künftigen Erdkatastrophe verschont bleiben würde.
Manche Leser werden vielleicht denken, daß das von Jean Rostand vorausgeahnte Ende der Welt oder vielmehr des Menschengeschlechts auch in einer Furcht seinen Grund hat, die ebenso ungerechtfertigt ist wie die der Hindus und der »Ätherischen des Georges King«. Man muß aber doch der Tatsache Rechnung tragen, daß der berühmte Biologe in seinen Theorien oder vielmehr Berechnungen durch die große Mehrheit der führenden Wissenschaftler der Welt bestätigt wird, während die Okkultisten nur bei wenigen Naiven Glauben finden.

Eine geophysikalische Gefahr

Ohne daß wir es merken, geht unser Erdball seinem Ende entgegen. Es ist das Gesetz des Kosmos, und wir können nichts daran ändern. Nun behauptet allerdings Fritz Zwicky, einer der angesehensten Astrophysiker der Schweiz, das Gegenteil.
Zwicky setzt sich ein für ein ganz außerordentliches Projekt. Er will die Planeten durch Atombomben zerschlagen und die Hitze der Sonne, die zu erkalten beginnt, wieder steigern.
Diese Ideen haben einen durchaus realistischen Hintergrund: Wir sind von einer geophysikalischen Gefahr bedroht.

Man hat berechnet, daß von 1850 bis 1950 sich die mittlere Temperatur der Erde um einen halben Grad gesenkt hat. Das ist im Augenblick noch nicht sehr schwerwiegend, aber in 1000 Jahren bedeutet es eine ernste Gefahr, da die Menschen sich einem so schnellen Temperaturwechsel in keiner Weise anpassen können. Übrigens stellen die seismologischen Beobachtungsstationen in der ganzen Welt mit Besorgnis fest, daß Anzahl und Heftigkeit der Erdstöße sowie das Ausmaß der vulkanischen Tätigkeit ständig zunehmen.

Vor kurzem noch sind in Persien auf der großen ostwestlich verlaufenden Bruchachse mehrere Dörfer durch Erdbeben zerstört worden, die 20 000 Todesopfer forderten. Der gleiche Erdstoß hat auch die Hauptstadt der Sowjetrepublik Turkmenien, Aschchabad, schwer beschädigt; die Stadt war schon vor dreizehn Jahren durch ein Erdbeben völlig zerstört worden.

Übrigens haben die russischen Wissenschaftler auf dem Grunde des arktischen Eismeers unlängst mehrere Vulkankegel entdeckt. Einige sind noch in Tätigkeit. An die Oberfläche geworfene Lavaproben haben die Vermutung nahegelegt, daß sie zu dem Vulkankomplex von Hawaii gehören.

Auf dem antarktischen Kontinent sind die amerikanischen Wissenschaftler ebenso wie ihre englischen und russischen Kollegen der Meinung, daß die beiden bekannten Vulkanriesen, der Terror und der Erebus, nicht die einzigen ihrer Art sind und daß unter einer 800–1000 m dicken Eisschicht eine intensive Vulkantätigkeit stattfindet. Einige Anomalien in der Eisdecke lassen sogar vermuten, daß es auf dem Meeresboden unter diesem mächtigen Eispanzer zu wirklichen mit Lavaströmen verbundenen Vulkanausbrüchen kommt.

Diese sich auf alle Kontinente erstreckende Vulkantätigkeit bekräftigt eine von mehreren Observatorien und Forschungsgruppen (darunter die von Straßburg) aufgestellte Theorie: Sie ist ein Zeichen dafür, daß unser Planet immer schneller einem neuen Zeitalter entgegengeht (zitiert nach der Zeitschrift »Aux Ecoutes« vom 15. 12. 1961).

Sicher, das Festland des Erdballs war stets dem langsamen Wechsel von Ebbe und Flut unterworfen. Das war ja auch einst der Grund, daß Atlantis im Meere versank und der südamerikanische Kontinent unter dem Ansturm der Wassermassen zu leiden hatte. Es scheint jedoch, daß sich die Landkarte der Erde gegenwärtig in einem Rhythmus zu wandeln beginnt. Sollte das das Ende einer geologischen Epoche ankündigen?

In jedem Fall wird es das Ende mancher Völker bedeuten, besonders derjenigen, die an die Nordsee grenzen. Auf einer Achse, die ungefähr von Paris über Berlin nach Moskau verläuft, werden die Festlandgebiete in der Nordsee versinken und im Süden steigen. Jedes Jahr wächst in Biarritz und Cadiz die Höhe über dem Meeresspiegel um drei bis fünf Zentimeter.

Dagegen müssen die Holländer jedes Jahr ihre Deiche, die sie vor dem Meer schützen, höher bauen; die Brücken- und Straßenbauingenieure der Niederlande wissen, daß im Jahre 2050 die Nordsee zwei Fünftel des gegenwärtig zu Holland gehörigen Gebietes bedecken wird.

Augenblicklich befindet sich ein Riesenprojekt im Stadium der technischen Vorbereitung: Man will Städte, ja vielleicht sogar einen künstlichen Kontinent schaffen, der auf Pfeilern ruht, die durch Injektionen mit einem amerikanischen Wundermittel, dem AM 9, gehärtet sind (Acrylamid und Acrylsäurenitril).

Ebenso wie Spanien steigt auch Skandinavien aus dem Meer empor und drängt die Wasser der Ostsee zurück. In Frankreich wird sich die Gefahr in den Departements Seine-Intérieure, Somme und Pas-de-Calais bemerkbar machen. Dort senkt sich der Erdboden. Im Jahre 2500 wird Rouen ein wirklicher Seehafen sein.

Von Norden nach Süden mitten durch den Atlantischen Ozean zieht sich eine Gebirgskette, die mit Island, den Azoren und mit den Inseln Saint-Paul, Ascension, St. Helena an die Oberfläche steigt. Sie unterliegt einem solchen Druck, daß sie sich jedes Jahr von 60 Zentimeter bis zu einem Meter hebt. In 30 000 Jahren dürfte sie Europa mit den USA verbinden, falls nicht unsere europäische Halbinsel und der nordamerikanische Kontinent, von einem Gegenschlag getroffen, in den Fluten versunken sind (aus »Aux Ecoutes« vom 15. 12. 1961).

Die falschen Propheten

Diese geophysikalischen Wallungen sind dennoch weniger symptomatisch als das Verhalten der Menschen.
Nach der Überlieferung soll das Ende der Welt durch das Auftreten falscher Propheten und des Antichrist angekündigt werden.
Es lohnt, sich mit dem Messiasproblem näher zu befassen. In acht von zehn Fällen taucht es in den um den 30. Grad nördlicher Breite liegenden Ländern auf, in erster Linie bei den Hebräern, den Hindus und den Mohammedanern.
Der Schriftsteller Georges Adamski, der starke okkultistische Neigungen hat, führt das Auftreten falscher und wahrer Propheten auf Gedankenübertragungen zurück. Zu gewissen Zeitepochen verwandeln sich die Menschen in äußerst starke Sendestationen, und zwar wegen der besonderen Intensität ihrer Gefühle: Furcht, Sehnsucht nach dem Glück und nach Sicherheit.
Milliarden Menschen senden so Botschaften aus, die irgendwo empfangen werden wollen. Dafür besonders »empfängliche« Personen fangen die in der Luft umherschwirrenden, bewußten Kraftausstrahlungen auf und machen es sich zur Aufgabe, deren Weisungen auszuführen. Dieses plötzliche Überfallenwerden von starken Gefühlen überzeugt sie davon, daß die Sendung von der Vorsehung, d. h. von Gott selber, ausgeht. Andere sind sogar der Meinung, daß es sich um eine aus dem Kosmos oder von Raummenschen kommende Botschaft handelt.
Der Erleuchtete, der Messias beginnt nun zu weissagen, und mit mathematischer Genauigkeit trifft ein gewisser Prozentsatz seiner Prophezeiungen ein, so daß der Mann allmählich die Gewißheit gewinnt, er sei wirklich ein inspirierter Prophet. Ein sehr geringer Prozentsatz erfolgreicher Vorhersagen genügt ihm dabei, zum Beispiel 2 % wie bei den Wünschelrutengängern.
Diese Erklärung ist nur relativ beweiskräftig, denn das Studium der Fälle von Messianismus zeigt, daß neun von zehn der sogenannten Propheten anfangs zum Größenwahn neigende Scharla-

tane sind, die sich anmaßen, im Besitz inspirierten Wissens zu sein. Immerhin gelangen sie schließlich dahin, an sich selber zu glauben, so wie auch ein Lügner am Ende von der Wahrheit seiner Lügen überzeugt ist. Sie schlüpfen in die Haut ihrer fiktiven Persönlichkeit, und es ist ihnen nicht mehr möglich, sich daraus zu befreien. Medizinisch gesprochen ist der Messiaskomplex mit einer Funktionsstörung der Drüsen, insbesondere der Zirbeldrüse, verbunden.

Die schwelende Furcht vor dem Risiko eines Krieges, vor dem Weltende, das allgemeine Bekanntwerden der Plagen, welche die Menschheit heimsuchen und von denen Berichte brühwarm durch die Zeitungen, den Rundfunk und das Fernsehen bis in die entlegensten Hütten verbreitet werden – alles das trägt dazu bei, daß seit einem Jahrhundert in bis dahin nie gekannter rascher Folge mehr oder minder wahre und falsche Propheten auftraten.

Der Wandertrieb der Zigeuner

Ernstere Vorzeichen künden zweifellos den Anbruch eines neuen Zeitalters an, das einhergeht mit der im Jahre 1940 entstandenen neuen Wissenschaft.

Ob man es wahrhaben will oder nicht, die 1948 erfolgte Gründung des Staates Israel kann in gewisser Weise als die Erfüllung der alten Prophezeiungen verstanden werden. Aber eine noch größere Bedeutung messen wir der Tatsache bei, daß die bisher so stille Welt der Zigeuner plötzlich in Bewegung geraten ist.

Wie ein aufgestöberter Ameisenhaufen ziehen die Zigeuner der ganzen Welt hin und her, kampieren, brechen wieder nach allen Himmelsrichtungen auf, als ob sie die Orientierung nach dem magnetischen Pol und das Wissen von ihren traditionellen Wanderwegen verloren hätten.

Für Kenner der Zigeunermentalität ist das ein bisher nie beobachteter Zustand, der schwerwiegende Ereignisse vorausahnen läßt.

Es ist schwer, genau festzustellen, welche Rolle die Zigeuner in der Geschichte gespielt haben.

Sie wissen in der Tat selber nicht, wo sie eigentlich herkommen, aber geübte Beobachter können aus ihrem Verhalten bestimmte

Schlüsse ziehen, genauso wie die Bauern Regen voraussagen können, wenn die Blätter des Schneeballs sich rollen, die Katze ihr Fell glättet und die Fliegen zu stechen anfangen.
Der Schriftsteller Martine Beauvais, der lange unter Zigeunern – die sich selber »rom« oder »mantusch« nennen – gelebt hat, weiß Erstaunliches über sie zu berichten.
Wenn ein Krieg droht, wissen die wahren Zigeuner, die »roma« (die übrigens immer mehr aussterben) sehr wohl, wohin sie gehen müssen, um sich aus dem Konflikt herauszuhalten, fast so, als ob sie geheimen Befehlen gehorchen.
Die Zigeuner arbeiten mit dem Feuer und mit Eisen (sie sind fast alle Kesselflicker), und die Zigeunerinnen betreiben die Wahrsagekunst. So setzen die Männer die uralte Tradition der Arbeit mit dem Feuer fort, während die Frauen aus einem unwiderruflichen Atavismus heraus die Zukunft voraussagen.
Wenn ein Zigeuner sich an irgendeinem Ort niederläßt, so weiß man nie, wann er wieder fortziehen wird. Wenn man ihn danach fragt, erhält man stets dieselbe Antwort:
»Gott weiß es.«
Die Frau gibt den Zeitpunkt des Aufbruchs an. Auch sie weiß ebensowenig wie der Mann, *warum* sie gerade jetzt weiterziehen müssen. Sie wissen nur, *daß* sie weiterziehen müssen.
Gegenwärtig erfolgt nun der geheimnisvolle, aus dem Unterbewußtsein stammende Befehl ganz plötzlich und keinen Widerspruch duldend.
Sie wissen weder, wo sie sich niederlassen, noch welche Richtung sie einschlagen sollen.
In den Jahren 1955–1961 haben sie ganz sinnlose Wanderungen unternommen. Zuerst zogen sie nach dem Westen, darauf nach Osteuropa, von wo sie in großer Zahl nach Südamerika emigrierten.
Andererseits kann man unter ihnen eine sehr deutliche Spaltung beobachten.
In Frankreich haben sie einen König: Joseph Solès. In Polen werden sie von Jan Kwiew regiert. Er wurde im Jahre 1938 durch ein Kollegium von dreißig Senatoren gewählt und zum König gekrönt (er war reinrassig und seines Zeichens ein Kesselflicker). Die »Pharaonin«, die Königin der spanischen Stämme, kampiert

in einer Höhle des Sacro Monte zu Granada, aber an dieser hohen Stelle läuft die Tradition Gefahr unterzugehen. Der Kongreß von England hat im Jahre 1956 eine Massenauswanderung nach Südafrika vorgeschlagen, wo die bisher dort unbekannten Zigeuner eine richtige Kolonie gegründet haben. In dem Camp von Jackson Drift in der Nähe von Johannesburg haben sie einen neuen König gewählt: Alfred Montes.
Ein anderer »Sohn des Windes«, Woiwod III., erhebt ebenfalls Anspruch auf den Titel Oberhaupt des Zigeunervolkes.
Das Verhalten Zankos, des Stammesführers der Chalderash-Zigeuner, der gewöhnlich im Stadtgebiet von Lyon residiert, ist charakteristisch für die zur Zeit herrschende Anarchie. Er hat das in seinem Volk geltende Gesetz des Schweigens gebrochen und den seßhaft gewordenen Leuten seines Stammes die geheimen Überlieferungen und die von Jahrhundert zu Jahrhundert mündlich weitergegebenen Gebräuche verraten. Alles das ist im höchsten Grade symptomatisch.
Was wird geschehen? Wovor haben die Zigeuner Angst? Welche Gefahr schwebt über ihnen?
Sie könnten es selbst nicht sagen. Instinktiv suchen sie einen Zufluchtsort, wo der geheimnisvolle Befehl zum Weiterziehen nicht mehr gegeben wird. Aber es gibt weder Rast noch Ruhe.
Vielleicht wollen die Zigeuner geradeso wie die Tiere, die vom Krater des Vulkans oder vor einem Erdrutsch aus der Bruchzone der Erdrinde fliehen, auch nur ein Gebiet finden, das unangetastet bleibt.
Das gilt wohlgemerkt für die echten Söhne des Windes. Die assimilierten Zigeuner verlieren allmählich den Sinn für die Botschaft der Ahnen. Sie haben den Wunsch, sich endgültig seßhaft zu machen. Fürst Ionel Rotaru, der sich zum (sehr umstrittenen) Führer der Weltgemeinschaft der Zigeuner ernannt hat, steht in Verbindung mit Mitgliedern der französischen Regierung, um nach dem Muster des Staates Israel einen Zigeunerstaat zu gründen.
»Die Zigeuner«, führt er aus, »sind ein sehr verkanntes Volk. Sie sind keineswegs alle nur Stuhlflechter oder marodierende Nomaden. Unsere Organisation umfaßt neun Millionen Individuen. Darunter befinden sich zahlreiche Ärzte, Priester, Chemiker, In-

tellektuelle. Sie haben in der menschlichen Gesellschaft noch eine Rolle zu spielen.«

Mehrere Jahre lang ist der Stamm der Bouglione in Vigneux verblieben, als sei er durch eine von seinem Willen unabhängige Macht dort festgehalten worden. Auch die Moreno zeigen die Neigung, sich in Südfrankreich und Spanien niederzulassen. Ebenso streben die Amaya und die Beautour ganz offensichtlich danach, seßhaft zu werden.

In allen diesen Stämmen betreiben die Frauen nicht mehr das Geschäft des Wahrsagens, und die Männer sind nicht mehr Kesselflicker. Die Frauen sind Tänzerinnen, handeln mit Tüchern, Korbwaren und Teppichen, während die Männer sich als Jahrmarktsgaukler, Zirkusakrobaten, Pferdehändler, Boxer und Musiker verdingen.

In 50 Jahren werden die assimilierten Zigeuner in Steinhäusern wohnen, in den Fabriken arbeiten, Beamte und Mediziner werden. Dann haben sie ihren alten Instinkt verloren und können nicht mehr mit Sicherheit die Zeiten vorausahnen, die sich ankündigen. Diese Fähigkeit bricht höchstens bei den noch ungezähmten »roma« durch und kann beim Studium der Überlieferung nachgewiesen werden.

Man weiß nicht genau, woher die Zigeuner eigentlich stammen: aus Ägypten, dem »Lande der Flußdeltas«, vom Indusfluß, von den Mündungen der Rhone, wo es gleichfalls Flußarme gibt?

Nach Martine Beauvais ist wahrscheinlich Indien ihre ursprüngliche Heimat, aus der sie im 15. Jahrhundert wegen eines von den Hindupriestern nicht preisgegebenen furchtbaren Verbrechens, einer ungeheuerlichen Freveltat, vertrieben wurden.

Es ist sicher, daß ein Fluch auf ihnen lastet: Sie irren unstet umher. Sie sind dazu verdammt wie Kain, nachdem er seinen Bruder Abel getötet hatte.

Es scheint allerdings, als habe der ihnen anhaftende Fluch ein Ende genommen, sei es, weil ihnen die Strafe erlassen wurde, sei es, weil ein noch größeres, vielleicht ähnliches Verbrechen das, was sie einst begangen hatten, auslöschte. Sehr alte, von den Zigeunern selber verbreitete Überlieferungen, die man auch bei Homer und bei anderen antiken Schriftstellern wiederfindet, gestatten uns, den Schleier des Geheimnisses zu lüften.

In grauer Vorzeit haben unsere Ahnen den Erdball in die Luft gejagt. Die Bibel und die heiligen Schriften haben die Erinnerung an die unheilvolle Macht des Feuers und des Eisens, die jene furchtbare Explosion herbeiführten, bewahrt.
Jahrtausendelang wurde das Feuer als Symbol der Zerstörung und das Eisen als das des Bösen betrachtet. Die Menschen, die mit dem Feuer und mit dem Eisen umgehen mußten, galten im Altertum als unrein, und die das Metall schmolzen, ebenso wie die Schmiede, waren als »Unberührbare« dazu verdammt, fern von den Siedlungen zu leben und zu hausen. In Afrika müssen heute noch die Eisenschmelzer außerhalb der Dörfer wohnen.
Adam, der mit Eva vom Baum der Erkenntnis aß, beging eine Todsünde und wurde aus dem Paradies verbannt, daß er auf der Erde umherirre.
Eine Anzahl weißer Menschen, die für die Atomkatastrophe verantwortlich waren, blieb zwar trotz der Strahlung am Leben, aber sie bezahlten dafür mit ihrer Zeugungskraft, und ihre Haut wurde niemals wieder ganz hell.
Die anderen Entronnenen verfluchten sie und hielten sie sich vom Leibe. In Erinnerung an die Ursünde duldeten sie es nicht, daß jene in ihren Städten wohnten.
Die Hindus jagten die Unberührbaren aus ihrem Lande. Jacques Weiss schreibt dazu:
Unter den umherirrenden, aus Agartha verstoßenen Stämmen befinden sich auch die »Bohémiens« (= Zigeuner). Die Sprachwurzel Bohami bedeutet: Weiche von mir.
So wurde das Volk der Zigeuner gebrandmarkt: die Söhne des Windes, die dazu verdammt sind, niemals seßhaft zu werden und bis ans Ende der Zeiten umherzuirren.
Homer nennt sie »Söhne des Hephaistos«, andere Chronisten »Söhne der Sonne und des Eisens«. Ihre Instinkte sind durch Heiraten unter Blutsverwandten bewahrt worden und bezeugen noch ihren satanischen Ursprung. Die Zigeuner haben auch eine Beziehung zu den Schlangen (im Zirkus Bouglione gibt es fast in jedem Programm eine Schlangennummer). Vielleicht ist das eine Erinnerung an das heimliche Einverständnis zwischen Eva, Adam und dem Satan.
Die Zigeuner verabscheuen Katzen. Die braven Portiersfrauen

der dicht neben einem großen Zigeunerzirkus von Paris gelegenen Rue de Crussol wissen sehr gut, daß, wenn sie ihre geliebten Kater behalten wollen, sie die Tiere nicht in den Straßen herumstreunen lassen dürfen.

Die echten Zigeuner treiben einen wahren Kult mit dem Feuer, und sie sind Jahrhunderte hindurch äußerst geschickte Kesselflicker und Schmiede gewesen. Sie kannten die verborgenen »Geheimnisse des Feuers und des Eisens« und waren in ihren Fertigkeiten den besten Kunstgriffen der »gadsche« (d. h. Nichtzigeuner) weitaus überlegen.

Ihre Frauen sind mit dem sechsten Sinn begabt: Sie können wahrsagen. Sie werden auch den zweiten großen Zusammenbruch voraussagen, und ihr Verhalten wird den Menschen eine Warnung sein.

Ihre Mission ist, das Kommende zu »wittern«, die ersten Anzeichen des Verhängnisses zu spüren. Sie sind ausgesandt wie die Tauben Noahs.

Das wird ihre Rettung sein.

Eine alte Zigeunerin hat Martine Beauvais folgendes anvertraut: »Wir folgen der Sonne und ziehen zunächst nach Westen.«

Man wird sich bestimmt erinnern, daß unsere prähistorischen Ahnen auch nach dem Westen zogen, genauso wie der hebräische Patriarch Lehi, wie die Mormonen und die Zeugen des Jüngsten Tages. Alexandre Bouglione meint ebenfalls, daß man den Worten jener Zigeunerin Beachtung schenken sollte.

Pater Porthos Melbach

Zigeuner, die mehr zu wissen schienen und doch auf Fragen ausweichend antworteten, trugen eine große Unruhe zur Schau: *»Schlimme Dinge sind im Anzuge.«*

Das Ende der Welt? Eine zweite Sintflut? Das Verhalten der Zigeuner und ihre geistige Verfassung läßt eher an ein Erdbeben denken.

»Und der Osten dürfte es sein, der verschlungen wird.«

Porthos Melbach, ein katholischer Priester, aber von Geburt Zigeuner (der einzige, der je ordiniert wurde), hat am Sonntag, dem 6. August 1961, in einem Rundfunkinterview folgendes erklärt:

Das in der Heiligen Schrift angekündigte Ende der Zeiten ist herbeigekommen.
Im 17. Jahrhundert hat es sieben große Erdbeben gegeben – acht im 18. Jahrhundert – viel mehr schon im 20. Jahrhundert . . .
Der Umkreis des Mittelmeeres wird getroffen werden. Christus wird kommen, um die Völker zu richten.

Das Erdbeben vom 1. September 1962, das in Persien 20 000 Todesopfer forderte, schien dieser Erklärung prophetische Züge zu verleihen.
Andererseits trifft es zu, daß die Erdbeben, die nach der Überlieferung das Ende der Welt ankündigen sollen, im 20. Jahrhundert spürbarer gewesen sind als in der Vergangenheit.
Man urteile selber:

1902	30 000 Tote beim Ausbruch des Mont Pelé
1906	76 500 Tote in Sizilien
1915	29 000 Tote in Mittelitalien
1920	180 000 Tote in der chinesischen Provinz Kansu
1923	143 000 Tote in Tokio und Yokohama
1935	60 000 Tote in Quetta (Indien)
1939	23 000 Tote in Erzincan (Türkei)
1939	30 000 Tote in Chile
1962	21 000 Tote in Persien

Die kleineren Erdbeben sind nicht mit eingerechnet, die dennoch in Agadir, in der Türkei, in Italien usw. zahlreiche Todesopfer forderten.
Um den 35. Grad nördlicher Breite herum, auf der zwischen Agadir und Tokio verlaufenden Bruchachse der Erde, wird sich vielleicht das Schicksal unseres Planeten erfüllen.

»Es ist nichts verborgen, das nicht offenbar werde, und ist nichts heimlich, das man nicht wissen werde.« (Matth. 10, 26.)
Die prähistorischen Grotten von Lascaux, von Lussac, die Handschriften in den Höhlen von Wadi Qumran, die Felder von Glozel, die Wüste von Tiahuanaco, das Tal des Libanon, die Taiga: Sie alle haben allmählich ihre Geheimnisse preisgegeben. Der Mond ist uns kein Rätsel mehr. Die Zigeuner brechen ihre Schweigegelübde. Die Freimaurerei öffnet die Pforten ihres Tempels. Und selbst aus dem Vatikan, der letzten Zufluchtsstätte des Abendlandes, sickern unverletzliche Geheimnisse.
Gott selber läßt sich das Geheimnis des Blitzes entreißen, das vielleicht nichts anderes ist als das Geheimnis des Atoms.
Die Zeiten sind düster und gottlos. Johannes XXIII., zweifellos der letzte, mit großer Geistesstärke ausgerüstete Papst, hat das Erbe der Christenheit bewahrt. In den Archiven des Vatikans ruhen 10 000 Jahre alte unbekannte Dokumente, deren Veröffentlichung zu andern Zeiten gefährlich gewesen wäre. Aber in unseren Tagen achtet man kein Geheimnis mehr, und das Erbteil der Vorzeit kann der Allgemeinheit zugänglich gemacht werden.
Wie man sich denken kann, wird das Bekanntwerden dieser Geheimnisse besonders in der Prähistorie, der Geschichte, der Politik und der Biologie eine wahre Revolution herbeiführen.

Naundorf und der Papst

Wollte Johannes XXIII. die Öffentlichkeit auf die Probe stellen, als er in zwar offiziöser, aber doch durchaus bestimmter Weise einiges Licht in das Dunkel brachte, das die Persönlichkeit des Karl Wilhelm Naundorf umgibt?

War Naundorf wirklich Ludwig XVII., das aus dem *Temple* heimlich entwichene Kind, oder ein Betrüger? Der Prinz René-Louis-Charles von Bourbon, anerkannter Sohn des Prinzen Louis Edmond, eines Nachkommen von Naundorf, lebt zur Zeit in Paris. Könnte er Anspruch erheben auf die Krone von Frankreich? Vielleicht, wenn man sich auf eine Erklärung stützt, die im Jahre 1962 vor mehreren Zeugen, dem Ingenieur Edgar Nazare, dem Journalisten Philippe Bernert und vor mir selbst abgegeben wurde.
Der apostolische Nuntius in Frankreich, Monsignore Roncalli, stand in freundschaftlichen Beziehungen zu René-Louis-Charles von Bourbon. Um ein historisches Faktum sicherzustellen, fragte er ihn eines Tages:
»Exzellenz! Da Sie ja Zutritt zur Bibliothek des Vatikans haben, würden Sie wohl einen Blick auf das Mémoire der Herzogin von Angoulême werfen, damit ich mir über meine wahre Identität Klarheit verschaffen kann?« (Falls die Herzogin von Angoulême in diesem »Mémoire« erklären sollte, daß Naundorf wirklich ihr Bruder gewesen sei, wäre René-Louis-Charles von Bourbon der legitime Thronprätendent, und der Graf von Paris könnte nicht mehr Anspruch auf die Krone Frankreichs erheben.)
Monate vergingen. Der Prinz von Bourbon besann sich eines anderen und verzichtete auf die von ihm angeregte Nachforschung.
Inzwischen war der Nuntius im Vatikan gewesen, oder vielleicht wußte er auch schon so Bescheid. Jedenfalls gab er dem Prinzen folgende Antwort:
»Eure Hoheit sind sehr klug. Wollen Sie bitte mir gegenüber Platz nehmen, Hoheit.«
Niemals vorher hatte Monsignore Roncalli den Prinzen von Bourbon mit »Hoheit« angeredet.
Im August 1958 wurde der Prinz von Bourbon krank. Er magerte um 30 kg ab. Und plötzlich überfiel ihn die unwiderstehliche Lust, nach Rom zu reisen, wo er um eine Audienz mit dem Papst, dem einstigen Monsignore Roncalli, bat. Der Prinz war so schwach, daß er eines Tages in einer Kirche ohnmächtig umfiel.
Zwei Tage gingen vorüber: keine Antwort.
Er erneuerte sein Gesuch.
Man empfahl ihm, es über die Französische Botschaft zu stellen.

Er suchte also den Botschafter, Monsieur de Margery, auf, der ihn an den ersten Botschaftssekretär verwies.
Das Gesuch war gestellt im Namen des »Prinzen René-Louis-Charles von Bourbon«. Die Antwort traf am folgenden Nachmittag ein: Seine Heiligkeit gewähre *Seiner Königlichen Hoheit* dem Prinzen René-Louis-Charles von Bourbon eine persönliche Audienz.
Der Papst empfing Seine Königliche Hoheit mit großer Freundlichkeit. Indem er ihn zwang, sein Gesuch über die Französische Botschaft zu stellen, wollte er vielleicht der französischen Regierung eine offiziöse Antwort geben.
Nachdem die Audienz beim Papst beendet war, hütete sich der Prinz, seine Einladungskarte zurückzugeben. Er bewahrte sie sorgfältig auf und ließ davon zwei Photokopien anfertigen. Die eine, sagte er, befinde sich zur Zeit in der Bibliothèque Nationale bei den Akten über Louis XVII., die andere im Museum von Versailles. Wir haben die Karte selbst gesehen und verbürgen uns dafür, daß sie wirklich vorhanden ist.

Fahrkarten für die Arche Noah

Was nützt es, ob die Geheimnisse verraten werden oder nicht, wenn die Menschheit doch in einer nahe bevorstehenden Katastrophe zugrunde gehen muß?
In Frankreich sind in 55 % der Strafprozesse Jugendliche verwickelt, und die Erwachsenen sind von einer Psychose der Verzweiflung befallen, die sich bis an die Grenzen des Unbewußten erstreckt.
Eine Pariser Zeitung vom 28. Mai 1961 veröffentlichte ein »Kommuniqué«, das folgendes ankündigt:
Die Rue Vavin wird in der ganzen Welt berühmt werden, denn im Hause Nr. 28 wird der smarteste Night-Club von Paris (also wahrscheinlich der Welt) eröffnet werden: La Dolce Vita. Die ganze Jugend von Paris wird dieses von der Legende umwobene (und dem Atomzeitalter angepaßte) Nachtlokal kennenlernen, und auch die Herzen der älteren Semester werden noch einmal höher schlagen.

Von der Legende umwoben und dem Atomzeitalter angepaßt!
Wir brauchen hier kaum von den Halbstarken zu reden oder von den Petroleumkönigen, die in einer Nacht beim Bakkarat das Budget eines ganzen Departements draufgehen lassen, von milliardenschweren Gangstern und Rauschgifthändlern, von dem Boxer, der für einen Kampf von zwei Minuten 800 Millionen einkassiert. Die Verderbtheit unseres Atomzeitalters tritt vielleicht noch mehr zutage in einem ungeheuerlichen Mißbrauch des Vertrauens.
Im Januar 1961 verhaftete man einen österreichischen Schwindler, der Geleitbriefe oder eine Art Pässe verkaufte, die in der nahen Zukunft Gültigkeit haben sollten, wenn die von der Venus kommenden Truppen auf der Erde zur Sicherung des Weltfriedens eine Weltrepublik gründen würden.
Der Schwindel war von einem 48 Jahre alten Wiener namens Karl Mekis aufgezogen worden, der als alter SS-Offizier den Sonderkompanien Eichmanns angehört hatte. Er gab sich für einen Adoptivsohn der italienschen Herzogin Elena Cafarelli aus, die er als seine »planetarische Mutter« bezeichnete. Er behauptete, Österreich werde der Brückenkopf für die Landung der Venusmenschen sein.
Mekis, der angeblich von der Venus telepathische Botschaften empfing, hatte bald eine Anzahl Leichtgläubiger gefunden, denen er einredete, die Besatzungen der Fliegenden Untertassen würden bald auf der Erde landen, um ihm als Stoßtrupp zu dienen.
Er hatte sich den Titel »Sicherheitskommissar« zugelegt und verkaufte seine Pässe zu horrenden Preisen. Er ernannte überdies einen Ratspräsidenten und mehrere hohe Funktionäre der künftigen Weltregierung.
Am 24. Oktober 1958 flog in Waldshut, einer in der Nähe der Schweizer Grenze am Bodensee gelegenen kleinen Stadt, eine andere merkwürdige Angelegenheit auf. In ihr waren gemeinsam verwickelt der Vertreter einer Waschmaschinenfabrik, Pater Stökker (ein exkommunizierter Kapuziner) und dessen Schwester Stella, eine Nonne.
Das Trio war angeklagt, Fahrkarten für eine neue Arche Noah verkauft zu haben.
Nachdem sie das Ende der Welt für 1958 vorausgesagt hatten,

versicherten sie, eine kleine Anzahl bevorzugter Menschen würde gerettet werden, wenn man eine neue Arche baute. Es fanden sich ungefähr 100 Personen, die dieser seltsamen Rettungsgesellschaft beitraten und über 10 Millionen Franc einzahlten.

Am Tage X der Sintflut sollten die Aktieninhaber das Recht haben, sich an Bord der Arche in Sicherheit zu bringen. Sie durften sogar etwas Gepäck und ihre Haustiere mitnehmen.

Ein Arzt zahlte ungefähr anderthalb Millionen Franc ein. Er sagte, das Ende der Welt scheine ihm auch das vernunftgemäße Ergebnis der menschlichen Dummheit zu sein. Damit hatte er zweifellos recht.

Doch das Ende der Welt fand nicht statt, weder zu dem angekündigten Datum noch in den darauf folgenden Monaten. Da kamen einem der Anhänger, einem Volksschullehrer, Zweifel. Er bewog Schwester Stella, in ihr Kloster zurückzukehren und Buße zu tun. Er selbst trat wieder in den Schuldienst ein, machte aber zuvor einen kurzen Abstecher zu einem Polizeirevier, wo er die ganze Geschichte erzählte und Pater Stöcker und seine Komplizen anzeigte.

In Holland verkaufte vor einigen Jahren ein Gauner den Eiffelturm – in kleine Stücke zersägt!

Die Amerikaner haben es freilich noch besser verstanden. Sie gingen so weit, eine Liste der erfolgreichen Einbruchsdiebstähle des Jahres 1959 aufzustellen, und vergaßen nicht zu erwähnen, daß die raffiniertesten in den USA stattgefunden hatten.

Der erste Preis gebührte einem Meister seines Fachs, dem es gelang, in Godding (Iowa) eine 20 Tonnen schwere Brücke zu stibitzen. Er ließ sie sogar im Laufe einer Nacht verschwinden.

Ein anderer Dieb hatte eine ganze Ziegelmauer, die vor einer Villa in Del Mar (Kalifornien) stand, nach Hause geschleppt. Ein dritter entwendete einen Telegraphenmast in Palm City.

Erwähnenswert sind noch die folgenden: Ein Dieb riß einer Autofahrerin einen Diamantring im Werte von 3000 Dollar vom Finger, als sie die Hand hinausstreckte, um anzudeuten, daß sie nach links abbiegen wollte. Andere Diebe hatten unter der Umzäunung eines Bahngeländes einen Tunnel gegraben. Ihre Beute: 10 Tonnen Kohle, dazu noch eine Lokomotive, ihren Tender und acht Waggons.

Es wäre unrecht, den französischen Einbrecher in seinem Fach als minderbegabt anzusehen. In Bayeux hat man im Jahre 1960 eine 10 Tonnen schwere Walze, einen 20 Tonnen schweren Kran und einen Dampfzylinder, der 40 Tonnen wog, gestohlen. – In Lille erbeutete man am 6. Februar 1962 bei zwei Darmhändlern anderthalb Kilometer Blutwurst.

Geheime Museen

Das wahre Klima unserer Zeit kommt indessen am deutlichsten zum Ausdruck, wenn man die Diebstähle von katalogisierten Kunstwerken, von Meisterwerken der Malerei betrachtet.

Man muß schon sicher sein, daß das Ende der Welt nahe bevorsteht, um ein Gemälde zu rauben, das mehr als zwei Millionen wert ist. Auf der ganzen Welt gibt es doch keinen Kunsthändler und keine Galerie, die bereit wäre, es für 200 Franc anzukaufen. Die großen Meisterwerke sind in Listen erfaßt, abgeschätzt und bekannt von Wladiwostok bis nach Johannesburg, von Anchorage bis nach Sidney, und es scheint ganz unmöglich, sie ungestraft zu verkaufen.

Man begreift z. B. nicht, wer es wagen würde, die *Mona Lisa* von Leonardo da Vinci, die *Venus von Milo* oder das *Weiße Pferd* von Gauguin zu kaufen. Und dennoch gibt es Liebhaber gestohlener Meisterwerke.

Im Jahre 1960 wurden aus der National Gallery in New York verschiedene Meisterwerke gestohlen, darunter ein Goya im Werte von 160 000 Dollar.

Man glaubt zunächst, daß es sich wie im Falle der *Mona Lisa* (1911) um die Einzelaktion eines Kunstliebhabers handelt, aber plötzlich wächst die Liste derartiger Diebstähle: Die berühmte Sammlung der Colombe d'Or im Süden von Frankreich wird davon betroffen; 26 Gemälde, darunter zwei Corots und ein Cavaletto in Como (1961); ein Rembrandt, ein Van Dyck, ein Tizian aus der Sammlung des Barons Gabriele Ortolani von Bordorano; im selben Jahr das Porträt des Duke of Wellington in London; am 1. Januar 1962: zwei Jan Breughels und ein David Teniers aus der Sammlung des Fürsten von Ligne in Paris; am 23. Februar

1962 etruskische Schmuckstücke im Wert von einer halben Milliarde Lire aus dem Museum Grossetto in Rom; am 14. Februar 1962 27 Gemälde großer Meister – Chagall, Picasso, Toulouse-Lautrec, Renoir – aus Galerien in einem Gebiet, das sich von New York bis Santa Fé in Mexiko erstreckt.
Nach Ansicht von Scotland Yard ist der Hauptverantwortliche für die Diebstähle der – theoretisch unverkäuflichen – Gemälde der Amerikaner Edward Henry Ashdowin, der von den Polizeibehörden der ganzen Welt gesucht wird. Auch die Käufer sind namentlich bekannt, wenigstens einige von ihnen, aber sie sind politisch und juristisch unantastbar.
Eins jedoch weiß man: Da diese Leute von dem unmittelbar bevorstehenden Untergang der Erde überzeugt sind, haben sie geheime Museen eingerichtet, an deren Schätzen sie allein sich erfreuen können. Sie geben nichts wieder heraus, sie hinterlassen nichts und vermachen nichts. Sie wollen neben ihren Schätzen zugrunde gehen. Wenn nun das Ende der Welt auf sich warten läßt, verbrennen sie selber die Gemälde, um jedem Skandal aus dem Wege zu gehen.
Die Hehler sind keinesfalls gewöhnliche Verbrecher, sondern von ihrer Leidenschaft besessene Kunstliebhaber, die auch vor einem Diebstahl nicht zurückschrecken. Mehrere von ihnen wohnen in den Erdölgebieten des Mittleren Orients, andere in den USA.
Die gewöhnlich gut unterrichtete Zeitung *La Presse* hat in bezug auf die geheimen Museen folgendes festgestellt:

Man hält es für sicher, daß es in den USA eine gewisse Anzahl von Privatsammlungen gibt, wo sich heute die meisten der im Laufe des Krieges aus den europäischen Museen geraubten Gemälde befinden.

Ein besonders in dieser Frage bewanderter Schriftsteller, der Taxator Georges Rheims, hat in seinem faszinierenden Buch *La Main* ein solches geheimes Museum beschrieben. Es liegt tief unter der Erde irgendwo in Kalifornien. Es existiert wirklich, und es ist nicht das einzige seiner Art. Andere führen ein verborgenes Dasein in den unzugänglichen Palästen, die rings um den Persischen Meerbusen liegen.

Georges Rheims hat (vielleicht) das in seinem Buch beschriebene Museum nicht selber besucht, aber man kann sicher sein, daß die Beschreibung nicht in allen Stücken erfunden ist.

Der Schacht dieses Lastenaufzugs ist in Beton eingelassen. Im Fall eines Brandes oder eines Erdbebens kann er mit Hilfe von beweglichen Stahlplatten, die sich automatisch schließen, von der übrigen Welt isoliert werden. J. B. hatte diesen Zufluchtsort im Jahre 1948 bauen lassen, als zuerst das Gerücht von der Möglichkeit eines Atomkrieges aufkam. Die materiellen Schwierigkeiten waren erheblich gewesen, da J. B. auf jeden Fall wünschte, daß das Äußere des mittelalterlichen Schlosses gewahrt blieb. Um Erschütterungen des Gebäudes zu vermeiden, mußte es auf einem ungeheuren Zementfundament errichtet werden. Das Auftreten von Sumpfgräben und Wasserlöchern komplizierte das Problem in unvorstellbarer Weise.
Das erste Kellergeschoß in einer Tiefe von 12 Metern umfaßte eine Reihe von Zimmern, in denen einhundert Personen Platz finden konnten, aber erst im zweiten, 23 Meter unter der Erde befindlichen Geschoß waren die kostbarsten Kunstschätze untergebracht. Hier gab es einige Staatsräume, zwei geräumige Schlafzimmer, eine Küche, eine Kabine für den Empfang und die Ausstrahlung von Radio- und Fernsehsendungen, eine chirurgische Abteilung, eine Werkstatt, Lebensmittelspeicher und speziell für die Aufnahme von Kunstschätzen klimatisierte Säle.
Als die Arbeiten beendet waren, erhielt jedes Mitglied des Personals ein Merkblatt, das Anweisungen erteilte, wie man sich im Fall eines Alarms von New York nach dem Schloß begeben sollte.

Auf seine Sammlung von Bechern und Schmucksachen aus Bergkristall und Edelsteinen legte J. B. den größten Wert. Auf diesem Gebiet war sie ebenso bedeutend wie die des Louvre und der Uffizien von Florenz. Schon im Jahre 1935 hatte er angefangen, sie zusammenzustellen, und durch Vermittlung deutscher und Schweizer Kunsthändler aufkaufen lassen, was auf dem Markte verfügbar war.
Dieser Schatz, die Frucht von den während des Krieges vorgekommenen Plünderungen, war J. B. besonders ans Herz gewachsen.

Der Beflissenheit seiner Lieferanten verdankte er es, daß er nicht nur glücklicher Besitzer von Gegenständen war, die den größten europäischen Sammlern gestohlen waren, sondern auch von ungefähr dreißig Meisterwerken, die während der Besatzungszeit aus deutschen, italienischen und russischen Museen verschwunden waren. So besaß er zwei Gemälde von Velázquez, vier Rembrandts, zwei Bilder von Frans Hals, sechs Goyas, die alle so genau identifiziert waren, daß er sie niemandem zeigen konnte, ohne sich den größten Unannehmlichkeiten auszusetzen. Die meisten dieser Gemälde schlummerten zusammengerollt in luftdichten Umhüllungen. Manche von ihnen hatte er höchstens einmal selber betrachtet. Und doch war ihm nie von fern der Gedanke gekommen, sie den früheren Eigentümern zurückzugeben. Aber er wurde ständig von der Furcht heimgesucht, was wohl nach seinem Tode damit passieren würde. In keinem Dokument hatte er niedergelegt, welche verwünschten Objekte er in Santa Paola zusammengerafft hatte. Und auch keiner seiner intimsten Ratgeber wußte darüber Bescheid.

In den Zeiten, in denen wir leben, sind also sonst verhältnismäßig ehrenhafte Menschen gewissenlose Hehler, und zwar ohne dabei das geringste Risiko einzugehen – so wie andere mit dem Gedanken spielen, die Menschheit dem Strahlentod auszuliefern und die Atmosphäre mit Todesstaub zu schwängern. Das Verbrechen wird nur bestraft, wo es keinen Ausnahmecharakter hat.
Einen Menschen töten – darauf steht in vielen Ländern noch die Todesstrafe.
Zehn Millionen Menschen töten, das übersteigt alle Grenzen und ist durch das Strafrecht nicht mehr zu sühnen. In den Jahren 1917, 1918, 1919 tötete der spanische Arzt L. nicht 10 Millionen, sondern 25 Millionen Männer, Frauen und Kinder.

Die spanische Grippe

Die spanische Grippe düsteren Angedenkens vernichtete in zwei Jahren fünfmal mehr Menschen, als im ersten Weltkrieg umgekommen waren.

Man hat gesagt: Das war die Pest, die Cholera.
Nun, hier ist die bisher geheimgehaltene Wahrheit über diese mysteriöse Epidemie:
Im Jahre 1917 entdeckt ein Spanier, der Arzt Dr. L., in Peru das Rezept El Sapo (die Kröte). Es ist in der berühmten, bisher noch weithin unbekannten Arzneikunde der Inka enthalten.
Die sechs Grundarzneistoffe ergeben zusammen das Rezept »Cascarilla«, von dem man annahm, daß man damit alle Krankheiten heilen könne. (Interessant ist, daß der kostbarste aller Arzneistoffe, das aus Peru stammende Chinin, einen der Hauptbestandteile des »Cascarilla«-Rezeptes bildet.)
Das Rezept El Sapo ist äußerst gefährlich, denn es ruft durch die Wirkung eines katalytischen Agens – der Diastasen des Krötenblutes – Mutationen hervor.
Obgleich vor dieser Gefahr gewarnt, zieht sich Dr. L., nach Spanien zurückgekehrt, sofort in das Laboratorium zurück, das er sich auf seiner in der Provinz Malaga gelegenen andalusischen Hazienda eingerichtet hat, und beginnt damit, auf Bouillon-Nährböden Bakterienkulturen zu züchten, die er einem Schwein einimpft.
Im Laufe der Experimente mutiert eine Kultur, und es bildet sich ein virulenter Stamm, der das Tier tötet.
Wenn Dr. L. den Kadaver verbrannt hätte, wären wahrscheinlich Millionen Menschen am Leben geblieben. Leichtsinnigerweise aber wollte der Biologe mehr von der Sache erfahren. Er öffnete den Schweinekadaver und setzte seine Untersuchungen fort, ohne zu bemerken, daß seine Frau und sein Sohn krank geworden waren und sie die Symptome genau der Krankheit aufwiesen, die er analysierte.
Señora L. und ihr Sohn starben als erste Opfer der Geißel, die man später die spanische Grippe taufen sollte. Bald infizierte der virulente Stamm das ganze Dorf, dann die Provinz Malaga, dann Andalusien, schließlich ganz Spanien.
Im Jahre 1918 verbreitete sich die Viruskrankheit, die gewisse Ähnlichkeit mit der Cholera und der Pest aufwies, über Europa und schließlich über die ganze Erde. Es gab 3 Millionen Tote in Westeuropa, 15 Millionen im Fernen Osten, insgesamt 25 Millionen.

So entstand aus kleinsten Anfängen jene furchtbare Krankheit, die die dunklen Ängste unserer Vorväter zur Zeit der Pest mitten im 20. Jahrhundert wieder aufleben ließ.
Dr. L. wurde von der Krankheit körperlich nicht befallen. Die Strafe traf ihn ins Herz und erstreckte sich auf seine Nachkommenschaft. Es gab nicht einmal einen Ankläger.
Für die, welche das Programm der neuen Ära aufstellen – die Okkultisten nennen sie die Ära des Wassermanns, die Amerikanisten sprechen von der Ära des Kondors –, ist unsere Gegenwart die Zeit der Zauberlehrlinge.

Das gefährlichste Geheimnis

In seinen Heften zur Einführung in die Magie der Inka klagt Beltran unsere Zivilisation an: sie sei durchaus ungeistig und erliege den Gefahren der modernen Wissenschaft.
Das Problem und die Gefahr, die er aufzeigt, sind derart, daß sie wohl unsere Ruhe stören können; sie beweisen aber gleichzeitig, daß am Rande der gewaltigen Laboratorien und der Atomstädte, wo die Wasserstoff- oder Stickstoffbomben produziert werden, höchst bescheidene Labors bestehen können, wo jeder beliebige eine Waffe herzustellen vermag, die geeignet ist, die ganze Menschheit auszurotten.
Diese Waffe – wir wollen sie die My-Bombe nennen – würde nicht Milliarden Dollar oder Rubel kosten, sie erfordert keine komplizierten Berechnungen, auch keine Vorbildung. Ein roher Kerl, der weder lesen noch schreiben kann und keinen Pfennig in der Tasche hat, könnte sie in wenigen Wochen herstellen.
Keine Abschußrampen, keine Raketen, keine interkontinentale B 24: nur eine Bewegung der Hand, mit der man ein Reagenzglas umstößt – und schon ist die Menschheit der Vernichtung preisgegeben.
Für den Zauberlehrling gibt es nur eine Gefahr: den Tod.
Und nur eins, das ihn zurückhalten könnte: sein eigenes Gewissen.
Hier der Bericht des mit den Geheimnissen der Inka vertrauten Biologen:

Die Züchtung von Bakterien ist leichter als die Kaninchenzucht, denn jeder beliebige kann sich damit befassen.
Der französische Professor H. von der Pariser Medizinischen Fakultät war an das Institut zur Erforschung der Bakterienarten in Lausanne berufen worden. Am 9. Januar 1952 übergab er der Post ein winziges Fläschchen. Es enthielt einen Kubikzentimeter Blut, in dem eine aus einem südamerikanischen Virusstamm gezüchtete Kultur schwamm.
Der Adressat war Professor D., Mitglied der Akademie für Medizin, ein prominenter Bakteriologe.
Was nun folgt, ist allgemein bekannt. Dr. D. will die Kaninchen auf seiner Besitzung in Maillebois (Eure-et-Loir) »wissenschaftlich« ausrotten. Er zerstäubt um die Kaninchenbauten herum die ihm von H. zugesandte Viruskultur. Wie Sie schon erraten haben, handelte es sich um das Myxomatose- oder »My«-Virus, den Erreger der Kaninchenpest, die sich bald in ganz Frankreich und danach in allen Ländern Europas verbreitete.
Da zeigte es sich, wie illusorisch Grenzen sind. Sie konnten die Epidemie, gegen die es kein Gegengift gibt, nicht aufhalten.
Die Myxomatose ist das Werk eines normale Bakterienfilter passierenden Virus, das im Jahre 1898 von dem italienischen Hygieniker Giuseppe Sanarelli isoliert wurde. Es ist ziemlich groß, da man es mit Hilfe von Farbstoffen in einem gewöhnlichen Mikroskop sichtbar machen, es mit Leichtigkeit untersuchen und sogar züchten kann.
Ein Hexenlehrling unserer amoralischen Zeitläufte braucht diese niedlichen Virusbestien nicht einmal zu kaufen. Da liegt auf dem Felde ein totes, an Myxomatose krepiertes Kaninchen. Man reiße ihm das Herz und die Leber aus, zerstampfe sie im Mörser. Dann filtriere man die Masse, um alle Fleischreste auszuscheiden. Die braunrote Flüssigkeit, die übrigbleibt, wimmelt von Viren.
Man gebe ihnen oft Kaninchenblut zur Nahrung, und man erhält eine schöne Bouillonkultur.
Wenn man nun bei sehr milder Witterung diese Kultur in den Feldern verspritzt, begeht man eine Tat, die unserer Zivilisation Ehre macht.
Will man ein übriges tun, kann man der Kultur Krötenblut zusetzen. Dann ist es möglich, damit eine Mutation zu erzeugen.

Wenn man nach der Mutation allmählich menschliches Blut (etwa das eigene) hinzugibt, werden einige Viren, um nicht zugrunde zu gehen, sich darauf umstellen und »menschliche« Viren werden. Falls man bei einem solchen Experiment am Leben bleibt, wird man sehen, daß einige wenige Tropfen, in der Öffentlichkeit verspritzt, genügen, um schlagartige Wirkung der Kaninchenpest zu wiederholen, diesmal aber auf Menschen angewandt. Die Hersteller der Atom-, Wasserstoff- oder Neutronenbomben werden vor Neid erblassen.

Sie denken vielleicht: Das ist ein Verbrechen, das schwer bestraft werden muß. Weit gefehlt! Während die Myxomatose-Epidemie ganz Frankreich heimsuchte, überreichte Herr J. C. in seiner Eigenschaft als Botschafter dem Professor, der die Kultur zur Post gegeben hatte, das Großkreuz der Ehrenlegion. Und was Dr. D. betrifft, so brauchte er auf seine Beförderung nicht lange zu warten.

Soviel über die »My-Bombe«, die von der modernen Wissenschaft entwickelt wurde, aber deren Prinzip bereits in dem Rezept El Sapo der Inka-Arzneikunde niedergelegt ist. Gebe der Himmel, daß die armen, die Erde bewohnenden Narren sich das Fünkchen Verstand und den Rest moralischen Verantwortungsgefühls bewahren, das uns vor dem Äußersten schützt!

Alles in allem ist die Myxomatose El Sapo eine der grauenhaftesten und abstoßendsten Krankheiten, die man sich vorstellen kann. Wer je ein davon betroffenes Kaninchen gesehen hat, wird das nie vergessen. Sie würde 99 % der Menschheit dahinraffen; allerdings könnten die übriggebliebenen 25 Millionen die Erde wieder bevölkern.

Die Atombomben und besonders die Testbomben töten zwar nicht alle Menschen sofort, sondern führen vielmehr erst nach einer bestimmten Zeit unausweichlich den Tod herbei. Sie töten durch ein progressives Außerkraftsetzen der Lebensfunktionen. In Ausnahmefällen kommt es zu Mutationen, und die Opfer sind dann unfähig, Menschen, wie wir es sind, zu erzeugen.

Die menschliche Myxomatose – ein von der Verzweiflung und dem Wahnsinn eingegebener Versuch, unsere Probleme zu lösen – wäre also das geringere Übel und vielleicht sogar die Waffe, die für die Zukunft der Menschheit die Rettung bedeutete. Ein geistig labiler Mensch könnte sehr wohl diese gefährliche Schlußfolgerung ziehen.

Nun ist es schon heute offenkundig, daß die für die Geschicke der Menschheit und für die Strahlenverseuchung des Erdballs Verantwortlichen in ihrer Begierde, um jeden Preis eine Hauptrolle zu spielen, nicht mehr die notwendige geistige Freiheit besitzen, um die Situation klar zu erkennen. Sie sind bereits zu sehr den Umgang mit Atombomben gewöhnt, um in ihnen noch etwas anderes zu erblicken als politische Argumente. Ihre Ohren sind taub für den Appell der Biologen und den von Jean Rostand ausgestoßenen Warnruf. Doch vielleicht bringt ihnen der zerfressene und aufgetriebene Leib eines an Myxomatose verendeten Kaninchens die Grenzen der Wirklichkeit wieder zum Bewußtsein.

Es ist unerläßlich, nicht nur die öffentliche Meinung zu mobilisieren, sondern auch die Meinung der politischen Drahtzieher zu beeinflussen. Man kann sich ihre Verblüffung vorstellen, wenn sie erfahren, daß ihr ganzer Berg von ferngelenkten Geschossen, von Raketen, Rampen, Raumschiffen, künstlichen Satelliten, daß alles das vielleicht vernichtet, ja im Gedächtnis der etwa noch Überlebenden ausgelöscht werden kann, weil ein kleiner, des Lesens und Schreibens unkundiger Forstgehilfe sich den Spaß gemacht hat, in seiner Behausung ein Gefäß mit Bouillonkulturen umzuwerfen.

Ob das Geheimnis El Sapo gefährlich ist? Allerdings, aber in gewissem Maße auch tröstlich.

Ein Mensch, ein einziger, vielleicht Sie, dieser da, jeder beliebige also, kann die Lage der Welt völlig verändern, die Menschheit umbringen oder retten.

Und dieser Forstgehilfe ist vielleicht – der Antichrist oder der Würgeengel. Man weiß es nicht.

Im Augenblick ist er nur ein kleiner, ungebildeter Forstgehilfe mit einem toten Kaninchen in seiner Jagdtasche.

Aber er hört Radio, vielleicht hat er auch einen Fernsehapparat, und da hört er, da sieht er die gigantischen Führer der Menschheit die Beschwörungsformeln der schwarzen Magie aussprechen: »Ich werde nicht zögern, die Wiederaufnahme der Kernwaffenversuche in der Atmosphäre anzuordnen. Wir werden geeignete Vorbereitungsmaßnahmen treffen . . .«

»Die sind ja verrückt«, wird sich der kleine Forstgehilfe sagen (er ist ungebildet, doch er hat noch seinen gesunden Menschenverstand). »Sie wollen also unsere Kinder, unsere Enkel und Urenkel ermorden.«
Und wer weiß, ob nicht, behext durch einen bösartigen Zauber, der Forstgehilfe oder Jagdaufseher doch nach der Tasche mit dem Kaninchenkadaver greift ...?
Ja, wer will das wissen?
Nun, den Männern, die die Geschicke der Welt lenken, muß wieder das Gewissen schlagen; sie müssen Angst bekommen, von ihrem hohen Roß heruntersteigen und wieder den Weg in die Reihen der einsamen und von Vernichtung bedrohten Menschen zurückfinden.
Bleibt uns noch übrig, der bürgerlichen Furcht zu Leibe zu gehen. Auch sie ist bergeshoch.
»Sie jagen uns ja einen tollen Schrecken ein mit Ihren Geschichten vom Strahlentod und vom Jagdaufseher. Jean Rostands Prophezeiungen haben uns schon beinahe nicht mehr schlafen lassen. Wir haben eine Schlaftablette nehmen müssen. Und jetzt fangen Sie ebenfalls damit an ...«
Der brave Bürger hat seine Kaltblütigkeit bitter nötig, um seinen Whisky mit Soda richtig zu dosieren, um seine Diät mit dem schwer verdaulichen bretonischen Hummer in Einklang zu bringen, um nicht seine Pillen gegen die Ablagerung von Cholesterin zu vergessen und stets an sein Bullrichsalz sowie den Arzneitrank für die Leber zu denken ...
Und sein Kreuzworträtsel am Abend vorm Schlafengehen? Und seine Fernsehsendung? Und seine Durchschnittsgeschwindigkeit auf der Autobahn? Und seine Bridgepartie? Und sein schöner, weichgepolsterter Lehnstuhl, wo er seine bürgerliche Würde, seine mittelmäßige Intelligenz und sein molliges Hinterteil ausruhen kann?
»Jawohl, mein Herr, Sie jagen uns mit Ihrem Strahlentod und Ihrem Jagdaufseher einen schönen Schrecken ein! Scheren Sie sich zum Teufel, mein Herr. Ich – ich will vor allem meine Ruhe haben!«
Um den braven Bürger zu beruhigen, ist es jetzt wohl an der Zeit, festzustellen, daß trotz eines ganzen Arsenals tödlicher Gifte, wie

Arsenik, Arsenate, Pyralumnol, E 605 usw. – Gifte, deren sich die Gärtner überall auf der Welt bedienen –, gegen ganze Menschengruppen gerichtete Verbrechen selten sind.
In regelmäßigen Abständen entstehen verhältnismäßig gutartige Epidemien – die infektiöse Grippe, die asiatische Grippe, die sizilianische Grippe. Sie sind meist auf die großen Städte beschränkt: Paris, London, New York. Man hat guten Grund anzunehmen, daß gewisse dieser Epidemien absichtlich hervorgerufen werden, nicht um eine größere Menschenmenge zu töten, sondern aus experimentellen Gründen. Genauer gesagt, das Experiment beweist, daß ein erheblicher Teil der Bevölkerung stets von der Anstekkung verschont bleibt. Es ist, als seien von der Vorsehung gewollte Kräfte am Werk, um die totale Ausrottung der Art zu verhindern. Es scheint unmöglich, die ganze Menschenrasse zu verseuchen oder völlig auszurotten.
Die Teilnehmer einer Konferenz von Fachleuten, die im August 1960 in Pugwash stattfand, kamen zu folgendem Schluß: »Theoretisch könnte man mit einer Tonne von Botulinus-Toxinen zweieinhalb Milliarden Menschen ausrotten. In der Praxis würde die Sterbequote 30 % nicht überschreiten.«
Dasselbe würde passieren, wenn man Grippeviren, Brucelloseerreger, Cholera-, Typhus- oder Tularämiebakterien auf die Menschheit losließe.
Die Natur hat einen Horror vor dem Verschwinden der Arten.

Luzifer gibt sich die Ehre

Eine seltsame Tatsache, die gar nicht mehr in unsere Zeit zu passen scheint: Die Sekten der Teufelsanbeter gewinnen immer mehr Anhänger.
Im Pariser Stadtviertel von Saint-Julien-le-Pauvre gelingt es den Kartenlegerinnen und den Spiritisten, ihre Kunden zu überreden, einen Pakt mit Luzifer zu schließen. Und das mitten im 20. Jahrhundert!
Und das tägliche Geschehen in aller Welt liefert ebenfalls großzügig Stoff ähnlicher Art.
Am 20. August 1962 tötete ein afrikanischer »Krokodilmensch«

namens Ellard ein junges Mädchen, das im Verdacht stand, eine Hexe zu sein, gegen eine vorher vereinbarte Zahlung von 63 Franc.

Da der Anstifter des Verbrechens, ein gewisser Odrick, nur 7 Franc gezahlt hatte, verklagte ihn Ellard bei dem örtlichen Tribunal, dessen Mitglieder Häuptlinge waren. Sie erkannten die Berechtigung der Klage an und verurteilten Odrick dazu, Ellard den Rest von 56 Franc nachzuzahlen (*France-Soir* vom 30. August 1962).

Bei einem Erdbeben und verheerenden Überschwemmungen in Chile wurde im Jahre 1960 ein junges Mädchen geopfert, um den Zorn der Götter zu besänftigen. Alle Zeitungen nahmen Notiz von diesem Ereignis.

»Eins ist jedenfalls sicher«, sagte uns ein südamerikanischer Botschaftsattaché, »man konnte die Katastrophe nicht aufhalten. Nachdem aber das junge Mädchen getötet war, hörten das Erdbeben und die Überschwemmungen von selber auf.«

Diese nachdenklich stimmende Bemerkung stammt immerhin von einem Botschaftsattaché.

Im Juli 1962 war die sechsjährige Line B., Tochter einer französischen Lehrerin, an einer schweren Mastoiditis erkrankt und wurde in das Krankenhaus zu Besançon eingeliefert. Doch ihre Mutter, die einer spiritualistischen Sekte angehörte, holte sie wieder nach Hause. Das kranke Kind wurde zum zweiten Mal – diesmal von Polizisten – ins Krankenhaus gebracht und gerade noch im letzten Augenblick operiert.

Nach den Grundsätzen ihrer Sekte wollte die Mutter nicht, daß ihre Tochter mit antibiotischen Medikamenten behandelt wurde, denn »sie töten die Mikroben, die doch auch Geschöpfe Gottes sind«.

August 1962: Frédéric J., 2 Jahre alt, stirbt infolge schwerer Verbrühungen, weil seine Eltern keinen Arzt zu Rate gezogen hatten.

»Ich glaube an die Heilpraktiker.« Sein Vater war nicht zu bekehren. Das Kind wurde nur mit Lehmwickeln behandelt. Die Eltern gehören der Sekte »Harmonisches Leben« des Illuminaten Raymond Dextreix an.

Fast jeden Tag kommen von ihren Männern betrogene Ehefrauen oder rachsüchtige Liebhaberinnen zu den Hexenmeistern und bitten sie, die Schnürsenkel des ungetreuen Ehemannes oder Liebhabers zu verknoten. Andere verlangen mit unschuldiger Miene den Tod eines Feindes oder das Wiederaufleben der Liebesbeziehungen.

Die Leichtgläubigkeit dieser Menschen ist so groß, daß sie in Sekten eintreten, obwohl sie wissen, daß dort Luzifer angebetet wird. Nach althergebrachter, kabbalistischer Sitte wird mit Luzifer und oft sogar mit dem Satan ein mit Blut und Beschwörungsformeln bekräftigter Pakt unterzeichnet. Als Gegenleistung rechnet der »Verdammte« dann auf Erfolge in der Liebe, Gewinne im Spiel und in der staatlichen Lotterie, das Auffinden eines Schatzes usw.

In den Teufelskultsekten (Rue Popincourt, Ile Saint-Louis, Auteuil) gehören zu dem Ritus die traditionellen sexuellen Ausschweifungen.

Der alte, schon längst totgeglaubte Teufel des Mittelalters tanzt wieder seine Sarabande. Am 21. Juni 1962, als die Amerikaner eine Antar-Rakete in den Äther jagten und die Franzosen in der Bretagne die Einweihung der ersten europäischen transatlantischen Fernsehstation vorbereiteten, standen auf dem Kommandostein des »magischen Zirkels« von Meudon – 5 km von Paris entfernt – Hexenmeister, die unter Verwünschungen den Satan und die höllischen Dämonen anriefen.

Es war der Tag der Sommersonnenwende, von alters her der schwarzen Magie geweiht.

Die luziferische Beschwörungskunst der Spiritisten und die satanische der Hexenmeister stammen aus sehr fernen Zeiten, da die strengsten Geheimnisse durch Eingeweihte niederer Grade verraten wurden.
Es scheint unbegreiflich, aber unter diesen Geheimnissen verbergen sich, selbst in ihrer entstellten Form, noch immer Bruchstücke jener transzendenten Wahrheiten, die sich auf die Magie bezogen. Das Bild der Geliebten in einem magischen Spiegel erscheinen zu lassen, die Stimme eines Toten aus dem Grabe vernehmbar zu machen, eine Materialisation auszuführen – hieß das nicht im Mittelalter die Errungenschaften der modernen Wissenschaft vorausnehmen? Das Kino, das Radio, die Zyklotrone zur Beschleunigung von Materieteilchen?
Indessen scheinen diese verschiedenen »Wunder«, was die Art ihrer Hervorbringung angeht, nichts miteinander gemein zu haben: auf der einen Seite psychische, uns ewig unbekannte Kräfte; auf der anderen ein streng wissenschaftlicher und erklärbarer Vorgang.
Die Vertreter der exakten Wissenschaft haben keinen guten Willen bewiesen, sich näher mit der Magie zu beschäftigen. Aber man muß auch zugeben, daß die Vertreter der Magie ihr Talent überfordert, die meisten ihrer Experimente durch groben Schwindel entwertet oder auch bewußt auf ihre traditionelle Kunst verzichtet und sich unter Mißbrauch des Vertrauens der offensichtlichen Betrügerei verschrieben haben.
Wie soll man dem Medium von Arcachon Glauben schenken, das vor einem Mann ein Phantom erscheinen ließ, das ihm die Hand drückte und ihn auf beide Wangen küßte? Oder der Hexe von Deux-Sèvres, die allein durch die Kraft ihrer Ausstrahlung einen entfernt stehenden Topf mit Wasser zum Kochen bringt?

Oder was soll man von einem Wünschelrutengänger oder Radiästheten halten, der vorgibt, einen vergrabenen Schatz, einen verlorenen Ring entdecken zu können oder zu wissen, wo ein Gefangener, von dem man keine Nachricht hat, interniert ist?
Die Mächte, die diese Leute anrufen, sind keineswegs unvorstellbar. Im Gegenteil, sie sind der Überlieferung nach durchaus authentisch, aber diese Magier – Medien, Hexen, Wünschelrutengänger – haben keine Gewalt über sie: Sie treiben Schwindel mit einem Körnchen jener Wahrheit, die seit Jahrtausenden verfälscht und entstellt worden ist.
Selbst wenn man in derartigen Darbietungen auch nicht die Spur dieser Wahrheit erkennen kann, muß man dennoch von diesem verfälschten Geheimnis ausgehen, um die Wundertaten der experimentellen Wissenschaft unserer Tage zu begreifen.

Der Picatrix

Vom 11. Jahrhundert ab, in jener Epoche, die man verächtlich als Mittelalter bezeichnet, nehmen die alchimistischen Zauberbücher und die der höllischen Wissenschaft geradezu überhand.
Im Jahre 1256 wird ein aus dem Arabischen übersetztes Handbuch der Magie die schwarze Bibel aller Hexenmeister. Es ist nach seinem Verfasser unter dem Namen Picatrix bekannt.
Ein moderner Eingeweihter – Monsieur Gehem – nennt den Picatrix das vollständigste Werk über die schwarze Magie, das wir besitzen. Aber die vorhandenen Übersetzungen sind verstümmelt, denn ein Fluch trifft die Menschen, die sich damit befassen, dies Buch zu kommentieren.
Die darin beschriebene Magie gründet sich auf eine astrale Kombination der Planeten und Fixsterngruppen, die höchst wirksame Kräfte ausstrahlt. Monsieur Gehem hat uns dazu folgendes geschrieben:

»Das authentische Manuskript enthält furchtbare Geheimnisse: wie man z. B. eine ganze Stadt mit dem Strahl des Schweigens zerstören kann; wie man Menschen aus der Entfernung beeinflussen oder töten kann oder Flugmaschinen konstruieren kann.

Die Texte, die ich gelesen habe, sind immer kurz, und man muß schon ein Meister sein, um sie zu verstehen. Eines Tages fand einer meiner Freunde eine Übersetzung in Konstantinopel, und der Pascha gab ihm die Erlaubnis, sie zu photographieren. Mein Freund machte davon 20 Abzüge, die man ihm mit Gold abkaufen wollte. Mit gewissen Formeln könnte man tödliche Waffen herstellen, die ebenso wirksam wären wie Atombomben, doch auf Grund einer Wissenschaft, die von unserer modernen Wissenschaft gänzlich verschieden ist. Die an der Überlieferung hängenden Mohammedaner sind die einzigen Völker, die die wissenschaftlichen Geheimnisse der Atlantiden bewahrt haben.«

Die Übersetzung des Dokuments wird in der Bibliothek des Pariser Zeughauses aufbewahrt. Sie scheint indessen nur sehr primitive Kenntnisse der schwarzen Magie zu verraten.
Im folgenden geben wir einige bekannte Geheimnisse dieses furchtbaren Picatrix wieder, den unsere Wissenschaftler natürlich nicht ernst nehmen.

Um eine Stadt zu zerstören, fertige man Bilder von ihr an zur Stunde des Saturn, wenn die über der Stadt stehenden Sterne Unheil verkünden. Dann vergrabt diese Bilder in der Mitte der Stadt, und ihr werdet Wunder erleben.

Anweisung für die Vernichtung eines Feindes:

Man fertige zwei Bilder, eins zur Stunde der Sonne, wenn der Löwe im Steigen ist und der Mond fällt, und das andere zur Stunde des Mars, wenn der Widder ansteigt und der Mars und der Mond fallen. Man mache dieses Bild so, wie ein Mann einen andern schlägt. Dann vergrabe man es zur Stunde des Mars, wenn der Widder steigen wird. Danach kann man all seinen Feinden gebieten und sie auf jede Weise beherrschen.

Welch eine uralte wissenschaftliche Erkenntnis mag sich wohl, wie eine vergessene Erinnerung, in dem Rezept verbergen, das einst gestattete, »in einem Haus ein Licht zu erzeugen, das wie Silber glänzt«?

Man muß eine schwarze oder eine grüne Eidechse nehmen, ihr den Schwanz abschneiden und ihn trocknen. Dann findet man darin eine Flüssigkeit, die dem Quecksilber gleicht.
Mit dieser Flüssigkeit tränkt man einen Docht, den man in eine gläserne oder eine eiserne Lampe steckt.
Wenn man die Lampe anzündet, wird das Haus bald wie versilbert aussehen und alles, was im Innern ist, wird glänzen wie Silber.
Zum Schluß hier noch ein *wunderbares Rezept für Menschen, die durch das Feuer gehen wollen, ohne verletzt zu werden, oder die Feuer oder heißes Eisen in der Hand tragen wollen:*
Malvensaft doppelt und Eiweiß, Samenkörner der Petersilie und Kalk. Zerstoßen. Das Eiweiß mit Tannenharz mischen. Mit dieser Tinktur den Körper oder die Hand einreiben, trocknen lassen. Das Einreiben wiederholen, dann kann man sich getrost der Feuerprobe unterziehen, ohne Schaden zu nehmen.

Diese antike Chemie, in der das Feuer immer eine Hauptrolle spielt, bereitete der Alchimie den Weg, d. h. der Kunst, Gold zu machen. Ein alter griechisch-ägyptischer Traktat mit dem Titel »Die Chemie des Moses« gibt dafür eine überaus einfache Anleitung:

Man nehme Magnetstein (2 Drachmen); echtes Blau (2 Drachmen); Myrrhe (8 Drachmen); exotisches Alaun (2 Drachmen). Man verreibe das mit der Sonne und einem ausgezeichneten Wein (Sonne = Gold, Wein zweifellos = gefärbter Schwefel); Schwefel tut ausgezeichnete Wirkung, um etwas weich zu machen. Nachdem man eine innige Mischung hergestellt hat, schmelzt man das Ganze in einem Goldschmiedeofen, man bläst und fängt die Legierung ab. Sie ist reines Gold.

Machen wir doch einmal den Versuch, und wenn wir etwa nicht das feinste, das strahlendste Gold erhalten, sondern wenn das Ergebnis zum Beispiel eine Art Mörtel ist, so liegt das zweifellos daran, daß unser Blau nicht echt war und unser Alaun nicht exotisch genug.
Die Wissenschaft des Aristoteles – dreieinhalb Jahrhunderte vor

unserer Zeitrechnung – erscheint uns viel rationaler als die Alchimie. Der Philosoph, ein Freund Alexanders des Großen, mag mit seinen pyrogenetischen Erfindungen sehr nahe in den Bereich der Magie geraten sein, aber er bleibt immer noch in den Grenzen der experimentellen Wissenschaft. Das beweist der folgende Bericht (zitiert nach Marcelin Berthelots *Histoire des Sciences)*:

Während er mit dem König in den finsteren Gegenden herumreiste, beschloß er, in einem Monat das herzustellen, wozu die Sonne ein Jahr braucht.
Das Rezept des Feuers, das er erfand, ist das folgende: Man nehme ein Pfund rotes Kupfer, je ein halbes Pfund Zinn, Blei und Eisenpfeilspäne. Dann schmelze man alles zusammen und mache daraus eine große runde Scheibe in Form eines Astrolabiums. Man bestreiche sie mit dem unten angeführten Brennstoff, lasse sie zehn Tage lang trocknen und wiederhole das Bestreichen zwölfmal. Der einmal angezündete Brennstoff brennt ein ganzes Jahr, ohne zu verlöschen. Wenn man die Scheibe mehr als dreizehnmal bestreicht, brennt sie länger als ein Jahr. Überzieht man die Scheibe mit einem beliebigen, zuvor getrockneten Band und läßt dann einen Funken darauf fallen, wird das Gemisch dauernd brennen und kann durch Wasser nicht gelöscht werden.
Rezept des obenerwähnten Brennstoffs: Pech, Kolophonium (Auripigment?), das aus safrangelbem Schwefel, Eigelb und Schwefelöl besteht.
Der Schwefel muß auf einem Stück Marmor zerrieben werden. Danach gibt man das Öl hinzu, dann Putzmörtel in der gleichen Gewichtsmenge wie die der ganzen Masse. Zerstoßen, verreiben und aufstreichen.

Dies Rezept von Aristoteles zur Herstellung der künstlichen Sonne ist weder einleuchtend noch überzeugend, doch hat es wenigstens einen Vorzug: Es hat nichts mit der Magie zu schaffen. Was den Einsatz unheilbringender Kräfte angeht, so steht darin die moderne Wissenschaft dem Picatrix in nichts nach.
Wie die antiken Magier bemühen sich auch unsere modernen Wissenschaftler, Formeln zu erfinden, »um Häuser, eine Stadt

und andere Dinge zu zerstören«. Zweifellos werden wir mit den Todesstrahlen, den Satelliten oder den die Wellen reflektierenden Wolken (System Telstar) bald dahin kommen, »eine ganze Stadt zu zerstören«. Zweifellos werden wir auch mit den lähmenden Wellen »unseren Feinden gebieten und sie auf jede Weise beherrschen können«. Der Picatrix ist nur ein ungeschickter Prolog zu dem Buch von der Wissenschaft des Todes, wie es im Jahre 1970 oder 1975 geschrieben werden könnte.

Die Menschen des Herrn von Kufstein

Die Biologen von heute wollen es den Hexenmeistern früherer Zeiten gleichtun. Sie versuchen, die Mutation gewisser Lebewesen künstlich herbeizuführen, und erreichen damit die Gipfelleistung der schwarzen Magie: die Erschaffung von Ungeheuern.
Professor Wolf, ein französischer Experte auf dem Gebiet der Mißbildungen, läßt nach Wunsch Ungeheuer zur Welt kommen, indem er Embryonen bestrahlt. In Jugoslawien zieht Professor Martinović ein Huhn auf, dem er den Kopf eines Fasans aufgepfropft hat. Das arme Tier trägt ein völlig gestörtes Verhalten zur Schau. Es raubt einem fast selber den Verstand, wenn man das Tier ohne Pause bis zur völligen Erschöpfung hin und her laufen sieht.
Die wissenschaftlichen Mutationen entstehen entweder durch Bestrahlung oder durch Aufpfropfung, aber einst hatten Mutationen und Transmutationen sowohl einen wissenschaftlichen (Alchimie, Chemie) als auch einen parapsychologischen Aspekt (Gebet, Beschwörung).
Die Chroniken berichten von Glaubensgewißheiten, von Aberglauben und seltsamen magischen Experimenten, die zur Erschaffung künstlicher Zwerge geführt hätten. (Die Mandragora- oder Alraunwurzel konnte sich kraft magischer Praktiken angeblich in einen Homunculus verwandeln. Wir besitzen darüber keinen Zeugenbericht. Der künstliche Mensch des Albertus Magnus, den der heilige Thomas von Aquino mit einem Stock in Stücke schlug, weil er ihm in der Dialektik nicht gewachsen war, gehört der reinen Legende an.)

Die schon im 11. Jahrhundert von Avicenna und vor gar nicht so langer Zeit von berühmten Wissenschaftlern anerkannte Urzeugung war in der Tat ein ganz natürlicher Werdeprozeß. Zweitausend Jahre lang haben die Menschen geglaubt, daß Bienen aus faulendem Fleisch entstünden. Die Traktate der arabischen Magie haben auf diesen Annahmen eine erstaunliche Tierkunde aufgebaut:

Wir können es bewirken, daß eine Pflanze ein Tier wird und daß ein Tier ein von ihm verschiedenes Tier erzeugt.
Wenn Menschenhaare verrotten, so bildet sich daraus nach einiger Zeit eine lebende Schlange.
Ebenso verwandelt sich das verwesende Fleisch eines Ochsen in Bienen und in Hornissen (Anspielungen auf die von Vergil erfundene Aristaios-Fabel).
Das Ei wird ein Drache, der Rabe erzeugt Fliegen. Sehr viele verwesende Dinge erzeugen Tiere. Auch aus der Verwesung der Pflanzen entstehen gewisse Tiere. Was den Basilisken angeht, so erzeugt er im Verwesen giftige Skorpione.
Ebenso bringen eine Menge Pflanzen, wenn sie verwesen, Tiere hervor.

Da sieht man ja, wird der Leser denken, ein klarer Fall eines Irrtums der antiken Wissenschaft, denn es ist schlüssig bewiesen, daß es eine Urzeugung nicht gibt.
Das ist ein unumstößlicher Grundsatz der Biologie. Doch wenn man diese auf magischer Grundlage beruhende Abhandlung unter dem Gesichtspunkt der Mutationen und der Beziehungen zwischen Ursache und Wirkung betrachtet, so erscheint uns der »Irrtum« nicht mehr ganz so absolut zu sein. Es ist nämlich nicht ausgeschlossen, daß Verwesungsprozesse Mutationen begünstigen oder sogar herbeiführen können. (Im 17. Jahrhundert brütete ein österreichischer Standesherr in einem geweihten Misthaufen lebende Wesen aus.)
Im Jahre 1773 hatte der österreichische Standesherr Graf Johann Ferdinand von Kufstein, Freimaurer, Rosenkreuzer und Nekromant, einen Gehilfen namens Joseph Kammerer, der ihm bei seinen alchimistischen Arbeiten zur Hand ging und in der Frei-

maurerei zuerst ein dienender, dann ein verehrungswürdiger Bruder sowie Redakteur einer Art von *Journal Intime* war, das im Jahre 1890 veröffentlicht wurde.
Kufstein macht in Kalabrien die Bekanntschaft des Abbé Geloni. Sie arbeiten fünf Wochen lang zusammen in dem alchimistischen Laboratorium eines Karmeliterklosters. Sie erzeugen Geister und Homunculi: einen Ritter, einen Mönch, einen Baumeister, einen Bergmann, einen Engel, eine Nonne sowie einen blauen Geist und einen roten Geist. Sie alle sind in mit reinem Wasser gefüllten Glasbehältern eingesperrt, die durch Ochsenblasen hermetisch verschlossen sind.
Sie werden danach in Maultiermist vergraben, der mit einer im Laboratorium aus »eklen Ingredienzien« hergestellten Flüssigkeit begossen wurde. Der Abbé behauptet, daß solche Ingredienzien zur Goldherstellung unentbehrlich seien. Geloni und Kufstein beten alle drei Tage über dem Misthaufen und besprengen ihn mit Weihrauch. Nach vier Wochen sind die Geister größer geworden. Die Männer haben Bärte, die Nägel sind gewachsen. Man bekleidet sie mit ihren Attributen: Kronen, Szepter, Waffen usw.
Kufstein trennt sich von Geloni und läßt sich in Wien nieder, wo er seine Geister vorführt. Der Diplomat Max von Lambert bezeichnet sie als gräßliche Mißgeburten. Franz-Joseph von Thun, ein Anhänger von Mesmer, ist dagegen begeistert. Die Sitzungen finden zwischen 11 Uhr abends und 1 Uhr morgens in dem Schloß Anesberg statt. Kammerer bringt die Glasgefäße in den Saal. Die Geister weissagen und erteilen gute Ratschläge.
Im Jahre 1781 fragt jemand Kufstein, was denn aus den »komischen Geistern« geworden sei. Er antwortet, er habe sich dieser Ausgeburten der Hölle längst entledigt und wolle nichts mehr davon wissen.
Handelte es sich nun um Elementargeister wie die Elfen? Um wahrhaftige amphibische Homunculi oder um einen geschickt aufgezogenen Schwindel?
Unter den von Kammerer dem Abbé Geloni zugeschriebenen Wundertaten seien noch die folgenden erwähnt:
Nachdem Geloni einen Raubvogel, der hoch am Himmel schwebte, dreimal angerufen hatte, kam er herunter und setzte sich ihm zu

Füßen wie ein Hund. – An einem andern Tag läßt er Kufstein in einen auf den Fußboden gezeichneten Kreis treten und läßt eine große Schlange sichtbar werden. Einmal verwandelt er einen Zinnlöffel, indem er ihn mit einer Tinktur einreibt und ein rotes Pulver darüberstreut, in einen goldenen Löffel.

Was soll man von diesen dunklen Geschichten halten?

Der Baron Du Potet, ein leidenschaftlicher Okkultist, hatte mit Erfolg, so schreibt man, die Existenz jenes universellen Lichtes festgestellt, in dem die Magnetisierten alle Vorstellungen und Gedanken (anderer Menschen) wahrnehmen können. Mittels eines Absorptionsapparates, den er den magischen Spiegel nennt, ruft er mächtige Projektionen dieses Lichtes hervor.

Es handelt sich dabei ganz einfach um einen Kreis oder ein Quadrat, die mit feingepulverter und gesiebter Kohle bedeckt sind. In diesem negativen Raum färbt und realisiert das von dem Magnetisierten und dem Magnetiseur gemeinsam ausgestrahlte Licht bald alle Formen, die ihren nervlichen (?) Eindrücken entsprechen.

In diesem wahrhaft magischen Spiegel erscheinen einem an Somnambulismus leidenden Menschen alle Opium- oder Haschischträume, heiter und anmutig die einen, düster und unheimlich die anderen.

Diese Magnetisierten, von denen Du Potet spricht, diese Medien und Hysteriker, scheinen mit seltsamen Kräften begabt zu sein. Sie treten aus den Dimensionen heraus, in die die Welt der ausgeglichenen Menschen gebannt ist. Vielleicht werden diese den unseren parallele Dimensionen, in denen sie sich bewegen, eines Tages uns allen zugänglich sein.

Die schwarze Magie und die satanische Wissenschaft werden von uns abgelehnt. Die (modernen) Wissenschaftler und die Hexenmeister sollte die gleiche Strafe treffen, die einst in Paris auf dem Place de la Grève vollzogen wurde: der Scheiterhaufen.

Doch im Gegensatz zum Hexenmeister, der stets von der Gesellschaft verurteilt wurde, genießt der Wissenschaftler – besonders in unseren Tagen – nicht nur Straffreiheit, sondern er erfreut sich auch allgemeiner Hochachtung. Einige dieser Wissenschaftler indessen – Einstein, Joliot-Curie, Szilard, Rostand – haben in aller Öffentlichkeit ihre Schuld bekannt: Mea culpa . . .

Ähnliches ist im Jahre 1600 vorgekommen. Nicolas Remy, ein Richter in Lothringen, hatte mehr als 800 Hexenmeister hinrichten lassen. Darauf bezichtigte er sich selbst, auch ein solcher zu sein, und wurde daraufhin in Nancy verbrannt.
Es handelte sich damals wahrscheinlich um eine ansteckende Psychose. Wenige Vertreter der schwarzen Magie hatten Gewissensbisse. Im Gegenteil: Sie verharrten trotzig in ihrem Irrtum. Der italienische Philosoph, Mathematiker, Arzt und Astrologe Geronimo Cardano, der den Tag seines Todes vorausgesagt hatte, beging Selbstmord, um die Astrologie nicht Lügen zu strafen. Schröpffer, ein Leipziger Nekromant, jagte sich im Jahre 1774 eine Kugel durch den Kopf, »bloß um mal zu sehen, wie es im Jenseits zugeht«. Der berühmte Baron Du Potet, der über seinen Experimenten den Verstand verloren hatte, schrieb 1875:

Selig sind die Menschen, die eines schnellen Todes sterben, eines Todes, den die Kirche verdammt ...

Uhren, die das Leben verlängern

Auf halbem Wege zwischen Legende und phantastischer Wissenschaft steht eine von dem Schriftsteller Jacques Yonnet in seinem Buch *Enchantements sur Paris* berichtete Geschichte, die an das Mysterium der Zeit und der Magie rührt.
In der Pariser Rue des Grands-Degrés befindet sich auf einem von der Straße etwas zurückliegenden Grundstück ein kleiner Uhrmacherladen, in dem kaum drei Menschen Platz finden dürften. Ein Firmenschild verrät den Namen des Handwerkers: Cyril M., Uhrmachermeister.
Um die Wahrheit zu sagen, Meister Cyril ist nur sehr selten in seinem Laden zu sprechen, so daß man glauben möchte, auf eine eventuelle Kundschaft legt er keinen großen Wert.
Doch nach den in der Bibliothek des Zeughauses aufbewahrten Dokumenten hat es schon seit dem 14. Jahrhundert hier immer einen Uhrmacherladen gegeben.
Cyril M. ist ein seltsamer Mensch von ungefähr 40 Jahren, und seine Beschäftigung ist sehr ungewöhnlich: Er stellt nämlich

Uhren her, deren Zeiger sich rückwärts drehen, d. h. von rechts nach links. Doch die Stundenzahlen auf dem Zifferblatt sind ganz normal.
Die Eingeweihten haben für den Meister einen Beinamen; sie nennen ihn den »Uhrmacher der rückwärts laufenden Zeit«.
Lange hat man sich den Kopf zerbrochen, welchen Zweck wohl Uhren oder Wecker haben sollten, deren Zeiger auf neun Uhr stehen, wenn es drei Uhr ist. Jacques Yonnet hat nach einer geduldigen Untersuchung das Rätsel gelöst: Meister Cyril M. fabriziert Uhren, die seine Kunden verjüngen.
Schon vor 600 Jahren wurden am gleichen Ort von einem Uhrmachermeister namens Biber magische Uhren verkauft. Er machte Bombengeschäfte. Denn es ist nicht schwer, einen Käufer für eine Maschine zu finden, die jung macht, die die Zeit zurückdreht und ihren Besitzer zu einem wunderbaren Abenteuer verlockt.
Doch eines Tages trafen sich zufällig bei Meister Biber ein Dutzend seiner Kunden und wollten ihn dazu bewegen, den Rückwärtsgang ihrer Uhren anzuhalten.
»Da kann ich nichts machen«, sagte der Kaufmann. »Wenn diese Uhren angehalten werden, werden sie die unabwendbare Stunde Eures Todes anzeigen. Worüber habt Ihr Euch eigentlich zu beklagen? Ihr, Messire Olivier, waret achtzig Jahre alt, als Ihr mich zuerst besuchtet, ebenso Ihr, Messire Gontault, und Ihr alle hattet schneeweißes Haar oder waret gebrechlich. Das ist so lange her, daß Ihr schon längst, längst gestorben sein müßtet, wenn meine Uhren Euch nicht in die Zeit der jungen Liebe zurückgeführt hätten.«
»Gewiß«, meinte Messire Olivier, »das wollen wir gern zugeben, aber nun sind wir bald Jünglinge, und unser Geschick wird ein Tod sein, dessen genaues Datum wir voraussehen. Könnt Ihr nicht diese verdammten Maschinen auf den regelmäßigen Gang umstellen, damit wir uns nun ganz sacht auf den Weg zu einem natürlichen Tod machen?«
»Unmöglich! Diese Uhren sind aus einem Metall gemacht, in das Euer Fleisch und Euer Blut hineingemischt wurden, und die auf Euren Namen getauft sind. Ihr Schicksal ist das Eure, und ich kann daran nichts ändern!«
Sie erhoben Einspruch, und einer von ihnen erwiderte:

»Um Eure Uhren zu erwerben, haben wir Euch teuer bezahlt, Meister Biber; so teuer, daß Ihr verpflichtet seid, uns zu helfen, und das ist jetzt gut und gern sechzig Jahre her. Nun, Ihr seid immer noch in den Vierzigern, während wir so jung werden, daß wir bald daran sterben müssen. Ihr kennt also das Geheimnis, wie man die Zeit anhält. Und wir wollen auch davon profitieren.«

»Ihr habt recht«, antwortete der Uhrmacher, »aber ich kann Euch leider nicht helfen, so gern ich auch möchte. Meine Uhr hat die Eigenschaft, daß sie die Zeiger bald in Richtung auf die Vergangenheit, bald in Richtung auf die Zukunft sich drehen läßt, so daß für mich die Zeit stillsteht. Diese Uhr war das Meisterstück meines Lehrherrn, eines Venezianers, aber er hat mir sein Geheimnis nicht vermacht, und mein Wissen reicht nur zur Herstellung Eurer Uhren aus. Und wenn Ihr mich totschlagt, ich könnte nichts daran ändern.«

Die alten Jünglinge zogen sich bestürzt zurück. Aber bald danach trafen sie in der Nacht wieder zusammen. Sie drangen in die Werkstatt des Uhrmachers ein, um ihm seine Zauberuhr zu rauben, jeder in der Hoffnung, sie für sich behalten zu können. Sie fanden die Uhr auch wirklich, aber sie stritten sich darum so hitzig, daß das Wunderwerk auf die Fliesen fiel und zerbrach. Nun war sie jedoch die Ahnfrau aller ihrer Uhren, und als sie stillstand, standen auch alle andern still, und die Jünglinge fielen wie vom Blitz getroffen tot zu Boden. Am folgenden Morgen fanden die Häscher des Königs zehn Leichen in der Werkstatt des Uhrmachers, und da keiner eine sichtbare Verletzung aufwies, glaubten sie, die Männer seien durch das Eingreifen höllischer Mächte ums Leben gekommen, was ja in der Tat der Fall war. Sie begruben sie unverzüglich in verrottender Erde, ohne kirchliche Einsegnung und ohne daß die Sterbeglocke geläutet wurde.

Soweit der Bericht der Chronik. Er findet eine seltsame Bestätigung über die Jahrhunderte hinweg: In der Rue des Grands-Degrès hat es immer einen Uhrmacherladen gegeben, und es gibt ihn da auch heute noch. Sein Eigentümer steht in dem Ruf, daß er sich auf den gleichen Trick versteht wie sein Vorgänger.

Meister Cyril M. ist vierzig Jahre alt wie weiland Biber (übrigens ein Beiname Cagliostros), und er gehört dem Rat der »Alten vom Maub« an. Jedes Mitglied ist merkwürdigerweise über 80 Jahre

alt. (Es handelt sich um eine Geheimgesellschaft, deren zwölf Mitglieder in der Gegend um den Place Maubert wohnen.)
Noch seltsamer: Meister Cyril M. läßt sich manchmal herbei, Ereignisse aus seinem Leben zu erzählen, die sich zu einem Zeitpunkt abspielten, da er noch gar nicht geboren war. Er ist zweimal in die Fremdenlegion eingetreten, was ja eine bequeme Methode ist, seine Identität zu wechseln.

Im 16. Jahrhundert glaubte man noch fest an solche phantastischen Geschichten. Maler malten magische Porträts, indem sie nach echtem Zauberritus abgeschnittene Nägel, Haare und ein wenig Fleisch und Blut ihres Modells in die Farbe mischten. Das Bild wurde dann getauft und eingesegnet und wurde gewissermaßen der mit Leben begabte Doppelgänger seines Besitzers. Ihm konnte nichts Übles widerfahren, solange das Porträt sicher aufbewahrt war. Man schloß es daher an einem wohlbehüteten Ort ein.

Eines Tages sah man, wie auf der Pont-Neuf in Paris ein vornehmer Herr seine Kleider zerriß, sich zu Boden warf und schrie: »Feuer! Feuer! Ich verbrenne!« Die Zeugen des Vorfalls sahen indessen keine Spur von Flammen und glaubten, daß der Mann verrückt geworden sei. Doch er schien furchtbare Qualen zu leiden und brüllte in einem fort. Schließlich stürzte er sich in den Fluß, aus dem man ihn ertrunken herauszog.

Später erfuhr man, daß dieser Mann ein magisches Porträt zu Hause hatte, daß sein Haus in Flammen aufgegangen war und daß er sicher im selben Augenblick die Verbrennungsqualen gespürt hatte, als das Bild vom Feuer verzehrt wurde.

Der Laser und die Phantome

Eine der Lieblingsideen der Magier war der Wunsch, ihre Träume zu materialisieren.

Sie dachten dabei höchstens an eine nebelhafte, durchsichtige, schwerelose, gespenstische Erscheinung, der keinerlei Dauer beschieden war.

Heute nun brachte uns die moderne Kernphysik der Lösung des Problems der Materialisationen einen großen Schritt näher, in-

dem sie von einer als unwägbar angenommenen Energie ausging und sie in materielle Korpuskel oder Teilchen verwandelte. Die Entwicklung des Laser läßt uns hoffen, daß wir bald körperliche und wägbare Phantome erzeugen können.
Das wesentliche Element des Laser oder Lichtverstärkers ist ein mit ebenen, stark verspiegelten Endflächen versehener Rubinstab, der die Eigenschaft hat, einen einfallenden Lichtblitz von schwacher Intensität als kohärenten, millionenfach verstärkten Lichtblitz zu reflektieren, d. h. mit einer wahrhaft lebensgefährlichen Intensität und Leuchtkraft. Diese Eigentümlichkeit wird nun auch von den Okkultisten gewissenhaft untersucht.
Kurz, es handelt sich darum, einer lebenden Person ein Bild zu entwenden und daraus ein materielles Phantom zu machen.
Ohne Physiker zu sein, weiß jeder, daß das Licht wägbar ist und daß seine Partikel, die Photonen, ein wenn auch unendlich kleines, so doch wirkliches materielles Gewicht besitzen. Das »Lichtbild« einer lebenden Person stellt also eine unendlich kleine Masse dar: 0,.. g, gefolgt von einer großen Zahl Nullen und zum Schluß der Ziffer 1.
Die Photonen dieses »Lichtbildes« eines Menschen werden, obwohl sie eine unendlich kleine Masse darstellen, durch den Laser milliardenfach vergrößert. Bei ihrem Austritt aus der einen Endfläche des Rubinkristalls müssen sie also theoretisch mehrere Gramm, wenn nicht mehrere Kilogramm wiegen.
Für die Okkultisten stellt sich nun das folgende Problem: Wird es gelingen, in den Laser hinein das Bild eines Menschen zu projizieren und es wieder herausstrahlen zu lassen, milliardenfach dichter und leuchtender, also auch schwerer, das heißt, das Bild der Testperson zu materialisieren?
Wird ihnen das gelingen? Man könnte daran zweifeln, aber die Wissenschaft hat doch für unlösbar scheinende Probleme Lösungen gefunden. Heute können die Leute über Tausende von Kilometern hinweg miteinander sprechen, sich sehen und sich hören. Und sie werden sicher auch noch auf anderen Weltkörpern landen.
Es ist also nicht völlig absurd anzunehmen, daß es in einigen Jahren auch gelingen wird, menschliche Phantome zu materialisieren. Aber welcher Art werden dann wohl die so geschaffenen

Lichtwesen sein? Emile Drouet, der das Phänomen unter dem Gesichtswinkel der Reise in die Zeit studiert, meint, daß das aus dem Laser austretende Phantom annähernd drei Kilogramm wiegen würde. Seine Konsistenz würde der des Gummis ähnlich sein, während es eine Hitze von annähernd 100 000 Grad ausstrahlen würde. Das heißt, das liebenswürdige Gespenst würde alle Gegenstände (oder Lebewesen), die sich im Umkreis von wenigstens zehn Metern befinden, zum Schmelzen bringen.
Drouet hält es indessen für möglich, daß man das Experiment auch mit kaltem Licht durchführen könnte. Ein wesentlicher Nachteil ist allerdings, daß das Phantom theoretisch nur eine unendlich kurze Lebensdauer besitzt. Sie kann jedoch dank seiner Dichte, die die Auflösung in der Atmosphäre bremst, immerhin einige Sekunden betragen.
Ein anderes Rätsel: Werden diese wägbaren Phantome eine Seele, eine Intelligenz, ein Eigenleben besitzen oder lediglich tote Bilder sein? Und wird das Experiment nicht den Menschen gefährden, den man gewissermaßen seines Doppelgängers beraubt?
Drouet führt seine Experimente ganz im geheimen mit einem sehr hübschen, jungen Mädchen namens Marie-Ange Guibert durch. Vielleicht wird sie die erste sein, die zusehen kann, wie sich ihr Double materialisiert.

Geheimnisvolle Kräfte

Im Jahre 1948 hätte ein Schwarmgeist und Spiritualist namens Mirin Dajo beinahe den ganzen Rationalismus ins Wanken gebracht. Mirin Dajo (»der Wunderbare«) glaubte so fest an die ihm innewohnenden höheren Mächte, daß er sich Brust und Bauch mit langen hohlen Degen durchbohren ließ, durch die er – um jeden Gedanken an Betrug auszuschließen – einen Wasserstrahl rinnen ließ.
Der Wundermann trat auf den Bühnen schweizerischer Varietés auf. Die ihn untersuchenden Ärzte fanden nur sehr wenig befriedigende Erklärungen für die Unverwundbarkeit des Fakirs. Seine Wunden entzündeten sich nicht und heilten in ein bis zwei Tagen.

Von seinem Erfolg ganz berauscht, verschluckte Mirin Dajo eine 35 cm lange Nadel, die, wie er behauptete, sich in seinem Magen »dematerialisieren« sollte. Das Experiment gelang jedoch nicht. Die Ärzte mußten ihn operieren, und zehn Tage später starb Mirin Dajo an den durch die Nadel verursachten Verletzungen der Speiseröhre oder an den Folgen der Operation.

In Paris ließ sich im Jahre 1958 allabendlich auf der Bühne eines Theaters ein indischer Fakir die Zunge abschneiden. Dann klebte man sie immer wieder an.

Marcelin Berthelot spricht von einem persischen Priester der Zarathustrareligion, der im Jahre 241, zur Zeit des Sapor, um ein Wunder zu zeigen, 18 Pfund flüssiges Kupfer über seinen Körper gießen ließ.

Scaliger, einer der großen Gelehrten der Renaissance, versichert, daß man, wenn man die Hand mit einem Gemisch aus Bingelkraut- und Portulaksaft einreibt, ungestraft geschmolzenes Blei anfassen kann.

Der berühmte Physiker Thomas Edison erzählt in den *Annales des Sciences Psychiques,* wie sein Skeptizismus durch ein im Jahre 1915 ausgeführtes Experiment ins Wanken gebracht wurde. Um die Fähigkeiten eines Gedankenlesers namens Bert Reese auf die Probe zu stellen, ließ er ihn in einem Zimmer Platz nehmen, entfernte sich und schrieb auf einen Zettel:

»Gibt es etwas, was dem Nickelhydroxyd in einem alkalischen elektrischen Akkumulator überlegen ist?«

Als er wieder in das Zimmer trat, sagte Reese zu ihm: »Nichts ist dem Nickelhydroxyd in einem alkalischen elektrischen Akkumulator überlegen.«

Edison wies jede Möglichkeit eines Zufalls oder Betrugs zurück, konnte sich aber das Phänomen bis zu seinem Lebensende nicht erklären.

Der Bericht von einem andern Erlebnis, das den italienischen Gelehrten ein unlösbares Rätsel aufgab, wurde im Jahre 1934 unter dem Titel *Das Phänomen von Pirano* veröffentlicht.

Eine Frau, Anna Morano, die in dem Krankenhaus von Pirano eines asthmatischen Leidens wegen behandelt wurde, schlief friedlich unter der Aufsicht der Professoren Fabio Vitali, G. Trabacchi und Sante de Sanctus. Plötzlich erhellte ein seltsam flackerndes blaues Licht die Brust der Schläferin. Die Ärzte beugten sich über sie und stellten fest, daß dieses Licht keinen Schatten warf.

Man untersuchte die Frau, das Bett und das ganze Zimmer.

Das Licht war zuerst von der Pflegerin gesehen worden. Die Ärzte hatten ungläubig gelächelt und mußten sich dennoch vor dem Augenschein geschlagen geben. Das Phänomen wiederholte sich mehrere Male, ohne daß man es photographieren konnte.

Während des Krieges 1940 bis 1945 übte der katholische Schriftsteller Louis de Wohl die Hellsehkunst im Auftrage der britischen War Office aus. Die katholischen Kreise verdammen und bestreiten durch das Wochenblatt des Vatikans, den »Osservatore della Domenica«, die Glaubwürdigkeit der Astrologie und der in den Zeitungen veröffentlichten Horoskope. Trotzdem erfreut sich diese Astrologie der Gunst des breiten Publikums: Es glaubt nicht an die Horoskope, aber es liest sie. Auch die Marquise Marie Anne Du Deffand nahm einst dieselbe Haltung ein: »Ich glaube nicht an Gespenster, aber ich habe Angst vor ihnen.« Nachdem Niepce und Daguerre die Photographie erfunden hatten, rief Balzac aus: »Da der Leib aus mehreren Gespenstern besteht, kann sich durch die Photographie eins von ihm lösen, und er verliert eins seiner wesentlichen Elemente. Es ist besser, sich nicht photographieren zu lassen.« Nachdem er das gesagt hatte, lief er schnell zu Daguerre, um sich für die Nachwelt aufnehmen zu lassen.

In dem geheimnisvollen Unbekannten, in dem die Hellseherei – die psychische Kraft vor allem andern – die größte Rolle spielt, gibt es eine verbotene Mauer, die niemals durchbrochen worden ist: das Geheimnis der Verwandlung.

Das gemeine Metall in Gold zu verwandeln, ist zu allen Zeiten eine der großen Sehnsüchte der Menschen gewesen. Die Alchimisten, die ebenbürtigen Vettern der Hellseher und der Astrologen, hätten längst den berühmten Stein der Weisen entdecken und das nicht weniger berühmte Schießpulver erfinden müssen. Doch diese wundersamen Entdeckungen sollten den Physikern der experimentellen Naturwissenschaft vorbehalten bleiben.

Haben die Alchimisten der Antike Gold herstellen können? Die dafür angeführten Beweise sind mit Vorsicht zu genießen. Was darüber gesagt wird, beruht auf dem primitivsten Empirismus und gleicht den Pseudoerklärungen, die die Wünschelrutengänger »Wissenschaft« nennen.

Selbst das Prinzip dieser Art Verwandlungsalchimie kann von dem höheren Okkultismus nicht anerkannt werden, denn er verwirft alle utilitaristische Wissenschaft. Marcelin Berthelot nimmt an, daß die trügerische Hoffnung, Gold zu machen, aus den Praktiken der Goldschmiede heraus entstanden ist. Die vorgeblichen Verwandlungsmethoden, die während des ganzen Mittelalters hoch im Kurs standen, waren ursprünglich lediglich Rezepte, um Legierungen mit niedrigem Feingehalt herzustellen, d. h. um Edelmetalle nachzuahmen und zu verfälschen.

Durch eine fast unwiderstehliche geistige Verirrung bildeten sich die Goldschmiede, die jene betrügerischen Praktiken ausübten, sehr bald ein, sie könnten von der bloßen Nachahmung des Goldes zur Herstellung des echten Goldes fortschreiten, besonders dann, wenn ihnen übernatürliche Mächte dabei Hilfe leisteten.

Man glaubte, daß sie satanische Chemie mit der Höllenmagie aufs engste verwandt sein müsse. Die Umwandlung der Metalle in Gold wurde von den Tiahuanacomenschen und den Vorfahren der Inka nicht betrieben, da ihnen Gold in Hülle und Fülle zur Verfügung stand. Laut Demokrit sagte man den ägyptischen Priestern vom Tempel zu Memphis nach, sie verstünden das alchimistische Geheimnis, Gold zu machen, das der Meister Ostanes den Eingeweihten kundgetan habe. Die Pyramiden waren mit einer Silberlegierung überzogen – vielleicht mit dem Orichalcum der Atlantiden. Das wäre ein Beweis, daß Ägypten wirklich das Land Chim (Chamchimis) war.

Erst als gewisse Kenntnisse in Hexenkünste entarteten, entwickelte sich die Alchimie der Verwandlungen.

Das Buch des Königtums

Es ist unbestreitbar, daß die Alchimisten Satansbrüder waren und angesichts der Fruchtlosigkeit ihrer Experimente versuchten, Pakte mit dem Teufel abzuschließen, was ihnen übrigens nicht gelungen zu sein scheint. Daß große Eingeweihte in früheren Zeiten wie auch heute durch Verwandlung oder auf eine andere Weise Gold zu machen verstanden haben und noch verstehen, erscheint durchaus nicht unglaublich. Jedoch die Eingeweihten betrieben die Alchimie nicht als Selbstzweck. Das Geber (Dschabir ibn Hajan) zugeschriebene »Buch des Königtums« will das »Große Werk« den Königen zugänglich machen. (Die echten oder vorgeblichen Alchimisten pflegten ihre Beziehungen zu fürstlichen Kreisen. Wenn sie für die Großen der Erde gern Gold fabrizierten, so ist nie die Rede davon, die armen Teufel davon profitieren zu lassen, was doch Eingeweihte logischerweise tun müßten. Das schon allein beweist, daß die Alchimie der Goldmacher eine Erfindung des Teufels ist.)

Im Namen Gottes, des gnädigen und barmherzigen (wahrlich eine seltsame Art, Gott zu ehren). *In dem gegenwärtigen Werk habe ich zwei Arten von Experimenten beschrieben.*
Das erste ist leicht und schnell durchzuführen, da die Fürsten komplizierte Operationen nicht lieben. Das Verfahren muß streng geheimgehalten werden und darf weder den Euch nahestehenden Personen noch Eurer Frau, noch Euern Kindern enthüllt werden. Unsere Vorväter sagten, wenn wir diese Kunst der Menge preisgeben würden, wäre das zum Verderben der ganzen Welt, denn man würde Gold herstellen, so wie man heute Glas fabriziert.

Dann folgt die Definition des Steins der Weisen:

Wisset, lieber Bruder, man muß Wasser, flüssige Farbe und Öl so mischen, daß daraus ein homogenes Ganzes entsteht. Dann muß die Flüssigkeit gären, fest werden, bis sie ähnlich wie ein Korallenkorn wird. Das Wasser gibt auf die Art ein Produkt, das sich wie Wachs schmelzen läßt und sofort in alle Körper eindringt: Das ist der Imam.

Geber warnt immer wieder, das Verfahren ja geheimzuhalten. Die Alchimisten mußten nach einem vorgeschriebenen Ritus einen Eid ablegen, niemals diese Geheimnisse verraten:

Ich schwöre dir, mein ehrenwerter Eingeweihter, bei der hochheiligen und verehrungswürdigen Dreieinigkeit, daß ich von den Mysterien der Wissenschaft, die mir durch göttliche Macht in die geheimen Winkel meiner Seele gesenkt worden sind, nichts verraten habe. Alles, was ich durch die Gottheit über die Große Kunst erfahren habe, habe ich rückhaltlos in meinen Schriften niedergelegt, indem ich die Gedanken unserer Vorfahren nach meinen eigenen Überlegungen weiterentwickelt habe.

Platon, Aristoteles, Johannes der Priester, Demokrit, Kleopatra, Heraklit sollen alle echtes Gold nach der Verwandlungsmethode haben herstellen können, und Albertus Magnus soll den Stein der Weisen besessen haben. Aber darüber hat die Überlieferung viel der Legende entlehnt.
Der große Arzt Johann Baptist van Helmont, der um 1600 den Magensaft entdeckte, hat die Echtheit des Steins der Weisen bezeugt. Er schreibt:

Ich habe diesen Stein, mit dem man Gold machen kann, mehrfach mit meinen Händen berührt. Ich habe mit meinen Augen gesehen: Wenn man nur ein wenig Pulver auf tausendmal soviel im Handel erhältliches Quecksilber streute, so verwandelte man es mit Hilfe dieses Steins wahrhaftig in Gold.
Das Pulver war ziemlich schwer, safranfarben und glänzte wie nicht zu fein zerstoßenes Glas. Man hatte mir einmal davon ein Viertel eines Grans gegeben (ein Gran ungefähr = $^1/_{20}$ Gramm). Ich wälzte das Pulver in etwas Siegellack, um es nicht zu verlieren. Ich warf die kleine Kugel auf ein Pfund Quecksilber, das ich eben gekauft hatte, und erhitzte das Ganze.

Alsbald schmolz das Metall unter leichtem Knattern und zog sich danach zu einem Klumpen zusammen, aber er war noch so heiß, daß an seiner Stelle geschmolzenes Blei noch nicht erhärtet gewesen wäre.
Ich fachte das Feuer erneut an, und der Inhalt des Tiegels wurde noch einmal flüssig. Als ich ihn nun hinausfließen ließ, hatte ich reinstes Gold im Gewicht von 8 Unzen (etwa 247 g).
Ein Teil Pulver hatte also 19 186 Teile eines unreinen, flüchtigen und sich im Feuer auflösenden Metalls in reines Gold transmutiert.

Alle Chronisten stimmen darin überein, daß wenige Körner des Pulvers (Goldsaatkörner) genügten, um eine große Menge unedlen Metalls zu transmutieren. Diese Kraft der Verwandlung wirkte sich in der allereinfachsten Weise aus, also ohne Freisetzung ungeheurer Atomkräfte, wie das bei den modernen Umwandlungsprozessen geschieht.
Die alten Rezepte führen die Umwandlung ausdrücklich auf die Wirkung der Goldsaatkörner zurück, was jedes Verfahren der klassischen Chemie ausschließt (oder ganz einfach die Unmöglichkeit alchimistischer Elementumwandlungen beweist).
Chemie und Physik bewegen sich in der Tat immer näher auf das Supranormale und selbst auf das unbekannte Normale zu, wodurch die bisher als unumstößlich geltenden Theorien über den Haufen geworfen werden. Nach Bastiaux-Defrance (»Fusion et lumière froides«, Initiation et Science, No. 52, Omnium Littéraire) schreibt man der Wärme zu Unrecht die Eigenschaft zu, Metalle zum Schmelzen zu bringen. Das Experiment von Reese zeigt, daß allein die Bewegung die durch Kohäsion einen Körper bildenden Partikel voneinander trennt und daß die Wärme keine Ursache, sondern lediglich eine Begleiterscheinung darstellt.

Kalte Wärme

Das Experiment wird wie folgt ausgeführt:
Man läßt eine dünne Scheibe aus Stahl mit großer Geschwindigkeit rotieren. (Der von einem Peripheriepunkt in der Minute zu-

rückgelegte Weg beträgt 7700 m.) Nähert man der glatten rotierenden Scheibe beliebige Metalle, werden sie rasch durchgeschnitten, ohne daß eine wirkliche Berührung stattfindet.

Der in dem Metall erzeugte Einschnitt ist dicker als die dünne Scheibe. Während des Schneidvorganges schmilzt das Metall (selbst sehr harter Stahl) an der Einschnittstelle, und die glitzernden Tropfen geschmolzenen Metalls *sind kalt.* Wenn sie, noch weich, in die Hand fallen, rufen sie keine Verbrennungen hervor. Fallen sie auf weißes Papier, schwärzen sie es nicht.

Diese Tropfen sind auch nicht oxydiert, da sie ja nicht verbrannt sind. Da haben wir den Beweis, daß das Licht und der Schmelzprozeß durch Bewegung ohne Freisetzung von Wärme erzeugt werden.

Es handelt sich also hier um das Feuer, das die Alchimisten als das »natürliche« bezeichneten und von dem sie sagten, daß man sich nicht daran die Hände verbrenne.

Bernard de Savignies (»Les Aphorismes d'Urbiger«, Initiation et Science, No. 52) hat aus dem Lateinischen einen hermetischen, aus dem 17. Jahrhundert stammenden Text übersetzt, der berichtet, wie man Blei in Silber verwandelt.

Baron Urbiger erzählt: Ein Freund drückte mir eine silberne Medaille in die Hand, mit der die folgende Geschichte verknüpft ist. Im August des Jahres 1693 erhielt ein (damals) noch lebender Fürst (Friedrich I., Herzog von Sachsen) von einem umherziehenden und völlig unbekannten Mann einen Brief mit 32 Gran (1,696 g) einer mehr als vollkommenen »philosophischen« Medizin, die zwar nur »weiß färbte« (nur in Silber umwandelte). Sie sah wie sehr feines Salz aus, hatte eine äußerst rasche Wirkung und glitzerte wie Schnee.

Der Fürst streute diese Masse von 32 Gran, die in Wachs eingebettet war, auf anderthalb Pfund gewöhnlichen, gereinigten und geschmolzenen Saturnus (Blei), und nachdem er ihn länger als eine Stunde flüssig gehalten hatte, goß er die Schmelze aus und erhielt aus den anderthalb Pfund Saturnus 37 Lot (555 g) äußerst reines Silber, das allen Proben standhielt und sogar fester war als der natürliche Mond (Silber).

Der Herzog und ich, die wir dem Experiment beiwohnten, waren über dieses Wunder äußerst erstaunt. Um nun die Erinnerung an diesen künstlichen und reinen Mond (Silber) für alle Zeiten wachzuhalten, ließ man sieben schöne Gedenkmünzen prägen, von denen jede 5 Lot (etwa 75 g) wog sowie Inschriften und Symbole trug ... die die tiefe und unvergleichliche Weisheit des Fürsten priesen.

Trinkbares Gold

Ein Alchimist unserer Tage, Armand Barbault, hat unlängst das jahrhundertelang vergeblich gesuchte Geheimnis des trinkbaren Goldes entdeckt. Chemiker von Rang haben den Wert seiner Entdeckung anerkannt.
Armand Barbault hat unter dem Pseudonym Rumelius sein Laboratorium in Mézilles (Yonne) eingerichtet. Von dort hat er uns schriftlich über die Einzelheiten seiner Forschungen unterrichtet:

Nachdem ich zwölf Jahre damit zugebracht habe, die notwendigen Rohstoffe zu sammeln, habe ich eine Art Torf hergestellt, den sogenannten »Torf der Philosophen«, der allmählich eine »Hefe« geworden ist, die wiederum zu einem Lösungsmittel für Gold geworden ist.
Dank diesem Lösungsmittel ist es mir gelungen, pulverisiertes Gold in einem Bad von Tau aufzulösen. Die erhaltene Flüssigkeit ist keine Säure, sondern eine Base und stellt das dar, was die Philosophen die »Arznei erster Ordnung« nennen, das auch Paracelsus wohlbekannte, vegetabilische Gold, das die Eigenschaft hat, die durch Viren verursachten Krankheiten des Blutes zu heilen und die Zellen zu regenerieren.
Ich habe acht verschiedene Arzneien hergestellt, d. h. meine Goldtinkturen reichen von Nr. 1 bis Nr. 7; außerdem gibt es noch die Nr. 10.
Ausgehend von einem pH-Wert 12 (basische Reaktion) verringert sich dieser, bis er bei der Tinktur Nr. 10 neutral wird, während die Goldfärbung immer intensiver hervortritt.
Um weiterzukommen, empfahl es sich vor allem, mit einem deutschen Laboratorium Verbindung aufzunehmen. Seit dem

letzten Dezember verteilt die von Dr. Rudolph H. geleitete Stuttgarter Heilmittelfirma Weleda die Tinkturen an Ärzte, um sie erproben zu lassen. In dem letzten Brief, den ich aus Deutschland erhielt, teilt man mir mit, daß die Versuche positiv ausgefallen sind.

Es handelt sich in der Tat um trinkbares Gold, um vegetabilisches Gold, da das Lösungsmittel unter Verwendung von Pflanzensäften hergestellt wird. Die Basenflüssigkeit ist der Tau.

Damit habe ich aber noch keineswegs das Lebenselixier hergestellt, denn die Arznei erster Ordnung wird aus dem Blut des Grünen Löwen gewonnen, und ihre Regenerationskraft ist ziemlich langsam, während die Arznei der zweiten Ordnung, die von Alchimisten Lebenselixier genannt wird und deren Regenerationskraft sehr schnell wirkt, aus dem Blut des Roten Löwen gewonnen wird, und soweit bin ich noch nicht gekommen.

Ich habe kürzlich alle meine Notizen, die sich in 12 Jahren angesammelt haben, verbrannt. Es gibt einige gute Bücher über Alchimie, aber noch mehr schlechte, und wenn ich nicht darauf versessen gewesen wäre, sie alle zu lesen, wäre ich mit meinen Arbeiten schon vier Jahre früher zum Ziele gekommen (Brief von Armand Barbault vom 22. Juni 1961 aus Mézilles).

Das ist also, ehrlich gesagt, der Stand der Dinge in bezug auf die Alchimie. Niemand ist unseres Wissens so weit wie Armand Barbault vorgedrungen, um den Löwen gegenüberzutreten, die die Höhle bewachen, in der die Truhe mit den Schätzen funkelt. Niemand, ausgenommen vielleicht die Wissenschaftler von Kasputini-Iar, Peenemünde, Saclay und Berkeley. (Dem großen Alchimisten Eugène Canselier soll es gelungen sein, das »Philosophische Ei« herzustellen, und Jollivet-Castelot [Prix Michelet] soll alchimistisches Gold fabriziert haben.)

Paul Chanson, außerordentlicher Professor der Ecole Polytechnique hat einmal gesagt: »Das Laboratorium des Physikers ist die Zauberhöhle, wo man bald durch Elementumwandlung Gold herstellen wird.« Und dennoch wollen die an Zahl immer weniger werdenden Alchimisten nicht auf ihren alten Traum verzichten und sind darauf versessen, einem Hirngespinst nachzujagen. Sie werden ihm auch noch nachjagen an dem nicht mehr fernen

Tage, an dem die Laboratorien der modernen Wissenschaftler aus ihren thermonuklearen Brennöfen Ströme von Gold rinnen lassen werden.
In den modernen Hexenküchen kann man schon heute Gold herstellen und nicht nur Gold, sondern auch Diamanten, Smaragde, Berylle und Aquamarine.

Die Atombombe erzeugt Diamanten

Am 13. September 1957 wurde eine derartige Transmutation durch eine Atombombe ausgelöst, die die Amerikaner unterirdisch in der Sierra Nevada zur Explosion brachten. Die Bombe war in eine Grotte transportiert worden, die am Ende eines 600 m langen Zickzackganges ausgehoben war. Sie lag 250 m tief unter dem Mount Rainier, der mit seinen 2000 m die Wüste Nevada überragt.
Die Seismographen der ganzen Welt hatten diese Explosion registriert. Damit hatte es sein Bewenden gehabt, denn nach den von den Fachwissenschaftlern angestellten Berechnungen hätte man wegen der von den Felsen absorbierten Wärme die Grotte erst in hundert Jahren wieder betreten dürfen.
Indessen ergaben mit Spezialgeräten vorgenommene Bohrungen, daß die Techniker diesen Sicherheitsfaktor viel zu hoch angesetzt hatten. So unternahm man Aufräumungsarbeiten in dem Zugangskorridor.
Im Jahre 1961 konnten drei Spezialisten in die Grotte eindringen: James E. Olsen, Direktor des Atomlaboratoriums von Livermor; William Gangas, Leiter der Bohrarbeiten, und Curtis Klinger, Chef des Sicherheitsdienstes. Man hatte die Grotte in Form einer in den blanken Felsen ausgehauenen Hohlkugel von 40 m Durchmesser angelegt. Aber die Explosion hatte daraus eine 50 m breite und 10 m hohe Höhle gemacht. Die Temperatur betrug ungefähr 50 Grad. Was jedoch die drei Männer am meisten überraschte, war der Anblick, den die Wände boten.
Unter der doppelten Wirkung des durch die Explosion hervorgerufenen Druckes und der Hitze war das kieselartige Gestein geschmolzen, und die Wände hatten sich mit Kristallen bedeckt, die

durch die Wucht der Felsbrocken zertrümmert worden waren. Unter diesen Kristallen fanden sich Rubine und Diamanten.
Aus Vorsicht und wegen der Hitze konnten die Männer ihre Beobachtungen nicht lange fortsetzen, und so weiß man wenig über die Quantität und die Qualität der Edelsteine.
Aber eine Tatsache bleibt bestehen: Die Atombombe hat künstlich die physikalisch-chemischen Bedingungen geschaffen, die vor zwei oder drei Milliarden Jahren das natürliche Entstehen jener Edelsteine ermöglichten, die heute in den Schaufenstern der Juweliere schimmern.
Druck und Hitze waren damals ungeheuer, aber der Mensch ist heute in der Lage, sie jederzeit nach Belieben zu erzeugen. Die Zeit ist nicht mehr fern, da man dank der Kernenergie imstande sein wird, jede gewünschte Menge von Edelsteinen herzustellen.

Der reichste Mann der Welt

Auch wenn zur Stunde die Hexenküchen im Sterben liegen und die Atomreaktoren als Sieger dastehen, gibt uns die Magie immer noch interessante Rätsel zu lösen auf. Man braucht nur ein paar Worte auszusprechen: Abracadabra – Sator – Arepo – Arm – Stram – Gram –, und schon rollen die Goldstücke.
Mohamed Saad H. ist dem Vernehmen nach einer der zwanzig Multimilliardäre der Welt, weil er eine kleine, verwelkte, einstmals gelbe Blume besitzt, die in einer Maiennacht auf einem hohen Berge der Erde gepflückt worden war. Einige wenige Einwohner der türkischen Provinzhauptstadt Adana genießen den außerordentlichen Vorzug, ein bestimmtes von den Scheuerleisten bis zur Decke mit Golddollars, Goldpfunden, Louisdors und Goldpiastern tapeziertes Amtszimmer betreten zu dürfen. Alle Besucher sind fest davon überzeugt, daß der Herr des Hauses, der sehr reiche Mohamed Saad H., göttliche Macht über das Gold gewonnen hat, seitdem seine Hände die geheimnisvolle Zauberblume Baahra berührt haben.
Vor ungefähr zwanzig Jahren gehörte die Familie H. noch zu den sehr armen Leuten: Der Vater, ein bescheidener Maultiertreiber, beförderte Güter durch die Täler des Antilibanon.

Zufällig kam das Glück in Gestalt eines zunächst ganz banal erscheinenden Abenteuers.
Im Gebirge rettete der Maultiertreiber unter Lebensgefahr einen Araberhäuptling vor dem Sturz in den Abgrund. Er gehörte den geheimnisvollen Stämmen an, die einsam im Umkreis des Nossairiergebirges leben. Der Verwundete, ein Scheich, wollte ihm seine Dankbarkeit beweisen und verabredete mit ihm ein Zusammentreffen am gleichen Ort beim ersten Vollmond des Monats Mai.
»Ich werde dir ein königliches Geschenk machen«, sagte er. Mohamed Saad schenkte diesem Versprechen wenig Glauben und erwartete das vereinbarte Datum ohne große Ungeduld. Nichtsdestoweniger begab er sich zu der verabredeten Stelle.
Der Vollmond ging gerade auf, als er an dem Ort ankam, wo der Scheich ihn erwartete. Der Maultiertreiber wunderte sich über den Weg, den der Scheich einschlug.
»Wohin führst du mich?« fragte er.
»Ich führe dich dahin, wo die goldene Blume wächst. Du sollst sie selber pflücken, und dann brauchst du dir keine Sorgen mehr zu machen, vorausgesetzt, du treibst einen Handel mit Gold. Denn das Gold wird dir zuströmen, so wie das Wasser des Nahr-el-Kebir auf das Mühlrad fließt.«
Mohamed wagte das Wort des ihm zu Dank verpflichteten Scheichs nicht zu bezweifeln, aber es tat ihm schon leid, daß er überhaupt gekommen war, denn der Marsch war lang und die Nacht bitterkalt.
Endlich kamen sie an einen westlich des Orontesflusses gelegenen schroffen Berghang. Beide Männer schritten nun dem Mondlicht entgegen und begannen, den kahlen Erdboden nach einer kleinen Blume abzusuchen, die goldgelbe Strahlen aussenden sollte. Sie war kaum größer als ein Gänseblümchen, mit vier flachen, strohfarbenen Blütenblättern und einem haartragenden Mittelteil, der wie geschmolzenes Gold leuchtete.
»Sie gehört dir«, sagte der Scheich, »aber man muß sie gleich ausgraben, denn sie strahlt nur ab und zu, und wenn der Tag anbricht, verschwindet sie. Sie wächst nur an diesem Ort, sonst nirgends in der Welt. Hüte sie gut, denn es ist die Zauberblume Baahra.«
Nach einem genau vorgeschriebenen Ritus grub der Maultiertrei-

ber die Wunderblume aus, dankte dem Scheich und stieg wieder in das Tal hinunter, um seiner Frau und seinem Sohn das Abenteuer zu erzählen.
Aber dann vergaß er die Sache bald und ging wieder seinem Beruf nach. Es wäre übertrieben zu behaupten, daß die Wunderblume auf den Sohn Mohameds einen großen Eindruck machte, als er sie von seinem Vater erbte. Dennoch sagte er dem Gebirge Lebewohl und ließ sich in der Hauptstadt nieder, in der festen Absicht, dort einen Handel anzufangen, bei dem das Gold eine Rolle spielte. Von diesem Tage brach ein geradezu unglaubliches Glück über ihn herein: Ströme von Gold flossen ihm zu, füllten seine Kasse und vermehrten sich dort.
Er legte seine Gelder in waghalsigen Unternehmungen an, die ihn eigentlich hätten ruinieren müssen. Durch wundersame Glücksfälle ging alles zu seinem Vorteil aus. Er verlieh sein Geld an unreelle und insolvente Geschäftsleute, investierte erhebliche Summen in Unternehmungen, die nicht die geringste Aussicht auf Erfolg hatten. Doch die Zahlungsunfähigen zahlten das Geld zurück, und die schlechten Geschäfte erwiesen sich plötzlich als günstige Einnahmequelle.
Mohamed Saad H. ist heute einer der zwanzig reichsten Menschen der Welt. Irgendwo in einer Kassette verwelkt langsam die Blume Baahra.

Geheimsafes in der Schweiz

Die Legende vom Gold hat nicht nur mit der Magie zu tun.
Die Stahlkammer der Welt, in der zehnmal mehr Gold ruht als im Fort Knox und in Paris in der Banque de France zusammen, ist die Schweiz.
Alle Regierungen, alle reichen Kaufleute oder Industriellen, sogar Kirchenfürsten deponieren in der neutralen Nation einen Schatz, von dem sie glauben, daß er dort in Sicherheit ist.
Die Kontrolle über diesen Berg von Gold ist den Schweizer Behörden zum Teil ganz unmöglich, denn die Magnaten der Geschäftswelt sind Eigentümer mehrerer großer Banken. Außer den legalen Depots existieren Geheimdepots.

Es ist logisch – und steht fest –, daß Politiker wie Fulgencio Batista, Rafael Trujillo, Fidel Castro, Mohammed Mossadegh, die Potentaten und Magnaten Afrikas und des Mittleren Orients bis zu dem ägyptischen Diktator Nasser in der Schweiz beträchtliche Summen deponiert haben oder hatten.
Im Fall eines politischen Umsturzes wissen – oder wußten – solche Politiker, daß sie auf ihr Konto in Genf oder Lausanne zählen können.
Diese Konten sind unter ganz besonderen Bedingungen angelegt worden. Es ist eine unleugbare Tatsache, daß z. B. ein Ölmagnat, ein Emir, Scheich oder Regierungschef in wenigen Stunden gestürzt werden kann. Er muß so schnell wie möglich fliehen, ohne vielleicht die Zeit zu haben, sich mit Ausweispapieren zu versehen.
Wenn die Schweizer Banken auch ein absolutes Geheimnis über ein Konto und dessen Inhaber bewahren, so kann solch ein auf den Namen des Emirs X oder des Präsidenten Z lautendes Bankguthaben in Zukunft der Beschlagnahme durch die Regierung unterliegen.
Es ist also wichtig, daß dieses Guthaben nicht auf den Namen einer bestimmten Person lautet.
Ein Potentat des Nahen Orients, der Emir von K., hat dieses Problem dadurch gelöst, daß er der Direktor einer der bedeutendsten Banken von Genf geworden ist. Andere bedienen sich eines merkwürdigen Systems. Sie lassen ihr Vermögen – mehrere Milliarden – durch einen Bevollmächtigten deponieren. Gelegentlich einer Reise in die Schweiz verabredet man mit der Bank einen Geheimcode. Das Geld kann nur durch jemanden vom Konto abgehoben werden, der im Besitz dieses Geheimcodes ist. Die Buchstaben und Ziffern X – 75 – FH – 4885 sind beispielsweise getrennt in vier versiegelten Briefumschlägen aufbewahrt. Der erste enthält den Buchstaben X, der zweite die Zahl 75, der dritte die Buchstabengruppe FH, der vierte die Zahl 4885.
Auf diese Weise kann man im Prinzip jeden Betrugsversuch von vornherein vereiteln. (Übrigens ist es noch nie einem Hellseher, Pendler oder Wünschelrutengänger gelungen, einen Geheimcode zu entziffern, der ein Vermögen wert ist.)
Kein Name und keine Adresse des Depotinhabers ist angegeben.

Ein einziges Risiko besteht, und das kommt ziemlich häufig vor: Wenn der Depotinhaber stirbt, gibt es für den Schatz keinen Besitzer mehr. Man vermutet, daß in den Stahlkammern mindestens 800 Milliarden ruhen, auf die keiner jemals Anspruch erheben wird.

Seit 1940 haben die Banken von Bern, Zürich und Genf die Fläche ihrer Kellerräume verfünffachen müssen. Zur selben Zeit haben die Magnaten und besonders die Ölprinzen des Nahen Ostens in der Schweiz Villen gekauft und darin atombombensichere Unterstände bauen lassen, die mit Goldbarren vollgestopft und mit Beton vermauert sind, so daß die Schweiz ein riesiges Panzergewölbe oder, wenn man will, ein Land vergrabener Schätze geworden ist.

Man nimmt an – denn natürlich ist jede Kontrolle unmöglich –, daß der Hauptkunde dieser Banken (durch Mittelspersonen vertreten) die Regierung der UdSSR ist. Erst fünfzig Jahre ist es her, daß ein Alchimist leichtgläubige Gemüter noch täuschen und behaupten konnte, er sei imstande, Gold herzustellen. Seit 1958, seitdem man durch Atomumwandlung künstliches Gold erzeugen kann, löschen die Letzten aus der Zunft der Goldmacher das Feuer in ihren Öfen. (Die Amerikaner haben 1919 als erste Quecksilber in Gold umgewandelt; doch handelte es sich dabei um unrentable Laboratoriumsversuche.) Im Jahre 1961 hielten die aus aller Welt nach Paris gekommenen Alchimisten auf dem Symbolistenkongreß eine Geheimkonferenz ab, deren Ausgang für die Teilnehmer enttäuschend war: Sie geben das Rennen auf.

Als letzter Erbe des Geheimnisses von Kleopatra, Albertus Magnus, Johann Baptist van Helmont und Nicolas Flamel kämpft Armand Barbault mit seinem Holzkohlenofen gegen die Atombrenner der Physiker, die bereits Höllentemperaturen von mehr als einer Million Grad erzeugen. Und das ist das Ende der Legende vom Gold.

Die Atomwissenschaftler haben den Alchimisten auf dem Gebiet der Goldmacherei den Rang abgelaufen.
Niederlage der okkulten schwarzen Magie – Sieg der rationalistischen schwarzen Magie. Der primitive Schmelzofen wird ersetzt durch den nuklearen Brennofen, den Reaktor – ein Feuer wird besiegt durch ein anderes, allesverschlingendes, das keine feinen Unterschiede mehr kennt. Aber immer harren noch Rätsel der Lösung. Ein Wissenschaftler entdeckt die Zusammensetzung der Strahlen, die von den Millionen von Lichtjahren entfernten Sternen ausgehen, ein anderer enthüllt das Geheimnis des Atoms, ein dritter entdeckt das Antiproton, aber keiner von ihnen kann uns erklären, was es mit den sogenannten Poltergeistern auf sich hat.
Zu Beginn des 19. Jahrhunderts brachte auf der Antilleninsel Barbados ein von Robert Gould in seinem Buch *Oddities* bezeugter Fall die Behörden von Brigdetown in Verlegenheit: Die Särge, die man mit aller Sorgfalt in einem Gewölbe des Friedhofs abgestellt hatte, waren umgeworfen worden. Das wurde im Laufe des Jahres 1812 zweimal festgestellt.
Die auszementierte Gruft wurde nun durch eine schwere Steinplatte geschlossen, die nur mit den vereinten Kräften von sechs Männern an Ort und Stelle hatte eingesetzt werden können. Trotzdem fand man bei Bestattungen noch zweimal, daß die Särge im Innern des gegen jeden Einbruch gesicherten Gewölbes von ihren Plätzen gerückt waren.
Der Gouverneur der Insel, Lord Combermer, wollte dem, was er für einen dummen Aberglauben hielt, ein Ende bereiten. Als am 17. Juli 1819 ein gewisser Thomazina Clarke beigesetzt wurde, war Lord Combermer persönlich anwesend.
Wieder wurden die Gruft und die Innenwände sorgfältig untersucht. Ferner markierte man genau die Stellung der Särge.

Der Fußboden im Innern des Gewölbes und davor wurde mit feinem Sand bestreut, damit man etwaige Spuren oder Fußabdrücke erkennen konnte. Die wieder eingesetzte Steinplatte wurde mit Siegeln verschlossen.
Die Bewachung der Örtlichkeit, der sich bei Strafe niemand nähern durfte, wurde den Polizeibeamten von Bridgetown anvertraut.
Ein Jahr danach, am 18. Juni 1820, fand das abenteuerliche Vorkommnis sein Ende. Der Wachdienst hatte nichts Außergewöhnliches bemerkt. Der Sand draußen war von keinem Fuß betreten worden und die Siegel waren nicht erbrochen.
Lord Combermer wollte als erster feststellen, ob das Innere des Gewölbes in Ordnung sei. Die von ihren Plätzen gerückten Särge waren jedoch sogar übereinandergestellt worden, während der Sand keinerlei Spuren aufwies. Da es auch keine Möglichkeit eines geheimen unterirdischen Zugangs gab, mußte der Gouverneur eingestehen, daß jede vernunftmäßige Erklärung versagte. (Bei diesem Erlebnis scheint es sich nicht um einen Betrug zu handeln. Man sollte es nicht in eine Linie stellen mit dem in Indien gezeigten Trick des »lebendig Begrabenen«: Ein Fakir wird angeblich ein ganzes Jahr lang in einer Höhle begraben. Man sät Gerste auf das Grab, Wachen werden darum aufgestellt; aber der Fakir kriecht durch einen unterirdischen Gang ins Freie, um sich zu gegebener Zeit wieder im Grab einzufinden.)
Auch für den folgenden geheimnisvollen Vorgang können die Wissenschaftler keine Erklärung finden:
Ein durch einen Poltergeist von außen in ein Haus geschleuderter Stein durchstößt eine Granitmauer und fällt in einem verschlossenen Zimmer auf den Fußboden. Das Merkwürdigste: Er ist noch ganz warm von der geleisteten Arbeit. (Sollte es sich um eine Desintegration mit unmittelbar darauf folgender Reintegration gehandelt haben?)
Dieselben Wissenschaftler, die Bomben von mehreren Megatonnen Sprengkraft herstellen können, stehen sprachlos vor den immer noch unbekannten Kräften, die einen zwanzig Kilo schweren Tisch in die Höhe heben, wenn ihn ein Medium mit den Fingerspitzen berührt.
Die Wissenschaftler haben auch niemals erklären können, war-

um im Jahre 1920 die berühmtesten Athleten der Welt – Kerle, die 150 kg über ihre Köpfe schwingen konnten – es nicht fertigbrachten, die 49 kg des kanadischen Bantamgewichtsboxers Johnny Coulon vom Fußboden zu heben. Weder Ernest Cadine noch Yves le Boulanger, die mit 250 kg schweren Eisenstangen spielend hantierten, kamen mit den 100 Pfund des Kanadiers zu Rande, wenn der es nicht wollte.

Es handelt sich nicht um einen Trick, sondern um ein mysteriöses Phänomen, das die Professoren Richet, Sébileau, Langlois und Camus von der Pariser Medizinischen Fakultät nicht zu deuten wußten.

Vor diesem erlauchten Gremium stand Coulon vollkommen nackt auf einer isolierenden Glasplatte. Er konnte wie eine Feder hochgehoben werden, solange er den, der ihn hochheben sollte, nicht berührte; aber er ließ sich nicht von der Stelle bewegen, wenn er den anderen an der Pulsader oder Halsschlagader berührte.

Doch Coulon blockierte nicht etwa den Blutkreislauf in diesen Gefäßen, denn es wurde festgestellt, daß er nur einen ganz leichten Druck ausübte. Andererseits bewies ein Dynamometer, daß die Kräfte der Gewichtheber während der ganzen Dauer des Phänomens uneingeschränkt vorhanden waren.

Das Radio ist sicher eine großartige Erfindung, aber immer noch weiß man nichts über den menschlichen Sender und die sympathischen und antipathischen Wellenlängen; diese Art Radar ist niemals rechnerisch untersucht worden. Unbekannter als der brasilianische Urwald oder das Weltall ist das menschliche Gehirn mit seinen zweifellos überaus wunderbaren Fähigkeiten.

Am Giebel des Tempels zu Delphi auf dem Höhepunkt der griechischen Kultur, deren Erben wir sind, standen die Worte: *Γνῶθι σεαυτόν* (Erkenne dich selbst). Und welche Fortschritte haben wir bisher auf diesem Gebiet gemacht, das uns doch viel näher liegt als der Mars, die Venus und die Spiralnebel? Der Mensch bleibt für den Menschen ein unbekanntes Wesen.

Wo ist der Sitz des Gedächtnisses? Warum ist zehn nicht durch drei teilbar? Welcher Art ist dieses geheimnisvolle Unbekannte, das manchmal die Experimente angesehener Wissenschaftler durchkreuzt?

Garcia Beltran, der die aus dem Rahmen des Gewöhnlichen fallenden genetischen Phänomene untersucht hat, berichtet über seine Beobachtungen, indem er sich auf bestimmte Päpste bezieht:

»Oft haben die Päpste einen gelähmten Arm und ihre Beichtväter ein verkrüppeltes Bein. Sollten diese letzteren vielleicht Abkömmlinge des hinkenden heiligen Ignatius von Loyola sein, der in seiner Jugend Finken züchtete und ihnen die Augen ausstach, damit sie besser singen sollten?
Der heilige Ignatius ist der Stifter des Ordens der Jesuiten, die unerbittliche Beichtväter der Päpste, in Wirklichkeit aber Oberpäpste waren.
Garcilaso de la Vega sagte: ›Die Seele, die ihr körperliches Leben ausgelebt hat, erkennt man immer in ihrer tierischen oder menschlichen Reinkarnation an irgendeinem Zeichen wieder: sei es ein Muttermal, ein Leberfleck am Körper, sei es ein Gebrechen oder die Lähmung eines Gliedes.‹ Sollte das wahr sein? Sollte es eine geheimnisvolle seelische Erbmasse geben?
Papst Pius XII. hatte einen fast gelähmten Arm, Hitler ebenfalls. Napoleon hielt seinen kranken Arm immer über der Brust angewinkelt. Kaiser Wilhelm II. hatte einen atrophierten Arm ebenso wie Stalin. (In diesem Zusammenhang kann man auch noch erwähnen, daß alle Präsidenten der Vereinigten Staaten durch ein Muttermal gezeichnet sind.) Den Jesuiten ist dieses geheimnisvolle Phänomen seit langem bekannt. Deshalb werden die Beichtväter des Papstes stets unter denjenigen ausgewählt, die wie der leibhaftige Teufel hinken.

Abgesehen von der unbestreitbaren Animosität gegen die katholische Kirche wirft die durch Garcia Beltran aufgestellte Hypothese einer okkulten Seelengenetik ein interessantes Problem auf.
Diese Genetik spielt in der transzendenten Wissenschaft der Buddhisten eine große Rolle. Sobald der Taschi Lama von Tibet im Sterben liegt, forschen die Priester gewissenhaft nach einem

Baby, das genau zum Zeitpunkt seines Todes zur Welt gekommen ist und fünf ebenfalls sehr genau festgelegte biologische Merkmale aufweist. Eines davon ist eine dunkelrote Färbung um die Herzgegend. Buddha selber hatte diese rituellen Merkmale.

Die Vererbung körperlicher Merkmale und die Seelenwanderung, d. h. die Reinkarnation, werden von der experimentellen Wissenschaft nicht anerkannt, übrigens ebensowenig wie vom Christentum und vom Islam. Das zeigt, wie sehr der Okkultismus in scheinbarem Widerspruch zu den konventionellen Anschauungen steht.

Ob Weltgesetz oder auf einzelne Individuen beschränkter Sonderfall, es ist äußerst schwierig, wenn nicht unmöglich, für die Realität der Reinkarnation auch nur den Schatten eines Beweises zu erbringen. Dennoch stellt sie einen wesentlichen Bestandteil der buddhistischen Lehre dar.

Vor nicht langer Zeit erregte ein Fall das Interesse der wissenschaftlichen Welt, aber er ereignete sich in Indien, was ihn in keinem günstigen Licht erscheinen läßt, besonders nachdem buddhistische Priester den 5. Februar 1962 als Datum des vermeintlichen Weltunterganges bestätigt hatten.

Weder indische Wissenschaftler noch indische Politiker (darunter der verstorbene Ministerpräsident Pandit Nehru) wagten gegen die lächerliche Prophezeiung zu protestieren, sei es nun, daß die Gelehrten und Politiker wirklich daran geglaubt haben (was wenig wahrscheinlich ist), sei es vielmehr, daß sie es allen Ernstes nicht wagten, sich gegen den Aberglauben der Mönche und die Unwissenheit eines Volkes aufzulehnen, das zu neunzig Prozent aus Analphabeten besteht.

Es ist folglich nur recht und billig, allen Nachrichten, die aus Indien kommen, mit einer gewissen Skepsis zu begegnen, zumal in diesem Lande eine gewissenhafte Nachprüfung nicht vorgenommen werden kann.

Shanti Devi

Man höre eine als Tatsache nach Frankreich berichtete Geschichte. Im Jahre 1953 hatten die Professoren der Universitäten von

Benares und Luckmar ihr Votum abzugeben über einen charakteristischen Fall von Reinkarnation.
Ein kleines Hindumädchen namens Shanti Devi, das 1943 in Delhi geboren worden war, zeigte schon seit seiner zartesten Kindheit außergewöhnliche intellektuelle Fähigkeiten, darunter eine klare Erinnerung an ein früheres Leben. Sobald sie sprechen konnte, sagte Shanti Devi, sie sei die Reinkarnation der verstorbenen Gattin eines Mannes namens Lugdit.
Die Sicherheit, mit der sie das behauptete, erregte die Aufmerksamkeit religiöser Kreise, die in ganz Indien nach dem angeblichen früheren Gatten Nachforschungen anstellten. Dank der Mitarbeit der Standesämter entdeckte man in Muttra einen 54 Jahre alten verwitweten Kaufmann, dessen Name Lugdit lautete. Es stellte sich heraus, daß der Kaufmann und die Eltern des kleinen Mädchens sich nie begegnet waren und bis zu diesem Tag nichts voneinander wußten. Man reiste mit Shanti Devi nach Muttra und stellte sie dort gründlich auf die Probe. Sie erkannte sofort inmitten einer Gruppe von Männern ihren »Gemahl«, genau wie Jeanne d'Arc König Karl VII. in Chinon erkannt hatte.
Nach der Ankunft wanderte sie ungezwungen im Dorf umher und bezeichnete im voraus Plätze, Straßen, Gassen und markante Häuser, darunter auch dasjenige, in dem sie während ihres früheren Lebens gewohnt haben wollte.
Sie erkannte auch sogleich die Freunde ihres Gatten, und der letztere fragte sie nach intimen Einzelheiten, die nur er und seine verstorbene Gattin kannten. Shanti Devi erinnerte sich daran, und Herr Lugdit war darüber sehr erbaut.
»Sie ist wahrhaftig die Reinkarnation meiner verstorbenen Gattin«, erklärte er. Es wurde beschlossen, daß Shanti Devi ihr Leben von nun an zwischen ihren Eltern und ihrem »Gatten« teilen sollte. Diese Tatsachen wurden von den Universitätsprofessoren, die mit der Untersuchung des Falles beauftragt waren, in vollem Umfang bestätigt. (Es muß abschließend darauf hingewiesen werden, daß Shanti Devi zu jener Zeit in der Pubertät war, die in Indien schon mit zehn Jahren einsetzt. In Frankreich sind wegen der etwas später beginnenden Pubertät die Heldinnen bei den meisten paranormalen Phänomenen, bei den Geschichten von

Spukhäusern, Geistererscheinungen, Visionen usw. überwiegend Mädchen von 13 Jahren, die unter Liebeskummer leiden.)

Der warme Mantel der Götter

Ein weiteres Mysterium des Ostens, das sich im Augenblick noch jeder Überprüfung oder Erklärung entzieht, ist das »Tumo«.
Nach dem Bericht von Professor Filliozat vom Collège de France leben Yogis nackt in den Schneewüsten des Himalaja, nackt wie die Affen, die Hunde und alle anderen Tiere.
Das »Tumo«, der »weiche, warme Mantel der Götter«, gehört zu den Einweihungsriten der Zöglinge tibetanischer Lamapriester. Die vorbereitenden Übungen, die hoch oben im Himalaja stattfinden, müssen täglich vor dem Morgengrauen anfangen und noch vor Sonnenuntergang beendet sein. Die Zöglinge erscheinen entweder völlig nackt oder höchstens mit einem einzigen Gewand aus dünnster Baumwolle bekleidet. Die Anfänger dürfen sich auf ein Stück Teppich oder auf ein Brett setzen. Die fortgeschrittenen Schüler sitzen auf der bloßen Erde und, wenn sie es noch weiter gebracht haben, im Schnee oder auf dem Eis gefrorener Wasserläufe. Dabei müssen sie ganz nüchtern sein, und alle Getränke, namentlich aber heiße, sind bis zum Schluß der Übung verboten, wie streng die Kälte auch sein mag.
Für den Schüler besteht die Übung darin, den durch seine Nacktheit entstandenen Wärmeverlust durch innere Erzeugung von »Tumo« zu kompensieren, d. h. durch eine bestimmte Menge Kalorien, die als das Produkt eines geheimnisvollen psychischen Vorgangs zu werten sind.
Die Tumo-Novizen und die Eingeweihten kämpfen gegen die äußere Kälte, müssen aber *darüber hinaus* eine Körperwärme erzeugen, die ausreicht, um nasse Tücher, die man den Schülern auflegt, zu trocknen. Dies ist der höchste Grad der Initiation, der binnen einer Nacht, von Sonnenuntergang bis Sonnenaufgang, erreichbar ist.
Die Tumo-Schüler setzen sich völlig nackt, mit gekreuzten Beinen, auf die Erde. Tücher werden in Eiswasser getaucht, kommen darin zum Gefrieren und werden steif vor Frost wieder heraus-

gezogen. Die Schüler umwickeln sich damit und müssen sie an ihrem Körper auftauen und trocknen lassen. Kaum ist das geschehen, so taucht man das Tuch von neuem ins Wasser, das Spiel fängt von vorn an und wird bis Tagesanbruch fortgesetzt. Man kann sich leicht vorstellen, welche ans Wunderbare grenzenden Wärmemengen die auf diese Weise durchtrainierten Tumo-Schüler zu entwickeln imstande sind. Einige sollen es so weit bringen, das Tuch im Laufe einer Nacht bis zu vierzigmal zu trocknen. Das wird aber wohl etwas übertrieben sein (nach Gustav Büscher, *Das Buch der Wunder*). Diese Menschen besitzen erstaunliche Fähigkeiten, von denen wir uns keine Vorstellung machen. Vielleicht könnten die zuständigen Raumfahrtbehörden daraus lernen, die von den Kosmonauten verlangen, daß sie im Ertragen von Kälte und Hitze, von Beschleunigungen und Schwerelosigkeit Übermenschliches leisten.

Die bei den Lamazöglingen willkürliche Erhöhung der normalen Körpertemperatur wird von den amerikanischen Kosmonauten durch Bestrahlungen künstlich erzeugt, die sie gegen bestimmte körperliche Auswirkungen des Raumfluges unempfindlich machen. Das Wunder und das errechnete Phänomen entsprechen einander vollkommen.

Der Mensch ist ein wundersames, psychisch höchst komplexes Wesen mit ungeahnten Möglichkeiten.

Die Mönche des Berges Athos brauchen angeblich kein Fernsehgerät und keine Funkanlage, wenn sie weit entfernte Freunde sehen oder mit ihnen sprechen wollen. Mrs. Janet Hitchman in England bedarf keines Teleskops, um Planetenmonde zu erkennen, die Hunderte von Millionen Kilometern von der Erde entfernt ihre Bahn ziehen.

Der Fall der Mrs. Hitchman hat jedoch nichts mit Magie zu tun, obwohl die Wissenschaftler ihre Fähigkeiten nicht erklären können. Mit bloßem Auge sieht diese Frau die Monde des Jupiter in einer Entfernung von 628 000 000 km. Aus einer Entfernung von über 1½ km kann sie noch den Gesichtsausdruck ihrer kleinen Tochter erkennen. Aus einer Entfernung von 3 m vermag sie noch eine mikroskopisch kleine Schrift zu lesen.

Ein noch tieferes Geheimnis waltet über den Wundmalen Christi. Wie ist es zu erklären, daß diese fünf Wunden am Leibe heute lebender Menschen erscheinen?
Die Echtheit solcher Male ist nicht zu bezweifeln. Der Beweis dafür wurde durch den dänischen Magnetiseur Paul Thorsen erbracht, der an den Füßen und Händen einer in einem Innsbrukker Krankenhaus liegenden Frau in Gegenwart der Ärzte und des Pflegepersonals die Wunden des Gekreuzigten erscheinen ließ.
Das Experiment, in das, wie man bald merken wird, insgeheim die Magie eingeschaltet wurde, dauerte über eine Woche und fand unter amtlicher Aufsicht statt. Die Glieder der Kranken lagen im Gipsverband, um jede Möglichkeit eines Betruges auszuschließen.
Unter den Zeugen befanden sich der Leiter der Klinik, Professor Hubert J. Urban, Dr. Meyer, der den Verlauf des Experimentes stenographisch festhielt, Frau Dr. Harrar, der katholische Krankenhausgeistliche Kaplan Amann, zahlreiche Krankenschwestern, Ordensschwestern und mehrere junge Ärzte.
»Diese Kranke«, erklärte der Magnetiseur Thorsen, »war eine Frau von etwa vierzig Jahren, die unter ziemlich merkwürdigen Umständen mit der Polizei zu tun bekommen hatte. Sie gehörte nämlich einer Bande von Schmugglern an, die ihre hellseherischen Fähigkeiten ausnutzten, um die Fallen der Zollbeamten zu umgehen.
Im Krankenhaus wurde sie wegen ihres Geisteszustandes und auch wegen eines Bruches des linken Knöchels behandelt. Außerdem war sie von dem bösen Geist eines ihrer ehemaligen Helfershelfer besessen, der gleichzeitig ihr Liebhaber war. Er hieß Joe und hatte vor einigen Monaten Selbstmord begangen. Er befahl ihr, sich im Jenseits mit ihm wieder zu treffen.
Die Frau verfiel nun in Krämpfe und behauptete, sie könne sich nicht von dem ihren Komplizen gegebenen Versprechen befreien. Es stimmte: Sie hatte den anderen Schmugglern versprochen, wieder zu ihnen zu stoßen, sobald sie geheilt sei, und zum Beweis zeigte sie dem Geist Joes ein an ihrem Hals hängendes Amulett, das einen mit ihrem Blut unterzeichneten Pakt enthielt.

Niemals zuvor hatte ich mit einem ähnlichen Fall von Besessenheit zu tun.
Dieser seltsame Fall entspricht durchaus der Wahrheit. Eine Nachfrage bei der Direktion des Innsbrucker Krankenhauses kann das jederzeit bestätigen. Er erschien den Ärzten rätselhaft, und gleichzeitig beunruhigte er sie nicht wenig. Denn es war sicher, daß die Frau, sobald sie entlassen war, wieder mit den Schmugglern gemeinsame Sache machen oder Selbstmord begehen würde. Wie sollte man, nachdem ihr körperliches Leiden behoben war, ihre Seele retten?
Ich schlug Professor Urban vor, die Heilung durch Hypnose und Suggestion zu versuchen.
Mein Plan war, die Kranke davon zu überzeugen, daß die göttlichen Kräfte sie von ihrem Eid entbinden würden, und zum Zeichen dessen würden sie auf ihren Füßen und Händen die Wundmale des Gekreuzigten erscheinen lassen.
›Wenn Sie an den Erfolg glauben‹, meinte der Chefarzt, ›versuchen Sie es, vorausgesetzt, daß der Kaplan keinen Einspruch erhebt.‹
Die Kranke war Christin, aber nicht Katholikin, und von seiten des Kaplans Amann gab es keine Schwierigkeiten.
Der katholische Pfarrer Fischer aus Innsbruck interessierte sich unter dem Aspekt der Teufelsaustreibung für das Experiment, und um mir bei der Lösung meiner Aufgabe behilflich zu sein, gab er mir sogar ein kleines Fläschchen mit Weihwasser. Die Frau selber – das möchte ich ausdrücklich betonen – war damit einverstanden, sich hypnotisieren zu lassen, was gar nicht schwierig war, da sie sich als ein sehr gutes Medium erwies.
Damit das Experiment nicht durch irgendwelches Fehlverhalten meinerseits oder von seiten der Frau gestört würde, beschloß man, ihren rechten Fuß und ihre rechte Hand in Gips zu legen. Der linke Fuß trug bereits einen Gipsverband, da er gebrochen war. Wir ließen die linke Hand frei, um darauf die Erscheinung des Wundmals beobachten zu können. Es wurde vereinbart, den linken verwundeten Fuß außer Betracht zu lassen.
Am Nachmittag des 29. Oktober 1951 schläferte ich die Frau ein und begann mit der ›Teufelsaustreibung‹. Der böse Geist, von dem sie besessen war, reagierte sofort und weigerte sich, das

Feld zu räumen. Er sprach durch den Mund der Patientin mit einer durchaus männlichen Stimme.

›Ich werde nicht fortgehen. Meine *Nomme* gehört mir, und ich werde bleiben, bis sie zu mir kommt.‹

›Geh fort! Ich befehle es dir!‹

Um meinen Worten mehr Nachdruck zu verleihen, spritzte ich etwas Weihwasser über die Frau, die richtige Krämpfe bekam, sich aber nach einigen Augenblicken wieder beruhigte.

Schon mit dem ersten Tag erschien das Mal auf der Innenfläche der linken Hand.

Am siebenten Tag fing die Wunde an zu bluten, so daß ein Pfleger einen Verband anlegen mußte, der schon nach ein paar Stunden durch das geronnene Blut festklebte.

Am Freitag, dem 11. November, beschlossen wir, die Gipsverbände abzunehmen.

Die Frau wollte nicht, daß Aufnahmen gemacht wurden, doch der Photograph des Krankenhauses erhielt den Auftrag, gegen ihren Willen zu verfahren.

Ein Chirurg zerbrach die Gipsverbände vor den Augen von Professor Urban und den obenerwähnten Zeugen. Die Wundmale waren deutlich zu sehen und wurden photographiert. Die Filme werden noch heute im Innsbrucker Krankenhaus aufbewahrt.

Die Wunden waren noch feucht von Blut und Serum. Professor Urban stellte in aller Form fest, daß beide Hände durchbohrt worden seien, aber nicht der rechte Fuß; offenbar habe die Hornhaut der Fußsohle dem psychischen Fluidum Widerstand geleistet.

So war also die Möglichkeit bewiesen, durch die Willenskraft eines Magnetiseurs beträchtliche physiologische Veränderungen zustande zu bringen.

Dieses Vorkommnis wurde in den Berichten der Ärzte festgehalten, die das, was sich tatsächlich ereignet hatte, durch ihre Unterschrift bestätigten.

Während des hypnotischen Schlafes hatte ich der Kranken gehörig die Leviten gelesen. Nach Beendigung des Experiments ergab sie sich in ihr Schicksal und nahm an, daß sie nun von ihren Versprechungen entbunden sei. Der Sicherheit halber wurde ihr Amulett von dem Kaplan Amann verbrannt.

Nach drei Tagen verschwanden die Wundmale und traten nie wieder auf.«

Das merkwürdigste an der ganzen Geschichte ist ein seltsames Zusammentreffen: Die besessene und stigmatisierte Kranke hieß Therese Neumann, war also gleichen Namens mit der berühmten Stigmatisierten von Konnersreuth in Bayern; aber sie war nicht mit ihr verwandt.

Von der Wissenschaft wird das Erscheinen der Wundmale zwar als Tatsache anerkannt, aber man kann es nicht auf rationelle Weise erklären. Es ist lediglich die Rede von »physiologisch-pathologischen Einflüssen in Verbindung mit hochgradiger Hysterie«.

Die Theologen unterscheiden zwei Arten von Stigmata: die magischen, dem Teufel zugeschriebenen, und die wundersamen, die durch den Willen Gottes entstehen.

Andere der klassischen Naturwissenschaft verwandtere und ebenfalls nicht erklärbare Phänomene beweisen, daß es Kräfte gibt, die mit den Physikern Versteck spielen.

Die Magie und das Atom

Um das Jahr 1950 herum veröffentlichten amerikanische Zeitungen eine seltsame Nachricht: In einem Laboratorium, in dem man Atomexperimente anstellte, waren merkwürdige Erscheinungen magischen Charakters beobachtet worden.

Die Wissenschaftler sahen in der Luft plötzlich verschwommene Bilder auftauchen, in denen man aber trotzdem deutlich die Köpfe von Personen erkennen konnte. Sich hin und her wiegend, schwebten die Erscheinungen dahin, zeigten sich bald von vorn, bald im Profil, bald im Dreiviertelprofil; dann wurden sie immer schärfer und verdichteten sich gleichsam, bevor sie allmählich wieder verschwanden.

Während dieser Fata Morgana hörte man gedämpftes Stimmengewirr wie auf einer geheimen Zusammenkunft von Gespenstern. Man konnte sogar Gesprächsfetzen und englische Wörter wissenschaftlichen Charakters verstehen, was das Erstaunen der Zuhörer noch erhöhte.

Die skeptischer als andere Menschen veranlagten Atomphysiker führten eine genaue Untersuchung durch, die zwar die Erscheinung an sich nicht erklärte, aber den Ursprung dieses Phänomens von »Pseudosthesie« feststellte.
Zweifellos waren die aufgefangenen Worte in einem nahe gelegenen Saal während einer hinter verschlossenen Türen stattfindenden Konferenz gesprochen worden. Es war indessen ganz unmöglich, daß die Laute auf natürliche Weise bis in das Laboratorium hätten dringen können.
Was die Bilder anlangt, stellten sie wahrscheinlich die Konferenzteilnehmer dar.
Bild und Ton waren also in ähnlicher Weise übertragen worden, wie das beim Fernsehen geschieht, aber ohne daß eine Sende- und Empfangsvorrichtung existierte.
Da das Ganze völlig unerklärlich schien, nahm man an, daß die in dem Laboratorium entwickelten sehr starken elektrischen Felder den Photonen und den Tonwellen als Materieträger gedient hatten und es sich folglich um eine Art von Materialisation handelte.
Da die hinter verschlossenen Türen tagende Konferenz sich mit Fragen der Landesverteidigung befaßte, war das Institut für Atomforschung stark beunruhigt; denn es war nun bewiesen, daß man mit einer absoluten Sicherheit von Staatsgeheimnissen nicht mehr rechnen durfte. Man gab also Anweisung, die Angelegenheit nicht an die Öffentlichkeit gelangen zu lassen.
Die Presse berichtete erst nach Jahren über das seltsame Ereignis, doch die Veröffentlichung führte zu keiner offiziellen Stellungnahme.

Die Feuerkugel

Die im Ventla-Verlag Wiesbaden-Schierstein erscheinende deutsche Zeitschrift *Ufo-Nachrichten* veröffentlichte in Nummer 53 eine ähnliche und ebenso erstaunliche Meldung:

Im Frühjahr 1959 flog das Passagierluftschiff TU-104 von Alma Ata nach Moskau. Der Flug verlief zunächst ohne besondere Er-

eignisse, als man plötzlich innerhalb der Passagierkabine, nahe am Durchgang zur Pilotenkanzel, ein mattes Licht bemerkte, das langsam eine feste Form annahm, und sich ein leuchtender Diskus von etwa einem halben Meter materialisierte. Das Objekt blieb bewegungslos in vertikaler Stellung. Man glaubte zunächst an ein Feuer und versuchte zu löschen, aber es war keine Spur von Feuer zu entdecken und auch das Objekt war wieder verschwunden. Kurze Zeit später tauchte es wieder auf und bewegte sich jetzt an den Fenstern entlang, wobei die Passagiere fast berührt wurden. Nach Aussagen der Zeugen war es weder warm noch roch es nach irgend etwas. Nachdem der Diskus die ganze Kabine geprüft hatte, ohne dabei jemand etwas zu tun, kehrte er zu seinem Ausgangspunkt zurück und verschwand. Bei der Ankunft in Moskau legte man den Passagieren nahe, nichts über das Erlebnis zu erzählen. Zufällig war ein polnischer Journalist unter den Reisenden, der ... die Zeugenaussagen sammelte und später in Form eines Berichts veröffentlichte.

Da das Wetter nicht gewittrig war und man den Lichtdiskus nicht mit den pfeifenden und schnellfliegenden Feuerkugeln identifizieren konnte, die, wie man annimmt, durch den Blitz oder ähnliche elektrische Phänomene erzeugt werden, mußte man nach einer anderen Erklärung suchen.
Man vermutete schließlich, daß das leuchtende Objekt vielleicht von den Piloten einer fliegenden Untertasse ausgeschickt war, und ließ es dabei bewenden.

Schwindelmanöver

Selten spielen sich übernatürliche Phänomene so klar und eindeutig ab, daß kein Zweifel möglich ist. In Indien und in Afrika sind Wunder eine alltägliche Erscheinung, aber der Aberglaube und die Naivität der Bevölkerung sind so groß, daß man es in den meisten Fällen mit Taschenspielertricks oder mit Massenhalluzinationen zu tun hat.
Mit Sicherheit gehört der berühmte indische Seiltrick in diese Kategorie. Nie konnte das Experiment photographiert werden.

Im Jahre 1935 wurden durch einen englischen Pflanzer aus Indien Photographien mitgebracht, die einen Yogi im Zustand der Semilevitation zeigten, doch ein Arm war auf einen von weißen Schleiern verdeckten Pfahl gestützt, was einwandfrei bewies, daß es sich um einen groben Täuschungsversuch handelte. Ein ähnlicher Trick liegt auch in dem Fall vor, wo aus einem Samenkorn vor den Augen der Zuschauer ein Palmbaum emporwächst.
Ein kritischer Beobachter und Kenner des afrikanischen Busches, Albert Trapani, hat uns dennoch seltsame Geschichten erzählt. Trapani leitete 1953 Waldarbeiten bei Ekouk (Gabun).
Einmal sah er zu, wie ein Bananenbaum ganz schnell bis zu einer Höhe von drei Metern aufwuchs und Früchte trug, von denen er selbst kostete. Das ist der »Bouiti«-Trick, der in der Gegend von Libreville wohlbekannt ist.
In Wirklichkeit wurde der Bananenbaum um drei Uhr nachmittags gepflanzt, und die Bananen wurden erst am folgenden Morgen bei Sonnenaufgang gepflückt, was die Glaubwürdigkeit des Experiments in Frage stellt. Übrigens mißtraut Trapani seinem Gedächtnis. Er erinnert sich nur vage an die Nebenumstände und an das, was er dabei empfand. Er neigt dazu, das Ganze als eine Halluzination zu betrachten.
Ebenso sah er nichts Außergewöhnliches darin, daß die Gabunesen bei feierlichen Anlässen barfuß durch ein Feuer gingen. Die Heldentat dauert kaum zwanzig Sekunden, und die Hornhaut an den Füßen der Schwarzen kann eine Dicke von drei Zentimetern erreichen.
Im Gegensatz dazu bleibt ihm das sogenannte »Hühner-Ordal«, eine Art Gottesurteil, völlig rätselhaft.
Es wäre lächerlich anzunehmen, daß in Gabun – wie übrigens überall in Afrika – die Eingeborenen den Urteilen der von der Kolonialregierung ausgeübten Justiz auch nur den geringsten Glauben schenken. Als im Jahre 1953 in Ekouk ein Verbrechen begangen wurde, veranstaltete man unter Beobachtung aller rituellen Vorschriften ein solches Hühner-Ordal.
Von sehr weit her kamen die Schwarzen ins Dorf und trugen vorsichtig in der Beuge eines Armes ein Huhn, dessen Füße zusammengebunden waren. Kein Mensch weiß, wie sie Nachricht von dem Verbrechen erhalten hatten.

Im Prinzip wird das Urteil auf folgende Weise gefällt: Auf einem von der Menge umgebenen Platz läßt man die Hühner frei, nachdem man ihnen den Hals durchgeschnitten hat. Die mutmaßlichen Täter müssen sich am Rande des Platzes *an eine Stelle ihrer Wahl* begeben. Wehe ihnen, wenn die Hühner auf sie zulaufen und vor ihren Füßen tot zusammenbrechen!

Kennen die Schwarzen, die die Hühner mitbringen, den Kläger oder das Opfer? Ein Geheimnis, dem übrigens keine große Bedeutung zuzukommen scheint.

Trapani meint, daß die meisten ihr Huhn bloß aus Neugierde mitbringen. Am verabredeten Tag stellt sich die Menge rings um einen runden Platz, der im Durchmesser 30 Meter mißt. Die Träger der Hühner binden den Tieren die Füße los, schneiden ihnen nacheinander schnell den Hals durch und werfen sie auf den von den Zuschauern umsäumten Urteilsplatz.

Das kopflose Huhn fängt sofort an zu laufen und bricht vor den Füßen eines Schwarzen zusammen, der im allgemeinen der Verdächtigte und wahrscheinlich auch der wirkliche Mörder ist.

Wenn zehn Hühner losgelassen werden, ist das Experiment zehnmal beweiskräftig, das heißt, obwohl die zehn Tiere theoretisch nach jeder beliebigen Richtung laufen könnten, brechen sie sämtlich vor den Füßen desselben Mannes zusammen.

Trapani hat diesem Ordal mehrere Male beigewohnt und versichert, daß, wenn der Schuldige auch seinen Platz wechselt, die Hühner unbeirrt auf ihn zulaufen, wo immer er sich gerade befindet.

Der Belingo

Die Feierlichkeiten, die aus Anlaß des 14. Juli in Gabun veranstaltet wurden und noch heute veranstaltet werden, waren eine günstige Gelegenheit, mit noch anderen erstaunlichen Leistungen aufzuwarten.

Gewöhnlich verteilten auf Trapanis Werkplatz die Unternehmer an ihre 400 Arbeiter Geschenke: einen Liter Wein und ein Päckchen Zigaretten pro Person. Da der Tag arbeitsfrei war, veranstalteten die Schwarzen spontan allerlei Belustigungen, darunter auch eine akrobatische Darbietung, die auf Stelzen ausgeführt wurde.

Aus der singenden und tanzenden Menge trat ein maskierter und verkleideter Mann hervor, der nach der Art der Zauberer Fell und Schwanz eines Tieres trug und auf drei Meter hohen Stelzen dahinschritt. Diese bestanden aus Holzstangen, die oben in zwei kleine Plattformen endeten, auf denen die Füße des Akrobaten mit starken Stricken festgebunden waren.

Der Mann lief also auf diesen Stangen, während sein ganzer Körper, Arme und Beine vollkommen frei waren und sich also in einem denkbar labilen Gleichgewicht befanden. Nun aber lief er, machte Sprünge, voltigierte und ließ sich der Länge nach hinfallen, um sofort wieder aufzustehen. Dann beugte er sich vor, ohne zu fallen, wobei sein Körper mit dem Erdboden einen Winkel von 45 Grad bildete.

Wie brachte er es fertig, mit der Schwerkraft und den Gesetzen des Gleichgewichts so zu jonglieren? Die Weißen bekamen das nie zu erfahren.

Nach seiner Vorführung wurde der Mann von den Schwarzen entkleidet und verschwand schnell im Busch, um sein Inkognito zu wahren. Die Schwarzen seines Stammes kannten ihn sicherlich, aber niemand wollte Trapani den Namen des Mannes verraten.

Die Schwarzen verstehen es, ein Geheimnis zu bewahren. So kennt z. B. kein Weißer das Geheimnis des »Belingo«, und er wird auch niemals die Zusammensetzung dieses Giftes erfahren, das von den afrikanischen Zauberern verabreicht wird.

Zwischen Lambarene und Libreville hatte Daniel Bouka, ein Holzarbeiter des Pangwe-Stammes, die Unvorsichtigkeit begangen, mit der Frau eines einem andern Stamme angehörenden Schwarzen zu schlafen.

Gewöhnlich werden derartige Verfehlungen leicht auf gütliche Art beigelegt, etwa durch ein Sühnegeschenk in Form von Geld oder Waren. In diesem Fall jedoch gab es – zweifellos auch, weil es sich um die Frau eines andern Stammes handelte – keine Möglichkeit eines Kompromisses.

Ein schwarzer Freund benachrichtigte Trapani: »Schlimm für Bouka; er wird ›belingotiert‹ werden.«

Man sah nun auch in der Tat, wie der Unglückliche immer mehr dahinsiechte. Schließlich wurde er bettlägerig, und der Distriktsarzt von Kango, der ihn untersuchte, stellte in aller Form die Diagnose: »Er hat den Belingo und wird sterben. Ich kann nichts für ihn tun.«
Auch Trapani wußte, daß bisher noch keine offizielle Medizin etwas gegen dieses Gift hatte ausrichten können. Da er große Stücke auf seinen Holzfäller hielt und auch glaubte, daß die Strafe zu hart sei, beschloß er, das Unmögliche zu versuchen.
Aber er wußte nicht einmal, welchem Stamm die Frau angehörte, an der sich Bouka vergangen hatte.
Die Stämme in Afrika unterscheiden sich lediglich im Typus und durch ihre blutmäßige Zusammensetzung, so wie es auch in Frankreich Bretonen, Basken, Burgunder und Provenzalen gibt. Die für die Unternehmer arbeitenden Schwarzen wohnten und schliefen, je nach ihrer Stammeszugehörigkeit, in verschiedenen Baracken. Trapani, der bei allen seinen Männern sehr beliebt war und sich ihrer Hochachtung erfreute, machte ihnen Vorhaltungen.
In jedem Schlafraum wiederholte er: »Das ist doch ungerecht und grausam. Man tötet doch nicht einen Mann, weil er mit einer Frau geschlafen hat. Alle Leute auf dem Holzplatz werden sich jetzt hassen. Wir waren alle gute Kameraden, und nun wird es mit unserer Freundschaft aus sein.«
Eines Abends kam ein alter Schwarzer zu ihm und erklärte, daß er etwas unternehmen wolle.
»Ich kenne nicht das Geheimnis des Belingo«, sagte er, »denn es ist ein Geheimnis, das immer mehr in Vergessenheit gerät, und die es anwenden können, sind selten. Aber dir zu Gefallen werde ich mit einem Alten eines anderen Stammes sprechen; vielleicht kann er etwas tun.«
Trapani freute sich natürlich sehr über diesen Vorschlag, hatte aber nur wenig Hoffnung. Der Kranke schien in den letzten Zügen zu liegen.
Doch schon am folgenden Morgen erschien Daniel Bouka und verlangte, die Arbeit wiederaufzunehmen. Er war zwar immer noch abgemagert, aber sein Auge blickte klar, und nach zwei Tagen sah er wieder ganz gesund aus.

Das Außerordentliche an diesem Vorfall: Ein Gegengift oder ein Medikament war so wirksam gewesen, daß es in einer Nacht einen Todgeweihten dem Leben zurückgegeben hatte.

Der Wundersalat

Im Abendland sang man im 18. Jahrhundert das Lob eines Zauberers, der auf den Pariser Boulevards in einer Minute Blumen wachsen lassen konnte.
Es wäre leicht, dieses Wunder auf dieselbe Stufe zu stellen wie die von den afrikanischen und indischen Scharlatanen praktizierten.
Doch ein seltsamer Fall plötzlichen Wachstums wurde durch den berühmten Physiker Papin bestätigt, als er in England wohnte. Papin, der mit Recht im Ausland als einer der größten bekannten Physiker angesehen wurde, dinierte eines Abends bei dem Chemiker Edmond Wilde in Gesellschaft von mehreren Mitgliedern der Londoner Royal Society. Sie wurden dort Zeugen eines Wunders, ohne daß sie ein Betrugsmanöver feststellen konnten.
Denis Papin erzählt den Vorfall in einem Brief an Mesmin, ein Mitglied der Pariser Akademie der Wissenschaften:

Edmond Wilde hatte mehrere Personen zum Essen eingeladen. Bevor man sich an den Tisch setzte, streute er in ihrer Gegenwart mehrere Samenkörner des Feldsalats in einen mit Erde gefüllten Topf. Er sagte, er habe zwei Jahre gebraucht, um das Gemisch vorzubereiten. Nach dem Dinner fand man, daß der Salat in weniger als zwei Stunden ungefähr um die Länge eines Zolls (27 mm) gewachsen war, wenn man die Wurzel mitrechnete.
Er sagte, er könne zehn gegen eins wetten, daß das Experiment immer in der gleichen Weise gelingen werde, aber es brauche zwei weitere Jahre, um neue Erde vorzubereiten.
Dieses Experiment, erklärte er, sei von äußerster Wichtigkeit für die Entwicklung der gesamten Landwirtschaft.
Er werde es der Öffentlichkeit unterbreiten, wenn er noch etwas viel Bedeutenderes erfunden habe, das er mit diesem Experiment zusammen vortragen wolle . . .

Man hat jedoch das Geheimnis von Mr. Wilde nie erfahren.

Die Frau, die mit ihren Füßen sieht

Der Irrtum gewisser unwissenschaftlicher Empiriker ist, daß sie glauben, ihre übernatürliche Erfahrung sei der experimentellen Wissenschaft überlegen und habe mit ihr nichts zu tun.

Gewiß, die letztere braucht zur Erreichung ihrer Ziele eine längere Zeitspanne, aber das geheimnisvolle Unbekannte erscheint jetzt als ein beiden Methoden gemeinsamer Faktor.

Der Wissenschaftler steht dem Phantastischen gar nicht feindlich gegenüber; ganz im Gegenteil, man kann behaupten, daß sein Glaube an das Wunder auf einer solideren Grundlage ruht als der des Empirikers.

Der Okkultist glaubt an Kobolde, an Gespenster, an den bösen Blick, an Nostradamus und an Cagliostro, an die Urzeugung und an die Heilung des Krebses durch das Wundermittel des Scharlatans. Aber der Wissenschaftler glaubt an den fliegenden Teppich, an das Zauberwort, das die Höhlen öffnet, und an alle geistigen Kräfte des Menschen, einschließlich derer, sich unsichtbar zu machen, sich zu verkleinern und ein Riese zu werden. Er weiß, daß die künftigen Entdeckungen auf dem Gebiet der Biologie alle Wunder, die wir uns vorstellen können, übertreffen werden. In diesem Sinne ist der Fall der Sowjetrussin Rosa Kuleschowa für den Okkultisten außergewöhnlicher und unglaublicher als für den Biologen und den Physiker.

Rosa wurde im Jahre 1941 in Nischnij Tagil, einer im Herzen des Ural zwischen Perm und Swerdlowsk gelegenen Industriestadt, geboren. Mehrere ihrer Verwandten waren von Geburt an blind, und so war es ganz natürlich, daß das Kind nach Erledigung seiner Schularbeiten an den langen Winterabenden die Blindenschrift mit den Fingern lesen lernte.

Es stellte sich bald heraus, das Rosa ein äußerst empfindliches Nervensystem besaß, denn obgleich sie ganz vorzüglich mit ihren Augen sehen konnte, »sah« sie gewissermaßen auch mit den Fingerspitzen, ja selbst mit jeder Faser ihrer Haut.

War eine ererbte Schädigung, die ihre physiologischen Funktio-

nen modifiziert hatte, der Grund für die Anomalie? Oder hatte die Schädigung eine Art Zellularmutation ausgelöst?
Das ist die Ansicht der Mediziner vom Moskauer Institut für Neurologie, die im Jahre 1963 den Fall Rosa Kuleschowa untersuchten. Sie war in die entsprechende Abteilung zur Behandlung epileptischer Anfälle eingewiesen worden.
Doktor Isaak Goldberg stellte verblüfft fest, daß Rosa mit der Spitze des rechten Zeigefingers nicht nur die erhabenen Buchstaben der Blindenschrift lesen konnte, sondern auch mit Tinte geschriebene oder in einem Buch oder einer Zeitung gedruckte Texte.
Unter Aufsicht der Ärzte des Instituts wurden Versuche angestellt, um ein eventuelles Betrugsmanöver zu entlarven.
Man verband die Augen des jungen Mädchens mit aller möglichen Sorgfalt, so daß es nicht zwischen dem Tuch und den Wangen hindurchschielen konnte, der gewöhnliche Trick der Zauberkünstler.
Rosa streifte jede Zeile mit dem Finger, las zunächst die Überschriften einer vor sie hingestellten Zeitung, dann entzifferte sie laut und langsam, ohne bei den Satzzeichen anzuhalten, den ganzen Text eines Artikels.
Der Test war überzeugend. Ein Betrug war ausgeschlossen, aber die meisten Anwesenden meinten, daß der intelligente und überempfindliche Finger vielleicht das durch die Druckfarbe entstandene winzige Relief der Schrift zu unterscheiden vermöge. Man legte also eine Glasplatte über die Zeitung. Rosa konnte nun die kleinen Buchstaben nicht mehr lesen, wohl aber ohne Stocken die fettgedruckten Überschriften, deren Buchstaben *in größeren Abständen voneinander* standen.
Es handelte sich also sehr wohl um ein Sehen durch die Haut hindurch und nicht um eine besonders hohe Empfindlichkeit der Epidermis, etwa auf Grund eines außergewöhnlich feinen Geflechts von Nervenendorganen.
Der Beweis wurde noch deutlicher, als man dem Finger Photos vorlegte, die auch sofort identifiziert wurden.
»Ich sehe«, sagte Rosa, »Soldaten, die über einen öffentlichen Platz marschieren. Sie haben Helme auf und tragen Gewehre. Flugzeuge fliegen über sie hin. Diese andere Aufnahme stellt

Leute dar, die am Ufer eines Flusses frühstücken. Auf diesem Bild sehe ich einen alten Mann. Er hat einen starken Schnurrbart, und auf seiner Brust sind drei Orden angeheftet.«

Sie beschrieb auch fehlerfrei ein Farbphoto und zeigte dabei auf das Grün der Bäume, das Blau des Himmels, das Grau und das Rot der Kleider.

Auch verschiedenfarbige Papierblätter wurden mit Leichtigkeit unterschieden.

»Diese Seite ist blau, diese rosa, jene gelb; diese sind weiß, schwarz, braun, grün, rot.«

Bei auf einen Schirm geworfenen Bildern erwies sich der Test als ebenso verläßlich. Sie »sah« nun nicht mehr mit ihrem Finger, sondern zweifellos mit der Haut ihres Gesichts und ihres ganzen Körpers, und konnte in der gleichen Weise wie die Regenwürmer, aber viel differenzierter (da diese von Natur keine Augen besitzen) das Licht und verschiedene Grade von Helligkeit unterscheiden.

Andere Experimente erwiesen, daß Rosa auch mit ihrer Nasenspitze und ihrer Zunge lesen und Farben »sehen« konnte.

Mit den Zehen las sie ebenso geläufig wie mit dem Zeigefinger der rechten Hand, indem sie den Text entweder mit der großen Zehe oder mit den empfindlichen Enden der anderen Zehen flüchtig berührte.

Diese Phänomene ließen sich auf zweierlei Art erklären: Entweder las Rosa mit ihrer Haut, die mit uns noch unbekannten lichtempfindlichen Nervenzellen ausgestattet war, oder sie »sah« mit ihrem ganzen Sensorium, wie es Medien und Hellseherinnen vermögen.

Auf jeden Fall kam hier ein mysteriöses Unbekanntes ins Spiel, mochte man es nun als »Augen« der Epidermiszellen oder als Drittes Auge bezeichnen.

Der Fall war nicht der einzige seiner Art, und zu verschiedenen Zeiten wurden ähnliche Erscheinungen aufgezeichnet. In einem Krankenhaus in Bangkok bringt man den blinden Kindern in Hypnose bei, wie sie die Umrisse von Gegenständen unterscheiden können, indem entsprechende Lichtbilder auf die Haut ihrer Wangen projiziert werden.

Die Biologen sind nicht mehr weit von der Annahme entfernt,

daß jede Zelle des menschlichen Körpers ein Mikrokosmos ist und als solcher alle Entwicklungsmöglichkeiten und die Fähigkeit zu allen funktionellen Spezialisierungen in sich enthält. Sollten es diese unbekannten Kräfte sein, die sich gewisse, über alles Maß entwickelte Menschen zunutze machen können oder die die in eine transzendente Esoterik Eingeweihten in sich ausbilden und pflegen?

Aber dort, wo die Okkultisten ein psychisches Mysterium sehen, das zu glauben ihnen widerstrebt, erweitern die modernen Forscher wieder einmal das Gebiet der experimentellen Wissenschaft.

Für die Biologen sind Fähigkeiten wie das Sehen durch Undurchsichtiges hindurch, Gedankenlesen, die Verständigung über weite Entfernungen hinweg, das Senden und Empfangen telepathischer Mitteilungen und selbst das Vorhersagen des Ergebnisses einer mathematischen Operation Wirklichkeiten von morgen. Das phantastische Ziel, auf das die Wissenschaft zusteuert, ist nichts anderes als eine Verschmelzung des Übernatürlichen und des Experimentellen in ihren feinsten Auswirkungen.

Julien Cusseau

Im Jahre 1961 beunruhigte ein Fall von übernatürlicher Vorahnung oder Hellsichtigkeit das fliegende Personal und die Passagiere eines Flugzeuges der Air France nicht wenig.

Eine seltsame und verblüffende Tatsache: Der Held des abenteuerlichen Erlebnisses – man möchte sagen das Medium – war der ehemalige Rugbyweltmeister Julien Cusseau, ein kräftiger Bursche, der sich keineswegs mit dem Okkultismus beschäftigt, da er von Beruf Diplommasseur ist.

Das Phänomen spielte sich am 2. Oktober in einer viermotorigen Maschine ab, die auf der Strecke Orly – Abidjan eingesetzt war. Es war 23 Uhr 30, als das Flugzeug in Richtung auf seinen nächsten Zwischenlandehafen Marseille Mâcon überflog. Die Reisenden lasen die Pariser Abendblätter, andere dösten vor sich hin, als Julien Cusseau leise die Stewardess anrief:

»Mademoiselle, sagen Sie doch bitte dem Piloten, er soll über

Lyon umkehren. Das Flugzeug wird nicht in Marseille landen.«
Die Stewardess lächelte.
»Vergessen Sie nicht, den Piloten zu warnen!« bat Cusseau noch einmal, dringender.
Wieder war ein mitleidiges Lächeln die einzige Antwort des jungen Mädchens. Und dann um 23.37 Uhr die Sensation:
Auf Grund eines technischen Versagens beschloß der Pilot zurückzufliegen. Zu diesem Zeitpunkt befand sich das Flugzeug genau über Lyon.
Bei ihrer Ankunft in Orly wurden die Passagiere für die Nacht im Flughafenhotel untergebracht und sollten sich am folgenden Tage um 19 Uhr zum Abflug einfinden.
Zur festgesetzten Stunde saßen alle nach Abidjan reisenden Passagiere schon fest angeschnallt auf ihren Sitzen im Flugzeug und warteten auf den Abflug.
Da ließ sich Cusseau mit lauter Stimme vernehmen:
»Das Flugzeug kommt nicht über das Ende der Startbahn hinaus.«
Feindselige Blicke richteten sich auf den Unglückspropheten, der anscheinend die Reise sabotieren wollte. Cusseau lehnte sich bequem in seinen Sitz zurück. Noch eine Minute Wartezeit. Das Flugzeug rollte ins Freie auf die Startbahn, machte eine Kehrtwendung – und blieb stehen.
Der Lautsprecher verkündete:
»Ein auf höhere Gewalt zurückführendes Versagen zwingt uns, den Abflug noch einmal zu verschieben. Wir bitten unsere Passagiere um Entschuldigung.«
Nach einer zweiten im Hotel verbrachten Nacht wurde den Passagieren mitgeteilt, daß der Abflug nunmehr endgültig auf 12 Uhr mittags festgesetzt sei. Um 11 Uhr, als die Namen der Passagiere aufgerufen wurden, war Cusseau nicht da.
Man entdeckte ihn in seinem Zimmer, wo er in aller Gemütsruhe frühstückte.
»Beeilen Sie sich!« sagte der Hoteldiener. »Die Maschine nach Abidjan fliegt in 25 Minuten ab. Alle Passagiere sind schon in der Halle. Sie sind der einzige, der noch fehlt.«
»Irrtum«, antwortete Cusseau. »Sagen Sie meinen Mitreisenden, daß sie sich unnötig die Füße vertreten. Die Maschine wird nicht starten.«

Diese Erklärung löste einen allgemeinen Sturm der Entrüstung aus. Doch tatsächlich wurde der Abflug wieder verschoben und auf 23 Uhr festgesetzt.

Julien Cusseau bemerkte dazu: »Diesmal werden wir pünktlich starten, und der Flug wird ohne jeden Zwischenfall vonstatten gehen.«

Diese Voraussage traf ein.

Die französischen Zeitungen berichteten über den Vorfall und konnten sich nicht genugtun, die außerordentliche Begabung des Hellsehers hervorzuheben; einige sprachen sogar von seltsamen Zufällen, und damit hatte es sein Bewenden.

War nun Julien Cusseau ein Hellseher, der immer die Zukunft voraussagen konnte, oder war er dazu nur gelegentlich in der Lage? Niemand weiß es, nicht einmal er selber.

Als man einen Physiker des Nationalen Forschungszentrums über seine Meinung befragte, antwortete er:

»Eine Maschine startet in Paris, um nach Tokio zu fliegen. Und wenn sie noch so ausgezeichnet funktioniert, niemand kann mit Sicherheit voraussagen, wie der Flug verlaufen wird und was sich alles an Imponderabilien ereignen kann. Sie werden einwenden: Monsieur Cusseau würde das fertigbringen. Das ist ungenau formuliert.« Cusseau selber gibt zu, er sei keineswegs immer »begnadet«. Ich möchte hinzufügen, daß er es nicht oft ist. Wenn eine Fluggesellschaft sich unter solchen Umständen auf so vage Voraussagen verließe, würde sie geradewegs auf die Katastrophe lossteuern. Sie handelt vernünftiger, wenn sie sich auf das Können und die Umsicht der Ingenieure und Mechaniker verläßt, auf die Radareinrichtung an Bord, auf die Erfahrung ihrer Piloten und auf die Wettervorhersagen der meteorologischen Stationen ihres Landes. Alle diese Instanzen sind nicht unfehlbar, aber die von ihnen verbürgte durchschnittliche Sicherheit ist konstant, und wenn man alles zusammennimmt, so ist das unbestreitbar der hellseherischen Begabung eines Mediums vorzuziehen, selbst wenn es in neun von zehn Fällen richtig prophezeit hat. Denn man kennt ungefähr den aus dem Versagen von Mensch und Maschine resultierenden konstanten Prozentsatz, aber man wird niemals wissen können, welche von den zehn Voraussagen des Hellsehers falsch ist.

Dr. Marcel Lapipe erklärte uns, welche Hilfestellung ein übernatürliches, okkultes Wissen der Technik leisten könnte:

»Übernatürliche Fähigkeiten gibt es wirklich, und wenn man sie nach den Methoden der experimentellen Wissenschaft untersuchte, analysierte, gewissermaßen sezierte, so könnte man sie sicherlich in das Arsenal jener Mittel aufnehmen, mit denen wir bestimmte Probleme zu lösen trachten.
Aber bei dem gegenwärtigen Stand unseres Wissens darf dieses unbekannte Übernatürliche nicht mit der rationalen und experimentellen Wissenschaft auf eine Stufe gestellt werden.
Überlegen Sie einmal, was bei dem sogenannten russischen Roulett passiert. Ein meist sechsschüssiger Trommelrevolver enthält nur eine Patrone. Man schließt die Augen, läßt die Magazintrommel rotieren, richtet den Lauf gegen die Schläfe und drückt ab. Das Risiko, daß wir uns totschießen, ist eins zu sechs. Gesetzt den Fall, die Trommel rotiere in einem völlig undurchsichtigen Zylinder, so daß wir nicht sehen können, wo die Patrone sich befindet. Nun wollen wir ein Experiment anstellen, bei dem unsere Überlebenschancen 100 % betragen sollen.
Wir können die Trommel mit Röntgenstrahlen durchleuchten, mit dem Ultraschalldetektor untersuchen, verschiedene Radargeräte zur Prüfung einsetzen und schließlich das erreichen, was wir als ein Maximum an Sicherheit betrachten würden.
Wenn die experimentelle Untersuchung feststellt, daß die Patrone sich nicht im Lauf befindet, können wir getrost abdrücken. Wenn wir uns aber einem Hellseher, Pendler, ›Sensitiven‹ oder Astrologen anvertrauen wollen – nun –, dann würden wir ihn bitten, die Mündung des Revolvers an seine eigene Schläfe zu halten und seine Fähigkeiten gefälligst an sich selbst zu demonstrieren. Das Übernatürliche wird wahrscheinlich immer ein Abenteuer bleiben.«

Für oder wider das Hellsehen

Die Ausführungen des Physikers vom Nationalen Forschungszentrum und von Dr. Lapipe sind sicherlich sehr vernünftig, aber

im Grunde genommen weiß man überhaupt nichts über das Wesen des Übernatürlichen, und folglich ist es verfrüht, sich über dessen praktische Verwertung Gedanken zu machen.
Da die Existenz dieses Übernatürlichen zweifellos feststeht, ist es das klügste, es erst einmal mit wissenschaftlichen Methoden zu studieren.
Aber da gibt es ein Haupthindernis, das man auf keinen Fall übersehen darf: Die meisten Menschen, die übernatürliche Phänomene an sich erfahren, wollen sich keiner Kontrolle unterwerfen.
Das Pariser Institut für Metapsychik am Place Wagram zählt Ingenieure, Mediziner, Physiker und Chemiker zu seinen Mitarbeitern. Sie sind ehrlich bereit, das geheimnisvolle Unbekannte gründlich zu studieren. Doch die Phänomene bleiben, wie man zugeben muß, weiterhin unerklärlich. Also was tun?
Die am Institut für Metapsychik zur Verfügung stehenden Geldmittel sind zwar geradezu lächerlich gering, wenn man sie mit den Unsummen vergleicht, die für die Forschungslaboratorien der experimentellen Wissenschaft aufgewendet werden.
Dafür aber – und das ist ein triftiges Argument – befaßt sich die experimentelle Wissenschaft mit dem Studium von Phänomenen, die in der Praxis eine Rolle spielen, was bei der Parapsychologie nicht der Fall ist. Wenn Hellseher, Wahrsager und andere Medien, statt einen in einem versiegelten Umschlag enthaltenen idiotischen Satz zu erraten, die Ankunft eines Briefes vom Vetter aus Amerika einen Tag im voraus anzukündigen und die verspätete Abfahrt von Reisenden oder den Tod der 200 Meilen entfernt wohnenden Cousine Hortense zu prophezeien, wenn also diese Medien statt dessen lieber den von den Russen für ihre Raumraketen verwendeten Treibstoff erraten, eine neue Antriebsart für Raumschiffe angeben, eine neuartige Konstruktion von Kraftfahrzeugmotoren oder einen Ersatzbrennstoff für Petroleum finden könnten, oder noch viel einfacher: wenn die Medien, die in die Zukunft zu sehen vermögen, uns jetzt schon ein Mittel gegen den Krebs (den wir in Kürze ohnehin besiegen werden) oder auch nur ein Mittel gegen Ekzeme oder gegen den Schnupfen nennen würden – dann, ja dann würden wir die Parapsychologie ernst nehmen.

Dann, aber nur dann, müßte man sich vor ihren Leistungen sogar verbeugen.
Aber statt solche oder ähnliche Proben ihres Talents zu geben, die ihnen doch leichtfallen müßten, überschwemmen uns die Okkultisten, die Techniker der verlorenen Zeit, mit einem himmelschreienden Blödsinn, der einem die Sprache verschlägt, vollbringen nur Entdeckungen und Wunder, die sich jeder Nachprüfung entziehen, oder erraten, daß die Zahl 2673 auf einem in einem dreimal versiegelten Umschlag enthaltenen Stück Papier steht und daß das Dienstmädchen des Apothekers sich in zwei Jahren und drei Monaten mit einem Postbeamten verheiraten wird. Was soll das alles?
Die Okkultisten haben 2000 Jahre lang versucht, Gold zu machen. Es ist ihnen nicht gelungen. Schon nach wenigen Jahren eingehenden Studiums stellen die Wissenschaftler Gold, Diamanten und Rubine her.
Die Okkultisten suchen nach Allheilmitteln, nach Wunderarzneien. Was haben sie beigetragen zur Bekämpfung der Tuberkulose, des Krebses, der Kinderlähmung, der Maul- und Klauenseuche, des Herzinfarkts?
Haben sie etwa das Flugzeug erfunden, den Explosionsmotor, die Photographie, das Radio, das Fernsehen, den Zement, die Glühbirne, die Buchdruckerkunst? Nein! Aber sie wissen, daß sich die Zahl 2673 in dem dreimal versiegelten Briefumschlag befindet.
Sie sollen uns auch nicht vorhalten, daß die experimentelle Wissenschaft gefährliche Entdeckungen hervorgebracht habe: Die Gebrüder Montgolfier, Denis Papin, Joseph Nicéphore Niepce, Louis Jacques Mandé Daguerre, Guglielmo Marconi, Edouard Branly, Louis Pasteur waren keine Jünger der schwarzen Magie. Gerade die Parapsychologie und die Okkultisten sind es, die dauernd nach gefährlichen Entdeckungen Ausschau halten. Ihre rituellen Zauberbücher sind voller Formeln, die – glücklicherweise ohne Erfolg – darauf abzielen, zu zerstören, zu töten, zu verbrennen, zu unterjochen.
Das etwa könnte eine Anklageschrift gegen die Magie sein. Ihr würde ein durchschlagender Erfolg beschieden sein.
Sollte sich aber unter dem amorphen Ganggestein, das sie umgibt und verbirgt, nicht doch ein winziger reiner Diamant finden?

DIE PSYCHODROGEN

Die Magie gewinnt ein aktuelles Interesse mit dem Aufkommen der Psychodrogen und der pharmakodynamischen Drogen, die ebenso wie das Atom unserem Zeitalter den Stempel aufdrücken werden.

Es ist unbestreitbar, daß unsere modernen Wissenschaftler in bezug auf die Arzneimittellehre bei den Alchimisten in die Lehre gegangen sind, wenn sie auch den Kräuteraufguß und den Absud durch die Spritze und die Gewebeeinpflanzung ersetzt haben.

Die Psychodrogen, mit denen die Menschen schon seit vorgeschichtlicher Zeit bis zu den Eingeweihten und den Yogis unserer Tage experimentiert haben, erklären zum Teil die Halluzinationen, die Trancezustände, die Ekstasen, die physischen Höchstleistungen der Fakire und die Fähigkeiten der Medien.

Als Mahatma Gandhi seinen Hungerstreik durchführte, betäubte er sich mit gewissen Pflanzenaufgüssen, was eines Tages auf diese erstaunliche Persönlichkeit ein neues Licht werfen könnte. Dem Anschein nach ein Heiliger, zeugte er zwei Söhne, von denen der eine verrückt wurde, während der andere dem Alkoholismus verfiel und sich in einem Anfall von Delirium tremens das Leben nahm.

Durch die Hintertür der Geheimdienste haben die Psychodrogen in die Arsenale der Wissenschaft und der Kriegskunst Eingang gefunden. Der erstaunliche Aufstieg der Physik und der Biochemie hat der Routine der geheimen Nachrichtenbüros einen Stoß versetzt. Von nun an gibt es ein wahres Wettrennen zwischen dem FBI, der GPU, dem Deuxième Bureau und dem Intelligence Service. Man weiß, daß auch die neueste Geheimwaffe in wenigen Jahren überholt sein wird, d. h. innerhalb des Zeitraums, der für die Erprobung neuer Versuchsmodelle erforderlich ist.

Die Rüstkammern von einst haben Laboratorien Platz gemacht,

deren Türen so fest verschlossen sind, daß die klassische Spionage praktisch unmöglich geworden ist.
Deshalb experimentieren einige militärische Nachrichtendienste heute auch mit einem neuen Verfahren, bei dem der Wirkungsgrad hellseherischer Fähigkeiten sowie das geistige Apperzeptions- und Reaktionsvermögen durch Anwendung von Psychodrogen direkt bestimmt werden können.
Die Versuche wurden 1962 zum Staatsgeheimnis erklärt. Den beiden nachstehend veröffentlichten Berichten liegt ein auf Tonband aufgenommener Bericht zugrunde, den der französische Arzt François d'Agérac 1961 der Abteilung »Human Engineering« an der amerikanischen Schule für Luftfahrtmedizin vorlegte. Diese Abteilung beschäftigt sich unter anderem damit, unter Aufsicht der NASA, der amerikanischen zivilen Organisation zur Durchführung der Weltraumforschung zu friedlichen Zwecken, den »Stratosphärenmenschen« heranzuzüchten. Die Aufzeichnungen sind im Archiv unter der Nummer G – 81 und vier weiteren darauffolgenden Ziffern registriert.

Das Pega-Palo

Dr. d'Agérac hatte den offiziellen Auftrag, in der dominikanischen Republik eine als Aphrodisiakum wirkende Droge zu erforschen: das Pega-Palo.
Diese Wunderarznei, gleichzeitig Lebenselixier, Haschisch, Marihuana, Chinin und Cantharides, brachte um 1938 herum Trujillo, der es in ganz Amerika verbreitet hatte, ein Vermögen ein. Es folgt der Bericht von Dr. d'Agérac über diese pharmakodynamische Droge:

Akte Nr. 1 – G – 81

Das Pega-Palo ist den Einwohnern der karibischen Inseln seit mehr als vier Jahrhunderten bekannt. Der erste Weiße, der es in seinen Schriften erwähnt, ist der berühmte Don Juan Ponce de León, ein tapferer spanischer Kapitän. Er war über fünfzig Jahre alt, als er die Wirkung dieser Pflanze erproben wollte. Seine junge Frau war kaum sechzehn. Das erklärt alles.

Wie viele andere berühmte Drogen – Digitalis, Kokain, Ephedrin, Meskalin und sogar Penicillin – ist auch das Pega-Palo zuerst von Zauberern benutzt worden. Die moderne Arzneikunde gab ihm den Namen Rhynchosia Pyramidalis.

Es ist eine Art wilder Wein, der in San Domingo und der Republik Haiti wächst, wo ihn die Schwarzen Pimandé oder die Steife Liane nennen. Die Wodu-Zauberer benutzen sie zu den gleichen Zwecken wie wir. Sie brauen daraus einen Liebestrank, der in Fällen männlicher Impotenz oder nicht gewünschter Enthaltsamkeit Wunder wirkt.

Aber während man in Haiti noch im Stadium der handwerklichen Herstellung steckengeblieben ist, hat sich in San Domingo daraus eine blühende Industrie entwickelt, und zwar dank der persönlichen Initiative von Präsident Trujillo, der meinen Kollegen Dr. José G. Soha, den Leiter des staatlichen Gesundheitsdienstes, beauftragt hatte, die Produktion von Rhynchosia Pyramidalis *zu rationalisieren und die Wohltaten der Droge im Ausland bekannt zu machen, zuerst im Orient, dann im Abendland.*

Im Orient war das ein voller Erfolg: Man vertrieb dort das Produkt als Stärkungsmittel in kleinen Arzneiflaschen, die die Aufschrift trugen: Tintura de Pega-Palo, fortidam.

In den Vereinigten Staaten ist das »Laboratorio Químico Dominicano« (der offizielle Name der Handelsorganisation) mit der »Food and Drug Administration« in Konflikt geraten, und das Pega-Palo wird für die Amerikaner in den Bars von Florida und Virginia heimlich destilliert.

Das Yagé

Der zweite, unter der Bezeichnung G – 81–1 B registrierte Bericht von Dr. d'Agérac enthielt eine Anregung von größter Tragweite: Es wurde den Geheimdiensten der USA vorgeschlagen, eine außergewöhnlich wirksame Droge, das Yagé, für Spionagezwecke zu erproben.

Ich schlage das Yagé vor, weil ich der Meinung bin, daß es ande-

ren metagnomigenen Pflanzenstoffen, wie dem Ololiuqui, Huachuma, Ayahuasca, dem Stechapfel (Datura), dem Peyotl oder Meskalin sowie dem Fliegenpilz (Amanita muscaria), dem Muchamor der Kamtschadalen, überlegen ist. Ich habe seine Wirkungen am Forschungsinstitut von San Domingo untersucht.
Das Yagé wächst mit Vorliebe in den Urwäldern am Amazonas, aber man findet es auch in andern tropischen Gegenden. Sein pharmakodynamischer Wirkstoff ist in dem der Erde am nächsten befindlichen Teil der Schlingpflanze konzentriert.
Was die Art seiner Verwendung betrifft, so ist sie kinderleicht: Man muß die Liane in fließendem Wasser abspülen, sie zerkleinern und sie 36 Stunden in einer bestimmten Menge Wasser kochen. Der Absud, d. h. die Flüssigkeit, die nach so langem Kochen übrigbleibt, muß filtriert werden, aber ohne besondere Vorsichtsmaßnahmen, nur um das Mittel trink- und schluckbar zu machen.
Das mit dieser Droge behandelte Individuum gerät in Trance und entwickelt übersinnliche Fähigkeiten, die ihm die seelische Kraft verleihen, alle Hemmungen zu überwinden und sofort bereit zu sein, nach jeder Gegend der Erde in einer Sondermission abzureisen.
Unsichtbar, ohne Eigengewicht, aber dennoch hellwach und mit einem übernatürlichen Auffassungsvermögen begabt, kann er ein Astralleib-Spion werden, für den Eiserne Vorhänge und noch so verschlossene Türen kein Hindernis bedeuten.
Diese medialen Fähigkeiten wurden im März und April 1958 am Institut von San Domingo wissenschaftlich nachgeprüft, und offizielle Berichte bezeugen die Glaubwürdigkeit der hier berichteten Sachverhalte.
Die Dokumente sind durch verschiedene dominikanische Wissenschaftler gegengezeichnet worden, sowie durch Dr. J. G. Soha, den Leiter des Gesundheitsdienstes; Dominguez Albarran, Doktor der Pharmakologie; Aristote Aris, Korrespondierendes Mitglied der Duke Universität und durch den Polizeipräfekten von Ciudad Trujillo (San Domingo).

Es folgt dann die Beschreibung von etwa zwanzig Versuchen, von denen wir vier wiedergeben:

1. Über eine Entfernung von 1400 km Auffindung eines seinen Großeltern entführten zweijährigen Kindes (Testperson: eine schwarze Kellnerin, die in der Angestelltenkantine des Instituts von San Domingo arbeitet).
2. Beschreibung eines Spielsaales in Las Vegas von 23.15 Uhr bis 24 Uhr (Testperson: ein siebzehnjähriger Jugendlicher, Holzfällergehilfe in der Gegend von Yaqui [San Domingo]).
3. Beschreibung eines Tennisspiels in Sydney (Testperson: ein etwa 80 Jahre alter Bauer, der sein am Fuße der Sierra de Monte Christi [San Domingo] gelegenes Dorf niemals verlassen hatte).
4. Aufzählung der in einem Tresor einer Zweigniederlassung der Chase Bank in Vancouver eingeschlossenen Wertpapiere (Testperson: ein Fischer vom Enriquillo-See [San Domingo]).
Selbstverständlich besaßen die von uns ausgewählten Versuchspersonen einen ausgezeichneten Ruf, eine robuste Konstitution und eine durchschnittliche Intelligenz. Sie wußten nichts und ahnten auch nichts von dem, was man von ihnen erwartete. Sie waren in das Institut unter dem Vorwand einer ärztlichen Untersuchung gebeten worden. Damit war auch das zwölfstündige Fasten erklärt, das wir vor dem Experiment angeordnet hatten.
Obwohl die Versuchsperson stets bei klarem Verstand bleibt, kann sie sich später nicht an das erinnern, was sie unter dem Einfluß der Droge gesagt und gesehen hat.
Dies ist ein Faktor von höchster Wichtigkeit.

Dr. d'Agérac erklärt die spezifische Wirkung des Yagé auf das Gehirn folgendermaßen:

Meiner Ansicht nach und nach den während der Versuche aufgenommenen Enzephalogrammen zu urteilen, spielen sich die durch die Droge ausgelösten Vorgänge im Bereich der Großhirnrinde ab. Die Droge wirkt auf die Neuronen, genauer gesagt auf die Synapsen, d. h. die Umschaltstellen oder Kontaktverbindungen zwischen den Neuronen . . . und auch – aber das ist lediglich eine Vermutung – auf das Azetylcholin, jenen chemischen Überträgerstoff, der das Zusammenspiel zwischen den Neuronen regelt.
Indem das Yagé mittelbar auf dieses Zusammenspiel einwirkt,

ruft es (vorübergehend) eine neue Fähigkeit des Bewußtseins hervor, und der unter dem Einfluß der Droge Stehende verfügt alsbald über die Gabe der Bilokation, das heißt, über die Fähigkeit, an zwei Orten gleichzeitig anwesend zu sein. Obwohl er mit seinem Körper am Versuchsort bleibt, versetzt sich sein Geist oder ein mit Bewußtsein ausgestatteter *Teil seiner selbst an den Ort, den zu erkunden der Versuchsleiter ihm aufgetragen hat. In genau diesem Augenblick befindet er sich im Zustand des »Überbewußtseins«, den die Yogis als »taijasa« bezeichnen.*

Es scheint also möglich, daß der bewußte Geist eines Menschen unter dem Einfluß des Yagé in die Atomforschungszentren und die Laboratorien der Wissenschaftler eindringen kann.
Falls eine solche Fähigkeit besteht, dann praktizieren Geheimagenten sicher schon diese bisher unbekannte Art von Spionage. Die Psychodrogen können auch noch andere Verwendungen finden. So würde es möglich sein, auf telepathischem Wege eine Verbindung zwischen den Flugzeugen und den Kontrolltürmen herzustellen. In diesem Falle würden die Funksprüche durch Gedankenübertragung ersetzt werden.
Schließlich wären auch für die dem Einfluß des Yagé unterworfenen Personen örtliche Entfernungen und die Zeit abgeschafft. Es wäre äußerst verlockend, in Form von psychischen Experimenten Forschungsreisen in die noch außerhalb unserer Reichweite liegende Welt des Kosmos zu veranstalten: nach dem Mond zum Beispiel und selbst nach den mehrere tausend Lichtjahre entfernten Sternen, falls die Versuche ermutigend ausfallen.
Da uns selbst kein Yagé zur Verfügung steht, können wir nicht feststellen, ob schon jetzt amerikanische Spione an den Geheimkonferenzen des Kreml teilnehmen oder den sowjetischen Ministerpräsidenten auf den Wochenendfahrten nach seiner Datsche begleiten, aber wir können eine merkwürdige Tatsache enthüllen: Im August 1962 erlitt Chruschtschow einen wahren Nervenzusammenbruch, als er durch die Presse erfuhr, daß Präsident Kennedy erklärt hatte:
»Die UdSSR hat soeben einen wirtschaftlichen und militärischen Geheimvertrag unterzeichnet. Der Vertrag ist für die Republik Kuba von Herrn Gavara ratifiziert worden.«

Nun, die Existenz dieses Vertrages wurde erst am 3. September 1962 öffentlich bekanntgegeben. Es war das erste Mal, daß das amerikanische Intelligence Department von einem sowjetischen Staatsgeheimnis Wind bekommen hatte. Doch Chruschtschow hat in aller Form erklärt:

»Es kann nichts durchgesickert sein.«

Die Psychodrogen haben allerdings einen großen Nachteil. Wenn sie auch hellseherische Fähigkeiten ermöglichen, machen sie die ihnen unterworfenen Personen völlig willenlos und stellen somit ein echtes Wahrheitsserum dar.

Im Zusammenhang mit der Gehirnwäsche und der künstlichen oder natürlichen Beeinflussung des Intellekts wurde in Spezialinstituten untersucht, inwieweit ein Mensch der Wirkung der Drogen und den suggerierten Befehlen Widerstand entgegenzusetzen vermag. Es ist bekannt, wie insbesondere die Russen Meister in der Kunst waren, Menschen zu Selbstanklagen zu veranlassen, ihre Persönlichkeit völlig zu zerstören, sie geistig zu unterjochen und ihnen Geständnisse zu entlocken.

Kardinal Mindszenty, der Primas von Ungarn, der der peinlichen Befragung unterworfen und mit Peyotl und anderen sogenannten Wahrheitsdrogen »bearbeitet« wurde, war wenn auch nicht der erste, so doch wenigstens der berühmteste Fall dieser Art. Auch der amerikanische Oberst Francis Gary Powers, der Pilot des von den Russen im Jahre 1960 abgeschossenen Spionageflugzeugs U 2, war nicht imstande, dem Verfahren, dem er unterworfen wurde, Widerstand entgegenzusetzen.

Daraus geht hervor, wie charakterstark Männer sein müssen, die berufen sind, Staatsgeheimnisse zu hüten und bis zur äußersten Grenze menschlicher Kraft zu kämpfen, um sie nicht preiszugeben.

Die Schule von Saclay

In Frankreich beteiligt sich die Ecole Navale ebenso wie in Amerika die Marine an dem Wettlauf zu den Sternen, an der Herstellung von atomgetriebenen Raumfahrzeugen und von Geheimwaffen. Die Einstellung des leitenden technischen Personals ist ein so schwieriges Problem, daß man sie im Kernforschungszentrum Saclay vornimmt, wo man die Bewerber sehr strengen psychotechnischen Tests unterwirft, die eine wahre Gehirnwäsche darstellen. Diejenigen, die am längsten Widerstand leisten, werden zuerst ausgewählt.

Physiologisch werden die Männer auf das allersorgfältigste untersucht. Derjenige, dessen Dickdarm länger als 111 cm ist, muß ausscheiden, denn es ist durch die Arbeiten des französischen Professors Pierre Duval erwiesen, daß die charakterstarken Tatmenschen einen Dickdarm haben, dessen Länge unter der durchschnittlichen bleibt (111 cm bei einem Körpergewicht von 62 kg). Die Mystiker, die alle einen ungewöhnlich langen Dickdarm besitzen, neigen dazu, vernünftiger zu werden, wenn man ihn verkürzt. Der Grund für diese geistige Metamorphose ist noch nicht genau bekannt, aber die Tatsache ist oft genug festgestellt worden. Alles deutet darauf hin, daß der Dickdarm einen direkten Einfluß auf die Gehirnfunktionen ausübt und daß ein langer Dickdarm eine gewisse Neigung zum Idealismus begünstigt.

Im Jahre 1938 mußte Professor Duval im Krankenhaus von Vaugirard eine hochgestellte geistliche Persönlichkeit wegen eines Darmverschlusses operieren: Der Dickdarm war ungefähr 2 m lang. Man kürzte ihn um etwa einen Meter, und die Heilung nahm einen überaus günstigen Verlauf.

1941 besuchte der Patient in Begleitung seiner Frau und seiner zwei Kinder den Professor, um sich zu bedanken. Er hatte seinen Glauben verloren, seine geistlichen Ämter niedergelegt und geheiratet.

Andere ähnliche Fälle wurden an weniger hochgestellten Persönlichkeiten beobachtet, an Gläubigen aller Religionen und an Spiritualisten.

Man kann vermuten, daß die durch den Dickdarm resorbierten Toxine den Charakter eines jeden Individuums mitbestimmen.

Eine Hochschule für Zauberei

Der psychologische Krieg – der kalte Krieg – bezieht seine Waffen aus einem außerordentlich reichhaltigen Arsenal. Er scheut nicht davor zurück, sich althergebrachter Zauberkünste zu bedienen.

Der Londoner *Sunday Telegraph* veröffentlichte im Jahre 1961 unter dem Titel *Moscow trained me for revolt in Africa* (Moskau bildete mich für eine Revolte in Afrika aus) einen Bericht von Anthony G. Okotcha, einem schwarzen Studenten aus Nigeria, über seine Begegnung mit merkwürdigen Zauberpraktiken. (Der Bericht von A. G. Okotcha ist käuflich zu erwerben durch den *Sunday Telegraph*, 135 Fleet Street, London, E. C. 4.

Obgleich ihm eine politische Tendenz zugrunde liegt, entspricht er sicher den Tatsachen. Aber wahrscheinlich haben die antikommunistischen Regierungen ähnliche Methoden angewandt, um die entgegengesetzten politischen Ziele durchzusetzen.)

Dieser Student hatte sich überreden lassen, an der »Universität der Völkerfreundschaft« in Moskau internationales Recht zu studieren. Doch das internationale Recht glänzte durch Abwesenheit an der besagten Universität. Dafür wurde der junge Mann in revolutionärer Politik geschult. Er besuchte Vorlesungen über politischen Mord und Zauberei, Methoden, die zur Anwendung unter den afrikanischen Völkern bestimmt waren. »Wissenschaftliche« Zauberei: Schädel, aus denen ein Mikrophon sprach: »Ich bin der Geist deiner Vorfahren. Ich bin Shango, der große Geist der tiefen Wasser. Töte den britischen Gouverneur. Tritt der kommunistischen Partei bei und gehorche mit geschlossenen Augen allen ihren Befehlen . . .«

Zunächst ging Okotcha nach London zurück, um afrikanische Studenten für dieselbe russische Universität anzuwerben. Dann wurde er jedoch nach Afrika geschickt, um die gemäßigte Regierung von Nigeria zu stürzen und im Jahre 1964 dort ein kommunistisches Regime an die Macht zu bringen.

Um dieses Ziel zu erreichen, wurden viele schwarze politische Führer und Verwaltungsbeamte, die man für unbekehrbar hielt, ermordet. Das öffnete Okotcha schließlich die Augen, und er änderte seine Meinung.

In unserer so unruhigen und beunruhigenden Zeit sind die neuen Drogen noch nicht nach dem Maß aller in ihnen liegenden Möglichkeiten eingesetzt worden, aber sie stellen schon jetzt eine erhebliche Gefahr dar.

Die Psychodrogen – genauer die psychotoxischen Drogen oder Psychotomimetica – konnten uns bisher, was ihre Erforschung betrifft, keine Gewißheit verschaffen. Doch die leistungssteigernden Stoffe (Psychostimulantien) und die Beruhigungsmittel (Tranquilizer oder Ataraktika) beweisen ihre Allmacht schon heute, wenn es gilt, der Welt von morgen den Weg zu bereiten, einer Welt passiver und mit allem einverstandener Roboter, die man in furchtbare Götter verwandeln kann.

Die pharmakodynamischen Drogen, die eigentlich ein Charakteristikum unserer apokalyptischen Zeitläufte sind, haben in der Antike sozusagen natürliche Vorgänger gehabt. Die Kämpfer in der Ilias beschimpften sich, um ihren Zorn anzustacheln; die Gallier suchten in ihren Reihen die Feiglinge herauszufinden; die Christen beteten, sangen oder stießen Verwünschungen aus. Später erst erschienen die eigentlichen pharmakodynamischen Drogen: der Wein und der berühmte »gniole« (Schnaps), der im ersten Weltkrieg die Franzosen den Sieg über die Biertrinker davontragen ließ.

Die japanischen Todesflieger hatten Kurse in Spezialschulen zu absolvieren und sich dort einer Gehirnwäsche zu unterziehen. Danach wurden sie mit Drogen betäubt oder mit Reisschnaps trunken gemacht. Den antiken Bacchanalien, den Bacchus geweihten Orgien, der durch Nervosität bedingten Übererregbarkeit, dem künstlichen Blutandrang zum Gehirn, wie ihn die Yogis praktizieren, den aufpeitschenden Rhythmen »heißer« Musik und den entsprechenden Tänzen liegt im wesentlichen das gleiche Prinzip zugrunde: Erregung um jeden Preis. Selbstverständlich gehören hierher auch die erprobten Aufputschmittel Haschich, Pega-Palo, Maxiton u. a.

Wir leben in einer Zeit, in der der Mensch nicht mehr bleiben kann, was er ist. Er muß sich entwickeln, sich ändern und verwandeln, was eine für ihn unzumutbare lange Zeitspanne voraussetzt, falls er von seinen eigenen Erfindungen nicht überflügelt und ausgeschaltet werden will.

So muß der Mensch, als ihr Schöpfer und Lenker, sich mit der gleichen Geschwindigkeit wie die von ihm konstruierte Rakete fortbewegen können. Nun geht freilich die technische Entwicklung ungleich schneller vor sich als die körperliche Evolution.

Auf diese Weise gerät der Mensch allmählich ins Hintertreffen gegenüber den Maschinen, die ihn in seinen Möglichkeiten zunächst einholen und bald darauf seine schöpferischen Kräfte überrennen und matt setzen werden. Denn er muß nicht nur intelligenter werden, sondern auch stärker und intuitiver. Kurz, der Mensch muß sich selbst erhöhen und ein Halbgott werden.

Tägliches Heldentum

Jene künstliche Mutation, die er nun so schnell wie möglich vollziehen muß, bringt er mit Hilfe der pharmakodynamischen Drogen zustande. Ihnen hat er es zu verdanken, daß er in wenigen Stunden ein Held werden kann.

Seit etwa zwanzig Jahren erlebt man Heldentum – das oft nur eine andere Form von Fanatismus, Fatalismus, Verzweiflung oder Perversität ist – viel häufiger als Feigheit. Gewiß kennt man noch Menschen, die Angst haben, aber Männer vom Typ eines Leonidas oder Chevalier de Bayard tauchen heute viel häufiger auf, was etwas Beunruhigendes an sich hat.

Im Jahre 1940 opferten SS-Leute mit einer wahren Wollust ihr Leben für ihren Führer. In Stalingrad ließen sich die Russen lieber totschlagen, als daß sie zurückwichen. Im Jahre 1944 machten sich alliierte Regimenter die todbringende Ehre streitig, als erste an der Kanalküste Frankreichs zu landen. Zu dem »Himmelfahrts«-Unternehmen von Dien Bien Phu meldeten sich mehr Freiwillige als Einberufene, ganz zu schweigen von den japanischen Kamikaze, den Todesfliegern, den italienischen Froschmännern und denen, die sich freiwillig zur Reise in den Kosmos melden.

Aber der außergewöhnliche Charakter militärischer und wissenschaftlicher Missionen, mit deren Ausführung man in den meisten Fällen ausschließlich Militärs betraut (die Kosmonauten sind sämtlich entweder Oberste oder Hauptleute), zwingt zu ebenso außergewöhnlich rigorosen Maßnahmen. Das Risiko, daß der Mann des Vertrauens – sei er Kosmonaut oder Spion – versagt, darf nicht einmal 1:1000 betragen. Der hohe Einsatz verlangt den unbedingten Erfolg.

Die Erprobung der ersten Atombombe über Japan war von diesem Gesichtspunkt äußerst lehrreich. Zuvor hatten die Amerikaner mit einer an Leichtsinn grenzenden Ahnungslosigkeit die Leitung und Nutzung ihrer Atomwerke Ausländern anvertraut. In Los Alamos hatten Oppenheimer und andere Atomphysiker auf die Erfolgschancen der Bombe vom Juli 1945 jeder einen Dollar gewettet.

Der fromme Präsident Truman gab seine Einwilligung zum Abwurf der Atombombe über Hiroshima, nachdem er sich, wie jeden Abend, zu Bett gelegt und in der Bibel gelesen hatte.

Der größte Mörder aller Zeiten

Die Verantwortung für die Vernichtung der beiden japanischen Städte Hiroshima und Nagasaki wurde einer Gruppe amerikanischer Piloten übertragen, zu der auch der junge, damals 25jährige Claude Eatherly gehörte.

Wenn nun Eatherly, von Gewissensbissen geplagt und plötzlich wahnsinnig geworden, die Bomben über New York und San Franzisko abgeworfen hätte? Offenbar hatte Eatherly von der vollen Tragweite der Katastrophe, die er auslösen sollte, nicht die geringste Kenntnis.

Immerhin wurde er infolge von Schuldkomplexen im Jahre 1947 wirklich geisteskrank. Er wurde mehrere Male interniert und schrie der Welt ins Gesicht, daß die amerikanische Regierung ihn zum größten Mörder aller Zeiten gemacht habe. Ein anderer Pilot des Unternehmens, der Sergeant Leroy Lehman, hatte sich, von Gewissensbissen geplagt, in ein italienisches Kloster zurückgezogen. Erst jetzt erfuhr man aufschlußreiche Einzelheiten:

Oberst P. W. Tibbets junior (35 Jahre alt), Hauptmann Lewis, Leutnant Nelson (20 Jahre alt) und sechs andere Offiziere bildeten eine an Körper und Geist gesunde Mannschaft, die eine B-29 steuerte. Es war ein technisches Spitzenerzeugnis unseres wissenschaftlichen Zeitalters. Man hatte das Flugzeug auf den Mädchennamen der Mutter des Obersten Tibbets »Enola Gay« getauft.

Sie hielten sich auch alle für geistig völlig gesund, denn sie hatten an Bord vier Bibeln, zwei Kreuze und als Talismane – drei Frauenschlüpfer.
Und damit ist über die Besatzung der »Enola Gay« schon alles gesagt. Diese ausgewählte, körperlich und moralisch gesunde Besatzung mit dem Sammelsurium von Bibeln und Frauenschlüpfern warf am 6. August 1945 die Atombombe über Hiroshima ab (86 000 Tote, 61 000 Verletzte).

Jetzt ist nicht mehr die Rede davon – weder bei den Amerikanern noch bei den Russen, noch sonstwo in der Welt, in Atombombenflugzeuge oder gar in Raumraketen Menschen zu setzen, die verrückt werden, Angst oder Hunger haben oder frieren könnten, ja, die *überhaupt noch denken könnten.*
Alles wird im voraus von der Erde aus geregelt. Hier denkt man, reagiert man anstelle des Kosmonauten, der, wenn er das Abenteuer glücklich übersteht, nur die kleine auswendig gelernte Lektion herzusagen, die Blumen in Empfang zu nehmen und lächelnd kleine sonntäglich herausgeputzte Mädchen zu umarmen braucht.

Die Kosmonauten sind Roboter

Der zweite Raumfahrer wurde für die Aufgabe, die er tot oder lebendig erfüllen sollte, in folgender Weise vorbereitet:
Um 4.30 Uhr wird Titow, der in seinem streng isolierten Zimmer schlief, von seinen Wächtern geweckt. Er weiß nicht, daß dieser Sonntag, der 6. August des Jahres 1961, der für seinen Start vorgesehene Tag ist.
Die Wissenschaftler, denen seine kostbare Person anvertraut ist, prüfen seine Reaktionen mit minuziöser Gewissenhaftigkeit. Alles geht gut. Seit zwei Tagen ist der künftige Kosmonaut biologisch völlig auf der Höhe. Die Drogen in Verbindung mit gewissen Beruhigungsmitteln haben aus ihm ein widerstandsloses, gefügiges Wesen gemacht.
Nach wochenlanger Spezialschulung, nach einem physischen und psychischen Training und dementsprechender Behandlung wird

er bereit sein, genau die Aufgabe zu übernehmen, die ihm der Staat anvertrauen wird. German Titow wird keine Furcht empfinden, keinen Hunger haben; er wird gegen Frost und Hitze gefeit sein, denn sein Körper gehört ihm nicht mehr. Er wird auch keine Gewissensbisse empfinden, denn er hat kein Gewissen mehr. Er wird auch keinen Verrat üben. Er ist ein von der Erde aus ferngesteuertes Räderwerk.

Er nimmt eine leichte, für ihn chemisch präparierte Mahlzeit zu sich und gelangt dann in die Hände der Männer, die ihn ankleiden. Ein Spezialist befestigt auf seinem Schädel und auf seinem ganzen Körper die Kontakte der Elektroden, die seine Reflexe von der Erde aus fernauslösen und gleichzeitig den Wissenschaftlern alle Informationen über das Funktionieren seines Organismus übermitteln werden.

Man bekleidet ihn mit seinem blaßblauen Raumanzug, und Elektronikspezialisten prüfen die Leitungen, die an einen Bordverteiler angeschlossen werden.

Von nun an ist Titow nicht mehr ein Mensch, ja nicht einmal mehr ein Roboter, sondern eine Art elektronisches Gerät, das im Auto transportiert, mit einem Fahrstuhl hochgehoben und schließlich wie ein Getriebeteil unter anderen Getriebeteilen in den Sarg aus Titan einmontiert wird.

Während der folgenden 25 Stunden wird Titow nichts sehen, selbst nicht die gyroskopische Weltkarte, die zum Schein vor seinen blinden Augen aufgehängt ist. Er wird nichts fühlen. Begriffe wie Zeit, Gefahr, Größe des Augenblicks existieren für ihn nicht mehr.

In der Nähe seiner Hände befinden sich Hebel. Er braucht sie jedoch nicht zu bedienen. Von der Erde aus werden die Menschen, die ihn lenken, zum gewünschten Zeitpunkt die Reflexe seiner Hände automatisch auslösen. Er hat auf nichts einen Einfluß, muß aber dennoch den Eindruck erwecken, daß er zu etwas nütze ist.

Um 7 Uhr, dem Zeitpunkt des Starts, schwelgt Titow in einer angenehmen Euphorie gleich einem Seligen, der sich ins Paradies aufschwingen soll. (Als die Rakete sich vom Erdboden erhob, soll er ausgerufen haben: »Ich bin wie berauscht von einem nie gekannten Glücksgefühl.«)

Die Menschen sind nicht darauf vorbereitet – weder körperlich noch seelisch –, eine Raumfahrt ohne nachteilige Folgen in Raketen zu unternehmen, die eine Schubkraft von zwei Millionen Tonnen entwickeln. Schon bei Düsenflugzeugen, die mit einer Geschwindigkeit von 800 km in der Stunde fliegen, erleiden zahlreiche Passagiere epileptische Anfälle und Nervenzusammenbrüche. Am 18. September 1962 stieg die Schauspielerin Jayne Mansfield, die mit einem Düsenflugzeug aus Rom gekommen war, auf dem New Yorker Flugplatz tränenüberströmt aus der Maschine. Wenn es sich bei dem Passagier um eine weniger berühmte Persönlichkeit handelt, wird seine Unruhe und Erregung durch merkwürdige Verfahren gedämpft, gegen die er sich nicht zur Wehr setzen kann. Auf der Linie Paris–Bamako überstehen die Schwarzen, die die große Höhe und die Geschwindigkeit nicht vertragen können und deshalb zu Nervenzusammenbrüchen neigen, den Flug mit Hilfe der »Schraubenschlüsselmethode«, das heißt, daß man diese Reisenden durch einen kräftigen Schlag mit vorerwähntem Instrument betäubt.

Alle Piloten und alle Stewardessen, die auf den schnellen Linien Dienst tun, leiden unter Depressionen und Atembeschwerden. Man hat es sogar schon mehrfach erlebt, daß sich Besatzung, Stewardessen und Passagiere *weigerten aufzusteigen.* Doch solche Vorfälle werden streng geheimgehalten.

Es ist also unbedingt erforderlich, Menschen auf die Reise in den Kosmos vorzubereiten, indem man sie zuvor an vergleichsweise ähnliche Flugbedingungen gewöhnt, und zwar auf Düsenmaschinen, die in etwa 12 000 m Höhe mit einer Geschwindigkeit von Mach 3, d. h. über 3000 km/h fliegen. Dies wirft Probleme auf, die so schwierig zu lösen sind, daß die Fluggesellschaften an Verkehrsflugzeuge mit Überschallgeschwindigkeit nicht vor 1970 denken.

Auf jeden Fall wird die »Schraubenschlüsselmethode« durch ein wissenschaftlicheres Verfahren ersetzt werden. Heute rät man den Passagieren, gegen die Luftkrankheit Tabletten einzunehmen. In Zukunft wird man ihnen mit dem Flugschein die Droge aushändigen, die es ihnen ermöglicht, die Reise ohne Beschwerden zu überstehen.

Über die Folgen, die für die bescheidenen, auf der Erde zurückgebliebenen Sterblichen entstehen, spricht man nicht. Zitieren wir immerhin den Bericht des Piloten der B-58, der die Strecke Los Angeles–New York hin und zurück in 4 Stunden und 42 Minuten zurücklegte: *Geschwindigkeit: 1500 Meilen in der Stunde; auf dem Erdboden: 13 000 zerbrochene Fensterscheiben.*

Dennoch besteht kein Zweifel: Unser Ziel ist die Eroberung des Kosmos. Die Zeit dafür ist gekommen. Es ist nicht mehr möglich, rückwärts zu steuern. Der Mensch wird schicksalhaft von der Erde hinausgetrieben in den Kosmos.

Wie Titow wird er ein durch die guten Elektrodendoktoren kunstvoll hergerichteter Roboter werden; er wird zu den Sternen fliegen und »ein nie gekanntes Glücksgefühl« erleben. Die natürliche Auslese wird sich dann in der Weise vollziehen, daß diejenigen, die diesen Rhythmus nicht aushalten, verschwinden; die anderen werden sich der neuen Ära anpassen.

Sollte unser Planet einst unbewohnbar werden, dann wird nur die für die Flucht in den Kosmos vorbereitete Elite überleben. In Erwartung dieses Exodus ist schon jetzt ein veritabler wissenschaftlicher Krieg zwischen dem östlichen und dem westlichen Lager entbrannt.

Die Van-Allenschen Strahlungsgürtel

Nicht ohne Grund streiten sich die USA und die UdSSR um die kleinen, vereisten Landfetzen an den Polen. Nach dem gegenwärtigen Stand unserer Kenntnisse vom Kosmos kommt den Polen der Erde eine ganz besondere Bedeutung zu.

Der »leere« Weltraum – bis zum Jahre 1939 glaubte man noch an seine Leere – hat sich in Wahrheit als eine überaus gefährliche Astronautenfalle erwiesen. Im Dezember 1961 erklärte Professor Fritz Zwicky in Brüssel folgendes:

Nach den neuesten Beobachtungen ist der intergalaktische Raum, den man vor 10 Jahren noch für völlig leer hielt, mit Gasen, kosmischem Staub und elektromagnetischen Strahlungspartikeln räumlich geringer Dichte ausgefüllt, die von sehr entfernten Sonnensystemen ausgehen.

Diese Korpuskularstrahlung ist radioaktiv und stellt für alle Raumfahrer eine tödliche Gefahr dar, die sich nach Ansicht einiger Forscher nicht beseitigen läßt. Ganz zu schweigen von den Meteoriten, durch deren Aufprall Raketen und andere zu den Planeten entsandte Raumfahrzeuge buchstäblich durchsiebt und vernichtet werden können.

Nach Ansicht des sowjetischen Ingenieurs P. Makowetzki und »nach sorgfältigen Berechnungen« steht es fest, daß die Durchquerung eines Schwarms von Meteoritenpartikeln weitaus gefährlicher ist als gezieltes Maschinengewehrfeuer.

Die ersten Anhäufungen tödlich wirkenden kosmischen Staubes (ionisierte Partikel) umgeben die Erde in drei zur magnetischen Achse rotationssymmetrisch verlaufenden Zonen von sichel- oder gürtelförmigem Querschnitt, die nach ihrem Entdecker Van-Allensche Strahlungsgürtel genannt werden. Diese dreifachen Sperrgürtel scheinen wegen der dort herrschenden geringeren Strahlungsintensität nur an zwei Stellen »passierbar« zu sein: an den Polen. Darum werden vielleicht in nicht zu ferner Zukunft die bemannten Raumschiffe von dem zur Sowjetunion gehörenden Nikolaus-II.-Land (Sewernaja Semlja) oder von dem antarktischen Adélieland aus starten.

Die beste Lösung wäre jedoch die Immunisierung der Raumfahrer gegen das Bombardement mit kosmischen Strahlen. Bereits die Intensität des ersten Van-Allen-Gürtels entspricht nach vorsichtigen Schätzungen einem Schädlichkeitsgrad von 10 000 Röntgenaufnahmen oder einer Strahlungsdosis, deren fünfzigster Teil bereits tödlich wirkt.

Die Beruhigungsmittel: eine gefährliche Entdeckung

Das Ende des Jahrhunderts, das wir nun bald erleben werden, wird nicht so aufregend sein, wie man vermuten könnte, denn wie im Überschallflugzeug die Beruhigungstabletten die Reise erträglich machen, so werden die pharmakodynamischen Drogen den Menschen das traumhaft schöne Gefühl vermitteln, sie seien Halbgötter.

Durch die revolutionäre Entdeckung der Beruhigungsmittel, die

wir dem Franzosen Laborit verdanken, bahnt sich eine Entwicklung an, die – wie das Aufkommen der Atomwissenschaft – das Antlitz der Erde verwandeln und die dem neuen Zeitalter gemäßen Charaktere formen wird.
Dank diesen Drogen kann der Mensch nun mit zuversichtlichen Schritten in ein künstliches Paradies eintreten.
Schon tauscht er immer mehr seine wirklichen Charaktereigenschaften gegen scheinbar ebenso wertvolle aus, die jedoch keineswegs harmlos sind.
Zugegeben: Ein Kranker sieht unter dem Einfluß solcher Drogen einer Operation mit völliger Gemütsruhe entgegen. Aber es gibt auch Menschen, die »beruhigt« mit 150 Stundenkilometern über die Autostraßen rasen; die mit Drogen behandelten Kosmonauten, die in die Raumschiffe klettern; die schwangeren Frauen, die gewisse Medikamente mißbrauchen, um psychisch gelöst auf die Entbindung zu warten.
Schüler höherer Lehranstalten schlucken Drogen, um das Examen zu bestehen. Jeder weiß, daß die russischen und amerikanischen Athleten ebenso wie die Radrenfahrer und Wettschwimmer zu Drogen greifen, um ihre sportlichen Leistungen zu verbessern. Und wenn es nicht schon geschehen ist, wird bald auch der Wissenschaftler mit Hilfe von Drogen seine intellektuellen Fähigkeiten verzehnfachen.
Jean-Albert Foëx hat die Wirkungen des Tauchens auf die menschliche Psyche untersucht und nachgewiesen, daß der Mensch von einer gewissen Tiefe ab zu Wahrnehmungen im Sinne der vierten Dimension gelangt. Alles das kann noch weitreichende Folgen haben. Wird der künstliche Mensch, der Halbgott des Jahres 2000, wirklich glücklicher sein als wir?
Da das höchste Ziel des Lebens Glück ist, bemüht sich die Wissenschaft, der Menschheit das Glück aufzuzwingen. Der erste Schritt dazu ist die Abschaffung des Unglücks.
Was versteht man unter Unglück? Eine unsichere, untergeordnete Stellung im Beruf, eine unheilbare Krankheit, die auf uns lauert, ein unaufhaltsames Nachlassen unserer Kräfte, Sorgen, Trauerfälle in der Familie, persönliche oder soziale Gefährdung, Fehlschläge. Was macht das alles schon aus, wenn wir nur die Wunderdroge zur Hand haben!

Eine Prise Opium, eine Prise Haschisch, eine Prise Kokain, offenbar ohne schädliche Nebenwirkung, ein staatlich genehmigtes und – warum nicht? – verordnetes Tonikum, welches das Lebensgefühl erhöht – man denke nur an den mit Bromsalzen versetzten Wein, der in den Kasernen ausgegeben wird –, und schon liegt das Glück in aller Reichweite. Es genügt, daß sich die Regierungen das Monopol für bestimmte Erzeugnisse vorbehalten.

So wird vielleicht der Roboter entstehen, der seiner natürlichen Bestimmung entfremdet ist und dessen Dasein fortan strengen Regeln unterworfen sein wird, der sich die herrschende Politik zu eigen macht und die ihm diktierten Ansichten akzeptiert. Möglicherweise ist dieses Glück ein Sieg, aber ein Sieg, der uns zu denken geben sollte.

Die künstlichen Götter

Während er auf seine unkontrollierbare Mutation wartet, hüllt sich der Mensch des Jahres 2000 schon in den *Warmen Mantel der Götter* und erwirbt die Intelligenz, den Instinkt, die Widerstandsfähigkeit höherer Wesen. Es bleibt ihm nur noch übrig, unsterblich zu werden.

Wenn er seinen Fall beschleunigt, verwandelt er den Tritt, der ihn hinabstoßen will, in ein Davonfliegen. Wie Titow nimmt der Mensch des Jahres 2000 sein gefährliches Geschick getrost auf sich und fühlt sich wohl dabei. Soll man etwa vermuten – manche tun es bereits –, daß Wesen höherer Art, die wir nicht kennen, den irdischen Menschen opfern, um die Ankunft des kosmischen Menschen vorzubereiten? Soll man annehmen, daß die Strahleneinflüsse, die Drogen, die immer häufiger auftretenden Mutationen eine Art Rettungsaktion bedeuten?

Sollte die Eroberung des Kosmos eine Lebensnotwendigkeit werden?

Es ist seltsam: Die Nationen, die in die entscheidende Phase des Wettlaufs nach den Sternen eingetreten sind, haben nicht die Gründe angegeben, die sie dazu bewegten.

Wissenschaftliche Neugier? Abenteuerlust? Vielleicht steckt da-

hinter auch ein fast unbewußtes Verlangen, von unserem bedrohten Planeten fort in den Kosmos zu fliehen.
Man hat auch vermutet, daß wir vielleicht einem geheimnisvollen, aus den Tiefen des Alls zu uns dringenden Ruf gehorchen, einem telepathischen Ruf, der durch Wellen zu uns geleitet wird, die wir nicht auffangen können.
Man hat ferner oft behauptet, daß außerirdische Wesen auf der Erde gelandet seien, um die Erdbewohner zu beobachten oder mit ihnen Verbindung aufzunehmen. Doch wenn solche Verbindungen wirklich zustande gekommen sind – was keineswegs sicher ist –, darf man mit Recht annehmen, daß das Geheimnis der Weltraumfahrten enthüllt worden ist, sofern nicht etwa die auf der Venus, dem Mars oder anderswo gültige Wissenschaft von der unsrigen gänzlich verschieden und uns unbegreiflich ist. Vielleicht wünschen jene Wesen aus dem All aber auch gar nicht, mit uns in einen gegenseitigen Austausch zu treten.

Fernbefruchtung

Die folgende Abschweifung vom Thema ist zwar sehr kühn, aber vielleicht ist sie die Wahrheit von morgen. Vor über 20 Jahren glaubte eine Engländerin, Lady R., so fest an die Möglichkeit einer Fernbefruchtung durch männliche Bewohner kosmischer Bereiche, daß sie die Richtigkeit ihrer Theorien an eingeweihten Personen weiblichen Geschlechts praktisch ausprobieren wollte. Es handelte sich darum, junge Frauen durch den Samen im Kosmos beheimateter Wesen, der auf Lichtwellen zur Erde gelangen sollte, befruchten zu lassen. Lady R. hatte zunächst einen Selbstversuch unternommen, aber ohne Erfolg. Sie hatte daraus geschlossen, daß ihr eigenes Alter – sie war etwa sechzig Jahre – für das Experiment nicht geeignet war.
Die Versuche wurden mit schönen und jungen unberührten Mädchen fortgesetzt, die nackt im Garten eines Privatgrundstücks lagen und mit den Sternen anbandeln wollten. Sorgfältig aufgestellte Schirme vereinigten ein intensives, aber – um Verbrennungen zu vermeiden – gedämpftes Licht. Man hoffte so, die Chancen einer Befruchtung zu erhöhen.

Die Jungfrauen, die Lady R. dazu bestimmt hatte, die Mütter einer neuen Menschheit zu werden, wurden wegen der hohen, ihnen vielleicht zufallenden Aufgabe rein vegetarisch ernährt und wie einst die Vestalinnen von jedem Kontakt mit männlichen Wesen ferngehalten. Das einzige Buch, das sie lesen durften, war die Bibel. Sie bildeten zwei Gruppen. Die, welche von den Sternen her befruchtet werden sollten, mußten von Sonnenuntergang bis Sonnenaufgang ganz nackt bleiben. Die anderen – weniger zahlreich – waren zur Befruchtung durch die Sonne bestimmt. Sie lagen auf Tragbahren, die man je nach dem Stand der Sonne verstellen konnte. Diese Mädchen übten ihren Dienst vom Morgengrauen bis Sonnenuntergang aus.
Am Anfang waren die Erfolge wenig ermutigend. Lady R. begann schon an der Richtigkeit ihrer Theorie zu zweifeln, als eines der Mädchen die vom Arzt bestätigten Symptome einer Schwangerschaft zeigte. Einige Monate danach hatte sie eine Fehlgeburt.
Lady R., die immer streng darauf geachtet hatte, das starke Geschlecht ihren Schützlingen fernzuhalten, behauptete, daß das »Ding« der Sohn eines kosmischen Menschen sei. Die Presse zog die Sache ins Lächerliche. Die junge Mutter behauptete, sie sei Jungfrau, aber ihr und der alten Dame, die, immer noch in ihren phantastischen Vorstellungen befangen, bald darauf starb, wollte niemand Glauben schenken.

Botschaften aus dem Kosmos

Parallel zu dem Versuch, den Kosmos zu erobern, muß den Bewohnern des extraplanetarischen Raumes angekündigt werden, daß wir die Absicht haben, mit ihnen in Verbindung zu treten. Schon sind Raketen von der Erde nach dem Mond, dem Mars und der Venus geschickt worden, aber gehört es nicht zum guten Ton, daß man unter allen Umständen anklopft, bevor man eintritt? Als die Russen am 12. September 1959 den Lunik 2 zum Mond schickten, haben sie das als eine solche Botschaft betrachtet. Falls die Mondbewohner wirklich existieren, wissen sie jetzt, daß wir uns darauf vorbereiten, sie zu besuchen.
Es ist nicht unmöglich, daß der Mond bewohnt ist. Das jeden-

falls war die Meinung des französischen Astronomen Camille Flammarion und der amerikanischen Astronomen William Pickering und Robert Barker. Barker stellte am 12. Dezember 1937 und am 16. Januar 1938 auf der Mondoberfläche farbige Zonen fest. Er schloß daraus, daß es auf unserem Trabanten eine Vegetation gibt, die innerhalb von 14¾ Tagen einen vollständigen Wachstumsturnus durchmacht.

Der amerikanische Astronom Percival Lowell sah in der Nacht vom 7. zum 8. Dezember 1900 im Teleskop, wie vom Mars ein Lichtstrahl emporschoß, der eine Stunde und zehn Minuten sichtbar blieb.

Handelte es sich etwa um ein Signal? Das ist nicht sehr wahrscheinlich, denn zu einem Signal gehören wenigstens zwei Voraussetzungen: Es muß den Empfängern verständlich sein, und es muß in regelmäßigen Abständen wiederholt werden. Giovanni Schiaparelli, der Direktor des Mailänder Observatoriums, sah auf dem Mars ein leuchtendes Kreuz. Im Jahre 1921 fing Guglielmo Marconi auf seiner Jacht *Elektra* Morsezeichen auf, von denen er versicherte, sie kämen aus dem Weltraum. Diese Botschaften, die auf einer Wellenlänge von 150 000 m gesendet wurden, wiederholten sich in regelmäßigen Abständen und konnten somit nicht von elektrischen Störungen herrühren.

Ihrerseits müssen nun auch die Menschen Signale in das Weltall schicken. Aber *welche* Signale? Morsezeichen? Oder soll man es mit dem Laserstrahl versuchen?

Im Jahre 1944 berechnete der holländische Astrophysiker H. C. van de Hulst, daß das neutrale Wasserstoffatom eine Hertzsche Strahlung auf einer Wellenlänge von etwa 21 cm aussenden müsse. Diese Strahlung, die 21-cm-Linie des Wasserstoffs, hat die Eigenschaft, daß sie durch den kosmischen Staub weder aufgehalten noch abgelenkt werden kann, und ist daher die kosmische Wellenlänge par excellence. Die 21-cm-Welle läßt sich mit Hilfe von Radioteleskopen leicht nachweisen.

Falls es also im Weltraum Zivilisationen gibt, die der unseren vergleichbar oder ihr gar überlegen sind und ihre Entfernung von der Erde nicht mehr als zwei Millionen Lichtjahre beträgt, müßten wir mit ihnen Verbindung aufnehmen können, denn die Wellenlänge von 21 cm wird von den Astronomen im außerplanetaren Raum zwangsläufig empfangen. (Die 21-cm-Emissionslinie des neutralen Wasserstoffs hat sogar eine Reichweite von über zwei Millionen Lichtjahren. Aus der Beobachtung des großen Andromedanebels, dessen Entfernung von der Erde rund 2 Millionen Lichtjahre beträgt, weiß man, daß Verbindungen der vorerwähnten Art ohne Schwierigkeiten realisierbar sind.) Es wäre sicherlich sehr aufschlußreich, wenn wir auf diesem Wege Gespräche führen könnten. Aber wie sollen wir den Sinn der Botschaften verstehen? Und was sollen wir von uns aus mitteilen?

In Amerika bemühen sich technische Spezialisten, einen Code von ideographischen und phonetischen Zeichen auszuarbeiten. Offenbar geht man bei diesen Kontaktversuchen und Sendungen von der Gewißheit aus, daß unter uns keine Bewohner fremder Welten sind. Dennoch finden sich in den Archiven der UFO-Studiengemeinschaften Berichte über merkwürdige, doch wenig wahrscheinliche Vorkommnisse, die das Auftauchen »*U*nbekannter *F*lug-*O*bjekte« zum Inhalt haben.

Da ist zunächst die Rede von Kontakten zwischen Raummenschen und Erdbewohnern, die vor allem in Japan und Amerika stattgefunden haben sollen, doch kann man solchen Mitteilungen kaum Glauben schenken.

Monika, die Tochter ohne Vater

Im Juli 1962 kam es in Catana (Sizilien) ohne erkennbare Ursache zu einem heftigen Temperatursturz. Augenzeugen berichteten, geisterhafte Wesen, die möglicherweise von einem andern Planeten gekommen seien, hätten mehrere Häuser besucht.

Im Jahre 1945 wurde eine Geburt unter außergewöhnlichen Umständen als das Ergebnis eines Experiments gedeutet, das in gewisser Weise dem der Lady R. entsprach, doch diesmal sollte die Befruchtung nicht durch Lichtstrahlen, sondern durch Raummenschen erfolgt sein.

Es handelt sich um den seltsamen Fall der kleinen Monika. Im Laufe des Sommers 1944 war eine 26 Jahre alte Hamburgerin sehr überrascht, als der Arzt ihr ankündigte, sie werde in Kürze

Mutter werden. Nun war die junge Frau dessen völlig sicher, daß sie seit 15 Monaten mit keiner männlichen Person geschlechtlich verkehrt hatte. Im Jahre 1945 brachte sie die kleine Monika zur Welt, ohne im mindesten zu versuchen, das Wunder, das da stattgefunden hatte, wissenschaftlich zu erklären.
Sie verheiratete sich, ließ sich scheiden und heiratete im Jahre 1956 einen Engländer, der sie in seine Heimat mitnahm.
Dort nun hatte das Sonntagsblatt *Sunday Pictorial* seinen Leserinnen unumwunden die Frage vorgelegt: *Haben Sie jemals ein Kind ohne Vater zur Welt gebracht?* Darauf meldete sich Monikas Mutter.
Ihr Fall wurde unter ungefähr zwanzig anderen einer näheren Untersuchung gewürdigt. Ein von der Zeitung einberufenes Gremium von Fachärzten stellte genaue wissenschaftliche Untersuchungen an und bewies besonders durch eine sowohl bei der Mutter wie auch bei der Tochter erfolgreich verlaufene Gewebetransplantation, daß es sich in diesem Fall um eine echte Parthenogenese handelte. Die durchaus seriöse englische medizinische Fachzeitschrift *The Lancet* erklärte, *es sei nicht möglich, wissenschaftlich zu beweisen, daß an der Zeugung Monikas ein Vater beteiligt* war. Die Analysen und Gewebeeinpflanzungen bewiesen das Gegenteil.
Im Februar 1953 teilte der algerische Arzt Lombard der Akademie für Medizin mit, ein Knabe von 21 Monaten, der kleine Gilles M. aus Loverdo im Bergland von Ouarsénis, habe ein Kind zur Welt gebracht. Ein chirurgischer Eingriff hatte tatsächlich einen 14 cm langen Fetus zutage gefördert, der ein richtiges Skelett und einige Haare hatte.
Es war ein echter menschlicher Fetus, der sich ganz normal entwickelt zu haben schien, bis ein Unfall sein Wachstum unterbrach. Dieser Fall von Parthenogenese war ganz ungewöhnlich, da ja die Mutter des Fetus ein männliches Baby war. Dr. Lombard hält die Vermutung, daß es sich etwa um einen Zwillingsbruder von Gilles handeln könnte, für ausgeschlossen. Er hält daran fest, daß der Fetus der richtige Sohn des Babys gewesen sei.
Vor fast 2000 Jahren griff ein anderer Fall einer Jungfrauengeburt in den Lauf der Weltgeschichte ein.
Die Katholiken glauben, daß der Heilige Geist für die Empfäng-

nis der Jungfrau Maria verantwortlich gewesen sei. Aber gewisse russische Kreise setzen sich gegenwärtig für die Hypothese ein, daß Jesus und seine Jünger aus dem Weltraum auf die Erde gekommen seien. (Falls tatsächlich eine Parthenogenese oder Jungfrauengeburt vorlag, hätte die Jungfrau Maria nach Ansicht der Mediziner ein Mädchen zur Welt bringen müssen. Der Fall bleibt also außergewöhnlich.)

Entführungen?

Wenn eine aus dem Weltraum stammende Keimzelle sich mit einer irdischen vereinigt hat, so kann man vermuten, daß es umgekehrt aus dem Weltraum stammenden Besuchern gelungen ist, Menschen unserer Rasse zu entführen.

Auch hier handelt es sich natürlich nur um eine Hypothese, aber sie wird dadurch gestützt, daß man in Amerika von dem beunruhigenden Verschwinden gewisser Personen zu berichten weiß.

Die französische Wochenschrift *La Presse* hat 1961 diese Berichte aufgegriffen, besonders wo es sich um ein Verschwinden unter ungewöhnlichen Umständen handelt, das jeder Erklärung spottet und von dem ganze Familien betroffen sind.

Am 14. August 1952 verabschiedeten sich der Fleischer Tom Brooke, seine Frau und ihr elfjähriger Sohn 60 km von Miami entfernt in der Nähe einer Bar von ihren Freunden. Sie stiegen in ihren Wagen und fuhren los. Es war zwanzig Minuten vor Mitternacht.

Am folgenden Morgen um 7.14 Uhr entdeckte die Polizei ihren verlassenen Wagen 18 km von der Bar entfernt. Die Lichter brannten noch, eine Tür stand offen, und auf einem der hinteren Sitze lag Mrs. Brookes Handtasche, die eine große Summe Geld enthielt. Auf der an die Straße grenzenden Wiese konnte man noch die Fußspuren der Familie sehen. Die drei waren ungefähr zehn Schritte gegangen, dann schienen sie sich in der Luft aufgelöst zu haben, denn die Spuren hörten plötzlich auf.

11 km davon entfernt verschwand die Kellnerin Mabel Twin

in derselben Nacht auf die gleiche Weise. Man hat diese vier Personen niemals wiedergesehen, und die Polizei hat ihr Verschwinden niemals aufklären können.
Ein Beamter des FBI sagte halb im Scherz, es sähe so aus, als ob sie von Marsleuten entführt worden seien.
Es war in der Tat zu jener Zeit, als Fliegende Untertassen den Himmel über den USA bevölkerten und Amerikaner verschiedentlich behaupteten, sie hätten sogar die Besatzungen gesehen.
Einige weitere derartige Fälle:
Am 7. Dezember 1959 verschwanden der 54jährige Ken Martin, seine Frau und ihre drei Töchter aus Portland (Oregon). Sie hatten gesagt, sie wollten einen Weihnachtsbaum holen.
Am 29. Dezember waren in Silver Lake, Minnesota, Mr. Earl Zrust, seine Frau und ihre Kinder an der Reihe.
Am 11. Januar 1960 wurden der 29jährige D. Carrol Jackson, seine Frau und ihre Kinder von dem gleichen Schicksal ereilt. Sie wohnten in der Grafschaft Louisa im Staate Virginia und verschwanden spurlos, als sie Freunde besuchen wollten. Ihr Auto wurde in der Nähe eines Grabens gefunden.
Alle diese Fälle ereigneten sich auf freiem Feld, der Wagen stand verlassen am Straßenrand. Einmal war sogar eine Handtasche mit Geld auf dem Sitz liegengeblieben.
Es handelt sich um eine völlig rätselhafte Angelegenheit, wenn man nicht etwa annehmen will, daß diese Personen von der Erde entführt worden sind. Dann wären die Fliegenden Untertassen vielleicht doch nicht bloße Halluzinationen.
Alle Vermutungen sind gestattet, da selbst in bezug auf die Satelliten Russen und Amerikaner lediglich feststellen können:
Es kreisen um die Erde mehr Satelliten, als hinaufgeschossen worden sind. Außer dem sogenannten »Schwarzen Ritter«, der seit 1958 die Erde umkreist, beunruhigt noch ein anderer überzähliger Satellit die Amerikaner. Obgleich er nicht identifiziert werden konnte, hat man ihn doch aufgespürt. Man weiß, daß er seine Kreisbahn in etwas mehr als 104 Minuten durchläuft, daß er sich von der Erde bis zu 1718 km entfernt und sich ihr dann wieder bis auf 214 km nähert. Dabei zeigt er auf seiner Bahn eine ausgesprochene Tendenz zu Unregelmäßigkeiten.
General Dudley Sharp, Sekretär der Luftwaffe, hat Journalisten

gegenüber geäußert, daß dieses Stück Metall auch die abgeworfene Hülle des am 20. November 1959 gestarteten *Discoverer VIII* sein könne.
Aber während Dudley Sharp sich so beruhigend äußerte, zeigte sich ein anderer amerikanischer General, James Gavin, ehemaliger Oberkommandierender der wissenschaftlichen Forschungsabteilung der Armee, äußerst beunruhigt. Gavin vermutet in der Tat, daß das Gebiet der USA den Blicken sowjetischer Beobachter ausgesetzt ist.
Keine amtliche Stimme hat sich in den USA zu dem Verdacht des Generals Gavin geäußert, und auch in Moskau befleißigt man sich des gleichen Stillschweigens.
Alla Massewitsch, Mitarbeiterin des sowjetischen Physikers und Akademiemitgliedes Sedow, bezweifelt, daß der anonyme Satellit sowjetischer Herkunft ist (*Paris-Presse* vom 13.2.60).
Auch dieses seit Februar 1960 bestehende Rätsel konnte bisher nicht aufgeklärt werden.

General Courtenay-Gabor

Im Jahre 1958 erschien im Verlag del Duca ein merkwürdiges Buch. Es trug den Titel: *L'Enfer est dans le Ciel* (Die Hölle ist im Himmel), und als Verfasser zeichnete der Schriftsteller Henry Ward, der zwar ein geheimnisumwobenes Leben führt, von dem man aber doch annimmt, daß er zu gewissen Geheimarchiven Zugang hat. Das Vorwort zu dem Buch schrieb ein General namens Courtenay-Gabor, der in Sussex wohnt und Leiter eines wissenschaftlichen Überwachungsamtes sein will, an dessen Existenz Zweifel erlaubt seien.
Interessant ist dabei, daß dieser General im Vorwort Tatsachen preisgibt, die Staatsgeheimnisse betreffen und von denen wir guten Grund haben anzunehmen, daß sie authentisch sind. Es handelt sich besonders darum, daß die USA und die Russen schon seit 1952 heimlich künstliche Satelliten abgeschossen und ferner versucht haben sollen, im Jahre 1956 den Mond, den Mars und die Venus zu erreichen. Die Amerikaner hätten dabei den *Prospector M* und die Russen den *Ypsilon – 0001* eingesetzt.

Seit September 1956 haben diese beiden Satelliten keine Nachricht mehr gegeben. Der eine soll mit den Leichen seiner Piloten im Kosmos kreisen, *der andere jedoch könnte auf einem Planeten gelandet sein.*

Das 9. Kapitel des Buches berichtet von einem wissenschaftlichen Geheimkongreß, der eigentlich eine Verschwörung darstellt. Seine Ziele lassen sich nicht ganz klar darlegen. Nur wenige Eingeweihte wissen von seiner Existenz (an der nicht zu zweifeln ist).

Aus Kapitel 9: *Nach öffiziösen Berichten, die aber gewöhnlich aus gut informierten Quellen stammen, soll ein internationales Komitee von Wissenschaftlern seinen geheimen Sitz in einer Stadt Westdeutschlands haben. Seine Aufgabe ist, gemeinsam die aus dem Weltraum übermittelten Beobachtungen in bezug auf die begrenzten Möglichkeiten einer Ausnutzung der kosmischen Energie zu prüfen.*

Das kosmische Abenteuer soll im Jahre 1952 oder sogar schon vorher begonnen haben. Im Jahre 1917 soll es den Deutschen schon gelungen sein, eine Art Granate über die Zone der Erdanziehung hinauszuschießen. Sie soll dann ein künstlicher Satellit geworden sein. Könnten sich wirklich schon Menschen auf einem andern Planeten befinden? Ja, aber nur als Leichen.

Kolonisierung des Mondes

Nach allgemein geteilter Ansicht dürfte der Mond der erste Himmelskörper sein, der von der Erde aus erobert wird.

Der amerikanische Kongreß bewilligt für dieses Unternehmen Kredite in Höhe von rund 50 Milliarden Dollar. Da die Temperaturen auf unserem Trabanten am Tage bei $+100°$ und in der Nacht bei $-100°$ liegen, bereiten die Techniker die Anlage unterhalb der Mondoberfläche liegender Stützpunkte vor. Man plant, riesige Bohrmaschinen zu konstruieren, die Durchstiche oder Tunnel schaffen könnten, in denen die Durchschnittstemperatur etwa $+30°$ betragen würde.

Gleichzeitig mit den Bohrmaschinen sollen auf Raupen laufende, ferngesteuerte Schürfkübelbagger den Boden aufreißen und Schächte ausheben, in die man hermetisch abgedichtete, vollklimatisierte Wohnblocks einsetzen will.
Ein intensiveres Studium der Bodenverhältnisse auf der Mondoberfläche hat zu einer wesentlichen Änderung des ursprünglichen Planes geführt. Die General Electric Company hat der amerikanischen Regierung unlängst ein Projekt unterbreitet, nach dem man schon im Jahre 1968 auf dem Mond eine sich selbst erhaltende Kolonie ins Leben rufen könnte.
Zur Durchführung des Planes sollen keine sensationellen wissenschaftlichen oder technischen Erfindungen erforderlich sein. Um die ersten zehn Kolonisten sowie Ausrüstung und Gerät im Gesamtgewicht von 225 000 Kilogramm zu transportieren, werden 200 Saturnraketen auf den Mond geschossen. Die dafür verwendeten Raketen müßten einheitlich nach dem Baukastenprinzip oder nach Art von Anbaumöbeln konstruiert sein, so daß man aus ihnen je nach Bedarf verschiedene Baukomplexe zusammenstellen kann. Nach der Landung auf dem Mond könnten sie als ebenso praktische wie widerstandsfähige Modellwohnungen dienen.
Der Wohnkomplex würde Aufenthaltsräume, einen Speisesaal, Lagerräume, Laboratorien und Anlagen zur Stromversorgung umfassen. Es ist ferner beabsichtigt, das Ganze mit einer Kuppel aus durchsichtigem Material zu überdachen und eine freie Fläche für Grünanlagen oder dergleichen zu reservieren.
Die Befürworter dieses Planes behaupten, ein solches Projekt könne technisch und wirtschaftlich schon im Jahre 1968 realisiert werden. Die Sowjets haben ihrerseits eine Apparatur konstruiert, die es gestattet, für die Kosmonauten und Kolonisten eine vollwertige Nahrung herzustellen, und die überdies noch eine bestimmte Menge reiner Luft erzeugen kann. Es handelt sich um die Kultur und die spontane Vermehrung der Algengattung Chlorella, die besonders reich an Kalorien und Vitaminen ist.
Am 12. Dezember 1961 stimmten die Vereinten Nationen einmütig der Verwirklichung eines Programms zu, das die internationale Zusammenarbeit zur Nutzung des Weltraums vorsieht. Außerdem einigte man sich darauf, daß der außerhalb der Erdat-

mosphäre liegende Raum internationalem Recht unterstehen solle und daß die Himmelskörper, darunter auch der Mond, von keiner Nation als Hoheitsgebiet beansprucht werden dürften.
So kann also der Kampf um den Weltraum nur noch ein kultureller und sportlicher Wettkampf sein.
Noch etwas ist gewiß: Selbst wenn eines Tages die Erde zerstört sein sollte, brauchten die am Ende ihrer Kräfte auf einem andern Gestirn landenden Überlebenden sich nicht mehr auf irgendeine lange zurückliegende Staatsangehörigkeit zu berufen.
Sie werden einfach – Menschen sein.

Es wird keinen Atomkrieg geben, denn es ist ausgeschlossen, daß die USA, die UdSSR, England und Frankreich ihre Atom-(Uran-), Wasserstoff-, Neutronen-, Plutonium- oder Germaniumbomben zum Einsatz bringen. Bei dem gegenwärtigen Stand der Atomwissenschaft würde das das Ende der Welt bedeuten.
Aber es ist nicht ausgeschlossen, daß es den Wissenschaftlern gelingt, die sogenannte »saubere« Bombe herzustellen.
Die »schmutzige« Bombe, die gegenwärtig die Atmosphäre des Erdballs verseucht, ist in mehreren Etappen erfunden worden:
1896 entdeckt Henri Becquerel die natürliche Radioaktivität.
Von 1932 bis 1938 gelingt französischen, englischen, italienischen und deutschen Wissenschaftlern mit Hilfe von Neutronen die Atomzertrümmerung, aber sie wollen noch nicht daran glauben.
1934 lösen Fermi und Segré in Rom die erste Kettenreaktion des Urans aus, aber sie geben dem Experiment eine falsche Deutung.
1938 gelingt Otto Hahn, dank den Vorarbeiten von Irène und Frédéric Joliot-Curie, die Kernspaltung des Urans.

Die Atombombe ist veraltet

Am 10. Dezember 1961 abends um 8 Uhr (französischer Zeit) zündeten die Amerikaner in einer unterirdischen Höhle in Neu-Mexiko eine 5-Kilotonnen-Bombe. Sie hatten den Ehrgeiz, eine »saubere« Explosion auszulösen.
Die radioaktive Wolke, die in Richtung Nordnordwest davonzog, hatte eine Strahlungsintensität von 10 000 Röntgen, d. h. das Vierzehnfache der tödlichen Dosis. Man mußte den Verkehr auf der Straße nach Carlsbad (Neu-Mexiko) sperren.
Am 30. Oktober 1961 zündeten die Sowjets auf Nowaja Semlja

eine Bombe mit einer Sprengkraft von 57 Megatonnen oder 57 Millionen Tonnen Trinitrotoluol (TNT). Sofort gaben die Amerikaner bekannt, sie verfügten über eine Feuerkraft, mit der sie die UdSSR binnen 24 Stunden zu 90 % zerstören könnten. Dazu kämen noch 5000 Kernwaffen und 7000 Atombomben der NATO. Die amerikanische Zeitschrift *News and World Report* erklärte zum gleichen Thema: *Die USA verfügen über eine Feuerkraft, die 35 Milliarden Tonnen TNT entspricht.*
Man schätzt, daß drei Superbomben von 57 Megatonnen genügen, um beinahe ganz Frankreich zu vernichten. Nun, die Amerikaner können 35 Milliarden Tonnen TNT zünden und damit 200 Nationen von der Größe Frankreichs vernichten. Und die Russen verfügen über ungefähr dieselbe Feuerkraft.
Die amerikanische Zeitschrift fährt fort:

Wenn der Krieg ausbräche, brauchte man nur auf einen Knopf zu drücken, und mehr als 200 mit Atomsprengköpfen versehene ferngelenkte Raketen würden auf russische Städte zufliegen, auf die ihre Zielvorrichtung schon eingestellt ist. 500 Geschosse weniger großen Kalibers würden nach anderen Zielen fliegen, und mehr als 5000 Bombenflugzeuge würden in Aktion treten.

Dieser Offensivschlagkraft sind weiter hinzuzurechnen: ein Geschwader von Atom-Unterseebooten – 9 der vorgesehenen 40 Einheiten liegen schon auf der Lauer an den Küsten der Sowjetunion – und das ganze Arsenal konventioneller Waffen.
Aber was will das schon alles besagen?
Die Vereinigten Staaten ebenso wie Rußland besitzen tausendmal mehr Atombomben, als nötig wären, um die ganze Erde zu zerstören. Wenn sie alle explodierten, so würde die Atmosphäre radioaktiv so verseucht werden, daß Sieger und Besiegte gleichermaßen dem Untergang geweiht wären. Daher ist ein Atomkrieg unmöglich, sofern nicht etwa ein technischer Fehler unterläuft oder Befehle mißverstanden werden.
Indessen befinden sich in den USA 40 mit ungeschärften Atombomben versehene Bombenflugzeuge ununterbrochen in der Luft. Falls russische Raketen ohne vorherige Warnung die fünfzig amerikanischen Staaten vernichten sollten, sind diese Flugzeuge

bereit, sofort einen Gegenschlag zu führen, der allerdings der letzte sein dürfte. Wenn einer dieser Bomber landet, steigt sofort ein anderer auf. Zwei- oder dreimal im Jahr passiert es, daß eine Maschine auf dem Erdboden zerschellt. Dann liest man etwa in der Presse:

Ein Flugzeug, das eine Atombombe trug, ist im Staate Michigan am Erdboden zerschellt. Die Bombe war nicht geschärft.

In Wahrheit sind sowohl die Amerikaner als auch die Russen darauf aus, die »saubere« Bombe zu konstruieren. Es gibt da jedoch noch eine Klippe: die Chinesen. Auch sie haben jetzt die Atombombe zu ihrer Verfügung und würden vielleicht nicht zögern, sie um jeden Preis einzusetzen, falls eines Tages ihr Lebensraum nicht mehr ausreichen sollte. (Der Vater dieser Bombe ist der Atomforscher T'Sien. Er war in Paris Schüler von Vigneron und Chastel, die beide Mitarbeiter von Joliot-Curie waren. Wenn die Chinesen ihr Atomprogramm auf lange Sicht durchführen wollen, müssen sie ihren Vertrag mit der UdSSR kündigen, nach dem sie verpflichtet sind, 99 Jahre lang ihre gesamte Uranproduktion für russische Reaktoranlagen zur Verfügung zu stellen.)

Am 19. Juni 1961 haben die USA die Entwicklung einer Atombombe abgeschlossen, bei der es zu keiner Explosion kommt. Sie stellt gewissermaßen einen außer Kontrolle geratenen Reaktor dar, bei dem alle Strahlungen einer Kernexplosion entstehen, ohne daß eine Explosion stattfindet und ohne daß sich Hitze entwickelt.

Die Californiumbombe, kaum größer als eine Revolverkugel, könnte eine ganze Stadt zerstören und entwickelt aber darüber hinaus eine intensive Radioaktivität. Die Neutronenbombe, die, wie man glaubt, sich noch im Entwicklungsstadium befindet, ist nur schwach radioaktiv, aber sie löst einen Strom von Neutronen aus, die zwar nicht die feste Materie zerstören, aber den Luftsauerstoff in Stickstoff verwandeln.

Wenn diese Neutronenbombe erst einmal durchkonstruiert ist, könnte sie eine ganze Nation vernichten, ohne daß die übrige Welt gewarnt wird, ja vielleicht auch ohne daß man den Angreifer eindeutig feststellen kann.

Der Journalist und Schriftsteller Jean Nocher schreibt dazu:

Man würde niemals erfahren, wann der Krieg erklärt worden ist. Eine Nation könnte vernichtet werden, ohne daß sie sich dessen bewußt wird. Der Gegenschlag müßte automatisch erfolgen, da es ja keinen lebenden Menschen mehr geben würde, der ihn auslösen könnte.
Und doch könnte der »Todesfinger« den Angreifer vernichten.

Diese Neutronenbombe ist zweifellos die phantastische russische Waffe, über die im Jahre 1960 Chruschtschow Andeutungen machte.
Die westliche Propaganda hat – zu Recht oder zu Unrecht – die Existenz eines anderen Projekts enthüllt, das den Namen »Todeszug« trägt.
Es soll sich um einen Sputnik handeln, der eine Kette von Atombomben hinter sich herzieht und auf einer langen Bahn die Erde umkreist. An Bord befindet sich ein von der Erde aus elektronisch gesteuerter Sender, der in der Lage ist, den Zug über einem genau vorbestimmten Zielgebiet hinabstürzen zu lassen.
Trotzdem ist dieses ungeheure Atomwaffenarsenal vielleicht nur ein breit angelegtes Ablenkungsmanöver. Die eigentlichen Geheimwaffen arbeiten anders und sind noch im Entwicklungsstadium. Sie sind biologischer Natur, mit Ausnahme der furchtbaren, geräuschlos wirkenden Todesstrahlen, die den Russen und Franzosen bekannt sind und von den Amerikanern vervollkommnet wurden.

Die Todesstrahlen

Im Dezember 1961 berichtete die Presse, daß in den Laboratorien der Martin-Werke in der Nähe von Denver (Colorado) an der Entwicklung einer streng geheimen Waffe gearbeitet werde. Diese zum Teil nukleare und für die Luftwaffe bestimmte Waffe soll alle festen Stoffe, auf die sie gerichtet wird, in einer Entfernung bis zu 300 km in den gasförmigen Aggregatzustand verwandeln. Das bereits fertiggestellte Versuchsmodell soll einen Strahl aussenden, dessen Temperatur über 100 000° C liegt und vielleicht sogar eine Million Grad erreichen kann. (Es handelt sich möglicherweise um den Protonenstrahl mit einer Endenergie von 30 Millionen Elektronenvolt, der in Brookhaven [USA] mit dem zur Zeit größten Protonensynchroton »Cosmotron« erzeugt werden kann.)

Die Wirkung dieses Todesstrahls entspricht, wie Dr. L. Korber erklärt, etwa der eines Sonnenofens.

Schon am 26. August des gleichen Jahres hatte ein junger italienischer Erfinder namens Aldo Bonassoli Todesstrahlen einer Gruppe von Journalisten vorgeführt, die er nach Lurano, einem kleinen in der Nähe von Treviso (Venetien) gelegenen Dorf, zusammengerufen hatte.

Hier der Bericht über das Experiment (veröffentlicht von Jean Blondeau unter dem Titel »Der Todesstrahl« in »La Presse« vom 18. 9. 1961):

Man hatte zwei Küchentische draußen aufgestellt: Auf dem einen standen eine Stoffpuppe, ein kleiner, irdener Topf und zwei Aluminiumkasserollen.

Auf dem anderen befanden sich seltsame Apparate. Nach dem, was von ihnen sichtbar war, handelte es sich um komplizierte elektrische Vorrichtungen. Im übrigen waren sie offenbar aus allen möglichen Materialien zusammengebastelt.

An diesem zweiten Tisch machte sich ein hochaufgeschossener, magerer, vorzeitig kahl gewordener junger Mann zu schaffen.

Es herrschte eine merkwürdige Stille wie am Vorabend eines großen Ereignisses.

Nur der junge Mann rief plötzlich: »Aufgepaßt!«

Er zielte nun mit einer Art Röhre auf den ersten Tisch. Aus der Entfernung konnte man nicht unterscheiden, ob sie aus Pappe oder Metall gefertigt war. Dann beschäftigte er sich mit seinen Apparaten, schien ungeduldig zu werden, als ob die Maschinen nicht nach seinem Willen funktionierten, brachte einige Drähte in Ordnung und betätigte verschiedene Hebel.

Das nahm einige Zeit in Anspruch. Dann hörte man ganz plötzlich, wie die Journalisten in Rufe des Erstaunens ausbrachen. Von den auf dem ersten Tisch stehenden Objekten war nichts mehr vorhanden.

Die beiden Aluminiumkasserollen, der kleine irdene Topf und

die Stoffpuppe hatten sich in Nichts aufgelöst. (Nicht jedoch der Tisch. Dies allein scheint zu beweisen, daß es sich um einen Schwindel handelte.)
Auf diese Art führte Aldo Bonassoli der Presse seine letzte Erfindung vor: den berühmten Strahl, der die Materie in Nichts auflösen kann. Schon Marconi behauptete, ihn erfunden zu haben, ohne ihn jedoch jemals Wirklichkeit werden zu lassen.
Bonassoli bewahrt strengstes Stillschweigen über den Mechanismus des Apparates, aber es handelt sich wahrscheinlich um Ultraschallwellen. Der Erfinder hält zwei praktische Anwendungen für möglich: Man könnte das Benzin desintegrieren und so im Fall eines Krieges alle Motorfahrzeuge und Flugzeuge außer Gefecht setzen. Zweitens könnte man auch Atombomben in festgelegten Zonen desintegrieren.
Aber man begreift, wie schwierig es ist, bestimmte Stoffe und Körper zu desintegrieren, ohne andere und besonders lebende Menschen in Mitleidenschaft zu ziehen.
Wenn Bonassoli vor Journalisten einen alten Topf, zwei Kasserollen und eine Puppe desintegrierte, so wollte er in Wahrheit die Wissenschaftler von dem wirklichen Wert seiner Erfindung überzeugen.
Er ist der Meinung, daß sein Todesstrahl einsatzfertig sei. Die Entfernung, über die er wirken kann, hänge lediglich von der Stärke des elektrischen Stromes ab, den man in den Apparat leitet. Er arbeitet gegenwärtig an einer andern Erfindung, die er bald öffentlich vorführen zu können hofft. Es handelt sich um ein elektronisches Auge, das nicht nur Blinden die Sehkraft wiedergeben, sondern mit dem auch jeder Gesunde in der Lage sein soll, durch Mauern und ähnliche feste Gegenstände, vielleicht sogar Berge hindurchzusehen.

Die Erfindung des jungen Italieners scheint in Kreisen der Wissenschaftler kein übermäßiges Aufsehen erregt zu haben. Sie interessierten sich nicht für diese Experimente. Man hat auch allen Anlaß zu glauben, daß der sogenannte Todesstrahl von Lurano nicht ernst zu nehmen war.
Die echten, außerordentlich wirksamen Todesstrahlen wurden in den USA erfunden und ausprobiert. Ihre Entwicklung ist ab-

geschlossen. Verbesserungen können sich nur noch auf ihre Reichweite erstrecken.
Diese Todesstrahlen haben einen Namen: Laser-Strahlen. Die Waffe hat schon Tiere auf mehrere Kilometer Entfernung, wie vom Blitz getroffen, niedergestreckt. Panzer und Flugzeuge sind schon damit ausgerüstet.
Das Prinzip dieser Todesstrahlen ist allgemein bekannt, und ihre wissenschaftliche Erklärung ist für niemanden mehr ein Geheimnis.

Ein weniger als vier Zentimeter langer Rubinzylinder wird kurzzeitig mit grünem Licht und anschließend mit einem nur 1/4000 Sekunde dauernden roten Elektronenblitz bestrahlt. Im nächsten Augenblick sprüht aus dem Kristall ein blendendrotes Licht hervor, ein wahrhaft höllischer Blitz, der hunderttausendmal stärker leuchtet als das von einer gleich großen Fläche der Sonne ausgestrahlte Licht. Der sehr schwache rote Blitz, der das Phänomen ausgelöst hat, wird auf diese Weise milliardenfach verstärkt.
Diese wunderbare Erfindung ist eng verknüpft mit einem neuartigen Verfahren zur Verstärkung von Lichtsignalen. Man hat dafür den Namen Laser *gewählt. Laser, ein aus den Anfangsbuchstaben der englischen Worte* Light *amplification by stimulated* emission *of radiation gebildetes Kurzwort, bedeutet: Lichtverstärkung durch angeregte Aussendung von Strahlung. Wir sollten uns diesen Ausdruck gut merken, denn wir werden bald noch mehr darüber hören. Der Laser könnte eine technische Revolution einleiten, die ebenso an Bedeutung gewinnt wie die bahnbrechende Entwicklung des Transistors.*
Wie der Transistorkristall enthält auch der Laserrubin »Verunreinigungen«, d. h. ein paar Atome eines Fremdelementes (z. B. Chrom), das von der die Masse des Kristalls bildenden Substanz verschieden ist. Während man sich beim Transistor den »Platzwechsel« der Elektronen von einem Atom zum anderen zunutze macht, brauchen die Elektronen im Laserkristall gar nicht das Atom zu wechseln: Sie wechseln lediglich ihren Platz im inneren Gefüge desselben Atoms, und auf der Wirkung einer solchen »Umlagerung« beruht das Phänomen des Laser. In einem bestimmten Augenblick findet eine plötzliche Richtungsumkehr

der Chromatome statt. Quintillionen von Elektronen wandern von einem Energieniveau zum anderen, und diese »Massenwanderung« regt den Rubin zum Leuchten an.
Da die Lichtgeschwindigkeit 300 000 km/s beträgt, geht das Phänomen gleichsam explosionsartig vor sich. Und da die eine Endfläche des Zylinders nur schwach versilbert ist, kann die hin und her reflektierte Strahlung schließlich durch diese Endfläche geradlinig, monochromatisch und streng parallel zur Achse des Kristalls austreten.
All das vollzieht sich im winzigen Bruchteil einer Sekunde.
(Auszug aus einem in der Zeitschrift *Horizon*, Mai 1961, erschienenen Artikel von Michel Rouzé: Le Laser, Rubis Magique.)
Der rote Blitz des Laser hat bemerkenswerte Eigenschaften. An erster Stelle steht seine Durchschlagskraft: Auf kurze Entfernung durchbohrt er Platten auch aus den härtesten Werkstoffen. Er ist ein wahrer Todesstrahl. Das Lichtstrahlenbündel des Laser breitet sich viel weniger aus als die Strahlen, die durch eine beliebige andere Vorrichtung erzeugt werden. Bei einer Entfernung von rund 40 km beträgt der Durchmesser seines Lichtbündels nur etwa 30 m.

Der Krieg der Zukunft

Die Todesstrahlen sind indessen nicht die Waffe, die künftige Kriege entscheiden werden. Sie gehören lediglich in die Rüstkammer der taktischen Waffen. Die Hauptwaffe wird den Kriegführenden durch die Entdeckungen der Biologen in die Hand gegeben. Sie ist nicht bakteriologischer Natur, aber sie wirkt genau wie eine nicht ansteckende Art von Epidemie: eine Epidemie der Angst, der Apathie, die Menschen verlieren den Richtungssinn, das Gleichgewicht ist gestört usw. Der bakteriologische Krieg ist ebenso gefährlich wie der Atomkrieg, aber er ist auch ebenso unmöglich, denn er schlägt auf den Angreifer zurück.
Die neue Geheimwaffe ist eine Droge.
Diese Droge kann nach Belieben Menschen entweder einschläfern oder zu höchster Begeisterung entflammen. Die unmittelbar einsetzende Wirkung kann mehrere Wochen anhalten.

Diese Drogen können durch natürlichen oder künstlichen Nebel im Lande des Gegners verbreitet werden.

Sie sind weder ansteckend, noch können sie eine Epidemie erzeugen, noch sind sie tödlich. Sie können eigentlich überhaupt keine Krankheit verursachen. Sie rufen nur gewisse Geisteszustände oder »Stimmungen« hervor. Deshalb sind sie auch nicht durch die internationale Haager Konvention verboten.

Man hat vor kurzem Experimente mit LSD 25 gemacht. Es lähmt die Reaktion des Gehirns und erzeugt so einen Furchtkomplex. Katzen zum Beispiel liefen vor Mäusen davon.

General Mac Creasy, Leiter der chemischen Forschungsprojekte der US-Armee, hat erklärt: »Weniger als ein Pfund von dieser Substanz würde genügen, um alle Einwohner von New York ›auszuschalten‹.«

Einerseits lähmen also Psychodrogen die dynamischen Reaktionen: Der Feind verliert die Fähigkeit, zu kämpfen und seine Verteidigung zu organisieren.

Andererseits kann der Angreifer durch Psychostimulantien mit einer Begeisterung ohnegleichen erfüllt werden, so daß er sich furchtlos in den Kampf stürzt.

Nach der Kriegserklärung können Geheimagenten mühelos ein paar Städte mit der Droge infizieren und so der Invasion den Weg bereiten. Der Geheimagent selbst wäre zwar unter den ersten Opfern, aber er riskiert ja nicht sein Leben.

In Frankreich würde es zum Beispiel genügen, Paris, Lille, Straßburg, Lyon, Marseille und Bordeaux zu verseuchen. Dann wäre die ganze Nation lahmgelegt und außerstande, die kämpfende Truppe zu unterhalten und zu verpflegen. Da diese ebenfalls den Nebelbomben ausgesetzt wäre, würde sie bloß noch ein seelenloser Haufen sein, der sich bereitwillig abschlachten ließe.

Ein erstaunliches Experiment

Im Februar 1961 ließ man in den USA künstliche Nebelschwaden über drei Gruppen von Soldaten niedergehen. Es handelte sich im ganzen um 1800 Mann.

Diese Männer waren als die »härtesten« der amerikanischen

Armee ausgewählt worden. Sie gehörten Freikorps an, die ungefähr unserer Fremdenlegion entsprechen, oder den Todesfallschirmjägern, die in der letzten Phase des Widerstandes nach Dien Bien Phu geschickt wurden. Wer den Krieg 1914/18 an der Front mitgemacht hat, wird sich vorstellen können, was für Kerle die in Amerika für das Experiment ausgesuchten Soldaten gewesen sein müssen, wenn er etwa an die berühmten »Schützengrabenreiniger« denkt, die Strafregimentern angehörten.
Das Experiment wurde von General Rosebury (US-Basis Edgewood) geleitet und von der Fernsehabteilung des Heeres gefilmt. Es lief unter der Bezeichnung »Operation Lunacy« (Unternehmen Wahnsinn) und fand auf einem Truppenübungsplatz im Staate Maryland statt.
Die drei Gruppen, die von drei verschiedenen Nebelarten eingehüllt wurden, verhielten sich im höchsten Maße ungewöhnlich.
Gruppe 1: 600 Mann, die in einen der Wirkung von Tranquilizern entsprechenden Nebel getaucht waren, irrten wie Schlafwandler auf dem Manöverfeld umher, ziellos, willenlos, so als führten sie eine Handlung aus, deren Sinn sie nicht verstanden. Manchmal standen sie still und wußten nicht mehr, was sie anfangen sollten.
Befehle wurden ausgerufen, und sie gehorchten blindlings, selbst wenn sie durch einen Sergeanten einem Obersten erteilt wurden. Die Soldaten sprachen kein Wort, und als sie Hunger verspürten, packten sie ihre eisernen Rationen aus und verschlangen sie in tiefem Schweigen. Danach warteten sie stundenlang auf irgend etwas, bis die Droge aus ihrem Organismus ausgeschieden war. An diese wie im Traum dahingegangenen zwölf Stunden bewahrten sie keinerlei Erinnerung.
Gruppe 2: 600 Mann einer anderen Gruppe waren der Droge LSD 25 ausgesetzt worden, die Halluzinationen und Angstpsychosen auslöst. Sie reagierten, als fege ein Orkan über sie hinweg. Sie drängten sich dicht aneinander wie Schafe einer von Wölfen angegriffenen Herde, verbargen ihre Gesichter in den Händen, weinten und jammerten.
Manchmal schien die Truppe von einer panischen Furcht befallen zu werden. Die Männer suchten heulend und brüllend das Weite, fuchtelten mit den Armen, blieben plötzlich mit angstverzerrten

Mienen stehen und hörten auf keinerlei Befehle, die durch den Lautsprecher gegeben wurden.

Diese hartgesottenen Burschen fanden erst nach sieben oder acht Stunden ihre Kaltblütigkeit wieder.

Gruppe 3: Das letzte Experiment war geradezu sinnverwirrend. Die chemische Zusammensetzung dieses Nebels wurde geheimgehalten. Man weiß nur, daß es sich um pharmakodynamische Drogen handelte.

Die diesem Experiment unterworfenen Männer wurden durch die Droge aufgestachelt, bis ihre Kühnheit keine Grenzen mehr kannte.

Sie waren völlig unempfindlich gegen Müdigkeit, kannten keine Furcht, waren keiner vernünftigen Überlegung mehr fähig. Sie hatten nur das fast krankhafte Verlangen, ganz außergewöhnliche Heldentaten zu vollbringen. Sie stürmten zum Angriff vor, schossen nach allen Himmelsrichtungen und warfen sich mit dem blinden Glauben der japanischen Todesflieger der Gefahr entgegen, als seien sie von einer Art Mordlust besessen.

Es gab zahlreiche Verwundete, und erst nach zwei Tagen Ruhe fanden die Soldaten ihr natürliches seelisches Gleichgewicht wieder.

Die *New York Herald Tribune* hat enthüllt, daß die amerikanische Armee auch das Gas besitzt, das einen Menschen augenblicklich tötet, sobald auch nur ein winziges Teilchen davon seine Haut berührt.

General Mac Creasy behauptet, daß weder die Deutschen noch die Russen über ein so gefährliches Gas verfügen, das ein so geringes Volumen hat. Es wirkt tödlich, ohne in die Lungen einzudringen, und kann durch keine Schutzmaske zurückgehalten oder neutralisiert werden.

Das Aufkommen der Tranquillantien und solcher Drogen, die das Verhalten des Menschen bis zur Auslöschung des elementarsten Selbsterhaltungstriebes verändern, ist zweifellos ein Anzeichen dafür, daß die Zeiten nicht mehr fern sind, da der Mensch jedes Verantwortungsgefühl verlieren wird.

Im November 1961 hat man in Amerika neue Anwendungsmöglichkeiten dieser Drogen erprobt. Man hat ein Verfahren entwickelt, das die Fernbeeinflussung des Verhaltens menschlicher

Individuen gestattet. (Was nichts anderes besagt, als daß die allgemeine »Robotisierung« der Völker bereits eine vollendete Tatsache ist. Der Bericht über diese Versuche ist im *France-Soir* vom 29. November 1961 abgedruckt.)
Die Bekanntgabe des Experiments erfolgte auf dem Jahreskongreß des amerikanischen Ärzteverbandes. Die *New York Times* hat darüber ausführlich berichtet.
Das Prinzip des Verfahrens ist ziemlich merkwürdig. Tabletten mit bestimmten chemischen Substanzen werden in den Körper der Versuchsperson eingeführt. Die Zusammensetzung dieser Tabletten ist so aufeinander abgestimmt, daß sie keinerlei Wirkung ausüben bis zu dem Augenblick, da man ein Funksignal sendet, das die Absorption des in der Tablette enthaltenen Wirkstoffs durch den Körper der Versuchsperson auslöst. Es wird zur Zeit mit Substanzen experimentiert, die ebenso wie die Tranquillantien oder die pharmakodynamischen Drogen den nervlichen oder psychischen Zustand eines Menschen verändern können.
Der Verfasser des vor dem amerikanischen Kongreß verlesenen Berichtes ist Dr. Otto Schmitt, Leiter des Instituts für Biophysik an der Universität von Minneapolis.
Er hat insbesondere folgendes erklärt:

Es besteht kein Zweifel, daß wir von jetzt an in der Lage sind, das Verhalten eines Menschen aus der Ferne zu steuern. Wir können ihn aus der Ferne brutal und aggressiv machen, und wir können ihn im Gegensatz dazu beruhigen. Unsere Hauptaufgabe ist es nun, zu untersuchen, wie wir diese Erfindung zum Besten der Menschheit einsetzen, das heißt, einem Menschen dazu verhelfen können, seine Arbeit besser zu verrichten.

Dr. Schmitt hat betont, daß er noch nicht alles über diese Experimente bekanntgeben könne, da sie mit Hilfe und unter Aufsicht der amerikanischen Streitkräfte vorgenommen würden. Ihre Resultate werden als militärische Geheimnisse betrachtet. Dr. Schmitt hat nichtsdestoweniger angedeutet, daß gewisse Versuche unternommen worden sind, um durch dieses Funksteuerungssystem das Verhalten eines Atombombenpiloten zu kontrollieren.

Andererseits wird in dem Bericht versichert, daß auch die Medizin sich für diese Technik interessiere, um den Ärzten die Diagnose zu erleichtern. In diesem Fall sind die eingepflanzten Substanzen oder Implantate fähig, selber eine radioaktive Strahlung oder Funksignale auszusenden, die den Arzt über die Vorgänge im Inneren des Organismus informieren.

Das »Top-Signal«

Amerikanische Gesundheitsbehörden sollen an Freiwilligen die Einpflanzung einer »Top-Signal« genannten Substanz ausprobiert haben.

Immer mehr werden die Methoden künftiger Kriege auf den Forschungsergebnissen der Biologen, der Chemiker und der Physiker fußen. Schon ahnt man auch die Rolle, die das Einfrieren spielen wird.

Die Kältetechnik wird nun vielleicht ihrerseits alle noch so kühnen Taktiken der Kriegführung über den Haufen werfen. Vielleicht werden wir bald vor unseren Augen das Wunder des Dornröschenschlafes sich vollziehen sehen.

Auch auf diesem Gebiet sind es wieder die Militärs, die die Forschung vorantreiben.

Schon jetzt ist es möglich, im Laboratoriumsversuch ein Tier durch Einfrieren scheinbar zu töten, indem man es in auf -7° abgekühltes Glyzerin taucht. Das klinisch tote Tier kann noch sehr lange, vielleicht sogar auf unbegrenzte Zeit »konserviert« werden. Man kann es zuerst durch Wärmestrahlenbehandlung, dann durch Diathermie und künstliche Atmung zu einem völlig normalen Leben wiedererwecken. Die Grenze der Unterkühlung liegt augenblicklich bei -6° bis -8°. Bei noch niedrigeren Temperaturen findet eine Kristallisation oder Vereisung statt.

Wenn man das Zellgewebe in flüssigen Stickstoff (-196°) taucht, kann man es unbegrenzt lange Zeit lebensfähig halten. Das bestärkt die Wissenschaftler in der Annahme, daß man in Zukunft einen eingefrorenen Menschen jahrhundertelang, ja vielleicht jahrtausendelang am Leben erhalten könnte.

Professor Heinz Dombrowski aus Bad Nauheim hat unlängst

Bakterien, die seit 650 Millionen Jahren tot waren, wieder zum Leben erweckt.
Gewiß, beim Menschen ist der Vorgang sehr viel komplizierter als bei einem Bakterium. Doch hat man diese Konservierung nicht schon in grauer Vorzeit versucht?

Die Mumien der Inka

In den ersten Maiwochen des Jahres 1959 kam aus Amerika eine aufsehenerregende Nachricht:
Man hatte in einer in der mexikanischen Provinz Soñora gelegenen Grotte dreißig Mumien entdeckt, die wenigstens 10 000 Jahre alt waren und einem völlig unbekannten Kulturkreis entstammten. Sie waren dank einer Einbalsamierungsmethode, deren Geheimnis man nicht kannte, ausgezeichnet erhalten.
Diese Entdeckung ruft ein noch erstaunlicheres Ereignis ins Gedächtnis zurück, über das Garcilaso de la Vega berichtet hat und das unlängst von der Prinzessin Maria Wolkonsky und dem spanischen Biologen Garcia Beltran kommentiert worden ist.
Im Jahre 1560 sah der junge Inka Garcilaso, wie fünf Mumien in das Haus des Lizentiaten Paul Ondegardo getragen wurden. Man identifizierte sie als Huiracocha, mit langen, vom Alter gebleichten Haaren; Tupac Yupanqui; Huayna Capac und die Koyas (Hauptgattinnen) Mama-Runto und Mama-Ocllo.
Die Körper waren so gut erhalten, daß ihnen anscheinend nicht ein einziges Haar auf dem Kopfe oder eine Wimper fehlte. Man hatte sie mit den von ihnen im Leben getragenen Gewändern bekleidet. Sie saßen da mit über der Magengegend gekreuzten Händen und mit niedergeschlagenen Augen.
Der ehrwürdige Pater Acoste bemerkte, als er diese Mumien sah:

Sie waren so vollständig erhalten und mit einem bestimmten Erdharz einbalsamiert, daß sie den Eindruck machten, als seien sie noch lebend.

In bezug auf das Geheimnis der Einbalsamierung vertrat Garcilaso folgende Ansicht:

Ich stelle mir vor, daß das ganze Geheimnis der Indianer einfach darin bestand, die Leichen zunächst in den Schnee zu betten ... und sie dann mit dem Erdharz zu behandeln, von dem Pater Acoste spricht. Beim Anblick dieser Körper kam mich die Lust an, einen Finger des Huayna Capac zu berühren. Auch er faßte sich wie ein lebendes Glied an.

Als die Mumien in die Stadt getragen wurden, fielen die vorübergehenden Inkabewohner auf die Knie, und die Spanier zogen ehrfurchtsvoll den Hut, was den Eingeborenen sehr gefiel. Als der Marquis von Cañeta, der Vizekönig von Peru, sah, daß die Indianer immer noch die Körper ihrer angestammten Herrscher anbeteten, ließ er sie nach Lima überführen. Dort verrichteten die Hitze und die Feuchtigkeit ihr Werk. Die Mumien zerfielen und wurden 1562 im Hospital von San Andrés beigesetzt.
Garcia Beltran verbürgt sich für die Richtigkeit des folgenden Berichts:

Diese Mumien wurden mit Dutzenden anderer aus dem Tempel geschleppt und noch vor der Geburt Garcilasos versteckt. Sie wurden lediglich aus Versehen *wiedergefunden.*
Wissenschaftlich betrachtet waren diese Körper noch lebend, obwohl man die Funktion aller ihrer Organe durch Einfrieren außer Tätigkeit gesetzt hatte, ein Verfahren, das den Inka wohlbekannt war. (Auch die Ägypter müssen das Verfahren gekannt haben. Im März 1963 mußte die Mumie der im Jahre 322 v. Chr. gestorbenen ägyptischen Prinzessin Mene, da sie sich zu zersetzen begann, in den Kühlraum der Universität von Oklahoma gebracht werden. Die Biologen stellten fest, daß die Zellen der Haut intakt geblieben waren.)
Diese Art Einbalsamierung hatte einen bestimmten Zweck. Die Inka glaubten nämlich, daß in einer fernen Zukunft die Wissenschaft in der Lage sein würde, den Mumien das Leben und eine Seele wiederzugeben.
Auch im Vatikan balsamiert man Tote ein, und man weiß dort sehr wohl, daß es sich bei dem sogenannten Erdharz der Inka in Wirklichkeit um eine ziemlich feste, durchsichtige Salbe handelte, die aus drei Substanzen, darunter Chinin, bereitet wurde.

Im Jahre 1953 brachte die amerikanische Presse einen mit Abbildungen versehenen Bericht über einen ähnlichen Fund:

Der chilenische Maultiertreiber T. B. hat kürzlich in einem Gletscher der Anden ein »huac« oder Versteck gefunden, das die Leiche eines Inkakindes und zahlreiche Statuetten aus massivem Gold enthielt. Eine davon hatte einen Krötenkopf.
Die Mumie dürfte nach Ansicht von Fachleuten ungefähr 730 Jahre alt sein. Sie war in einem einwandfreien Erhaltungszustand.
Der Maultiertreiber, der von dem Fund des Schatzes aufgeregt war, hatte die Mumie ohne Vorsichtsmaßnahmen aus ihrem Eissarg herausgehoben.

Garcia Beltran steuert zu diesem Fund folgende Erklärung bei:

Garcilaso de la Vega hatte ganz klar zum Ausdruck gebracht, daß das »Sapo Helado« (Einfrieren durch das System der Kröte) ein Geheimnis der Inka war.
Man nimmt an, daß das kleine Mädchen einer künftigen Menschheit eine Botschaft von dem Wissen der Inka überbringen sollte. Aber durch die plötzliche Exhumierung wurde es getötet.
Die goldenen Statuetten und insbesondere die mit dem Krötenkopf enthüllten in einer Geheimsprache die Bedeutung dieses Experimentes.

Beltran behauptet, daß noch andere *lebende* Mumien in den Kratern der Vulkane oder den Gletschern der Anden verborgen sind. Wenn sie sich in den Kratern befinden, wurden sie durch das »Curara«-Verfahren in eine Art Lethargie oder Schlafsucht versetzt. Die Gletschermumien befinden sich dagegen nach der »Kröten«-Methode im Zustand der Überwinterung. Mit Sicherheit kann die Kröte dank ihren diastasischen Giftstoffen unter der Erde zwölf Jahre lang lebendig bleiben, ohne Nahrung zu sich zu nehmen.
Die Russen und die Amerikaner arbeiten in Geheimlaboratorien an dem Problem des Scheintodes, um durch die Versenkung in einen lethargischen oder somnolenten Zustand die Menschen

zu befähigen, große Geschwindigkeiten, das Leben in großen Höhen und die Schwerelosigkeit im Weltraum zu ertragen, vielleicht auch, um sie gegen kosmische Strahlungen unempfindlich zu machen.

Schon im Jahre 1955 verkündeten sowjetische Wissenschaftler, daß lebende, durch Einfrieren in Tiefschlaf versetzte Wesen noch nach mehreren tausend Jahren wieder zum Leben erweckt werden könnten.

Einer von ihnen, Professor Kapterew, läßt sich bei seinen Versuchen auch davon leiten, was man an den oben erwähnten Fähigkeiten der Kröten beobachtet hat.

Im Augenblick werden solche biologischen Entdeckungen oder Experimente im Hinblick auf militärische Anwendungsmöglichkeiten noch streng geheimgehalten.

Manche Wissenschaftler mögen angesichts der in ihre Hände gelegten Macht Gewissensbisse empfinden, und auch das erklärt die Notwendigkeit der Geheimhaltung. Immerhin eröffnen sich doch schon gewisse Ausblicke auf das, was in naher Zukunft möglich sein wird. Ganze Armeen, denen man das »Top-Signal« eingepflanzt hat und die man in unterirdischen Räumen in einen Tiefschlaf versetzt hat, könnten ein »konserviertes« militärisches Potential bilden, das sich jeder Kontrolle entzieht. Solche »Kröten-Soldaten« gibt es sicher schon, aber die amerikanischen und die russischen Stützpunkte im hohen Norden stehen unter strenger Bewachung. In Amerika werden diese Zonen mit dem Kennwort USB (*U*ltra *S*ecret *B*ases) Nr. 1, 2, 3 usw. bezeichnet.

Doch ist bekannt, daß die Russen und die Amerikaner während der Jahre 1961 und 1962 aus Lappen und Eskimos Sonderformationen aufgestellt haben, von denen keine Nachrichten vorliegen.

Schließlich gibt es vielleicht eine deutsche Geheimwaffe, von der man dank den aus dem französischen Generalstab und dem Pasteur-Institut in Paris durchgesickerten Nachrichten weiß, daß sie wahrscheinlich existiert.

Am Hauptplatz meines heimatlichen Dorfes gab es die Apotheke, das Lädchen des Uhrmachers, die Höhle Toralbas des Lumpenhändlers, das Kolonialwarengeschäft, die Kirche und die Werkstatt des Stellmachers, deren Tore immer offen waren, und unter dem Kastanienbaum standen die schönen, großen, eisenbeschlagenen, königsblau angestrichenen Pferdewagen ...
Es gab die jungen Nußbaumstämme von Vater Boileau, wo die Dorfkinder mit der Katze der Hebamme Unfug trieben.
Da war die Viehtränke, zu der vor dem Abendläuten die Ochsen, die Pferde und die Esel ungeduldig gezogen kamen. Nachdem sie ihren Durst gestillt hatten, trotteten sie, den Bauch voll Wasser, gemächlichen Schrittes zurück ...
Alles das gab es und hundert andere Dinge, die sich jetzt buntschillernd in der Erinnerung drängen.
All das gab es, und dann kamen die Kriege ...
Nun gibt es keine Apotheke mehr an dem kleinen Platz meines Dorfes, auch keinen Stellmacher, keinen Uhrmacher und keine Hebamme, und die Walnußbäumchen von Vater Boileau haben den Betonrohren der staatlichen Straßenbauverwaltung weichen müssen.
Die Tiere kommen nicht mehr zur Tränke. Man hat sie durch Trecker und Autos ersetzt ...
Aus ist es mit den kleinen Dorfplätzen, um die sich die Läden wie im Mittelalter reihten, aus ist es mit den staubigen Straßen und den königsblau angestrichenen Pferdewagen. An den Weidezäunen lassen keine Pferde mehr müßig die Köpfe hängen. Dem Malerischen, dem Altmodischen, dem Zerbröckelnden und Zerfallenen ist nur noch an wenigen auserwählten Orten eine letzte Gnadenfrist beschieden ... (aus »Ce soir nous serons à Vézelay« von Moune d'Avril).

Noch lange werden solche und ähnliche Erinnerungen die alten Leute heimsuchen, die mit Schrecken sehen, daß sich die Pforten zu einem neuen Zeitalter öffnen.
Aber was wird aus Gott?
Unerkennbar, unergründlich, gibt er seine Absichten nicht kund. Die Menschen haben es sich angewöhnt, sie an seiner Statt zu enthüllen. Die Atheisten verkünden: Es gibt keinen Gott.
Die Anhänger der Evolutionstheorie behaupten, es bilde sich im Bewußtsein des Menschen eine neue Gottesvorstellung, denn die Kosmonauten der Raumraketen könnten unter ihrer Kunststoffkombination nicht dasselbe Skapulier tragen wie die Kreuzfahrer unter ihren Panzerhemden.
Nach Ansicht dieser modernen Theologen könnten die Menschen des neuen Zeitalters, die in seelischer Ruhe und in künstlichen Paradiesen leben, sogar für immer ohne Vorsehung auskommen.
Es ist bemerkenswert, daß das Unbehagen in bezug auf Gott, das Christen, Buddhisten und Israeliten in gleicher Weise beunruhigt, als eine Folge der wissenschaftlichen Entdeckungen angesehen wird.
Ehe die Wissenschaft ihren Siegeszug antrat, stand der Mensch hilflos allen Gefahren gegenüber: Erdbeben, Tornados, Sturmfluten, Blitzen, Hungersnöten, Feuerbrünsten, Kriegen, Krankheiten.
Wenn die Erde bebte und Hungersnot und Pest wüteten, wenn Regengüsse die Täler überschwemmten, wenn Trockenheit die Ernten vernichtete, dann wandten die im Dunkel tappenden Menschen die einzigen Hilfsmittel an, die ihnen zu Gebote standen: die magische Beschwörung und das Gebet zu Gott.
Als Gegenleistung oder als Dank für eine vermeintliche gnädige Verschonung (z. B. beim »Weltende« im Jahre 1000) bauten die Menschen Kirchen und Kathedralen und verehrten die Stellvertreter Gottes auf Erden. Und erst später kamen die Naturwissenschaften auf, die Medizin, die Physik, die Chemie, die Mathematik, die Astronomie.
In wenigen Jahren nun, hauptsächlich im Laufe des 19. Jahrhunderts, entdeckten die Menschen viele der bisher verborgenen Geheimnisse und kamen sich dem Unglück gegenüber nicht mehr so ohnmächtig vor.

Sie übertrugen nun einen Teil des Glaubens, den sie bisher in die schützende Macht Gottes gesetzt hatten, wenn es sich um das Feuer vom Himmel handelte, auf den Blitzableiter. Der Getreidesilo und die Konserve schützten vor einer Hungersnot, die gesellschaftliche Ordnung vor Feuersbrunst und Krieg und die Medikamente vor Krankheiten.

Doch Gott bewahrte zunächst immer noch einen kleinen Teil seiner Macht. Mit dem Anbruch des 20. Jahrhunderts und den jüngsten Erfindungen verlor indes der Glaube an die Allmacht dieses Gottes immer mehr an Kraft. Zum Beispiel haben Stahlbeton, eine neuartige Bauweise, die Kenntnis der Bruchlinien der Erdkruste und die Seismographen die katastrophalen Folgen von Erdbeben und Vulkanausbrüchen erheblich verringert.

Seit 2000 Jahren haben die Italiener die Madonna vergebens angefleht, sie vor den Zornausbrüchen des Vesuv, des Ätna und des Stromboli zu schützen. Bald werden sie durch Radio, Presse und Anschläge in den Rathäusern offiziell davon in Kenntnis gesetzt werden, daß an dem und dem Tage ein furchtbarer Vulkanausbruch stattfinden wird.

Staudämme und Deiche vermindern die Gefahr von Überschwemmungen und Sturmfluten. Ultraschallwellenimpulse lösen Wolken in Regen auf.

Die Tuberkulose ist durch den BCG-Impfstoff und zehn andere Vakzine besiegt. Bleiben noch die letzten Geißeln der Menschheit: der Krebs, die Arterienverkalkung, der Krieg, die Atombombe, die soziale Gefährdung.

Aber jetzt wenden sich die Menschen nicht mehr an Gott. Sie erwarten nicht, daß Gott ihnen in seiner Güte das Heilmittel gegen den Krebs offenbare. Sie setzen ihr Vertrauen auf die Wissenschaftler und sind der Meinung, daß zehn Milliarden besser angewandt sind, wenn man sie der wissenschaftlichen Forschung zur Verfügung stellt, als wenn man sie für Gebete und Opferkerzen ausgibt. Die Wissenschaft nimmt die Stelle Gottes ein.

Für den Wissenschaftler besteht das Problem nicht so sehr darin, zu beweisen, ob Gott wirklich existiert oder nicht, sondern, welcher Natur die Gottheit ist. Wenn er durch sein Mikroskop blickt, gelangt er zu einer Auffassung, die ihn in höchstes Erstaunen versetzt und doch zugleich tief beunruhigt.

Unter dem Lichtstrahlenbündel und dem Linsensystem seines Instruments weigert sich das Urmysterium des Lebens, nämlich das des lebenden Moleküls, sein Geheimnis preiszugeben.
Der Biologe ist zunächst überrascht, daß das, was er für einen einfachen, mechanischen Gesetzen unterworfenen Lebenskeim hielt, Intelligenz verrät. In dem unendlich Kleinen, das zu analysieren er sich bemüht, schlägt das Herz eines kombinierten Nachrichten-, Planungs- und Konstruktionsbüros, das in seiner vollkommenen Ordnung und genialen Gliederung ähnliche von unserer Zivilisation geschaffene Büros oder Zentralen bei weitem übertrifft.
Wie ein Architekt erteilt das Makromolekül seine Befehle an Legionen von Bauarbeitern, die nach dem in der Zentrale aufbewahrten Plan die Arbeit ausführen. In dieser Zentrale allein ist eine Intelligenz am Werk.
Der Befehl ist erteilt: Es soll ein Pferd aufgebaut werden oder ein Vogel, ein Fisch oder ein Mensch. Die Bauarbeiter machen sich sogleich an die Arbeit, sie mauern, weben und bauen. Und das, was sie aufbauen, ist in jeder Phase ein überaus kompliziertes Stück Mensch, in dem schon die Farbe der Augen, der Haut, der Haare ebenso wie seine geistigen Fähigkeiten vorgebildet sind.
Diese arbeitsamen Maurer besitzen nur eine begrenzte Intelligenz. Sie müssen mit der Zentrale durch magnetische Koordinaten verbunden sein; aber sie bauen den Menschen nach dem ursprünglichen Plan auf, ohne die geringste Kleinigkeit zu vergessen, ob man sie nun sieht oder noch nicht kennt.
Das Kind, dessen Wachstum noch nicht abgeschlossen ist, beteiligt sich gleichwohl selber mit seiner unbewußten Intelligenz und seiner jahrtausendealten Erinnerung am Aufbau seiner Persönlichkeit.
Im Laufe von zwanzig Jahren haben die Maurer ein 70 kg schweres Gebäude mit einer Höhe von 1,72 m aufgebaut, und nun wissen sie, daß der Bau nach dem Plan vollendet ist.
Der Mensch ist aus Milliarden Atomkraftwerken aufgebaut, und doch besitzt er auch noch eine Superschaltzentrale: sein Gehirn.
Schon als maßstabsgerechtes Laboratoriumsmodell stellt sich der Aufbau der Zelle dar als ein Wald von Gerüsten, Sendetürmen und Antennenmasten, als ein mit Relais, Anschlußklemmen und

Sicherungen durchsetztes Gewirr von Drähten und Kontakten. Alle Kraftwerke der Welt zusammengenommen sind nicht so kompliziert wie ein unscheinbares Gewebeteilchen.
Und dieses wahrhaft unheimliche Geflecht, dieses feinmaschige Gewebe, das sich in Form einer geometrischen Reihe aufbaut, das sich fortpflanzt und schöpferisch tätig ist, und die psychische Superzentrale, die die subtilsten Lebensäußerungen des Kosmos aufzufangen imstande ist, all das, woraus das Molekülgebirge Mensch zusammengesetzt ist, nimmt seinen Ausgang von einem kleinen, punktförmigen, noch unbekannten Gebilde, das mitten in einer Art Magma schwimmt und in dem ein Etwas zuckt und schlägt wie ein Herz, ein heißes, wunderbar intelligentes, geheimnisvolles Etwas.
Und dieser Punkt in der Mitte ist das LEBEN und das DING.
Und so weit der Mann der Wissenschaft mit seinen elektronischen Apparaturen in den Abgründen der lebenden Materie forschen mag, so tief auch sein lichtstarkes Mikroskop in sie eindringen mag, immer wird er hingeführt zu dem pulsierenden Mikrokosmos, wo das DING pocht.
Liegt da nun der Anfang der Welt, das Ende der Schöpfung, die sich im unendlich Großen entfaltet?
Denn es scheint, als stehe der Mensch durch seine psychische Superzentrale mit dem ganzen ewig gegenwärtigen Kosmos induktiv in Verbindung, mit der ganzen Schöpfung, mit allen Geistern, mit Aristoteles, Platon, Descartes, Curie, Bergson, Einstein . . .
Und zwischen dem unbekannten unendlich Kleinen und dem ungeahnten unendlich Großen steht der Mensch, der sich über das Mikroskop beugt, der nachdenkt und Fragen stellt.
Warum?
Wie?
Wo ist Gott? Überall? Ganz woanders?
Manche Wissenschaftler wollen nicht danach fragen. Aber niemand, der jemals durch ein Mikroskop geblickt hat, würde es wagen zu behaupten: Gott ist nicht da.
Für den Biologen ist Gott nicht der Jupiter tonans oder der furchtbare Patriarch des Alten Testaments, sondern vielmehr das unbekannte, unfaßbare und wunderbare Vernunftprinzip, das das Weltall zum Leben erweckt und ihm einen Sinn gibt.

Die Alten wußten, daß alles in allem enthalten ist und daß das Größte nach dem Bilde des Kleinsten geformt ist.
Aber es ist sehr zweifelhaft, daß der Gott, der unter den tödlichen Strahlen der Elektronenmikroskope zittert – die große Bestrahlungsintensität und das beim Elektronenmikroskop erforderliche hohe Vakuum töten den lebenden Zellkern –, daß dieser Gott den Menschen von einst jemals Propheten gesandt hat. Die Propheten mußten über den wahren Gott Schweigen bewahren. Sie offenbarten nur einen imaginären, vorstellbaren und begreifbaren Gott und verschleierten die wesentlichen Wahrheiten im Gleichnis und in der Allegorie.
Es steht außer Frage, daß die Religion des neuen Menschen sich unserem Wissen vom Kosmos anpassen, daß sie ferner den ganzen Kosmos in sich einschließen und sich in Übereinstimmung mit den wissenschaftlichen und geistigen Erkenntnissen fortentwickeln muß.
Die Zeit dafür ist gekommen.
Bleibt nicht für die Menschen, die sehen können, das unbekannte Vernunftprinzip allgegenwärtig und wunderbar auch in seinen bescheidensten Offenbarungen?
Ein Ährchen des Flughafers fällt auf den Erdboden. Man muß es lange, sehr lange beobachten, aber in einem bestimmten Augenblick, auf das »Top-Signal« seiner Intelligenz hin, wird es unaufhaltsam anfangen zu kriechen, zu laufen, zu springen, bis es eine Höhlung oder eine Spalte findet, in die es eindringen kann.

Ein neuer Gott

Der Reiherschnabel ist eine Pflanze, die ihren Samen am Ende einer langen schnabelförmigen Granne trägt.
Zu gegebener Zeit erlebt man ein wahres Wunder: Die Granne rollt sich spiralig wie ein Korkenzieher ein und neigt sich dann zur Erde. Sobald der Samen den Erdboden berührt, rollt die Drehung der Granne ab. Dann rollt sie sich von neuem spiralig und bohrt auf diese Weise nach Art eines Drillbohrers den Samen in die feuchte, für die Keimung geeignete Erde.
Und wenn nun das Loch im Erdreich fertig ist und der Samen

sicher darin ruht, fällt die Bohrgranne ab und verwelkt. Soll man in dieser der Pflanze innewohnenden Intelligenz noch das Eingreifen Gottes erblicken? Muß man noch nach einem neuen Gott suchen?
Nachdem im Jahre 1961 eine Serie amerikanischer Atombombenversuche abgeschlossen war und die Russen eine Bombe von 50 Megatonnen gezündet hatten, zogen Männer und Frauen in einem Bittgang nicht vor die Heiligenbilder, sondern vor die Laboratorien der Wissenschaftler. Sie führten Transparente mit sich, auf denen die Worte standen:

Sagt NEIN zur Atombombe! Bewahrt die Welt vor der Katastrophe!

Sie haben nicht zu Gott gebetet. Sie haben sich unmittelbar an die Wissenschaftler gewandt, die die Verantwortung tragen für Hiroshima und Nagasaki.